"上海老作家文丛"(第九辑)

叶元章 著

静观乱谈

JINGGUAN LUANTAN

文汇出版社

图书在版编目(CIP)数据

静观乱谈 / 叶元章著. —上海：文汇出版社，2020.12
（上海老作家文丛. 第九辑）
ISBN 978-7-5496-3377-7

Ⅰ.①静… Ⅱ.①叶… Ⅲ.①中国文学—当代文学—作品综合集 Ⅳ.①I217.2

中国版本图书馆CIP数据核字(2020)第217668号

"上海老作家文丛"（第九辑）

静观乱谈

作　　者 / 叶元章
责任编辑 / 张　涛
封面装帧 / 张　文

出 版 人 / 周伯军

出版发行 / 文汇出版社
　　　　　上海市威海路755号　（邮政编码200041）
经　　销 / 全国新华书店
排　　版 / 南京展望文化发展有限公司
印刷装订 / 上海新文印刷厂有限公司

版　　次 / 2020年12月第1版
印　　次 / 2020年12月第1次印刷
开　　本 / 787×1092　1/16
字　　数 / 418千字
印　　张 / 26.75

ISBN 978-7-5496-3377-7
定　　价 / 56.00元

·版权所有　侵权必究·

作者简介

叶元章,又名叶彦,笔名听鹂、杜仲等。浙江镇海籍人,1922年出生于上海南汇杜行镇,2019年6月30日在上海去世。早年从事新闻工作,建国初毕业于上海财经学院,曾留校任教,历任企业职员、记者、编辑、高中语文教师,并在高校从事汉语及中国古代文学教学研究,为宁波大学教授、研究员。1959年赴青海,改革开放后东归。出版有诗集《九回肠集》《九回肠集续集》、散文集《流叶集》《静观流叶》等;编著《中国当代诗词选》《当代中国诗词精选》《朱彝尊选集》等。参加编写诗词曲鉴赏辞典十余种。散文、诗词及作品赏析、评论,散见于国内外百余种报刊。为上海市作家协会、浙江作家协会会员,中华诗词学会顾问等,获奖及聘书几十种。

自 序

《静观乱谈》小识

几年前，在市作协大力支持赞助下，结集出版了一本《静观流叶》。此书规模不大。作品以散文随笔为主。至于言论部分，仅收入少数，仅仅是聊备一格而已。由于限于出版计划以及作为丛书的统一规格，《静观流叶》只能是这个样子了。

但我手头剩稿还有不少。当年于建明同志倒是鼓励我再出一本评论集。但我当时在忙别的事，已无精力顾及此事。再说言论之类在那几年假话泛滥，社论舆论一面倒，真话实话，不仅无处公开发表，且不无风险。这样的评论结集，读者会喜欢吗？因此种种顾虑，这事就搁置下来了。

如今，旧事重提，市作协对我这个老年人依旧关怀备至。随着社会环境的日益宽松，个人情绪的日益转变，创作活动的日趋活跃，我们这些一辈子从文的老年人，又重新拿起笔来了。

除了剩稿，这些年我又积累了相当数量。不是参加会议的论文，不是什么专题讲座，更不是什么研究心得，这些都不可取。我比较认可的是一些短论如杂谈，如诗话诗评，如作品赏析，如文学小品，如谈古谈今式的小文。为鉴赏辞典供稿而撰写的作品赏析，不下数十则，都较有质量。另外，为中华诗词学会诗词研修班学员批改作业所作的点评，亦颇堪一读。

至于序言之类，或文言或白话，套话居多，而较客观公正实事求是者屈指可数，不收也罢。总之，应酬文字难免，不该为了凑篇幅再兜售给读者了。

毕生与笔墨为伍，九死其犹无悔。中年虽挣扎于死亡线上，历经磨难，幸获生还。六十而后，急起直追，奋笔不已。至九十之年，得以出书近十种，获奖多次。人生到此，夫复何求？市作协让我如沐春风，我虽已年近百龄，仍未封笔，如此精神状态，皆出市作协之赐，这是不该忘记的。

结集，要搜集资料，很辛苦的。要感谢参与这项工作的朋友和亲人，特别要感谢长女良骏，她工作繁忙，写作任务重，还是答应了此事。相信她会尽力完成。我老病侵寻，这一生即将画上句号，奉上这本小书，就算是我对这个如此美好的社会，实现最后一点小小的奉献吧！

叶元章
己亥夏于沪上
时年九十有八

序

夕阳正好　老骥伏枥
——访诗坛名宿叶元章教授

徐　悦

2015年一个秋高气爽的日子，我们采访组拜访了叶元章老先生。叶先生毕业于上海财经大学经济系，却以诗歌闻名于学术界，他是中华诗词学会发起人暨首届理事，后又为中华诗词学会和上海诗词学会的顾问。如今，已94岁高龄的叶老依旧步履矫健、思维清晰，面对我们的采访，气定神闲，将自己的人生故事娓娓道来。叶老讲述了老一辈人的艰苦奋斗，表达了对年轻一代的希冀，也聊了聊他的养生之道。虽然采访只有短短的一个半小时，但是诗人叶元章先生给我们留下了很深刻的印象，这位老者的苦难回忆使人扼腕叹息，但他的信念与坚守却令人动容。

叶元章先生1922年12月生于上海，浙江镇海人。早年从事新闻工作，著有《流叶集》等。新中国成立之初，毕业于上海财经学院（现上海财经大学）经济系。后曾任编辑，中学及高校教职，从事汉语、中国古代文学教学研究。曾于1955—1956年参加上海作协青年评论小组，并发表过不少作品。1959年远赴西宁，直至"文革"结束又恢复笔耕。二十年间，所作散文、杂文、随笔、作品赏析、文艺评论等约百万字，诗词近千首。除已正式出版的诗集《九回肠集》，他与徐通翰主编的《当代诗词精选》在20世纪90年代也很有影响力。毕业于经济系的他，最后以诗歌闻名于学术界，这其中有着这位老者难以言表的辛酸与无奈。

采访一开始，叶老便说："我们这一代做学问不如老一辈，但是解放后的遭遇有些相似之处。现在想起来，有很多东西值得回忆。"1957年反右派斗争时，叶元章先生被内定为"中右"，下放到青海。历史与叶老开了个残忍的玩笑，从那以后，叶老离开了自己心爱的工作岗位，背井离乡去农场劳动。

"我被下放到青海后，在那里一待就是27年。当时，我们在那里开荒、种粮，但是大家都知道，青海是高寒地区，是不毛之地，无法种出粮食。我们每天只能吃到稀糊糊，饿得不行，没有力气还要参与高强度的劳动。最惨的是1960年大饥荒，很多时候我们连野菜都吃不上，只能吃草根、树皮。在农场里干活的人一个接着一个倒下，我也不例外，在一次劳动中饿昏过去，幸好家属接我回上海休养了一年多。当时全国都饿肚子，上海的情况还比较好，一些食物能够照常供应。经过家人的悉心照顾，我才死里逃生，活了过来，但是我的很多同伴都饿死在那里了。只能说，活下来就是幸运。记得那段时间，每到夜里，狼群总是会围着帐篷转，非常阴森恐怖。那些死了的同志往往被拖出去埋在雪地里，尸体大多被野狼叼走。"回顾这段苦难的生活，老人的眼中流露出了难以言表的沧桑感。

"这27年，我坐过牢，和家里隔绝联系，天天劳动，根本没有学习的机会。直到改革开放，我才重新恢复名誉，开始工作。那时我已经快60岁了，整整30年没有摸过书本。但是没有办法，逝去的时间已经失去了，我只能抓住人生最后20年的时间，做了一点事，有一点成果。如此而已，可惜已经老了。"叶老说完这句话，我们都沉默了，历史强加在他以及那一代人身上的伤害不禁使人唏嘘。面对逝去的黄金岁月，在他人选择颐养天年的时候，叶老却选择秉烛夜读，使人心生敬意。

回首往事，叶老说，那些年，文科专业是全国的重灾区，因为知识分子单纯，看问题尖锐，爱讲真话。他们这一代人的心里总是有气，老是觉得委屈。"我的青春岁月在苦难中度过，不论是精神还是肉体都受到了伤害，也浪费了自己的智慧。我们这代人很多都因为这样的经历，身体垮掉，留下了后遗症，子女因为成分问题上不了大学。"然而，尽管历经坎坷，叶老还是很乐观豁达，他笑着说："不过我也看得比较开，不是很计较了，比起死在雪地里的人来说，活下来就是幸运。我相信，历史终究是历史，不会被掩埋，在将来时机成熟的时候，这30年的痛史会通过我们自己周围的人、小辈的讲述被公开，给更多的人教育与警醒。"在这段艰难的岁月里，诗歌成了叶老寄寓情感的最佳方式，或表达思念之情，或直抒苦闷之绪。这作于1966年的组诗《寄内（四首）》是叶老在坐牢期间给仍留在上海的妻子最动人的家书：

一

小别芳卿甫一春，回头几似百年身。
从今愿效双飞蝶，永作妆台不叛人。

二

见说河湟别有春，强驱病骨逐征尘。
岂知原上花开处，遍是鸣锣喝道人。

三

娟娟清影下阶墀，闲读青莲《静夜思》
吾亦有家归不得，伤心岂独月明时！

四

强别妆台赋远行，玉关闻笛怨难平。
年年腊月初三夜，斜倚枕头哭到明。

（腊月初三：阴历十二月初三，乃作者结婚之日）

"文革"的结束成为叶老一生的转折点。1978年后，叶元章先生离开原分配单位——青海人民出版社，改教高中语文，四年后恢复名誉，回到高校，在青海民族学院中文系执教五年。退休后，受聘于宁波大学，继续工作十年。"我虽然被分配在青海人民出版社，但当时基本都在劳动。'文革'期间我还坐了五年牢，所以基本上没有怎么工作过。出版社让我做文艺编辑，搞文艺我是半路出家，所以补了一点课，但也补不了多少。总的来说，1978年到1995年间，我出成果基本上就在这一段时间。恢复名誉后，我的工作热情高涨，拼了命地干，天天大啃书本。但做学问，我还是说不上，没有这个底子、基础。不像老一辈在解放前已经储备了很多知识，一回到原岗位就能继续做学问。当时压力大，要杀出一条血路，教好书，弄出成绩来，心里有这样的想法。我教了四年的高中语文，连续三年被评为先进。四年后我到青海民族学院中文系教书，主要负责教古代文学和中国文学史，准确地说，出成绩是从这个地方开始的。"正是这样的信念，这样的艰苦奋斗，使叶老抓住了人生中最后辉煌的20年，做出了成绩。"1995年我退休，不上课了，就专注于搞研究，写点东西。真正停下来是80多岁，回到上海的时候已经85岁了，稍微写点小东西，出了本散文集、两本诗集。"往事历历在目，这一生的跌宕起伏被诗人一字一句写在了作品之中，组诗《自题（四首）》就将他的无奈苦闷与满腔悲愤描绘得淋漓尽致：

一

小学雕虫愧未工，文章憎命古今同。
臣迁获罪相如病，老死孤村陆放翁。

（迁、相如：指司马迁、司马相如）

二

曾将彩笔傲公卿，才气纵横薄有名。
落魄江郎饥欲死，儒冠毕竟误平生。

（江郎：指江淹）

三

行年四十劫何多！破袖遮颜唱挽歌。
流落人间谁得似，卑田院里病元和。

（元和：即郑元和，见唐人传奇及元杂剧）

四

平生际遇与谁论，难起汨罗水底魂。
多少禁城驰马客，老来稽首正阳门。

（特许紫禁城驰马，是清代对臣下的一种特优待遇）

谈及现在的年轻人，叶老很是怒其不争："现在的年轻人生于安乐，不知天高地厚。作为老一辈，我们有责任告诉他们在我们身上发生的事，要把苦难史记下来，传下去。"叶老还语重心长地说，精神财富是不朽的，一辈子享用不尽，好好掌握传统的文化、美德才是根本。如果社会大众的观念再不纠正过来，这对于国家的发展是不利的，甚至是很危险的。他希望即使在好的环境下，青年还是要好好看书，继续保持艰苦奋斗的精神，不要变成无知愚昧、浅薄之人。

叶老诉说了他的人生历程和对青年的希冀之后，又和我们聊起了晚年生活和养生之道。"我们这一代人要想活过来是很不容易的，和我一起去农场的人很多都死在了那里，侥幸活下来的大多也因为长期吃不饱、操劳加上内心的不平而垮了下来。我呢，心态调节得还比较好，还不用拐杖，能吃能走。"说到这儿，老人发出了爽朗的笑声，并继续说道："晚年的确要讲究养生、健身之道。其实对于知识分子来说，年龄的界限并不是很明显。思维是不会老的，90岁也可以继续著书立说。所以，第一是要维持思维的正常运作，不能让它退化。现在我每天都要花几个小时读书看报，每天晚上还要写写日记，偶尔有心得还会写点小东西。第二呢，就是始终要动，动则不衰，这可以保持关节柔软。我从小就喜欢运动，爱好打乒乓球、踢足球。即使在艰难困苦的时候，在牢房里，我还是坚持运动，做健身操。现在我一天做两套健身操，我决心再过三年也不用拐杖。只要自己下决心，就能延缓衰老。"

谈到日常饮食、作息，叶老的回答却很随性，显得有些出人意料："我喜欢吃肥肉，但每天也吃蔬菜、水果。不喜欢吃米饭，喜欢吃面食，这是长期去外地养成的习惯，粗粮也吃。我每天晚上11点睡，看电视看到9:20左右，然后开始写日记，写日记的习惯我也保持了几十年了。白天大多数的时间我都用来读书看报，中午休息一到一个半小时。我的睡眠状况还不错，一天可以保证五六个小时的睡眠时间。"和大多数的老年人不同，叶老的生活作息趋于年轻化，饮食习惯也显得较为随意，没有过多的忌口。但或许正是对文学的热爱以及几十年压抑于心的不平之气使他葆有青年人一般的旺盛精力。

除此之外，老人幸福的晚年生活无疑也是他长寿的因素之一。叶老的夫人比老先生还大两岁，已是96岁高龄，夫妇二人共育有六个子女。令人意想不到的是，叶老一家八口都是教师，曾经还有报纸特地采访，写了一篇名为《八骏图》的文章。子女们现在都还在工作，对老人的晚年生活也都很关心、照顾。在采访中，叶老的大儿子始终陪伴在他左右。最后，他和我们说道："我的父亲出生在大户人家，后来却几乎死在监狱里，能活过来很不容易。尽管如此，他心态调节得比较好，还是很热爱共产党。在'文革'时期，因为我父亲的缘故，我们几个兄弟姐妹都受到了冲击，我被分配去新疆。在入党方面，因为成分不好，不能转正。但是我的父亲还是常常教导我们要走正道，做好人。"叶老的大儿子用以下四个词语总结了叶老的一生：信念、奋斗、努力、刻苦。的确，在叶老身上，我们看到了超乎常人的毅力，他以对文学的无比赤诚，在人生晚年一次次实现目标，一次次书写辉煌。采访至此，我们已深深感受到老人乐观豁达、积极向上的心态。我想，正是这种积极的人生态度使他笑看人世百态，使他延年益寿吧！

在叶老的身上，我们看到了芸芸众生的渺小与脆弱，看到了人夹杂在历史洪流中的痛苦与无奈，但我们更感动于老一辈知识分子在创伤之后的原谅与释怀，感动于人之所以为人的信念与坚守。在此摘录叶老90岁时所写的一首咏怀诗，愿老人身体健康、诸事顺利，愿属于这代人的痛史不被后代遗忘！

九十抒怀

今秋宁波文化界与佛寺方丈为贱辰有
祝寿之会，感愧之余，缀小诗以酬。

已登骀背不知非，仍欲濡毫咏紫薇。
翰墨凋零诗梦冷，江湖寥落足音稀。
未能泥首求黄纸，肯为攀龙弄布衣。
晚向窗前斟半盏，由他木叶又纷飞。

目　录

自序　《静观乱谈》小识 …………………………………………… 1

序　夕阳正好　老骥伏枥 …………………………………………… 3

▶ 第一卷　文学评论

简论秦观词 …………………………………………………………… 3

略论郑板桥的文学主张及其实践 ………………………………… 14

关于中国古典诗歌的几个问题 …………………………………… 21

略谈关汉卿剧作的语言风格 ……………………………………… 28

关于施耐庵文物史料的几个问题 ………………………………… 39

▶ 第二卷　诗词鉴赏

双行缠二曲 ………………………………………………………… 53

闺怨诗 ……………………………………………………………… 55

咏邻女楼上弹琴诗	57
南征诗	59
别陆子云诗	61
高句丽	63
玉阶怨	65
江神子（李别驾招饮海棠花下）	67
菩萨蛮	70
望梅花	72
上行杯	74
定西番	76
醉花间	79
杨柳枝	81
酒泉子	83
酒泉子	85
阿那曲	87
状江南	89
阿那曲	91
四时（四首之三）	93
秋居	95
闲题（四首之二）	97
闲题（四首之一）	99
记径山之游	101
拟咏怀诗（赭衣居傅岩）	107
拟咏怀诗（步兵未饮酒）	110
看斗鸡诗	113
清平乐	115

嫛乐	118
叹世（二首之二）	119

第三卷 杂　　文

杂文的历史和现状管窥	123
杂文的特点和作用	129
寓说理于描绘之中	133
杂文的讽刺与幽默	137
关于杂文的杂感	140
打好文底，写好作文	142
应当进入角色	144
续说名	146
无奈读书	148
搬家摭谈	150
还历史本来面目	152
强化名人意识	154
变了形的压岁钱	155
说"无聊才读书"	157
书斋的兴废	159
"英雄不怕出身低"	162
向王海学习	164
晚晴	166
广告引起的杂感	168
掮客的新花样	170

欢喜钱……………………………………………………… 172

卖书………………………………………………………… 174

从高考语文试卷看中学的文言文教学…………………… 176

"晚景"应该"堪愉"……………………………………… 180

致滥竽者…………………………………………………… 182

景要"文装"………………………………………………… 184

快慢之间…………………………………………………… 185

第四卷 人　　物

春风桃李念师恩…………………………………………… 189

杂文做骨漫吟诗…………………………………………… 191

读遗作悼亡友……………………………………………… 193

不登场的"主角"…………………………………………… 195

漫忆苏青…………………………………………………… 197

自学成才的唐诗专家富寿荪……………………………… 199

忆石挥……………………………………………………… 202

"江南活武松"盖叫天……………………………………… 203

为唐伯虎一辩……………………………………………… 205

关于陶渊明………………………………………………… 206

罗贯中与宁波……………………………………………… 208

刘以鬯二三事……………………………………………… 210

《藤野先生》………………………………………………… 211

文苑奇杰姚梅伯…………………………………………… 215

半杯残酒过田螺…………………………………………… 217

初访毓园·················219

第五卷　诗评及书评

关于诗的"传统"与"现代"·················223
关于"以议论入诗"·················225
谈王之涣的《凉州词》·················228
深婉而不落常套·················231
悲中有乐　孤中有伴·················233
不出情理外　恰在意愿中·················235
禅诗偶拾·················239
改诗例话（一）·················242
改诗例话（二）·················245
彩笔绘出高原春·················247
美好感情的赞歌·················250
飞红万点春如海·················258
石在，火种不灭！·················260
形象化的时代记·················262

第六卷　评　报

评报·················267
一则用词不当的新闻标题·················268
文风杂谈·················269

浅评2月25日的《月末·一束花》…… 271

开门办报的成果…… 273

把握标题的个性…… 274

新闻标题应精益求精…… 276

让新闻标题更具吸引力…… 278

读近期《文荟》…… 279

关于改稿的余话…… 280

审稿和改稿…… 282

也谈负面新闻的报道…… 284

副刊谈往…… 286

门外谈改稿…… 289

新闻新在第一次发表…… 291

评报应以批评为主…… 293

坚持和改进评报工作…… 296

报纸的眉目…… 298

第七卷　序、跋

《中国当代诗词选》编后记…… 303

诗歌合为时为事而作…… 305

《朱彝尊选集》前言…… 310

《九回肠集续集》自叙…… 328

《霜露》序…… 331

《蹄痕录》序…… 333

《南阳遗闻》代序…… 335

《九回肠集》自叙 ……………………………………… 341

《九回肠集续集》后记 …………………………………… 343

《静观流叶》自叙 ………………………………………… 346

《广修上人书百家姓》序 ………………………………… 348

《碌翁吟稿》序 …………………………………………… 350

第八卷 小品及其他

编辑古今谈 ………………………………………………… 355

不是诗人，强作诗人 ……………………………………… 357

"劈""纺"忆语 ……………………………………………… 359

中秋说诗 …………………………………………………… 360

小议里弄名字 ……………………………………………… 362

绞刑架下的哀鸣 …………………………………………… 363

新文化建设的立足点 ……………………………………… 365

《水浒》与潘姓 …………………………………………… 367

"清谈"小释 ……………………………………………… 368

"三户""一户"与历史潮流 ……………………………… 370

"鹤顶格"趣话 …………………………………………… 372

知古 ………………………………………………………… 374

也谈学一点诗词 …………………………………………… 375

郡庙文化资源大可发掘 …………………………………… 377

孔子被困小引 ……………………………………………… 379

补说道情的唱 ……………………………………………… 381

演技与戏德 ………………………………………………… 382

"三给"提得实在 …………………………………………… 383
宁波词典………………………………………………………… 384

附录 父亲留下的家训：为善最乐 ………………………… 405
跋……………………………………………………………… 407

第一卷　文学评论

简论秦观词

（一）

秦观（1049—1100），字少游，一字太虚，号淮海居士，高邮（今属江苏省）人。他多才多艺，不仅"博综经史"，工诗能文，娴于音律，精于书法，并且通晓兵书、医术，但都被其词名所掩。在文学史上，他是以一个杰出词人身份出现在北宋文坛上的。传世秦观词，较可信的是两宋本（宋乾道杭郡本和高邮军学本）《淮海词》的七十七首。此外，《草堂诗余》《花草粹编》、毛晋本《淮海词》以至唐圭璋编《全宋词》，尚辑有逸词若干首。其可靠程度，尚有争议。

两宋本《淮海词》，按其题材可分为怀古、寄慨、爱情、游赏、羁旅、咏物、游仙等类。羁旅词大都与贬谪有关。虽不尽属明言感慨，但身世之感、怨苦之情仍隐约于字里行间。故可归入寄慨一类。爱情词包括秦观本人的爱情生活和以爱情为题材的作品，也包括一部分感旧怀人之作。这样，寄慨、爱情这两类词，就占《淮海词》三分之二左右，也比较有社会意义，可说是秦观词的精华所在。

寄慨词，从内容上说，是《淮海词》中最具有社会意义的部分。从感情上说，作者注入了真挚的情思。从态度上说，最为庄重，绝无浮词泛语。从艺术上说，也是比较完美的。这些作品多半作于流迁贬谪途中，他以委婉细致的笔触，把谪人迁客的感慨、愤懑、哀伤、痛苦的心情，精确地表现出来，从而反映了统治阶级内部争夺倾轧的激烈残酷以及受党争牵连的小人物的"浮梗飘萍"的命运。这些词，很能打动一部分落魄文人的心灵。

尽管他们有着相似的遭遇，但是谁也没有能够完满地表达出这种心情。无怪苏轼读到秦观的《阮郎归·其三》词时，叹道："吾负斯人！"并"自书于扇，曰：'少游已矣，虽万人何赎！'"几百年后，王世贞读了苏轼题词，还说："高山流水之悲，千载之下，令人腹痛！"又据《独醒杂志》卷五，孔毅甫读到《千秋岁》词中"镜里朱颜改"句时，"遽惊曰：'少游盛年，何为言语悲惨如此！'遂赓其韵以解之"。但仍担心少游"不久于世"。事虽未必实有，也足见秦观词确有扣人心弦的艺术魅力。

当然，这些词深沉哀婉有余，激越高昂不足。这是由于当时占支配地位的"诗庄词媚"的传统观念尚未打破，作为婉约派词人代表的秦观，自不可能出之以直抒胸臆、痛快淋漓的表现手法。这也符合一个小人物的处境和心情。

艳情，在唐宋词中，是传统的主要题材。内容不外乎春恨秋怨，离情别绪，充满着秾纤香艳的脂粉气，等而言之，就更流于浮薄恶俗、不堪入目了。秦观却在传统题材的范围内，把原来的艳情词，改造成表现真挚爱情的纯正的雅词，从而受到了普遍重视。

秦观的爱情词中，有相当数量是描写妓情的。应当怎样看待这些作品呢？

这些妓情词，独树一帜，有别于封建士大夫或无聊文人以涉足青楼为风流韵事而留下的大量的同类作品。秦观在接触这些处于社会底层的妇女过程中，发现她们不甘沦落，有着与良家妇女一样的美好心灵和善良性格，有着要求过正常生活的强烈意志，从而赢得了秦观的同情和尊重。

秦观词中的妓女，绝不是朝秦暮楚、水性杨花的荡妇淫姬，而往往是用情专一的痴情女子。如《河传·其一》："若说相思，佛也眉儿聚。莫怪为伊，抵死萦肠挂肚，好没教人恨处。"塑造了"将军一去音容远"、而守志不嫁的家妓盼盼坚贞不渝的形象。他笔下的妓女不是玩弄的对象，绝少令人肉麻的色情描写。其外貌描绘是和内心的苦楚紧密结合的。如"愁鬓香云坠，娇眸水玉裁"（《南歌子·其二》）中仰人鼻息的外室；"香墨弯弯画，胭脂淡淡匀"（《南歌子·其三》）中的弃妇。他还表现了她们怨恨"薄幸五更风，不解与花为主"（《一落索》），担心"又抛人去"（《南歌子·其二》）以及"愿身为梁上燕，朝朝暮暮长相见"（《调笑令·灼灼》）的热切期望。

强调感情真挚持久的，如"金风玉露一相逢，便胜却人间无数""两情若是久长时，又岂在朝朝暮暮"（《鹊桥仙》）；"佳期谁料久参差，唯有画楼，当时明月两处照相思"（《一丛花》）。

支持自由恋爱的，如《调笑令·崔莺莺》《调笑令·离魂记》等。

体现用情诚笃、细腻、熨帖的，如"晓鉴堪羞，潘鬓点吴霜渐稠。幸于飞鸳鸯未老，不应同是悲秋"（《长相思》），"不堪回首，念多情，但有当时皓月，向人依旧"（《水龙吟》），"算天长地久，有时有尽。奈何绵绵，此恨难休？拟待倩人说与，生怕（情）人愁"（《风流子》），"为君沉醉又何妨，只怕酒醒时候断人肠"（《虞美人》）。

这些词作，显然已远远超出一般封建士大夫阶层或拈花惹草、玩弄女性，或男女大防、古板守旧的范围，体现了一种新的态度和观念。

《淮海词》中也有少数逢场作戏式的艳词，如《浣溪沙·其四》《阮郎归·其二》《迎春乐》等，白璧微瑕，虽属难免，亦不应讳言。

可见，秦观词中比较有思想意义的作品，主要就是寄慨和爱情两类。诚然，这两类词题材是狭窄了些，也没有十分重大的社会意义。这是秦观的局限性所在。而在诗文中，秦观不乏关心人民疾苦（如《田居四首》《南京妙峰亭》诗等），鼓吹抗敌救国（如《郭子仪单骑虏赋》《送蒋颖叔帅熙河二首》诗等），斥责丧心病狂、争名逐利之徒（如《自警》诗）等作品，但在词里甚少表现。这是婉约派词人（包括后来的李清照）对题材问题所见有偏所致。秦三十二岁时自编《淮海闲居集》，收作品二百一十七篇，竟无一首词。这都表明他恪守婉约派绳墨，以致未能在广阔的视野内充分显示其创作才能。

（二）

秦观词的艺术特色，张耒说是"倩丽舒桃李"；张炎说是"淡雅""清丽"；王灼说是"俊逸精妙"。近人况周颐说"直是初日芙蓉，晓风杨柳"；夏敬观则说是"清丽婉约"。诸家评说虽不尽同，但内涵大抵近似。我们认为说"清丽婉约"乃秦观词的风格特点，比较合乎实际。不过，它也有个发展过程，大体上他早期词偏重于清隽，晚年则转向凄婉。

"清丽"是指意境和艺术形式不落陈套，不浓艳，不雕琢，不枯涩，有一种自然浑成的美。就如同"初日芙蓉，晓风杨柳""夕阳流水，红满泪痕"之句，显得十分醇香精美。

"婉约"则是指用含蓄、蕴藉的手法，表达柔美的内容。

秦观词"清丽婉约"的词风具体表现在如下几个方面：

一、善于创造凄厉的意境，表现作者身世的坎坷、仕途的蹉跌、爱情的波折。这种不幸遭遇，并非秦观所独有，而是封建社会许多落魄文人所共有的，他们也曾写下了不少作品。然而少游却能以其独特的风格，使其他同类题材的作品黯然失色。

秦观创造意境的功力是其作品取得成功的重要原因。他很少用劈头直呼的方式表达衷曲，往往是先创造出极富于个性、极切合人物感情的意境，经过多方渲染，使客观环境和内心世界融为一体。试以《满庭芳·其一》上阕为例：

　　山抹微云，天连（或作'黏'）衰草，画角声断谯门。暂停征棹，聊共引离尊。多少蓬莱旧事，空回首，烟霭纷纷。斜阳外，寒鸦万点，流水绕孤村。

陈廷焯指出："少游《满庭芳》诸阕，大半被放后作。恋恋故园，不胜热中。其用心不逮东坡之忠厚，而寄情之远，措语之工，则各有千古。"诚如所言，上面这首词即是一例。"措语之工"正好体现在"抹""黏"这样的炼字功夫上。我们还觉得其成功处，更在于意境之动人。开头三句，微云抹山，无力而又依偎，衰草连天，广袤而又落寞。加上凄绝的画角，更显得余哀充塞。于天地低回中，似乎眼泪涌到眶沿。只待发生的情事把它碰落了。中间仅两句写人的活动，接着，情景就融化入往事的"烟霭纷纷"，眼前的斜阳、寒鸦、流水、孤村之中。千言万语无法说清的男女离情，全在这凄迷的意境中得到表现。

再如《如梦令·其一》：

　　遥夜沉沉如水，风紧驿亭深闭。梦破鼠窥灯，霜送晓寒侵被。无寐，无寐。门外马嘶人起。

词中几乎没有写主人公的内心世界和外部活动，似乎只写了夜长、风紧、鼠窥、霜浓、晓寒、马嘶、人起等客观现象。但驿馆的荒凉，长夜的凄清，旅途的艰难，内心的酸楚，都历历在目，获得了上佳的效果。纯用造境来表达主题的底蕴，若非造诣高深，是不易做到的。

为了造境，秦观常选择一些富有特征的形象来渲染氛围。如象征美好事物被损毁的落花，无奈迟暮的斜阳，命运不能自主的风絮，缥缈的烟雾，一去不返的逝水，行踪无定的浮云，等等。他特别善于运用落花、斜阳来寄托他的身世之感。据统计，在这类作品中，曾用了落花形象二十一次，斜阳形象十五次，却不显得重复。如警句"春去也，飞红万点愁如海""自在飞花轻似梦，无边丝雨细如愁""烟水茫茫，千里斜阳暮。山无数，乱红如雨，不记来时路""可堪孤馆闭春寒，杜鹃声里斜阳暮""人去空流水，花飞半掩门"等都是。

二、善于布置错综的结构表现作者婉转缠绵的情思。这种手法常见于抚今追昔的篇章。传统手法一般都是上阕写今，下阕写昔，或竟反之。前人还注意过片换意而意不断，增强今昔之间的联系，而少游却打破了这种格局。如《望海潮·其三》：

梅英疏淡，冰澌溶泄，东风暗换年华，金谷俊游，铜驼巷陌，新晴细履平沙。长记误随车。正絮翻蝶舞，芳思交加。柳下桃蹊，乱分春色到人家。　西园夜饮鸣笳，有华灯碍月，飞盖妨花。兰苑未空，行人渐老，重来是事堪嗟。烟暝酒旗斜。但倚楼极目，时见栖鸦。无奈归心，暗随流水到天涯。

开头六句，不辨今昔，直到"长记"开始，点明下面发生的事属于过去。发生在何处呢？"长记"应逆挽至"金谷俊游"。这样一错综，读者也随之而进入作者所创造的"金谷铜驼"的境界之中，与作者同享絮乱丝繁、蜂围蝶绕、"芳思交加"的乐趣了。然而往日的游赏愈欢快，则今不如昔的感慨愈深沉，经过着意描述，对比强烈，"重来是事堪嗟"，才鲜明有力，合乎情理。

这种错综,实际上是造境在结构上的运用。首两句就眼前景起兴,引起"暗换年华"的喟叹。这种喟叹,正是借助错综的布置落实到结构上的。

秦观创造意境在结构上的另一种体现,如《满庭芳·其二》:

晓色云开,春随人意,骤雨才过还晴。古台芳榭,飞燕蹴红英。舞困榆钱自落,秋千外,绿水桥平。东风里,朱门映柳,低按小秦筝。 多情,行乐处,珠钿翠盖,玉辔红缨。渐酒空金榼,花困蓬瀛。豆蔻梢头旧恨,十年梦,屈指堪惊。凭栏久,疏烟淡日,寂寞下芜城。

这首词在结构上的特点是,开首不做任何提示,直接把读者带进"春随人意"——好心情和云开日出——好天气中。下阕换头处不换意,直至把"多情""行乐处"渲染得酣畅淋漓,然后用一个"渐"字领起,略作转折,再由"空""困"过渡到今日"惊""寂寞"的现实中,对比鲜明,可谓惊心动魄。这,主要得力于不作暗示即直接进入过片"多情,行乐处",并紧接着以"珠钿""玉辔"两句补足。这种在结构上的错综布置,打破上下阕的固有程式,使结构适应创造意境的需要,虽不能说自秦观始,但在他笔下却得到完满的运用,取得了显著效果。

三、善于使用含蓄的手法取得余味不尽的艺术效果。当时,对宋词发展有巨大贡献的柳永、苏轼,他们的词都有直露之病。柳长于铺叙,却有欠凝练。苏好以议论入词,难免率直。而秦观则坚持传统的含蓄蕴藉手法。尽管他未必是有意矫正柳苏的弱点,但他独立于柳苏、自树一帜却是事实。他无意标新立异,仅是从自己的创作实践中体察到"含蓄蕴藉"最适合他所要表现的内容(宦途的蹉跌、爱情的不幸等),也最适合于体现他的创作个性(既不同于苏轼的豪迈豁达,又不同于柳永的放浪形骸),他只能走自己的路。正因如此,北宋后期成就最大的词人周邦彦、李清照,不是继承了柳苏词风,恰恰是沿着秦观雅词的路子发展起来的,甚至南宋包括新格律派在内的多数词人,他们的创作也与秦观词保持着密切的渊源关系。这至少可以说明秦观词的风格在创作实践中是适用的、可资借鉴的。

这里只谈结尾和情意的含蓄蕴藉。在《望海潮·其三》中，秦观仅用"重来是事堪嗟"六个字写今日之落寞光景。一般作者也许会紧接着抒发感慨之情，他却只字不提嗟叹的内容，而用六句写了烟暝、栖鸦这些眼前景和由栖鸦引起的归心。归心似乎同词的主题无关，但正是这不相干的归心，托出了主题的底蕴。不正是由于"堪嗟"的事如此之多，才得出"恨人何事苦离家"的结论吗？少游略去的内容，正好给人留下广阔的思索余地。

在《满庭芳·其二》中，"旧恨""堪惊"之后，只写"凭栏久，疏烟淡日，寂寞下芜城"，曲曲传出了无可奈何的哀愁、不可名状的痛苦。又如《桃源忆故人》中，写思妇入夜后"闷则和衣拥"，绪尾"窗外月华霜重，听彻梅花弄"，就结得颇有韵味。"听彻梅花弄"，显然不是美的享受，只有失眠的思妇才有这种"幸运"。以"乐事"反衬凄凉，一个"彻"字，表明从头听到底，直至笛声消失。则思妇之愁绪可知。此中况味，尽在不言中。正如李渔所说："此种结法，用之忧怨处居多，如怀人送客，写忧寄慨之词，自首至终皆所凄怨，其结局独不言情……此等结法最难，非负雄才、具大力者不能。"（《窥词管见》）

秦观在表达人的情思方面，也常使用含蓄蕴藉的手法。最著名的如《鹊桥仙》中的"柔情似水，佳期如梦，忍顾鹊桥归路"。此词咏七夕，一般作者往往只从牛郎织女"金风玉露一相逢"而引起的无尽相思这个题旨落墨，着力渲染其离愁别恨。秦观却避开了这类感情强烈的场景，只轻轻点了一句"忍顾鹊桥归路"，连看都不忍看一眼。那么，到真要踏上归路时，其苦恼痛楚的心情又将如何？一个"忍"字细致入微地表达了双星乍逢旋别时的心理活动。前面这种含蓄手法，又总是和作者的风格和他对生活的认识紧相关联的。试看"忍顾"前是"柔情似水，佳期如梦"，倘紧接着是"哭向鹊桥归路"之类，看似鲜明、激切，却破坏了婉约清丽的词风，反而大煞风景了。

总之，含蓄蕴藉的手法同少游的婉约清丽风格是一致的、互为表里的。这种手法在秦词中得到了巧妙运用。正如沈祥龙在《论词随笔》中指出的"词之蕴藉，宜学少游"。

四、善于用清新的语言表现鲜明的形象。秦词的语言是在书面语言和民间语言的基础上经过锤炼加工的文学语言，加之运用技巧纯熟，故具有典雅、清丽、流畅、自然的特点。他对于所描写的对象，有深刻的认识，能

准确地把握它的特征,发掘其内在的美。由于感受的个性色彩浓厚,使用的语言精确,所创造的形象,就富有感染力。诸如:

① 自在飞花轻似梦,无边丝雨细如愁。
② 倚危亭,恨如芳草,萋萋刬尽还生。
③ 雾失楼台,月迷津渡,桃源望断无归处。

①②把人人可能具有,不可捉摸的"梦""愁""恨",表现为具体形象,而形象的鲜明生动,不仅传达了词人的情感,还唤起读者的联想。尤其是"自在"两句,是不可代替、不容重复的形象,千载之后,还受到梁启超激赏,誉为"奇语"。

③"雾""月"是习见现象,"迷""失"是常用语。"楼台""津渡"更属所在多有。但一经少游点化,就成为目所未经、耳所未闻的意境了。清新,不一定都是人所未道式的出语惊人,而在于通过敏锐深入的体察,把看似寻常的事物内部固有的诗意揭示出来。句中虽用了"雾失""月迷"等词,却并不晦涩。

向民间文学学习,博采有生命力的群众口语入词,是构成秦观词语言特色的一大因素。在他现存的七十七首词中,有七首是模仿民间小曲的,还有十首《调笑令》是模仿民间歌舞相兼的"转踏体"。但这些作品历来为人诟病,有人认为"少游词名作甚多,而俚词亦不少",是个缺陷。有人认为"俚词流于浅率,不免浮滑"。近年编著的几部文学史对秦观词善于向民间文学学习的问题多避而不谈,这是不够全面的。

如上所述,少游塑造形象,所运用的语言,并无着意雕琢的痕迹,而是平易中见功力,自然中显精妙,工致贴切,不愧为婉约派词人中的语言大师。前人多次指出"少游词如花含苞,故不甚见其力量""少游正以平易近人,故用力者终不能到",是有根据的。

同平易自然相联系的是流畅。有些篇什,一气呵成,刀挥不断,如珠走玉盘,清脆悦耳。如《江城子》:

韶华不为少年留。恨悠悠,几时休。飞絮落花时候一登楼。便做

春江都是泪，流不尽，许多愁。　　　　　　　　　　　　（其一）
　　南来飞燕北归鸿。偏相逢，惨愁容。绿鬓朱颜重见两衰翁。别后悠悠君莫问，无限事，不言中。　　　　　　　　　　　　（其二）

　　在用典方面，少游也有其独到处。他不轻易用典，如确有需要，也别自熔铸，使之融化无浑，如同己出。例如《满庭芳·其一》："斜阳外，寒鸦万点，流水绕孤村"本自隋炀帝诗。此处却与全词意境浑然一体，而且"斜阳外"又突出了时间特点，加重了凄伤、悲凉的感情色彩，以致比原著更为脍炙人口。晁补之说："虽不识字人，亦知是天生好言语。"又同篇的"谩赢得青楼薄幸名存"本自杜牧诗。加了个"谩"字，表现了作者本自钟情，却因命运作弄，终成薄幸的无限怅恨而又无可奈何的心情。与杜牧"落魄江湖载酒行，楚腰纤细掌中轻"之玩世不恭，迥异其趣。又如《八六子》："倚危亭，恨如芳草，萋萋划尽还生。"本自李煜词，加个"划"字，表现了作者强加克制却又无从割舍的复杂心情。

　　在修辞方面，秦观善于运用"拈连"手法，把事实上不存在支配关系的事物"拈"来"连"用，取得了按正常关系表现难以达到的效果。如《减字木兰花》下阕：

　　黛蛾长敛，任是春风吹不展。困倚危楼，过尽飞鸿字字愁。

　　春风，可以"又绿江南岸"，可以使"千树万树梨花开"，但于闺人的黛眉，却并无支配关系。然而春回大地，可以使人喜上眉梢，这就成为"拈连"的客观基础。所以作者认为"春风"本可以吹展"黛蛾"，但对女主人却失效了，从而创造性地表达了她内心的凄凉。"拈连"的还有深一层含意，是指春风又吹了，情人不归，更增添了"黛蛾长敛"所代表的幽愁暗恨。下两句"过尽飞鸿字字愁"，紧接上文而来，点明这愁正是由于鸿雁编队飞行，写在天空中的"人"字飞回来了，但地上的旅人或征人却未见归来。那末，在思妇眼中，这雁阵组成的每一个"人"字，都会引起无限愁绪。由此及彼，写得委婉有致，这就是"拈连"所产生的效果。

　　五、善于刻画人物心理。词与音乐关系密切，大都可供歌唱，最适合表现抒情的内容，加之篇幅、字数、句式都有限制，因而一般不用于叙事。这样，词这种体裁，就较多用来直抒胸臆，较少用来刻画心理活动。秦观却能给予相当的注意，用笔触深入人物的内心世界加以描绘。如《品令·其二》下阕：

> 每每秦楼相见，见了无限怜惜。人前强不欲相沾识。把不定，脸儿赤。

"无限怜惜"写情之深，"不欲相沾识"，是这个妓女作为人的强烈自尊心的表现，"把不定，脸儿赤"，表明她不善作伪，性格真率。短短五句二十六字表现了人物三层心理活动。笔触细腻，形象逼真，而且并未游离于主题作孤立描写，用的全是提炼过的民间口语。

又如《满园花》，把那个妇女沉吟、痴情、苦恼到决绝的四层心理活动，写得条理清晰，令人信服，成功地塑造了一个深情而又遭逢不幸的普通女性的形象。

秦观词风的形成，首先是由于作者的身世决定的。他一生位卑职小，政治上屡遭困顿，性格渐变，词风亦变。其次是唐代以后的社会变革决定词风也在不断地发展变化着，到了宋代，逐渐由艳词变成了雅词。秦观词正是在这种文学潮流中应运而生。第三，秦观在长期的创作生涯中，深受韦庄、李煜、欧阳修、苏轼等前辈著名词人的影响，融汇众长，推陈出新，终于形成了自己的独特词风，被誉为宋代婉约派词人的集大成者。

（三）

婉约派词风的形成，始于秦观，堪为代表，早有定评。尽管秦观词传世的还不到百首，但它的历史地位及其对宋词发展所起的作用，却是不可否认的。

北宋前期的词，未脱尽"娱宾遣兴"的诗余性质，到了柳永、苏轼，词逐渐成为严肃的、有意为之的文学创作。苏轼开创了豪放词派，柳永历来被认为属于婉约派，他创制慢词，对后代有一定影响。不过，他有谑浪笑傲、庸俗儇薄的一面。词人之学柳者，不敢标榜以柳为法，并力图矫正其病。所以，柳的影响还是有限的。把婉约词引入正途，注入深沉真挚的感情，以高超的表现技巧认真创作雅词，应当说秦观是第一人。

宋人是推崇秦观的。到了清代，朱彝尊等推重南宋，贬抑北宋，张惠言等以温庭筠矫之。这样，秦观的作用就被忽略了。尤侗则认为"唐诗有初、盛、中、晚，宋词亦有之……淮海、清真其词之盛乎！"彭孙遹云："词家每以秦七、黄九并称，其实黄不及秦甚远。"《四库全书提要》云："观诗格不及苏黄，而词则情韵兼胜，在苏黄之上；流传虽少，要为倚声一作手。"楼敬思云："淮海词风骨自高，如红梅作花，能以韵胜，觉清真亦无此气味也。"况周颐指出："少游自辟蹊径，卓然名家。"陈廷焯更明确指出宋词至少游而一变，标志着一个时代的开始，认为少游"近开美成，远祖温韦"，肯定了秦词的承先启后、继往开来作用。这些评语，都相当中肯。事实上，秦观词尽管思想上未见有多少过人之处，艺术上确有较高的成就。他的词不论是长调，还是小令，多数是优美的抒情词。何况，他也并非一味"婉约"，某些作品，婉约中隐含着凄厉，这点，王国维早已看出来了。

最后，在充分肯定秦观词的艺术成就的同时，我们也不能不注意到它的局限性。如前所述，秦观虽出于苏轼之门，风格却接近柳永，而柳词的弱点表现在题材上好以妓女浪子为描写对象，这也或多或少地影响了秦观。秦观词工于刻画，但毕竟气格不高，有些地方伤于纤巧。他的某些词往往缺乏深刻的社会内容、积极的思想意义，有时流露出脆弱、颓伤、消沉、逃避现实的情绪，正如李清照说的那样：秦词"专主情致，而少故实"。就其总体说来，这正是它的不足处。我们应当细加鉴别，知所扬弃。

（1984年）

略论郑板桥的文学主张及其实践

"扬州八怪"之一的郑板桥,以他"诗书画三绝"蜚声艺苑,名扬四海。但是,二百多年来,人们也只偏重于他的书画,对他的创作思想、创作方法及文学主张却涉及很少。其实,郑板桥能在文网异常严密的雍正乾隆时代,脱尽复古主义、形式主义的窠臼,大胆创新,形成自己"别辟临池路一条"的独特艺术风格,是与他的创作思想、创作方法和治学态度分不开的。也许在他身上,艺术家的"基因"较之学者的"基因"多些,但是,任何一个艺术家归根到底总不失为一个具有严谨的、科学的态度的理论家,两者是应当并且完全可以相互结合而得到统一的。郑板桥就是如此,尽管他没有阐述自己理论的专著,但他的治学主张却贯穿于他几乎全部作品中。有关这方面的探讨和研究,对于我们批判地继承祖国文化遗产,繁荣社会主义文艺事业,恐怕是不无裨益的。

郑板桥治学态度的形成,并不是偶然的,是由当时的社会条件和他所处的特定的生活环境决定的。

郑板桥所生活的是这样一个时代:尽管清王朝为了巩固政权,在某些方面采取了一些缓和矛盾的措施和政策,给社会带来了一定程度的安定和繁荣,但是,绵延了两千多年的封建制度已经走到崩溃的边缘。在这个庞大的、日趋腐朽的躯壳内,资本主义因素在萌生,旧的上层建筑及其派生物表面上虽然仍很强大,但新的力量已在潜滋暗长,不断冲击着日益腐朽的旧堤防。封建统治者为了自身的存在和利益,顽强抵御,拼命挣扎,除了政治上实行极端专制的封建统治外,还严禁文人结社,大兴文字狱。同时大力提倡孔孟之道和程朱理学,以窒息知识分子的思想活动和镇压任何形式的反抗。当时的文人杭世骏曾说:"自吾来京都,遍交贤豪长者,得以纵览天下之士,大都缔章绘句,顺以取宠,趾相错关,其肯措意于当世之务,从容而度康济之略者,盖百不得一焉。"(《道古堂文集》卷十五《送江岷山知晋州序》)由此可见,那个时代的知识分子除了歌功颂德,粉饰太平,俯首从命,或者是钻故纸堆,做名副其实的两脚书橱之外,别的出路是没有的。在统治阶级文字狱的威胁和博学鸿词科的收买下,文坛笼罩着浓重的复古主义和形式主义的阴云,而一些反复古主义的主张也在文化专制主义的高压下,曲曲折折地产生了。其中,怒目裂眦,不泥古,不媚俗,力主"冗繁削尽留清瘦"的板桥先生,当推为首。

郑板桥的生涯,大部分是在社会底层度过的,尽管对他的身世还缺乏足够的资料加以论证,但可以肯定的是他自幼家境清贫,曾多次有过"爨下荒凉告绝薪,门前剥啄来催债"等痛苦经历。四十九岁才做了一个小小的"潦倒山东七品官"。五十九岁,他服官十年,目睹官场黑暗,遂有了归田之意。他认识到要实现自己"为官心存君国"的平生夙愿,无异于"如收败贯钱,如撑断港航"。他厌恶官场的尔虞我诈、趋炎附势种种肮脏勾当,愈加向往大自然风光,向往恬淡幽静的田园生活。他不甘心同流合污,随俗浮沉,却又无可奈何,只能不无凄凉地追求"秋云雁为伴,春雨鹤谋粱,去去好藏拙,满湖莼菜香"的那种与人无忤、与世无争的境界。六十一岁,他终因为民请赈开罪了大吏而罢官回乡了。临走时,他画竹并题诗告别潍县绅民:"乌纱掷去不为官,囊橐萧萧两袖寒;写取一枝清瘦竹,秋风江上作渔竿。"寥寥数语透露了郑板桥空怀远大抱负却无法施展的苦痛愤懑心情。

虽然做了几任县官,但穷画师的厄运却是他无法挣脱的。中秀才卖画,中举人卖画,中了进士当了十几年县太爷后依然卖画。郑板桥脱却乌纱,重披青衫,又回到民间来了。他声称自己是"从此江南一顽梗""单寒骨相难更"。为官十年,尚未失去书生本色,他要以一支彩笔,抒写性情,针砭时弊。

在仕宦生涯中,人民的疾苦和官场的黑暗,经常折磨着他。在现实面前的无能为力,又使他的性格更加疏宕洒脱,狂放不羁。痛苦与不平,使得他不顾文字狱的淫威,"日放高谈,臧否人物,无所顾忌",或侃侃而谈,或垂涕而道。百姓的水深火热和官场的黑暗腐败，使他更加厌恶文人那些名曰吟风弄月，实则为掩饰"乾隆盛世"纱幕下的血腥统治的帮闲之作。他终于"自树其帜"，"自出眼孔，自竖脊梁"地去搞创作、去做学问了。正是在这种生活环境驱使下，他的作品都是从实际出发，保持着鲜明的个性。用他自己的话来说便是："吾文若传，便是清诗清文，若不传，将并不能为清诗清文也，何必侈言前古哉？"他的这种独特的见解，不仅不是凭空产生，而且是以毕生的精力去付诸实践的。

（一）师法自然，"兼众妙之长"，反对拾古人唾余：

文坛萧条、万籁俱寂的清王朝，考据之学盛行，文人多埋头于故纸堆中，形式主义倾向严重，文艺界基本上已是一味追求古人笔墨趣味者的天下了。但郑板桥却敢于挺身而出，在"世间娓娓纤小之夫"的"扯东补西，拖张拽李，皆拾古人之唾余"的文风中，追求"血性"，"不泥古法，不执己见，惟在活而已矣"（《题画》）。

无论他的字、画还是诗文，皆"根肺腑""意在笔前"，而绝非摹拟前人、亦步亦趋。他"长游于古松、荒寺、平沙、远水、峭壁、墟墓之间"，仔细观察生活，在"纸窗粉壁日光月影中"览取创作的素材，做到烂熟于心，然后一笔挥就。

板桥以画著称，画则又以隽秀挺拔、有骨有节的竹见长。人以为画竹，要先胸有成竹，而板桥画竹，却是"胸无成竹"。在清晨淡淡的日影露气中，在新竹的疏枝密叶间，任感情自然迸发，"浓淡疏密，短长肥瘦，随手写去，自尔成局，其神理具足也"。任何艺术都有其渊源、师承关系的，板桥也不例外。他一生最推崇徐文长，自称是"青藤门下走狗"，常以徐文长的兰竹画为自己学习的范本。但是，他师法的是文长的"真气"，追求的是"神似"和"不谋而合"，而绝不简单仿效。板桥借鉴前人作品，值得提及的也就是他的这种"盖师其意不在迹象间"的态度。

自称"六分半体"的著名的"板桥体"，也是本着他这种治学态度而创造出来的。"板桥书法以汉八分杂入楷行草，以颜鲁公座位稿为行款"，他有目的地突破了字与画的界限，作画以书法相参，即用画兰的方法去写字，用写字的方法去画兰，"亦是怒不同人之意"。正因他的这种略其迹而取其意的学习和创造，才使他的字自成一体，有"极瘦硬之致"的美誉。

至于文章（包括时文、诗词、家书）更因其峭拔深挚、兀傲清劲的风格而脍炙人口，在四海之内广为流传。

他对当时流传的泥古文风十分憎恶，曾把摹拟古人"依样画葫芦"的文章比作奴婢学贵妇一样可笑可憎，并竭力予以贬斥。他竭力主张文章要追求"真气、真意、真趣"。"千古好文章，只是即景即情，得事得理，固不必引经断律。"在这种思想指导下，他的文章皆独出机杼，直抒胸臆，不事风雅，力避冷僻的典故和诘屈险怪的字词，具有晓畅简朴的特点。他的十首道情以处于社会底层的普通老百姓为题材，描写了渔翁、樵夫、塾师乃至和尚、道士等人的生活，并寄予同情。这是同时代文人作品不曾有过的。它思想的深沉、手法的新颖、语言的质朴，也是同时代诗人所无法比拟的。这十首道情全部口语化，近三百年来，家喻户晓，传唱不息，绝非偶然。他的写景诗更是清新跳脱，宛如一帧大自然的素描画，有些诗句的意境如"风从绿箬梢头响，云向青山缺处流"（《追忆莫愁湖纳凉》）、"村艇隔烟呼鸭鹜，酒家依岸扎篱笆"（《村居》）、"烟飘豆架青，香透疏篱竹"（《李氏小园》），都构思奇妙而又描写传神。诸如此类，不一一列举。这说明诗人对客观事物观察之细，探索之勤。

至于他的家书，更是亲切、诚挚，寓说理于风趣之中，像一家老小，促膝围坐，娓娓而谈，使人读来，觉得一股和睦其乐融融的天伦之乐气氛扑面而来。虽然写的多是些日常家庭琐事，却往往"言近指远"，发人深省，耐人寻味。

郑板桥，"顽仙也"。在附庸风雅、故作忸怩态的"锦绣才子者"流中和"满街都是名士"的历史时刻，他的"笔墨之外有主张"的治学态度和创作实践，恰似一缕清风吹进紧锁的铁窗，给当时的文苑诗坛带来新鲜的活气。

他吟诗作画，著文写字，处处都显示出他的独具一格的艺术特色。尤其是他的一些词曲和十首道情，表明了他的作品与民间文学的血缘关系，表明他是善于向民间文学学习的。郑板桥的难能可贵处也正在于此。

（二）"自出眼孔，自树脊梁"，反对摹拟剽窃：

郑板桥的治学是非常严谨的。他除了师法自然，独辟蹊径，走自己的创作道路外，最重要的要算他这种"不苟同俗"的态度了。

无论是评价古人还是做学问，搞创作，郑板桥都本着取道现实、坚持自己的"眼孔"和"脊梁"去独立思考，绝不人云亦云，趋风气，赶时髦。他力主文章要"理必归于圣贤，文必切于日用"。因此，他根据自己的见解，把文章分为大乘和小乘。凡切中时弊，能起经世济时作用而又寓意深刻的尊为大乘。某些咏花诵柳、无病呻吟、堆砌典故、雕琢辞藻，缺乏现实感的作品则贬之为小乘。

在他的身上，充满了一个艺术家的勇气，他敢于独具只眼地执着地褒贬前朝的作品和作家。他说："若王摩诘、赵子昂辈，不过前朝两画师耳！试看其平生诗文，可曾一句道着民间痛痒？"王安石说过这样一句话："看似寻常最奇崛，成如容易却艰辛。"我认为这两句诗也颇能拿来评价板桥，尽管他原来是说诗歌的自然本色的。当然，板桥的那几句话，似乎并不见有什么深奥处，但在文化专制十分严酷的清朝，能这样直言不讳、一针见血地议论前朝颇有声望地位的名家是不容易的。从中，不难窥见板桥从不把古人作为偶像顶礼膜拜的胆略与远见。

诗文贵在创新。现代诗人郭小川曾说："诗，应该新。前人写过的东西，也可以写，但一定要有新东西。"专以摹拟酷肖他人为能事，千人一面，千部一腔，则是诗歌创作的灾难。对此，郑板桥大声疾呼：诗文"切不可趋风气""岂容随声附和"！并挺身而出，表示要"自树其帜"，愿意"戴军劳帽，穿勇字背心，执水火棍"，甘为马前卒，为新的文风鸣锣开道。

当时的"千家养女先教曲，十里栽花算种田"的扬州，是全国的经济中心之一。麇集于此的达官贵人和富商大贾，于穷极无聊、酒醉饭饱之余，附庸风雅、舞文弄墨以点缀自己空虚的生活，因之也就出现了"以投时好"、专写庸俗低级空洞无聊的马屁文学的帮闲文人，他们或为谋求一官半职而奔走钻营，或卖身投靠，匍匐于权门之下自诩"名士""才子"而恬然不以为耻。然而郑板桥却"从不借诸人以为名"，他认为"老不得志，仰借于人，有何得意"？宁愿"落拓扬州一敝裘"，也不随波逐流，为人言所左右，被时尚所吸引。他尤其鄙视那些油头粉面、圆滑世故、八面玲珑、长袖善舞的名曰文人实为市侩一类的人物。他在一首《题石》中写道："扫尽浮云洗尽烟，为君移置案头前，吃烟莫漫来敲火，峭角圆时最可嫌。"毫不容情地嘲讽了这些无耻文人的卑劣行径。他"自铸伟词""自出己意"，坚持板桥的独立人格。板桥的一切作品均兴至则成，不加雕饰，皆是灵府天然的流露。若缺乏生活源泉，没有创作激情，他向来是宁可不做，也绝不一字苟吟的。所以他的作品都是他一颗赤子之心的自然流露，真情实感激荡的产物。在这位"才识放浪、磊落不羁""内行醇谨"却迹近疏狂的诗人笔下，格外显得墨沈淋漓，感情真挚。

一言以蔽之，综观板桥的作品，无论是他的情真意切的家书，还是清俊明快的诗词，或是愤世嫉俗、意味深长的道情，都是其"自立门户""自成一家"的标志。摹拟剽窃、矫揉造作与板桥是无缘的。在文艺作品中尚未彻底克服朦胧晦涩、生造硬凑、违反真实等错误倾向的今天，郑板桥热情真挚，"自刻苦，自愤激，自竖立"的文风，对我们不是很有借鉴作用的吗？

在给后世留下了偌大宝贵财富的众多的我国古代文学家、诗人中，郑板桥的成就或许不是最为杰出的。他既比不上李白、杜甫，也不能与韩柳欧苏相提并论。就是他生活的清朝，他也并未居于诗坛文苑泰斗的地位。或许就因为这一点，名家编写的文学史中，一般都没有郑燮的名字，即使有，也只是寥寥数语，一笔带过。然而，我们认为这是极不公正的。

清朝是历史上阶级、民族矛盾都异常尖锐的时代，是封建专制主义的末代王朝，全国封建统治的机器、组织繁复，等级森严，形成一张庞大的统治网，笼罩全国的是恐怖、残酷和黑暗。统治集团内部钩心斗角、自相残杀的丑剧，人民"卖儿鬻女，茕茕孑遗，不死即逃"的惨状，使板桥勉为清官的幻想破灭了。他对现实有激愤的一面，但由于他毕竟是个封建知识分子，存在着历史和阶级局限性，他寻求不到出路，以致苦闷、孤愤时时袭来。于是，他不得不"恣情山水，与骚人野衲作醉乡游"（《墨林今话》）。然而，即使"先生烂醉时"也从没有完全沉溺于湖光山色中，他没有忘记耳边的"萧萧竹"正是"民间疾苦声"。他厌恶那些官迷禄蠹，无视人民疾苦，把诗文作为跻身官场猎取利禄的敲门砖。他兴之所至，便嬉笑怒骂，指天斥地，喊出"难道天公，还钳恨口，不许长吁一两声"？这许多"墨点无多泪点多"的感人肺腑的作品，在那些正统的文人学士眼中，是不足道的。郑板桥的"怪"名，也正由此得来。有关郑板桥资料的缺乏，这也是一个原因。但是，谁又能否认，板桥作品的影响，比之袁枚、赵翼等人要大得多呢？

　　文艺理论家们是否应该对郑板桥作更深入的研究，以便重新评价这位诗人、画家在文学史上的地位，还其本来面目呢？

关于中国古典诗歌的几个问题

（一）

我国诗歌有将近三千年的历史，是世界上少有的诗歌古国。最早的《诗经》《楚辞》，乃至两汉古诗、乐府，三国魏的曹氏父子，陶渊明，以及阮籍、建安七子中王粲等人的作品，都是珍贵的古诗遗产。南北朝以后，诗逐渐趋于格律化了。鲍照、谢朓、庾信、阴铿是当时较著名的诗人。唐是我国古典诗歌的黄金时代，名家辈出、佳作如林，开了一代诗风，对后世影响巨大。李白、杜甫、白居易、杜牧、李商隐都是杰出的代表。他们的作品，流传千古，至今仍光芒四射，占有重要地位。宋代的苏轼、陆游、范成大、杨万里等人都给我们留下不少佳作。千百年来、传诵众口、富有生命力。经过元、明两代的消沉，到了清初，古典诗歌又出现了振兴的局面。陈子龙、屈大均、顾炎武、钱谦益、吴伟业以及稍晚的王士禛等人，乃是此中翘楚。整个有清一代，诗风不衰，其人物之盛，作品之富，影响之大，不特远胜于元、明，较之宋代，亦并无逊色。

词是根据乐曲填写的一种与音乐关系十分密切的文学形式。它始于唐，盛于宋。它上承唐诗，下启元明戏曲，是我国诗歌的主要形式之一。也是近体诗之外的另一种格律诗。唐、五代、两宋词人，都留下大量的优秀作品。晚唐、五代以温庭筠、韦庄、李煜诸家为最。宋词与唐诗并称，词人更是群星灿烂，不可胜数。宋词历来被分为豪放、婉约两大派，前者以苏轼、辛弃疾为代表，后者以柳永、秦观、周邦彦、李清照为代表，争妍斗艳，盛极一时。词到元代，渐趋衰落，为杂剧、散曲所取代。明代词也成就不大。但从明末清初开始,词的创作又活跃起来。朱彝尊、陈维崧是其中佼佼者。词,也如同诗那样,绵延不绝,直至近代,依旧可观。

(二)

《诗经》《楚辞》是最古老的诗体,前者以四言为主,后者名曰"骚体",它近于杂言诗,具有浓厚的荆楚地方色彩。汉魏乐府、古诗以五言为主。南朝的五言古诗,与魏晋已有不同,格律化的倾向逐渐明显。到了唐代,就发展成为完整的格律诗,正式出现了严格意义上的律诗、绝句,即今体诗或近体诗,它包括五言绝句、七言绝句、五言律句、七言律句、五言排律等。此外,还有六言诗和七言排律,殊不多见。

诗歌的形式可概括说明如下:1. 它必须押韵。近体诗押平水韵,词有词韵,现代新诗押大致相近的韵,押韵母相同的字。2. 格律诗(律诗、绝句)须讲平仄,非格律诗可不讲平仄(如古体诗),但应当有节奏,读来顺口悦耳,合乎自然音节。3. 律诗要对仗(通常是中间两联)。其他诗,则要求句法整齐协调,便于朗诵记忆。4. 不论是格律诗或非格律诗,都有自己特定的语言和修辞习惯,有时似乎不合一般语言逻辑(如倒装之类)。由于字数限制、句式固定,不能自由地直说,故它总比较凝练、含蓄、深沉,而且有时还得借助于典故的运用。

诗,包括格律诗和非格律诗,其基本特点可概括说明如下:1. 诗主要是抒情的,叙事、写景状物,都是为抒情服务的,所谓触景生情、情景交融等等,都可以表明它们的关系。甚至说理、议论也是为了表达诗人的思想感情。纯议论说理的诗,如宋代理学家的某些诗以及玄言诗、谈禅诗、佛家偈语等,也有人写过,但几乎都失败了。2. 诗是运用形象思维而不是运用逻辑思维来抒发诗人的思想感情,即它是通过艺术构思,用诗的语言塑造形象来表明诗人的爱憎和感受的。说理的诗同样要运用形象思维,做到让形象说话。3. 诗要有意境。意境是描写对象、即客观事物和诗人主观意识的艺术统一体。没有意境的诗,只能表明作者的主观和客观是分裂的、脱离的。这类诗,读了必然不能扣人心弦,不能引起联想、产生美感。4. 诗要有音乐美和图画美。音乐美是由诗的声调、音韵的循环往复、高低疾徐的交错而形成的。诗的平仄、韵脚以及节奏等，都是体现音乐美的必要手段。图画美则是由诗的形象生动的描绘、景物的鲜艳色彩构成的。所谓"诗中有画""诗情画意"就是这个意思，这类诗为数不少，都取得了较好的艺术效果。5. 诗应当驰骋想象，耐人寻味，发人深省，引起人们的思索、回味、补充和共鸣。优秀的诗歌作品都无不留有余地，绝不平铺直叙，把话说尽。读一首好诗，应如对故人，如饮醇酒，成为一种感情交流，一种美的享受。

诗的形式及其基本特点，是构成诗的必不可少的因素，尤以后者为重要。仅仅具备了诗的形式，不具备这些基本特点，不是、也不可能是好诗。

诗的基本特点乃是诗的灵魂。只有广泛地接触名篇佳作，熟读精研，深入进行艺术分析，理解其表现手法，才可能逐步加以掌握。

（三）

从上面粗略的叙述中，可以看出，中国古典诗歌源远流长，根基深厚，有着优秀的传统。到了二十世纪，它的发展道路却出现了曲折。第一次是一九一九年的"五四"运动，古典诗歌和文言文都曾受到猛烈的冲击。几经较量，结果，文言文的阵地一个一个被摧毁，市场越来越小，最后终于被白话文所取代。这以后，除了个别场合，一般都不再用文言文作文说话了，然而古典诗歌却经受住了这一场冲击，它并没有被冲垮。尽管白话新诗日益流行，作者和它所拥有的读者日见其多，古典诗歌却依然存在。不但未被新诗取代，而且出现了不少杰出的诗人和优秀作品，如柳亚子及其南社社员，如鲁迅、郭沫若、郁达夫、茅盾，与他们同时，以及稍晚一点的诗人，几乎都能写古典诗歌，并且取得成就。一部《近代诗抄》以及现代人编著的《中国民主革命诗话》，都有力地证明了这一点。至于诸如毛泽东、董必武、朱德、叶剑英、陈毅、陶铸等作者，他们生于十九世纪末或二十世纪初，既是终身从事革命事业的政治活动家，又是才气纵横的诗人。他们以自己的作品，起了承先启后的作用。他们继承了我国古典诗歌现实主义和浪漫主义传统，又为全国解放以后，特别是二十世纪五十年代古典诗歌创作的一度活跃和七八十年代古典诗歌的大量涌现，开辟了道路。

其中，尤以毛泽东同志的早期作品，更是脍炙人口。第二次冲击是发生在二十世纪六十年代中期的"文化大革命"。这次冲击甚至要比"五四"运动那一次冲击更猛烈，范围更深广。当然，确切地说，古典诗词的厄运，早在二十世纪五十年代中后期就开始了。政治上左倾路线的推行，特别是一九五七年的"反右"斗争扩大化，知识界已经出现了"文字贾祸"的事例。到了十年内乱时期，古典诗词被目为封建主义的"黑货"之一，列为"横扫"的对象，连伟大诗人杜甫都被贴上儒家的标签横遭批判。当年国内关于"诗无达诂"的一场争论，以及某些作者由此而遭到株连的历史事实，都历历在目，记忆犹新。这一时期，诗人，尤其是古典诗歌作者，往往首当其冲，很少能逃脱挨整被斗的命运。但奇怪的是，尽管古典诗歌在这一场空前浩劫中遭到了极其深重的打击，作品被抄、被毁，作者横遭摧残的也不在少数，古典诗歌却并未从此一蹶不振或销声匿迹了。甚至还在"四人帮"当道的一九七六年四月，北京天安门事件中出现的大量的慷慨悲歌的作品，多半属于古典诗歌一类。这些诗歌作者多半是青年人，只有一部分是中老年人。尽管其中有些作品属于急就性质，不免粗糙，但其艺术感染力是巨大的。这，谁也无法否认。这也可见，古典诗歌的群众基础是何等深厚，其生命力又是何等强大！而在"四人帮"被粉碎后，随着党中央拨乱反正之取得成效，文艺事业又重新走上了健康发展的道路，古典诗歌也萌发了生机。尤其是十一届三中全会以来这几年，在新形势的鼓舞下，许多作者又重新拿起笔来。各地诗社组织犹如雨后春笋，纷纷夺土而出，虽无正式统计，粗粗算来，总不下百数。尤以广州为突出。其他如湖南、湖北、江苏、上海、浙江、福建、广东、广西、甘肃、宁夏、青海等省区，都先后成立了诗社，有些地区则正在筹备。其中影响较大、人数较多的，如广州诗社、湖南岳麓诗社、洞庭诗社、湖北黄冈东坡赤壁诗社、广西桂海诗社、江苏江南诗词学会、上海半江诗社、扬州绿杨诗社、常州舣舟诗社以及兰州诗词学会等，都经常开展活动，刊印诗集、出版书刊。至于报纸、杂志和诗词读物方面，如广州有《当代诗词》《诗词集刊》《诗词报》，上海有《词学》，岳阳编印《洞庭诗选》，黄冈有《东壁赤壁诗词》《黄州诗抄》，南宁有《桂海诗抄》，长沙有《岳麓诗词》《湖湘诗萃》，广东韶关诗社有《韶音》，江南诗词学会有《江南诗词》，兰州出版了《江河集》，福建出版了《倾盖集》，兰州诗词学会有《诗词丛刊》，吉林有《长白山诗词》，都拥有不少读者，取得了较好的社会效果。其他个人或组织自费印制，内部交流的比比皆是。各地文艺刊物也陆续开辟专栏，提供篇幅，如北京的《诗刊》，兰州的《飞天》，岳阳的《洞庭湖》，石家庄的《女子文学》，西宁的《雪莲》，黄石的《散花》等，都有大体固定的版面刊登古典诗歌作品。不定期刊登这类作品的报刊则几乎遍及全国。可见其兴盛之一斑。读者面也在迅速扩大。广州《当代诗词》每期销行二万多册。一九八二年编印的《洞庭诗选》初版一万八千册，不久就销售一空，现已编选第三辑。凡此均足以说明读者对古典诗歌欢迎之程度。作者，则除了原有队伍外，青年人正在不断补充进来。已经发现的最小年纪的作者只有十九岁，甚至还有小学生能诗的。这两年，大批老干部从第一线退了下来，加入了作者队伍，使得古典诗歌的创作更上了一层楼。后继有人，前景可喜，所有这些，都可说是建国以来所不曾有过的。

（四）

这几年古典诗歌的发展进程，无可辩驳地证明，作为一种文学形式，它并未走向衰亡。也绝不是像某些数典忘祖、被民族虚无主义蒙住了双眼的妄人所断言的那样，它是陈旧的，因而是必须加以打倒的事物。恰恰相反，古典诗歌不但两千多年来曾给予人们以如此丰富的滋养和如此巨大的鼓舞，即以近半个多世纪而言，它对人民、对革命事业也是有贡献的。像秋瑾的诗，柳亚子的诗，鲁迅的诗，毛泽东的诗，其流传之广，感人之深，远非同类题材的新诗所可比拟。鉴往知来，那么古典诗歌今后同样可为建设两个文明服务，为社会主义服务，则是无疑的了。所以，我们展望未来，觉得古典诗歌的前途是广阔的，因而是完全可以乐观的。

不过，也应该看到，古典诗歌在祖国大陆是被冷落的。虽说目前已有了一定程度的恢复和发展，但还不算真正繁荣。比起港澳、台湾地区来，差距更大。（这一两年，仅香港一地就公开出版了当代作者的诗集一二十种。）这种冷落，具体表现在：1. 正统的现代、当代文学史对古典诗歌的创作及其状况都避而不谈；2. 古典诗歌作品出书不易，除了革命领袖和鲁迅、郭沫若以及中央负责同志外，古典诗歌个人专集或合集出得非常之少，勉强出了，印数也非常之少；3. 报纸副刊和文艺刊物之经常刊登诗词作品者，仍屈指可数；4. 评论诗词作品，一般只着眼于古代，对现代、当代诗词则往往视而不见；5. 高等学校中文系很少专题讲授现代、当代诗词作品，即使有，也只是在介绍某一作家或文化名人的成就时偶一提及而已。中文系学生不爱、不懂中国古典诗歌的现象相当普遍。造成这种不正常现象的原因，主要有以下几点：1. "左"的流毒远未肃清。一些人总是喜欢贬低古典诗歌，总是把它看作是封建主义的精神产品，看作是与新时代格格不入的旧的文学形式。另一些人则过分渲染了古典诗难学难懂的一面，片面地强调了诗词格律对人的所谓束缚。2. 由于十年内乱给作者们造成的精神创伤尚未愈合，不少人一想起当年因作诗所受的磨难，不免心有余悸，为了少惹是非，干脆搁笔不写了。偶有所作，也仅供自我欣赏，绝不肯轻易示人。3. 古典诗歌的普及工作做得不够。十年内乱，制造了空白，使得整整一代人陷于愚昧状态，不知唐诗、宋词为何物。现在，中小学语文课本，算是开始有一点这方面的内容，但讲得很少，很肤浅，虚应故事。即便是大学中文系讲唐诗、宋词，也较少从诗词本身的特点进行深入的艺术分析。讲古代文学、古代汉语的教师，不懂得诗词格律，自己也不会作诗，不会吟诗，连门面也应付不了。这样，学生又怎么会对古典诗歌发生兴趣呢？4. 报刊编辑部三十五岁以下的编辑人员一般都缺乏古典诗歌的基本知识，他们不知道该怎样评价这些作品，也不知道该怎样处理这方面来稿。因而他们或则一概拒之门外（有些报刊从不刊登这类作品，原因在此），或则是只着眼于作品的思想内容、时代气息、生活气息之类，并不能正确区分作品的优劣。这就必然导致某些堆垛革命辞藻，貌似进步却内容空洞、油味十足诗味毫无、以假乱真的所谓诗词作品，经常充斥版面。5. 作者本身也存在着问题。今天，大量平庸的乃至低劣的作品之得以公开发表，报刊编辑部固不能辞其咎，而作者写作态度不严肃、不端正，粗制滥造，也是因素之一。

　　如上所述，古典诗歌是有它的基本特点的，这些基本特点并不是一个早上就能充分认识和全部掌握的。因此，作诗填词绝不是轻而易举的事。我们诚然很不赞成"束缚"论，不赞成把古典诗歌神秘化，把自然形成的诗词格律看成是捆住人的手脚、不可解脱的绳索。我们也不赞成某些人的做法，他们急于求成，在尚未具备这种能力、即认识和掌握古典诗歌的基本特点以前，就率尔下笔了。作诗填词，虽不是高不可攀的天外险峰，但它毕竟要求作者懂一点格律知识，懂一点古汉语和历史知识，也还得学会运用诗词的特殊修辞方式。有些诗词爱好者文化水平不高，有些青年人文言文基础薄弱，有些人甚至根本没有接触过多少古代文学作品，就想吟诗填词了，其勇气固属可嘉，但成功率一定是极低的。

（五）

正是由于上述种种原因，全国解放三十五年了，至今没有出现一部比较有分量的、有较高价值的、能综观全局的当代的古典诗歌的选本。我国的诗词创作，这一时期经历了什么样的道路？取得了什么样的成就？存在着什么样的问题？现在又处于什么样的地位？它的历史经验和教训是什么？它的现状和今后的发展方向又是怎样？所有这些问题，好像谁都不曾认真研究过，因而都还是个谜。我们编选《中国当代诗词选》，不是也不可能是为了试图解答所有上面提出的问题。我们的意图，仅仅在于有限度地借此检阅一下建国以来诗词创作的成就。我们希望，通过本书的问世，能起到肯定成绩、鼓舞士气、增强信心、繁荣创作的作用。还希望本书的出版，能对最广泛地团结国内和海外作者，交流经验，切磋诗艺，以提高古典诗歌的社会地位并扩大其影响，稍尽绵薄。这无疑是一项十分迫切却又相当艰巨的任务。这项任务完成得如何？本书到底将要收到什么样的社会效果和得到什么样的评价，是需要经过实践的检验，经过广大读者和社会舆论的评判而后才可能作出解答的。

我们期待着广大读者对本书的宝贵意见，尤其希望不断听到港澳、台湾同胞及海外侨胞的反响。

（一九八五年一月初稿，二月改定）

略谈关汉卿剧作的语言风格

关汉卿是我国十三世纪杰出的戏剧家,也是中国文学史上屈指可数的戏剧语言巨匠之一。他以自己的辛勤劳动,为人民写下了六十多种杂剧,流传下来的有十几种。他仅存的十几种杂剧之所以如此精彩纷呈、引人入胜,其主要原因之一,就在于他擅长运用丰富多姿、别具一格的语言,叩动了读者和观众的心弦。历代文学史家们给他以高度的评价,这绝不是偶然的。

一、质朴自然,字字本色

文学是语言的艺术。不同气质、不同风格的剧作家,在语言的运用上也往往是春兰、夏荷、秋菊、冬梅,千态万状,各极其致。关汉卿在曲词方面,以精美、自然,曲尽人情、本色当行见长,成为元人杂剧中本色派的代表。

凡是有丰富舞台经验的戏曲作家或戏曲理论家总是重视语言的本色的。臧晋叔在《元曲选序》中说:"宇内贵贱妍媸幽明离合之故,奚啻千百其状,而填词者必须人习其方言,事肖其本色,境无旁溢,语无外假。"对于宇宙内"千百其状"的事物要按照它们本来的面貌进行描绘,这就是"事肖其本色";对于社会生活中贵贱妍媸的人物,要根据不同人物的性格、环境,模仿不同人物的不同声口来说话,这就是"人习其方言"。戏曲要真正做到"人习其方言,事肖其本色",也就是说按照生活的本来面貌来描写剧中人物和事件,那么,曲词首先要朴素自然、通俗浅显,要广泛地吸收、提炼、运用人民群众生动活泼的语言,绘声绘色地反映现实生活。这样才可能达到"境无旁溢""语无外假"。这是符合戏曲创作的现实主义原则的。

戏剧是一种"一次过"的艺术,首先的要求是语言生动。因为戏剧毕竟和小说不一样,小说看不懂的地方可以反复看,再三回味,可在剧场里看戏却没有这种反复多次的余地。关汉卿深知"戏文做与读书人与不读书人同看,故贵浅而不贵深"。他不愿因袭传统文人那一套拏扯饤饾、咬文嚼字、装腔作势、艰深晦涩的文风,而是在剧本中处处表现了质朴自然,通俗易懂,明白如话,如同胸中自然流出,"不工而工"的风格。表现这种风格的唱词,在他的代表作《窦娥冤》中比比皆是。试看窦娥在处斩以前对她婆婆说的一段宾白:

婆婆,那张驴儿把毒药放在羊肚儿汤里,实指望药死了你,要霸占我为妻。不想婆婆让与他老子吃,倒把他老子药死了。我怕连累婆婆,屈招了药死公公,今日赴法场典刑。婆婆,此后遇着冬时年节,月一十五,有瀽不了的浆水饭,瀽半碗儿与我吃;烧不了的纸钱,与窦娥我烧一陌儿。则是看你死的孩儿面上!

这段话是从前面一连串的情节和窦娥本身的性格中自然引发出来的,没有什么外加的东西,而是恰如其分地表现了生活。说白平淡无奇,然而这里却摆出了无可辩驳的事实:一个为了怕连累婆婆甘心替她招承死罪的窦娥,却被当作谋杀公公的罪犯处斩。这就用不着作者任何主观的宣传,事实本身就有力地揭示了统治阶级的是非颠倒、黑白不分。这在封建社会是带有普遍性的现象。同时,我们还要看到像窦娥这样一个媳妇,她牺牲了自己的生命,承担了这一家的灾难,然而直到她临死时,也只要求她婆婆给她一点瀽不了的浆水饭,烧不了的纸钱,还是要她婆婆看在那死了的孩儿面上。这不是鲜血淋漓地揭示了这个从小给人作童养媳的青年妇女的恶劣处境和悲惨命运吗?

再看《窦娥冤》中第一次出现在我们面前的窦天章的那一段独白:

读尽缥缃万卷书,可怜贫杀马相如,汉庭一日承恩召,不说当垆说子虚。小生姓窦,名天章,祖贯长安京兆人也。幼习儒业,饱有文章,争奈时运不通,功名未遂。不幸浑家亡化已过,撇下这个女孩儿,小字端云,从三岁上亡了她母亲,如今孩儿七岁了也。小生一贫如洗,流落在这楚州居住。此间一个蔡婆婆,她家广有钱物,小生因无盘缠,曾借了她二十两银子,到今本利该对还她四十两。她数次问小生索取,教我把甚么还她?谁想蔡婆婆常常着人来说,要小生女孩儿做她儿媳妇。况如今春榜动,选场开,正待上朝取应,又苦盘缠缺少。小生出于无奈,只得将女孩儿端云送与蔡婆婆做儿媳妇去。嗨,这个那里是做媳妇?分明是卖与她一般……

此段独白,窦天章从叙述自己的身世开始,引出了卖窦娥的原因。在这里,也没有多少艳词丽句,而只是清一色的口语,读来条理清晰,情真意切。在这朴素的字里行间却透露出被高利贷压弯了腰的落魄书生的内心矛盾和忧愁苦恼。女儿自幼丧母,眼下自己又要把她卖掉。这对于窦天章来说,难免要受到良心的谴责。功名利禄在无情地催逼和折磨着他。蔡婆婆索取钱债又如此之急,并多次提出要窦娥做她的儿媳妇。为了上朝取应,只好忍受着骨肉分离的痛苦,将女儿送与蔡婆婆。除了走这条路能救燃眉之急外,还能有什么别的办法呢?这段独白没有什么形容词,也没有特别安排的句法,有的只是朴实无华的叙述。窦天章的身世以及他复杂而矛盾苦闷的内心世界,却都一一袒露在我们面前,这不能不归功于作者本色的语言艺术。

戏剧语言怎样才能做到本色呢?首先是精心选择生活素材,其次是巧妙地运用语言。社会现象千变万化,生活素材无限丰富。然而有些是表现了生活本质的,有些则只是一堆杂乱的表面现象。作者在安排人物,设计情节之前先要有所选择。关汉卿的《窦娥冤》所以写得本色动人,是由于他在当时现实生活里所选择的素材是件骇人听闻的冤案。这对当时的黑暗政治来说,是个强烈的控诉。

试看《窦娥冤》中的两支曲子:

《端正好》:"没来由犯王法,不提防遭刑宪,叫声屈动地惊天,顷刻间游魂先赴森罗殿,怎不将天地也生埋怨。"

在这几句唱词里,把窦娥临刑时内心极度的压抑用悲愤惨痛的语言,奔迸地倾泻了出来。

《滚绣球》:"有日月朝暮悬,有鬼神掌着生死权,天地也,只合把清浊分辨,可怎生糊突了盗跖颜渊:为善的受穷更命短;造恶的享富贵又寿延,天地也,做得个怕硬欺软,却原来也这般顺水推船。地也,你不分好歹何为地!天也,你错勘贤愚枉做天!哎,只落得两眼泪涟涟。"

这支曲子,把窦娥临死叫屈的复杂心理,更是刻画得生动有力。不仅仅是《窦娥冤》如此,他的其他作品,如《诈妮子》《拜月亭》《救风尘》等剧的语言也都淳朴平易,以本色取胜。这方面的实例并不少。

本色的语言要求恰如其分地如实地表现生活,反映现实,浮泛的空话和华丽的绮语在这里都是格格不入的。例如,关汉卿剧作《拜月亭》第三折王瑞兰对妹妹的口不随心的谈吐:

(小旦云了)咱无那女婿呵快活,有女婿呵受苦。(小旦云了)你听我说波。

《滚绣球》:"女婿行但沾惹,六亲每早是说。又道是丈夫行亲热,爷娘行特地心别,而今要衣呵满箱奁,要食呵尽哺啜,到晚来更绣衾铺设。我这儿里牵挂处无些,直睡到冷清清宝鼎沉烟灭,明皎皎纱窗月影斜,有甚唇舌。"

这段曲文的语言没有任何夸饰,确是做到了晓畅有力,读之朗朗上口,很能表达出剧中人物的神理,形象也鲜明生动。

出色即本色。戏剧语言的本色,决定于作家对现实认识的清楚、是非观念的分明和生活知识的丰富。这样,他就有可能从日常生活里吸取生动活泼的语言材料,还现实以本来面目,并通过它来打动观众和读者,而不必从书本上去搬弄模拟。一切当行本色的戏剧家在语言上有其共同的特征,关汉卿在这方面的成就更其突出。如《窦娥冤》中第三折的三桩誓愿,就很有代表性:

《耍孩儿》:"不是我窦娥罚下这等无头愿,委实的冤情不浅,若没些儿灵圣与世人传,也不见得湛湛青天。我不要半星热血红尘洒,都只在八尺旗枪素练悬。等他四下里皆瞧见,这就是咱苌弘化碧,望帝啼鹃。"

《二煞》:"你道是暑气暄,不是那下雪天;岂不闻飞霜六月因邹衍?若果有一腔怨气喷如火,定要感的六出冰花滚似绵,免着我尸骸现;要什么素车白马,断送出古陌荒阡!"

《一煞》:"你道是天公不可期,人心不可怜,不知皇天也肯从人愿。做甚么三年不见甘霖降,也只为东海曾经孝妇冤;如今轮到你山阳县。这都是官吏每无心正法,使百姓有口难言。"

《煞尾》:"浮云为我阴,悲风为我旋,三桩儿誓愿明题遍。婆婆也,直等待雪飞六月,亢旱三年呵,那其间才把你个屈死的冤魂这窦娥显。"

信笔写来,随意挥洒,简直都是脱口而出的语言,而且形象鲜明,意境高远,热情飞迸,所谓"于平易处见工",就是这个意思,锻字炼句,把口语提到了诗剧语言的高度。广泛地吸收、提炼、使用人民群众生动活泼的语言,绘声绘色地反映现实,让本色与诗意完美地结合起来,关汉卿是个成功的例子。

关汉卿蔑视陈词滥调,摒弃无病呻吟的文人墨客腔。他善于吸取人民群众的口头语里的各种有益的成分,作为他在文艺创作上的养料。他善于大量使用经过提炼的人民大众的口头语,使用别人所不屑和认为低级下流的俚语。例如:描写生活贫苦,他虽然也使用元代作家通用的"烧地匝人,炙地眠",但是"家里饿皮脸也,揭了锅儿底也"(《赵盼儿风月救风尘》第一折的宾白)是别人所不敢用的。又如"撺掇"作为一个动词来用,原是"用语言怂恿别人去做他所不肯做的事情"的意思。关汉卿在《窦娥冤》第四折描写窦娥的鬼魂驾着阴风去找她的父亲替她报仇的时候说:"慢腾腾昏地里走,足律律旋风中来,则被这雾锁云埋,撺掇的鬼魂快。"他不单是把"撺掇"用作非人的旋风的动作,而且反过来说是旋风在雾锁云埋的层层障碍中催促着鬼魂前进。他活用词汇,借助拟人的手法,表达了新的意义。关汉卿在语言的本色上,也很喜欢使用民间流行的成语,然而并不是简单地用来证明或补充他的一个什么说法或见解。例如《窦娥冤》第一折里窦娥讽刺蔡婆婆招了张驴儿的爸爸做接脚的丈夫的话:"梳着个霜雪般白髻,怎将这云霞般锦帕兜?怪不得女大不中留。"这个"女大不中留,留来留去留成仇"的俗语用在一个六十多岁的老寡妇身上,正好说明关汉卿是"珠玑语唾自然流,金玉词源即便有,玲珑肺腑天生就"(明代贾仲明"凌波仙"曲)的。关汉卿也很会恰当地运用人民群众所喜爱的俏皮话,例如:"窨子里秋月——不曾见这等食","曹司翻旧案——休想","肋底下插柴——自忍"都用得恰如其分,并不是故意装点,或是勉强拿来遮饰自己语言的贫乏干枯。他也很会巧妙地运用人民群众常常在口头上讲的同音双关，以增加剧本在演出方面的活泼气氛。例如："今日也大姐，明日也大姐，出了一个包儿脓"（《赵盼儿风月救风尘》第一折宾白），"大姐"谐"大疖"和"待挤"，语意双关，增添了科白的妙趣。

本色派创作的一些动人的曲子或宾白，是服从于人物性格和情节发展的需要，并从中自然流露出来的。这种曲白，对上文来说，它是一连串新的剧情的起点。故本色的戏剧语言要求言简意深，词浅旨远，即用通俗的语言表现内在的深刻含义。李渔在《闲情偶寄》一卷《李笠翁曲话》中说："以其深而出之以浅"，"能从浅处见才，方是文章书手"。他主张戏剧语言贵"浅显"，忌"粗俗"，因为戏剧是雅俗共赏的，有着广泛的群众性，同时观众看戏是耳目并用的紧张的精神活动，那种艰深难懂的语言是不能有的。关汉卿深知这一点，因此他的戏剧语言就不只是浅出，而且是达到了深入；不仅仅是简明，而且还内涵丰富；不仅仅是朴素，而且是醇厚。就像饮酒一样，入唇虽淡却余香满口，回味无穷。

试看《杜蕊娘智赏金线池》第一折《混江龙》一出：

无钱的可要亲近，则除是驴生戟角瓮生根。佛留下四百八门衣饭，俺占着七十二位凶神。才定脚谢馆接迎新子弟，转回头霸陵谁识旧将军。投奔我的都是那矜爷害娘、冻妻饿子、拆屋卖田，提瓦罐爻槌运；那些个慭悲为本，多则是板障为门。

此曲文生动泼辣，毕肖妓女杜蕊娘的身份和口吻。可见，关汉卿驾驭语言的能力是十分惊人的。

关汉卿剧作的语言本色，主要是为了给人以集中的强烈的鲜明印象，使得人物形象更加突出，剧情组织得疏密相间，繁简得当，使人读来既感到严守绳墨、无懈可击，又觉得中心突出，高潮迭起，摇曳多姿。

二、身当其处，语肖其人

本色的戏曲语言，由于跟生活的本来面貌相一致，因此它必然是富于生活气息的，又由于它模仿不同的人物声口来说话，又必是个性化的。臧晋叔说："总之曲有名家，有行家。名家者出入乐府，文采烂然，在淹通闳博之士，皆优为之。行家者随所扮演，无不摹拟曲尽，宛若身当其处，而几忘其事之乌有，能使人快者掀髯，愤者扼腕，悲者掩泣，羡者色飞，是惟优孟衣冠，然后可与于此，故称曲上乘，首曰当行。"（《元曲选序·二》）也就是说作者笔下的人物，总是随身份、地位、性格的不同，其语言也具有不同的色彩。

戏剧语言，是人物的心声，性格各殊，谈吐亦异。清代李渔十分重视戏剧语言的性格化，要求做到"说何人，肖何人"。剧作家写人物语言"宜从脚色起"，即要根据人物的身份和性格，"说张三要像张三，难通融于李四……"作者必须苦思熟虑："如此情节，如此时机，应该说什么，应该怎么说，一声哀叹或胜于滔滔不绝，吞吐一语或沉吟半晌，也强于一泻无余。说什么固然重要，怎么说却更是个关键。说什么可以泛泛交代，怎么说却必须洞悉人物的性格，说出掏心窝的话来。说什么可以不考虑出奇制胜，怎么说却要求妙语惊人。"（老舍《话剧语言》，见《北京文艺》1979年第4期，第78页）也就是说戏剧语言要做到性格化，作者必须了解和熟悉人物，必须体验和把握人物的"心曲隐微""欲代此一人立言，先宜代此一人立心"。作家要进入角色，就得同人物打成一片。只有这样，才能用独特的语言表现人物的性格，做到"说一人，肖一人，勿使雷同，弗使浮泛"。关汉卿剧作中的人物语言的个性化，就在于他能时时扣紧戏剧冲突，对人物不作全面平涂，而总是置人物于尖锐的矛盾和斗争中，活动于典型环境中，使人物各具特色，各呈面目，个性更加鲜明，形象更加生动逼真，以使读者观其言，即知其人，闻其声，便明其性。

现在让我们进入窦娥生活的世界里去：

关汉卿笔下的青年妇女窦娥，这位出身于书香人家的童养媳，在做了寡妇以后，虽然"气性儿最不好惹的"，但也不过有些空闺自守、孤单寂寞之感，不过是"情怀冗冗，心绪悠悠"而已。

> 莫不是前世里烧香不到头？今也波生招祸尤。劝今人早将来世修，我将这婆侍养，我将这服孝守，我言词须应口。

作者通过这段语言的描叙，使我们清楚地看到，窦娥是一位禀性驯良、厚道的妇女。她除了守寡、侍奉婆婆、修修来世，过一种安分守己的生活之外，很难设想，她对生活还有些别的什么企求，这也完全符合她当时所处的典型环境。

然而，这么一位善良安分、温柔敦厚的女性，在突然来临的横暴势力的逼迫下，却一变而为世界上最粗野、最泼辣，也是最可爱可敬的人。在张驴儿把谋财害命的罪名强加在她头上，在"挂千般拷打，万种凌逼，一杖下，一道血，一层皮"的毒刑逼供下，她的幻想和信念一齐破灭了。这位本来没有杀人，却敢于反抗张驴儿欺凌的倔强女性，在"没来由犯王法，不提防遭刑宪"的情况下，满腹冤屈和怨愤，终于促使她发出了惊天地泣鬼神的呼喊："地也，你不分好歹何为地！天也，你错勘贤愚枉做天！"在封建社会，长期处于神权统治下的普通妇女窦娥竟然公开谴责天地，对神权进行了大胆的挑战，这需要多么巨大的勇气！

关汉卿在这段"意深词浅"的曲词之中，以他奇伟的才思、磅礴的笔力，写出了封建社会千千万万被压迫者的心声，展示了人物的性格，把窦娥临死叫屈的复杂心理刻画得淋漓尽致。一位大胆、不屈服的妇女形象，浮现在人们眼前。在这里，窦娥的反抗性格，也就如同火山爆发，闪耀出了最强烈的斗争火花。一个本来非常温良的妇女，现在却发出了如此"粗野""泼辣"、震人心弦的怒吼！居于纲常之首的、神圣不可侵犯的"天地"，那个千百年来被封建统治者一手树立的偶像，顷刻间一齐倾塌了。正是在叫天天不应、叫地地不灵、申诉无门这样的社会环境的压力下，逼得她——这个性格正直、顽强的妇女达到爆炸的程度。

如上所述，本色语言要符合人物的个性。关汉卿是做到了这一点的。他剧本中的各色人物，往往一出场，一开口，就使人如见其人，如闻其声。如《救风尘》第四折，赵盼儿赚得了周舍的休书，和宋引章一起逃走，被周舍赶上后，无赖的周舍便说赵盼儿发过誓，是他的老婆。这时赵盼儿唱道：

俺须是卖空虚，凭着那说来的言咒誓为活路，遍花街请到娼家女，那一个不对着名香、宝烛，那一个不指着皇天后土，那一个不赌着鬼戳神诛，若信这咒誓言，早死的绝门户。

没有读过关汉卿剧本的人，只要读这隽永、爽利、尖锐，像匕首，似投枪，品之有味，掷地有声的语言，也知道它一定是出自一个机智老练、爽直泼辣的妓女之口。在个性化的本色语言中一个指手骂贼的妓女形象不是矗立在我们面前了吗？正如高尔基所指出的："必须把剧中人物做成这样，要使他的每一句话和一举一动的意义完全清楚，要使他像活人一样会被蔑视、憎恨和喜爱。"（高尔基《论剧本》，《剧本》1953年9月）这里妓女骂花花公子，真是痛快淋漓，使读者对赵盼儿这个人物形象更为喜爱。

关汉卿的戏剧语言切合人物的性格，还可以举出许多生动的例子。试看《拜月亭》中的语言，清丽、妩媚，用来描写一个闺阁千金的心理和感情是很合适的。如第一折写王瑞兰"走雨"的《油葫芦》：

> 分明是风雨催人辞故国，行一步一叹息，两行愁泪脸边垂，一点雨间一行凄惶泪，一阵风对一声长吁气，嗨，百忙里一步一撒，嗨，索与他一步一提。这一对绣鞋儿分不得帮和底，稠紧紧粘软软带着淤泥。

这是历代批评家都称颂的佳曲。又如《单刀会》的语言，豪迈壮阔，长于挥洒英雄、烈士襟怀。第四折有名的两支曲子：

《新水令》："大江东去浪千叠，引着这数十人驾着这小舟一叶。又不比九重龙凤阙，可正是千丈虎狼穴。大丈夫心烈，我觑这单刀会似赛村社。"

《驻马听》："水涌山叠，年少周郎何处也，不觉的灰飞烟灭，可怜黄盖转伤嗟，破曹的樯橹一时绝，鏖兵的江水犹然热，好教我情惨切。（云）这也不是江水，（唱）二十年，流不尽的英雄血。"

前一曲气势磅礴，抒发了关羽过江赴会，在进入一场险恶的斗争之前如何地藐视敌人、不畏险阻的凌云豪气；后一曲感慨苍凉，"二十年，流不尽的英雄血"一句，更是神来之笔。凡是读过宋朝大诗人苏轼词"大江东去，浪淘尽，千古风流人物"的人，看到这两支曲子都会自然地发生联想。关汉卿熔铸了苏词，继承了那种"铜琶铁板"的豪放风格，又有所发展。经过自己的独创，不但出色地表现了关羽的英雄气概，使关羽的形象浮雕一般地出现在我们的眼前,而且更深地开掘了主题。这"二十年流不尽的英雄血"一句,在认识上大大地高于苏轼。关汉卿是一个天才的作家,综合了人物心灵深处的各种性格因素,使他笔下塑造的人物成为活生生的人,成为运动着的人,并以自己的活动方式呈现着血肉丰满的活人的形象。赵盼儿只能说赵盼儿的话,她唱不出:"地也,你不分好歹何为地,天也,你错勘贤愚枉做天。"窦娥也不会说:"一不做,二不休,拼了个由他咒也波咒,不是我说大口,怎出得我这烟月手。"关汉卿笔下能塑造出如此众多而又惟妙惟肖的人物形象,在我国古典戏剧作家中,还没有一个人能赶上和超过他。这主要是由于他的剧作能做到身当其处,语肖其人,至今闪耀着迷人的艺术光辉。

  本色一般是就语言的自然质朴、很少装饰或假借而说的。语言是思想的外衣。语言的本色归根到底决定于思想内容的要求。一个接近人民群众、熟悉当时社会各种人物的作家,可以按照现实生活的本来面貌来写戏。他的戏曲语言必然是本色的。如果他对古代优秀的文学遗产包括诗词歌赋有高深的造诣,能掌握传统诗歌的表现手法,那就可以在本色的基础上设色加工,做到推陈出新。反之,如果是一个头脑空虚、远离生活的作家,对社会现实缺乏感性认识,对人民的愿望要求又一无所知,自然只能单纯依靠搬弄书本材料来写戏了,即使写得文采烂然,也只能成为封建文人案头欣赏之作罢了,不可能通过舞台演出对广大观众产生积极的影响。关汉卿之所以能够写出"本色"之言,是因为他老老实实地丢掉读书人的臭架子,从与人民群众——特别是当时为统治阶级所压迫的,为正统的封建文人所轻视的"街市小民"的实际接触和联系中撷取并运用他们活生生的语言。关汉卿置身于社会底层,走向勾栏行院与当时许多沉沦在苦海里的妇女及环绕着她们的下层社会人物接近,渐渐地使他从思想感情上了解她们,政治态度上同情她们;同时通过她们又掌握了各种民间艺术的表现手法,熟悉了小市民阶层语言的各种表现形式。这是他能以"本色"为主,逐步形成他独特的语言风格的一个重要条件。关汉卿立足于现实,但并不机械地摹写现实。正因为关汉卿注意深入生活,体验生活,所以他的剧本有不少揭露了当时社会的黑暗,描述了被压迫者的苦难和反抗精神,集中地体现出人民的希望和理想。同时,关汉卿剧作中的语言之所以朴实自然,生动活泼,既富有生活气息,又具有艺术韵味,这正是他熟悉平民语言,熟悉民间文学,并加以兼收并蓄,灵活运用,再经过自己的艺术加工不断创新的结果。所有这些,至今仍值得我们借鉴。

(1982年)

关于施耐庵文物史料的几个问题

一、小　引

在古代文学的教学，特别是元明清文学的教学过程中，往往碰到一些难题，就是某些作家的生平问题。例如著名剧作家王实甫，小说作家施耐庵、罗贯中、兰陵笑笑生等。由于资料缺乏，在介绍作者及其写作背景时，只能语焉不详，或一笔带过。尤其是施耐庵其人其事，简直是一片空白，无从谈起。因此，长期以来，在这个问题上，言人人殊，发生过不少争议。其焦点是：1. 施耐庵是否实有其人？ 2. 施耐庵是不是《水浒传》作者？ 3. 施耐庵到底是哪个地方人？他的身世以及创作活动又是如何？多少年来，以上述问题为中心，国内外学术界曾进行了探讨，取得了成绩。但终以资料不足，故虽有发现，仍未能获得重大突破，得出过硬的、令人信服的结论。

我曾于一九八二年专程到江苏省兴化县。此行目的在于想实地考察有关施耐庵的文物史料，并访问施家桥等地，与施氏子孙接触，以便从中得到一点感性知识，使今后讲授《水浒》时，多少有些发言权。赴兴化之前，曾在上海会晤了四月间到过兴化的同志。途经镇江时，又拜访了熟悉当地情况的兴化籍同志，得到了他们的指点。到达兴化后，有关部门为我的参观考察作了周到安排，提供了种种方便。县委宣传部还特派一位科长和县报社派出的一位记者一起陪同下乡。下乡后，区、公社、大队的领导人，亲自接待，介绍情况，提供线索，并组织了座谈会，与群众见面，还让我访问了施氏子孙家庭。回县城后，又与一些曾多次参加过调查的同志晤谈，交换意见。正是在党的关怀和同志们的热情帮助下，我在兴化的时间虽甚短暂，却增长了知识，扩大了视野，开拓了思路，可说是得益匪浅。经过考察，对聚讼多年的关于施耐庵身世的悬案，心里比较有数了，对今后介绍《水浒》作者颇有帮助，这是不能不表示欣幸和感谢的。

二、施耐庵墓

施耐庵墓，坐落在兴化县施家桥。施家桥位于兴化县城东北，距历史上著名的范公堤和原施氏宗祠所在地白驹镇都不很远。施家桥共有二百多户人家，现为老圩区新垛公社所属的一个大队的一部分。施耐庵墓在村之东北，一个不高的土墩上，坐北朝南，碧流环绕，风景绝佳。墓园占地约一亩，旁有小屋，乃看坟人居处。墓为土冢，径约三尺，高不盈丈，上植杨槐数株。墓前临水处竖一砖砌三门牌坊，高约一丈有余，匾额上隶书"耐庵公坊"四字，未落款。土冢正面立有白矾石墓碑一方，宽三十八厘米，露出地面部分高一百五十厘米。正面碑文：

民国三十二年春兴化人民公建
大文学家施耐庵先生之墓

陈同生敬书

背面碑文：

夫稗官野史之流，传宇内者，莫不宣扬统治者之丰功伟绩，其为人民一伸积愫，而描写反抗情绪者，殊不多觏，有之，惟《水浒传》一书而已。

《水浒》作者施耐庵先生为苏人。余于癸未春衔命来宰兴化，时国难方殷，倭寇陷境，县市城镇，悉沦敌手，我政府乃于广大农村中坚持焉。

邑之东北隅有施家桥庄者，施氏之故庐也。考施氏族谱所载，先生避张士诚之征而隐于此。施氏之墓在庄之东北，以年久失修，一抔黄土，状殊冷落。余慕先生之才志，盖能寄情物外，其书中一百零八人之忠贞豪迈，英风亮节，洁身于当时腐窳政治。乃今世为一己利禄所趋，而出卖民族、腼颜事仇之汉奸，相去悬殊。至若文词之隽妙，尤其余事也。

余酷爱《水浒》之含义深刻，尤慕先生之萃励襟怀，爰重修其庐墓，以为后人风，或不为非乎？于竣工之日，因题其颠末。

中华民国三十二年岁次癸未广陵蔡公杰题

重修施耐庵墓，这是党和人民政府珍视民族遗产、保护历史文物的一个生动例证。远在一九四二年初至一九四三年，蔡公杰同志（时任苏中抗日民主根据地二分区兴化县县长）便与二分区专员陈同生同志商议，决定重修施耐庵墓。为了重修此墓，蔡公杰同志首先考证了史实，向施氏族人详细询问了有关情况，并查了施氏家谱。然后就由县政府拨给公粮小麦四十石，作为购买建筑材料及工匠工资等费用。工程于一九四三年春动工，为时一月即告竣工。修墓的目的，是在于肯定《水浒》作者的历史作用，表彰其功绩，借以发扬民族正义，鼓舞人民的革命斗志，以便在党的领导下，把神圣的民族解放斗争进行到底。正因如此，施墓修成后，赢得了根据地广大群众及敌占区各界人士的热烈称颂。

施墓处于全区的制高点上，这是筑墓人为免除水涝威胁而精心选择的。以墓为起点，过河向南行约二百米，即施耐庵之子施让墓，再向西南行约一百五十米，乃施让之孙施廷佐墓。从墓的方位走向可以看出，这里显然是施氏祖茔地，地下有围绕祖坟，向南、西南或其他方向伸展的墓群。施氏子孙好多都长眠于此。现在出土的是从施耐庵算起的第二世施让和第四世施廷佐，仅是墓群的小部分。倘将来进行有组织、有领导的发掘，一定会有更多的新发现。

肯定施家桥是施耐庵的葬地，当时主要是依据《施氏族谱》的记载。此谱修于清咸丰四年，有陈广德序、无刻本。白驹镇二里港施氏后人施莲塘曾藏有抄本，后施氏十八世孙施熙和施氏二十世孙施祥珠据以摘录。因施耐庵的现成史料非常之少，故此谱作为较早发现的一本家谱，具有一定的参考价值。这是一。其次，施家桥的地理位置，自然环境，很适合一个封建时代失意文人晚年归隐、读书和从事著述。我从县城到施家桥，先坐汽车，后坐汽艇，无论是陆路，还是水路，沿途耳目所接，深深感到这一带确实弥漫着相当浓重的《水浒》气。尤其是站在施耐庵墓前纵目四眺，但见碧水㴲㴲，轻帆片片，河湾曲曲，芦竹丛丛，好像进入了小说里的境界。这绝不是偶然的。应当认为，施耐庵选定这个地方来避乱、著书，确是比较理想。其三，是施氏子孙的祭祀。这种祭祀活动起于何时，虽不可考，但每次祭祀，规模之大，人数之多，仪式之隆重，却是历数百年而不衰，并且是有案可稽的（一九四三年土改时废止）。更耐人寻味的是，当地的乃至分布在外地的施氏子孙都认定耐庵是他们的始祖，耐庵死后葬在施家桥，这总不是一种巧合吧！其四，据康熙年间《苏州府志》载：施家桥在"府城东南隅"。兴化县施家桥，据陈广德序说，为施氏自苏来迁后复名，后因施氏子孙繁衍，村庄扩大，又称施家三桥，通称前桥（又称奉桥或枫桥）、后桥（又称板桥）、西桥（又称柳桥）。奉桥、板桥、柳桥均为施氏九世孙名。又据施家桥施氏子孙说，他们曾听老辈说过，施家桥前身叫倪邵庄，那一年遭了水灾，无人居住，施耐庵开辟了这个荒村，就此改了名。这与陈序"复名"之说相似。

　　由此可见，施耐庵葬于施家桥，具有现实的可能性。但这座墓看来很古老了，而且据说还是空的。一九五五年以前，施家桥有好几个人包括一九四五年入党参军、一九五四年退伍回乡的施永贵都进去过。墓道从东北走向西南，进门处有一人一手高，门口有拳大石头，越走越深，发现有水深齐膝，宽可容三人并行，里面很冷，墓道系用很厚的砖砌成，有如石窟，出口处就是村畔的甜水塘，后来进出口均被堵塞。"文革"时，有人前去毁坟，发现坟砖特厚，而且都用糯米汁、石灰浇筑而成，难动分毫，只好作罢。这样看起来，这座墓不仅位置好（前临大河，西邻芦苇荡，南面河心小岛"狮盘球"），且是规模宏大，结构坚固。这就引起了两点疑问：一、当地施氏子孙和社队领导都一致认定此墓从未被盗过，但据进入过墓道的社员说，墓穴里除流沙、淤泥、积水外，空无一物。这也就意味着，此墓本身并未提供任何足资证明墓主为谁的文物。二、按施耐庵生前并非达官显宦，以他的身份地位，是否有必要或是否有可能动用大批人力物力构筑如此讲究的墓地？他生前既无可能自营生圹，死后他的第二代（施让），乃至第三代均家境寒微，似更无力筑墓。那这座墓又是谁修建的呢？

若按王道生《墓志》:"去岁其后述元（文昱字）迁其祖墓而葬于兴化之大营焉。"则此墓应成于其孙文昱之手。但从族谱看，文昱也并非功名显赫之辈，且文昱之父施让之墓葬十分简陋，施耐庵墓岂有如此阔绰之理？

这些疑问，值得仔细推敲。姑且存疑吧！

三、王道生的《施耐庵墓志》

王道生的《施耐庵墓志》是一九五二年发现的。当时，兴化县施家桥施祥珠所提供的《施氏族谱》附有这篇《墓志》，后被收入一九一九年至一九二七年间由李详等人编纂的《兴化县续志》，作为补遗。《墓志》曰："公讳子安，字耐庵。生于元元贞丙申岁，为至顺辛未进士。曾官钱塘二载，以不合当道权贵，弃官归里，闭门著述，追溯旧闻，郁郁不得志，赍恨以终。公之事略，余虽不得详，尚可缕述；公之面目，余虽不得亲见，仅想望其颜色。盖公殁于明洪武庚戌岁，享年七十有五。届时余尚垂髫，及长，得识其门人罗贯中于闽，同寓逆旅，夜间炳烛畅谈先生轶事，有可歌可泣者，不禁相与慨然。先生之著作有《志余》《三国演义》《隋唐志传》《三遂平妖传》《江湖豪客传》（即《水浒》）。每成一稿，必与门人校对，以正亥鱼。其得力于罗贯中者为尤多。呜呼！英雄生乱世，（此处疑有脱漏）则虽有清河之识，亦不得不赍志以终，此其所以为千古幽人逸士聚一室而痛哭流涕者也。先生家淮安，与余墙一间，惜余生太晚，未亲教益，每引为恨事。去岁其后述元（按系文昱之字）迁其祖墓而葬于兴化之大营焉，距白驹镇可十八里，因之，余得与流连四日。问其家世，讳不肯道；问其志，则又唏嘘叹惋；问其祖，与罗贯中所述略同。呜呼！国家多事，志士不能展所负，以鹰犬奴隶待之，将（此处似有脱漏）遁世名高。何况元乱大作，小人当道之世哉！先生之身世可谓不幸矣！而先生虽遭逢困顿，而不肯卑躬屈节，启口以求一荐。遂闭门著书，以延岁月，先生之立志，可谓纯洁矣。因作墓志以附施氏之谱末焉。"

《墓志》曾被作为八个附件之一，与《施耐庵生平调查报告》一同刊于一九五二年第二十一期《文艺报》上，发表以后，颇引人注目。但这个王道生究为何许人，不可考。《墓志》本身也存在着不少漏洞。主要是：

1. 原文有志无铭，又无父母妻室子女及生卒年月的叙述，不合志文体例。
2. 据最早见过这篇《墓志》的胡瑞亭刊于一九二八年十一月八日上海《新闻报》"快活林"副刊的文章，引《墓志》原文时，曾在"……纯洁矣"之下注明"墓志止此，下已剥蚀"。足见这篇末两句话，并非原文，乃另行窜入。又此文脱漏舛错之处尚多，显系后代辗转抄录所致。这就使人增添了对《墓志》可靠性的猜度。3. 内容失实。例如志文说施耐庵乃"元至顺辛未进士"，查辛未为至顺二年，公元一三三一年，当年根本未开科，何来进士？何况，既为进士，就不大可能去同民间艺人滚在一起，记录他们口头传播的《水浒》故事。因为《水浒》一书本是集体创作，非出自某一文人个人之力。施耐庵充其量只是个作品的重要加工者或总其成者罢了。这与他的进士身份显有未合。4. 志文说施耐庵讳子安。据已发现的残碑，施子安另有其人。按国贻堂施氏家谱世系表的排列顺序，施子安乃施耐庵第十二世孙，九世孙施奉桥的曾孙，施汤升的儿子，并非施耐庵本人。5. 志文说施耐庵"家淮安"，又说他"弃官归里"，这个"里"指的是什么地方？既是"家淮安"，何以又要迁葬白驹？6. 志文说，王道生住处与施耐庵"墙一间"，耐庵死时，"余尚垂髫"，"公之面目"，却"不得亲见"。农村里浅门矮户，一墙之隔的紧邻，纵然年龄相差悬殊，竟一面均未见过，实难置信。7. 王道生列举的施耐庵作品，据云系得之于罗贯中。但仅仅以《三国演义》与《水浒》为例，两相对照，其思想内容、艺术手法，截然不同，可知非出于一人之手，而《平妖传》更专以歪曲农民起义为能事。
8. 王道生《墓志》作于文网严密的明初，按当时的政治环境、社会条件，一般文人不会、也不敢在自己的文章中发这么多牢骚，有这么多的愤激语的。9. 王道生既为明人，按行文惯例，称明朝应称"本朝""皇朝""皇明""国朝"。志文称"明洪武"实属罕见。10. 从《墓志》的整个笔调以及它的遣词造句来看，不类明人作品，尤其不类明初人的作品。其中一些词汇倒是近代人乃至现代人文章中常见的。此外，文中还有某些闪烁其词和自相矛盾之处，不一一列举。

综上所述，可见王道生《墓志》的漏洞是相当多的，无论是内容、文体都经不起分析。我们尚难确定王的志文作于何时，按其文气笔调，多半属于清末民初，或稍晚（不晚于民国七年）。这是作者根据一些道听途说而率尔写成的，因此，当有关施耐庵的文物史料陆续发现之日，王道生关于施耐庵身世的某些不实之词（如施的卒年竟在其子施让出世之前三年等等），就站不住脚了。

四、《施廷佐墓志铭》

《处士施公廷佐墓志铭》是中共盐城地委宣传部曹晋杰、兴化县委宣传部刘嘉谷、大丰县委宣传部吴春霖等同志于一九七九年八月在兴化县新垛公社施家桥大队社员施庆满家中发现的。据施庆满本人回忆，此志砖乃一九七八年秋在离施耐庵墓地西南数百公尺处挖墒时发现的。同时发现的尚有青花瓷瓶两个，八卦图一块，又另一墓志方砖一块。八卦图砖和另一墓志砖已丢失，此志砖被施庆满当作盖菜坛子用，致砖上文字被磨灭，不可辨认。

承兴化县政协有关同志出示原件，我看到了这块志砖。它是苏北常见的砖块（苏北平原无山，缺乏石料），长二十九点五厘米，下宽三十厘米，厚五点五厘米，呈淡褐色，制作粗糙，字体亦欠工整。正面为墓志，背面为墓铭。"处士施公廷佐墓志铭"九字清晰可辨，系自右至左横书上端，正文自右至左直书题下，共十九行，每行二十一字至二十三字不等，共四百余字，背面铭文除一二字依稀可辨外，均已漫灭。正面志文如下：

"施公讳○字廷佐○○○○○○○祖施公元德于大元○○生（曾）祖彦端会元季兵起播（浙）（遂）家之及世平怀故居兴化（还）白驹生祖以谦以谦生父景○至宣德十九年辛丑生公○（施）亮（凤）○○于公历○○户使官舍州同知施锦○○○公之兄弟也公○○○○之○生男八女一○○○（以下十行除第九行有"白驹"和第十五行有"国课"共四字隐约可见外，余均漫灭不可认。）

公○○仁者之○也先于弘治岁乙丑四月初二日老（病）○而卒后于正德丙寅岁二月初十日归葬未成迄今○卜吉（露）丘久矣○○亡穴○善○○风水悲思孝心感切○○嘉靖岁甲申仲冬壬申月朔○葬于白驹西○（落）湖"

以上志文经研读，除用○为记，表示难以辨认以及用括号表示有疑义者外，余尚清晰。其中右起第二行"浙"字只剩下左边三点水和右上角的一撇。字中间的、右下的笔画均磨损，因此有人认为此乃"流"字。但从字体笔画并联系上下文来分析，"播"这个表示播迁的动词之后，自以落实到表示地名的宾语"浙"字上为是，这样，下文的"遂家之"，才有了着落。另，第三行的"宣德十九年"显系"永乐"之误。按明宣宗朱瞻基在位十年，在整个宣德年号中，并无岁次辛丑的年份。而朱棣在位二十二年，永乐十九年恰恰是岁次辛丑，永乐与宣德，中间只隔着一个洪熙，只有一年，两朝基本上是衔接的。因此这是在传抄时发生的笔误。

《施廷佐墓志铭》颇有价值。它告诉了我们不少东西：1.彦端是元代迁到浙江去的，迁居的原因是避兵乱。到了"世平"即明太祖削平群雄，统一天下才又回到故乡兴化白驹的。这就否定了王道生"家淮安"，又死于淮安的说法。2.志文表明：元末明初，在兴化白驹和施家桥一带，确有施彦端其人。这个施彦端乃施让（以谦）之父，廷佐之曾祖父。也就是这个施彦端，与新发现的民国七年（一九一八年）过录载有乾隆四十二年序的《国贻堂施氏家簿谱》即《施氏长门谱》所记施以谦之父"彦端公字耐庵"的"彦端"相合。3.志文提供了从施彦端至施廷佐止的施氏上下四代人的名讳，这跟族谱所载的和已发现的施让《墓志铭》、"地照"里的名字也是一致的。4.志文说施彦端曾因兵乱播迁至浙江。这与明代早期的著录、明清笔记以及《水浒》刻本所题《水浒传》作者为"钱塘施耐庵""武林施某"，年代与地望也全都吻合。

所以，尽管《施廷佐墓志铭》已非全璧，它所提供的资料仍不在少，它澄清了某些长期混淆的事实，尤其是它同《施氏家簿谱》即《施氏长门谱》互相印证，坐实了施彦端其人的存在，确实是个重大的突破。

五、《施氏长门谱》

《施氏家簿谱》又称《施氏长门谱》，乃一九八一年十月二十九日由大丰县大道公社和瑞大队第五生产队社员施俊杰献出。这是施氏十八世孙释（和尚）满家（已于一九五九年病故）于民国七年（一九一八年）手抄的房谱。谱线装无格，共五十六页，为二十八张双层白色七度纸，用两根粗如线香的红纱绳右竖装订而成。谱长二十四点五厘米，宽十三点二厘米，每面六行，每行二十一字。封面有"设其上裔"四字，扉页有"国贻堂""施氏家簿谱""中华民国七年桃月上旬吉立""十八世释斋满家字书城手录于丁溪丈室"字样。卷首有清乾隆四十二年施氏第十四世孙施封《施氏长门谱序》，缕述修谱缘由。略云："族本寒微，谱系未经刊刻，而手抄家录，自明迄清，相延不坠……奈何遭家不造，圣言被禄而因销亡，维时未有继述之人。封系长门，出自文昱公之裔，访诸耆老，考诸各家实录，亟从而修辑之……"后面的谱系，起自始祖"彦端公字耐庵"，至十一世孙止。

谱之第五页至第十页为明景泰四年淮南杨新撰写的《故处士施公墓志铭》，略云："处士施公讳让，字以谦，鼻祖世居扬之兴化，后徙海陵白驹，本望族也。先公彦端，积德累行，乡邻以贤德称。生以谦，少有操志，续长，克承家业……永乐辛丑岁……甫及四十以疾终……生子七人，长文昱，字景胧……"第十一页第一行为"元朝辛未科进士，第一世始祖彦端公（旁注'字耐庵'），生让"。第二行起为"第二世讳让字以谦，彦端公子。生文昱"等七人依次列名。

此谱有几点内容值得注意：一、施氏是个大族，丁口繁衍，早在明代就修过家谱，累代相传，绵延不绝。只是到了圣言那一代，谱毁于火，才又在乾隆年间重修。这说明施氏家谱原来就有，足见其源远流长。此谱与二十世纪五十年代初期发现的清咸丰四年（一八五四年）有陈广德序、杨新《墓志铭》的《施氏族谱》互相印证，可以解除以前某些《水浒》研究者对族谱可信程度的怀疑。二、此谱以施彦端为第一世始祖，这证实了施氏家谱，不论是长门，还是支门，都奉耐庵为始祖，这绝不是巧合。这也证实了施家桥社员所说的解放前分布江苏各地的施氏子孙每年清明节都集合白驹、施家桥祭祖的一段历史并非讹传。三、《施氏族谱》和《长门谱》中都附有杨新《墓志铭》，两者文字内容相同，前者却多了"先公耐庵，元至顺辛未进士，高尚不仕。国初，征书下至，坚辞不出。隐居著《水浒》自遣"这几句话。这种出入不外有两种可能：一是满家抄录时删去了。一是后人所加。持第一种看法的人，认为满家是出家人，慈悲为本，而《水浒》的主旨是鼓吹反抗，与佛门教义不合。而且明清两代曾多次查禁《水浒》，后代心存顾虑，有意隐讳，将其中一段删节，也合乎情理。但这只是猜测而已。我们联系上下文细加复按，就会感到加上这一段反而文气不连贯了。另外，还有一个破绽，即原来的"先公彦端"，却改成"先公耐庵"了。因为不如此改动就无法同《水浒》挂钩。什么时候加的呢？当然在咸丰时了。因咸丰的族谱没有施封的序，也许是鉴于施序说到"族本寒微"等等，与要加的一段话不协调，干脆连施封这个序也不要了。至于满家抄录时已是民国时代，《水浒》之禁久已不复存在。如果说，咸丰时尚且可以大胆地加上这一段话，则满家自更无害怕的必要了。四、《长门谱》中杨新《墓志铭》说"鼻祖世居扬之兴化，后徙海陵白驹"。这与《施廷佐墓志铭》说"怀故居兴化，还白驹"相合。这就纠正了施氏"祖籍姑苏""耐庵公明初自苏迁兴""先生家淮安"等等说法。五、《长门谱》证实了咸丰《施氏族谱》并无刻本依据，它不过是据《长门谱》而加以扩充，某些内容是后来窜入的。六、杨新《墓志铭》作于明景泰四年二月望日壬寅，与已发现的施让"地照"上的年月日完全一致。可据以推定该项墓志确曾勒石入土，因而是确凿可靠的。七、《长门谱》谱系第一行"始祖彦端公"无讳，第二代施让以下均写明讳和字，第四代以下大部分又有字无讳。这表明彦端只是字，讳不知，从缺。下面的也是如此，讳下均空格。这一点与《施氏族谱》有别。从这里可以看出，《长门谱》比族谱严谨，它不知者不妄加，反映了谱的忠于事实。

不过，《长门谱》也存在着疑点：主要是右起第一行书眉上有"元朝辛未科进士"字样，"辛未"二字并列。同一行"彦端公"右旁注有"字耐庵"字样，字迹墨色与抄本极相似。但这两项字样不见于《处士施公（让）墓志铭》，可见定是后加的。这加的人不可能是别人，只能是满家。理由是：1. 杨新志称"先公彦端"，《施延佐墓志铭》称"生（曾）祖彦端"，本谱系第一行"第一世"下空一格，下书"始祖彦端公"，三者一致，都合乎古人称字的习惯。这里分明是由于不知道彦端的名讳，故空出一格，以示慎重。如若彦端是名讳，耐庵是字，那写法就不应这样，更不应出以旁注。如彦端一字耐庵，那就要写清楚字什么，一字什么，也不应旁注。如耐庵是号（晚年自取的别号之类），那也应写清楚，但一般别号之类是上不了家谱的。而且这里明明说是"字耐庵"。所以，这一加，出现了破绽，启人疑窦。2. 施封乾隆年间撰写的谱序，开头就说"族本寒微"，所附杨新志文则说"本望族"，接着又说"先公彦端，积德累行，乡邻以贤德称"。从谱系看，施氏累世寒素，并未出过功名显赫之士，施封说的是实话。杨新的所谓"望族"，若不是一般志文的套话，至多也仅指施氏丁口兴旺而言。倘始祖彦端确为进士，那就非同小可，自应大书特书。杨新志、施封序乃至《施廷佐墓志铭》中，岂能一字不提？据此，我推断，3.乾隆序的原件中未必会有这类眉注、旁注字样，很大程度上是满家于抄录时加入的。同时，我怀疑这是否与王道生的志文有关。因王道生作志的时代，距满家抄件时不会很远，两人得之于同一传闻，或甚至是互相因袭，也未可知。由此，我还推想，满家之加注，一在于炫耀，二在于使彦端与《水浒》挂上钩，大概他也认为彦端即《水浒》作者施耐庵。不如此判断，就难以解释他加注的真实意图。要是这一解释尚言之成理，那么，所谓满家删掉杨新志文中一段话的说法，就不攻自破了。

六、几点粗浅的看法

初步考察了有关施耐庵的文物史料后，总的感觉是施耐庵的面目不像以前那样模糊不清了，《水浒》作者及其生平，也不那么不可究诘了。的确，我们已经向这位大文学家大大地靠近了一步，但还没有达到伸手可及的程度。一、这些已发现的文物史料，互相印证，有其确凿可信的一面。例如《施氏族谱》（支谱）和神主牌、祖先轴的发现，把施耐庵和兴化施氏祖先施彦端联系起来。施让"地照"的发现，使《施氏族谱》世系第二代施让和第三代文昱得到证实。又因"地照"的立券日期与墓志铭的日期完全一致，从而证明了杨新《墓志铭》的可靠。施廷佐砖铭的发现，提供了施氏五代人名讳，从彦端起，这个世系与《施氏族谱》《施氏家簿谱》（《长门谱》）、《施让墓志铭》所列均相吻合。这就有力地证明了施让作为第二代，其父彦端作为被尊奉的施氏始祖的实际存在。这是施耐庵存在的前提。二、解决了施氏的籍贯问题。施氏"世居扬之兴化"是可信的。《施廷佐墓志铭》说"施公讳○字廷佐○○○○○○……怀故居兴化还白驹"。"佐"字下缺七字，第三、四字为"兴化"，仍依稀可辨。看来，这七个字应为"扬之兴化人也高"。〔"（高）祖施公元德"〕志砖文字两次提及兴化，与《施让墓志铭》所说相符。这还表明，施氏定居兴化不自彦端始，还要早得多（鼻祖时代就住在兴化了）。兴化一向归扬州府管辖，扬州一带古称"东都"，故称"东都施耐庵"就有了根据。三、施耐庵是元末明初人，如果施彦端即施耐庵，则其子施让生于明洪武六年即公元一三七三年（王道生志文说施耐庵死于洪武三年，可见其虚妄），其曾孙施廷佐生于明永乐十九年即公元一四二一年，时间上都能衔接。又，《施廷佐墓志铭》涉及的年代是从元代末年至明嘉靖年间，几个材料上的时间都是元末明初，这与《水浒》的成书年代能对上口径。兴化、白驹、施家桥的自然环境，元末的社会动乱，给了施耐庵创作《水浒》的优越的外部条件。仕途的蹉跌，生活的困顿，使施耐庵有机会接近群众，观察生活，了解社会，并找到了理想的晚年归隐、闭门著述的处所。四、《水浒》所使用的语言，好些是兴化一带民间常用的方言土语。小说里一些人名地名也能在当地找到。前者如"婆娘""挺尸""沾布"等，后者如"十字坡""陆谦"等。可以看出《水浒》与扬州、兴化的血缘关系。五、民间的广泛传说，大量的口碑，当地群众对施耐庵的深厚感情，这些因素不可忽视。因此，综观已发现的文物史料，考察它们所反映的时代，结合施耐庵所处的时代和《水浒》的内容及其描写，再参照施氏子孙提供的情况和民间的传说，加以分析，可以认为，兴化有个施彦端，此人很可能是《水浒》作者施耐庵。仅仅说他很可能是，是因为还有些关键性的问题一时尚难得出肯定的结论。但可以相信，随着研究工作的日益进展，随着新的资料的继续发现，施耐庵之谜终将被彻底揭开。

第二卷 诗词鉴赏

双行缠二曲

朱丝系腕绳,真如白雪凝。非但我言好,众情亦所称。
新罗绣行缠,足趺如春妍。他人不言好,独我知可怜。

据《古今乐录》:"《双行缠》,倚歌也。"倚歌,以歌配曲,亦即有歌有舞之意。"行缠",裹足布,古代妇女用之。"双"指双足,亦喻裹足之布包扎层数之多。

曲辞分为两段,第一段四句,第二段四句,各代表一层意思。

第一段开头两句,"朱丝",红色丝线,"系",绑扎。意思是说,把红色丝线绑扎在手腕上,则红白相映,色彩鲜明,衬托出这位女子的手腕更加白嫩,简直如同凝聚的白雪那样皎洁晶莹。这两句是状物,通过对手腕的集中描绘,极写女子的美。这是古乐府常见的表现手法。第三、四句以铺叙转入抒情,进一步渲染女子的美貌。"众情",大家的心情。这两句承接上文,加强语气,从正面着笔。意思是说,像这位女子那样的装扮,不仅我个人认为很美,许多人的感觉也同样是美的、是应当称赞的。

这四句提出了一个审美的共同标准:经过对比和映衬,使白者愈白。这也为引出下文做了准备。

第二段四句从另一个角度写了与上述四句截然不同的美。"趺",脚背。头一、二句是说,把刚绣好的、色彩斑斓的丝织的裹足布缠在脚上,足背春意盎然,美丽动人。最后两句,笔势一转。"可怜",即可爱。是说,这样美的打扮,尽管我个人是认为美的、十分可爱的,然而别人却不欣赏。

在前四句中,这位女子的美,曾得到了普遍的承认。后四句,对于女子的装束,却出现了审美意识的分歧。其原因就在于:前者不加雕饰,纯乎自然，且能注意到对比和衬托。后者则过多地依仗人工，层层绑扎的结果，把洁白的肌肤遮掩了起来，反而损害了天然美。因而，就不可避免地遭到多数人的冷落。

闺怨诗

吴思玄

金风响洞房，佳人心自伤。泪随明月下，愁逐漏声长。灯前羞独鹄，枕上怨孤凰。自觉鸳帏冷，谁怜珠被凉？

    此诗写一个新婚少妇，因丈夫出门，在家孤眠独宿而引发的惆怅情怀，颇真切感人。

    全诗八句。第一、二句即物起兴，点明季节和由此而来的女主人公心情。乃是第一层次。"金风"，即初秋的风，"响"，暗示风大。这是正补句，即响在洞房之中。秋风乍起，季节变换，勾起满腔愁绪，但尚待深入展开。"自"，自己，自个儿，有只此一人，别无他人在旁之意。

    第三、四句对仗工整，系上句"伤"的深化和具体描绘。这两句承接上句笔意，着重渲染"伤"字，并点出时间，明写那位少妇是在一个秋夜里独自伤心着。"泪随明月""愁逐漏声"，前者写泪水之多，后者写愁绪持续时间之长。用的都是比的手法。"下"，落，坠。"漏"，更漏，古代以铜壶滴漏计时。这两句是说，泪水跟随着月亮一同往下坠落，足见一夜不曾停过。漏声不断，愁也不断。这两句是第二层次，是进一层描写，极言少妇不可名状的内心痛苦及其整夜流泪悲伤的情状。

    第五、六句紧接上句的"泪""愁"，作纵深开掘，明白交代了少妇的不幸遭遇。说明"泪""愁"的原因。既扣了题，也突出了新婚别的内容，表达了主题思想，加强了作品的悲剧氛围。"羞"，以……为羞耻，"怨"，以……为恨，都是古典诗歌常见的句式。"鹄"，一种水鸟，即天鹅，与雁一样，爱群居，常结队飞行。"凰"，雌凤，传说中的凤凰，是百鸟之王。"独鹄""孤凰"比拟失偶的女子。这两句是说，更深夜静，不论是坐对孤灯，还是躺在床上，总是形单影只，就像失去了伴侣的"鹄""凰"那样，不胜凄凉寂寞之苦。这又是一副对联，极写这位少妇长夜孤愁难以排遣，眼望明月，耳听漏声，辗转反侧，坐卧不宁的苦闷烦恼心情。寥寥十个字，却极为生动传神。这两句联系前四句，使作品的叙事、抒情衔接紧密，层层递进，显得脉络分明，一气贯通，起了关键作用。这两句作为又一层次，是全诗的"诗眼"所在。

最后两句仍为对偶句。上句实写自己的直接感受，下句设问，收尾，戛然而止，极尽余波荡漾之致。"鸳帏"，绣着鸳鸯的床帏，"珠被"，透着珠光宝气的被褥，表明女主人公的身份并非普通人家女子。"谁怜"的"谁"，显然是指新婚不久就离家远行的丈夫，语极沉痛，却无人能作出回答。这两句总结全文，"冷""凉"，既写自然节候，又写内心活动，可以说是包含着两方面的含义。作为最末一个层次，又是紧接上句"羞独鹄""怨孤凰"而来，旨在表明少妇的感觉如此，但这种滋味又有谁理解呢？远在外地的丈夫能知道吗？显然，丈夫是不可能理解的。因为一则这种孤眠独宿的痛苦只有当事人才有所体会；再则，丈夫很像是个薄情郎，他要是真懂得"怜"妻子，也就不会远行了。以问句结尾，留下了思索体味的余地，要比感叹句、陈述句之类作结，更有力度，也更有深度。

咏邻女楼上弹琴诗

吴尚野

青楼谁家女？开窗弄碧弦。貌同朝日丽，装竞午花然。
一弹哀塞雁，再抚哭春鹃。此情人不会，东风千里传。

这是一首闺怨诗。写一位古代妇女怀念远在边疆的亲人，情挚意切，颇有特色。

全诗八句。开头两句为第一个层次，即物起兴、开门见山，让女主人公登场亮相，并随即点明其身份、地位，为引起下文做了铺垫。

首句设问，乃古诗的常用手法。"青楼"，泛指富丽堂皇的楼房，暗示主人是个富贵人家的女子。"碧弦"，青绿色的琴弦。"弄"，弹奏。"青楼""碧弦"，都在于表明这位女子的生活条件和素养之非同寻常。"开窗"弹琴，意味着这位女子平时很少登楼，更极少开窗，只是因为春天来了，为了便于观看楼外景色，才有此动作；其次是为了使琴声送得更远。这两句看似平淡，内涵却相当丰富。透过"开窗"，可以约略窥见女子的内心苦闷和百无聊赖。因按照古礼，未嫁少女或丈夫不在家的少妇，是不能随便打开窗户、到窗前闲眺的。现在，她不但开窗，还在窗下弹琴。这样大胆的行为，无疑是向封建礼教的挑战。

第三、四句肖像描写。从女子的外貌到装束打扮，备极渲染，文字却很简洁。"貌同朝日丽"，形容这位少妇相貌就像初升的太阳那样鲜艳夺目。"装竞午花然"，"竞"，比赛，"然"即"燃"。形容这位少妇衣饰穿戴简直可以同中午开放得十分火红的鲜花相比拟。这两句是第二个层次，通过对偶句，运用比喻手法，极写女子的年轻美丽，经过进一步正面描写，使其形象鲜明。

第五、六句是第三个层次。运用对偶句，切入本题。"塞雁"，飞向塞上的鸿雁。"一弹"，弹第一支曲子。"春鹃"，春天的杜鹃鸟。相传暮春时节出现的杜鹃，啼声似为"不如归去"，其声哀苦，最易牵动人的离愁别恨。这两句是个转折，一反前四句描述所形成的气氛，跌出闺中少妇的相思之苦。"一弹""再抚"，呼应"弄碧弦"。"哀""哭"，则反衬上句"朝日丽""午花然"，一写外表，一写内心，对照强烈。表明这位女子尽管身居高楼，鲜衣华服，貌似春光，又富有才情，精神却十分空虚。她独坐楼头，开窗弹琴，本来是想借此消愁遣闷。谁知到了窗前，目送飞鸿，耳听啼鹃，却增添了许多烦恼，使自己沉浸在更深的痛苦之中。这正是愁上加愁，除了把满腔心事和着眼泪托之于一曲瑶琴而外，还有什么办法可以使自己得到解脱呢？

这样就很自然地逼出诗的最后两句来。女主人公这种牵肠挂肚的不安心情，是很难向别人倾吐的，别人也是不容易理解的。无奈，只好把自己的千言万语融入琴声，让窗外的东风传送给数千里外的亲人，但愿他能听到我的声音，或许能早日归来，或许能托秋天飞回南方的塞雁捎封信来。这两句是又一层意思，"卒章显其志"，作者通过直接抒情，刻画女子的内心活动，在无可诉说的情况下，以致不得不借助琴声聊以自遣自慰。

"闺怨"，是古代文学作品习见的题材，但表现手法各有不同。此诗结构严密，层次分明，又富有变化。全诗每两句一小节，包含一层意思。它从叙事入手，继之以状物，再是叙事中杂以抒情，最后既抒情，又议论，旨在表明女主人公"弄碧弦"有着明确的目的，以及"弄弦"所得到的与预期相反的效果。这就强化了"哀"的气氛，突出了主题。此诗手法既有简，又有繁，既有含蓄，又有铺陈，而且叙事、状物、抒情、说理，衔接紧凑，转换自然，层层推进，又不流于平铺直叙。总的看来，不失为当时同类题材的上乘之作。

南 征 诗

苏子卿

一朝游桂水，万里别长安。故乡梦中近，边愁酒上宽。
剑锋但须利，戎衣不畏单。南中地气暖，少妇莫愁寒。

这是一首征人怀念妻子的诗，也可能是以诗代替书信，托便人捎去，诉说其相思之苦和表露身在边疆的战士的复杂心情。

全诗八句，除七、八两句外，其他六句均为对偶句，其中第三句平仄略有不调，余皆对仗工稳，已具有律句规模。

开头两句叙事，写应征入伍，离别家乡，奔驰万里，保卫边境，报效国家。桂水，在广西，泛指华南一带，扣题中"南"字。"长安"，泛指京城，亦代表出发地点。"一朝"，一个早上，形容走得匆忙，说明军情紧急。万里，极言离家之远。为反跌下文"近"字张本。此乃第一层次。

第三、四句进入抒情。极写离情别绪，而笔调深婉有致。"故乡"句是说征人远戍边庭，离家万里，音信难通。于是，相思成梦，只有梦里才可以靠近故乡，看到故乡。这里未明写所怀念的对象——亲人。但亲人的影子隐约可见。"边愁"，由于长期戍边而引起的哀怨惆怅。杜甫《秋兴八首》："芙蓉小苑入边愁"，指此。这种积久的哀怨，无可排遣，到了百无聊赖时，只好借助于酒杯，一浇胸中郁积，以使自己暂时获得宽解。这两句写离愁之深重，用的是比的手法，以一"梦"字、"酒"字来侧面衬托，既形象，又不落俗套，要比正面渲染更为有力。句中的"故乡"承上句"长安"，"近"与"万里"对应，"边"与"桂水"相应，语气衔接，脉络贯通，上下呼应照顾，极为严密。这是第二层次。

第五、六句承前句"故乡"，却出现转折。作者不再进一步抒写离愁，却一反三、四两句的低沉格调,故作豪语,给人一种明朗高亢的感觉。其目的则在于安慰远在故乡的闺中人,告诉她不必过分思念远方征人,并通过向妻子披露男儿杀敌报国的壮志决心,以求得妻子的理解和支持。这两句是说,只要手中的武器是锐利的,就一定能够守土卫国,克敌制胜。他还告诉妻子,边防战士斗志是昂扬的,他们即便是衣服单薄,也一点不感觉到冷。这两句其实是进一层写边愁,写征人的相思,却出之以豪言壮语,以此来激励和宽慰妻子。这貌似轻松,心实沉重,要比直接倾诉深刻得多,也更能打动人,赢得同情。这两句作为又一个层次,笔势突起,好像与上句不相联系,实则是一脉相承的。如句中"剑锋""戎衣"既扣题,又连接"边"字,而且还暗示,正是由于离家匆促,随身衣服带得不够,季节变换,闺中人为此而牵肠挂肚,故有"戎衣"一句以补足之。这是第三个层次。

  最后两句,紧接上文的"单"字,往纵深开掘。这里,征人生怕家里的妻子,因不了解边疆的情况,仍会放心不下,故反复叮咛,不用为远征在外的丈夫担忧。"南中",即南方,与首句"桂水"相应。意思是说,广西一带气候温暖,衣服虽少,也不会挨冻的。家里的妻子就放下这颗心吧!这两句前句是叙事,后句是说理,是全诗的主题所在,是作者创作意图的表达,作为诗的最后一个层次,结束全诗,显得简练而有力度。

  这首诗感情真挚,语言亲切,明白如话,而又饶有意蕴。其表现手法,则叙事、抒情,杂以说理,次序井然,又不流于平直浅露。尤其是第五、六句含意与上句相通,却波澜顿起,笔势作180度转弯,实际上却仍围绕主题。句中"剑锋""戎衣"看似与"乡梦""边愁"了不相涉,实则不过是一件事的两个侧面,一种感情的两种表达方式而已,它们互有关联,这里无非是换一个角度着笔罢了。这类笔法,所谓"乐处写哀,正事反说",在古典诗歌中是常见的,这里运用得更加巧妙,因此也就产生了较好的艺术效果。

别陆子云诗

王 褒

解缆出南浦,征棹且凌晨。还看分手处,唯余送别人。中流摇盖影,边江落骑尘。平湖开曙日,细柳发新春。沧波不可望,行云聊共因。

这是一首赠别诗。细按诗句语气,乃作者辞别送行人陆子云时所作。

第一、二句起首就点明离别的地点、时间。"南浦",南面的水边。语出《楚辞·九歌·河伯》,"送美人兮南浦"。又江淹《别赋》:"送君南浦,伤如之何?"后常被用来指送别之处。"征",出征,引申为远行。"凌",迫近。"棹",原是划船的木浆。这里借代船只。这两句是说,解开系岸的缆绳,船离开了南浦,正是天快亮的时候。这是古人惯用的叙事手法。句中的"出""征"扣题。

第三、四句紧接上句的"出",深一层写别情。"还看",是回过头来看的意思。船已离岸,船上人又频频回顾。"唯余",只剩下。表明岸上已没有别的人了,暗示送行人伫立之久。这两句极写此时此刻两人依依不舍之状,形象地刻画了彼此间友情的深厚。

第五、六两句从动态中描写别离之情,意在再作纵深开掘,使作品的主题得到更多的提炼。"中流",江心。"盖",船篷。"边江",即江边。这两句是说,船渐渐远去了,驶入江心以后,水流汹涌,船不断地上下颠簸、左右摇晃。"摇盖影",是从船上俯看水面。"骑尘",指马跑动时扬起的尘土。说明主人送客已毕,开始策马归去了。这是从船上远望岸边。这两句叙事、写景、抒情兼而有之,作者运用传统的比兴手法,深得融情入景、意在言外之妙。

第七、八句写一路之上所见。开船时天尚未明,行驶了一程之后,江面开阔了，风也小了，旭日东升，两岸的细柳，在早晨的阳光下熠熠有神，洋溢着青春的生机。这两句点明季节，看似写景，其实仍是景中寓情，而画面明朗，色调鲜艳，展示了作者对此次远行之满怀信心。正是由于这两句，使得全诗增添了若干亮色，也大大冲淡了以上诗句所形成的惜别情绪和黯然神伤的氛围。

最后两句，写实，也是展望前程。"沧"，通"苍"，沧波，即绿波、碧波。"不可望"，形容江上烟波浩渺，一望无际。亦暗喻宦海风浪、征途艰险、祸福难测之意。"因"，依托，靠傍。这两句是说，前途茫茫，难以预卜，自己就像乘坐的这条小船一样，权且与天上流云结伴同行吧！结尾处，又透露出作者的矛盾心情。

全诗共十句，从叙事入手，写景、抒情交错运用，层次分明，语言也明白流畅，不用典故。其深沉真挚的感情，隐含在质朴的叙述和描写之中，尤见工力。

此诗全部由对偶句组成，一韵到底，对仗工整，已有点像是一首五言排律了。

高句丽

王 褒

萧萧易水生波，燕赵佳人自多。
倾杯覆碗滩滩，垂手奋袖娑娑。
不惜黄金散尽，只畏白日蹉跎。

这是一首六言诗。其中一、二、四、六句押韵，一韵到底。除开头两句外，其余四句构成两副对联。而且各句平仄大体协调，故读来音节铿锵，能朗朗上口。

作者王褒，也是先仕梁，后入周，经历与庾信相似，才名相并，诗的风格也相近。由于仕北朝较久，其作品多反映北地风光。组诗《高句丽》便是其中之一。

按高句丽，一为古国名，一为古县名。治所在今辽宁新宾东北。此诗似为作者宴客时酬赠之作。

起首两句交代作品产生的环境。易水，河名，在今河北省西部。"萧萧"，草木摇落声，泛指秋声。此句系借用荆轲《易水歌》："风萧萧兮易水寒"，在于点明季节和处所。燕赵，战国时代均曾在河北一带立国。后被用作北方的代称。"佳人"一词，暗示宴会，并引起下文。"燕赵"又与上句"易水"相呼应。

第三、四句紧接上句，极写宴饮之热烈欢畅以及舞姿之轻盈曼妙。"滩"，水深，"滩滩"，形容酒多，并且溢出杯外。"倾杯覆碗"，指狂饮斗酒，有兴会淋漓，以至于醉态可掬之意。"奋"，高扬、高举。"垂手奋袖"，指舞蹈动作。"娑娑"，轻松、舒展。这两句既是叙述，又是描写。写主人宴客进入高潮，用笔集中，极尽渲染，给人留下了印象。其中"垂手奋袖"

一句，乃上句"佳人"一词的具体化，但又十分简练。

第五、六句直抒胸臆，显示作者的生活态度和见解，乃是全诗的命意所在。这两句是说，千金结客，高朋满座，是作者平生最大的乐趣。黄金散尽，并不足惜，因为它尚有再来之日。可忧的倒是在于年华老去，岁月蹉跎，到头来一事无成。这里既有人生苦短、行乐须及时的感叹，也隐含着"少壮不努力，老大徒伤悲"的悔恨。"不惜"一句是故作旷达语，"只畏"一句则掩饰不住自己内心的寂寞。总之，它所表露的感情是相当复杂微妙的。

全诗结构严密，层次井然。起句悲凉，乃作者思想感情的自然流露。"生波"，是自然景物，又象征作者的心情不平静。由"佳人"引出宴饮歌舞，场面热闹，却是为反跌出下文做了准备。最后两句看似脱空而来，其实与上句存在着内在联系。由中间一联的铺陈，一变而为直接抒情，笔势急转直下，但又是与上句的酒和舞扣紧的。"卒章显其志"，作者发出这样的悲叹和感慨，这自然不是偶然的。归根到底，它与作者远离故土、长期寄身异域的境遇有关。仅仅是手法比较巧妙罢了。

玉 阶 怨

虞 炎

紫藤拂花树，黄鸟度青枝。思君一叹息，苦泪应言垂。

《玉阶怨》，乐府古题，《玉台新咏》卷十作《有所思》。

这是一首闺怨诗。诗中女主人公以第一人称的口吻，表达对丈夫或恋人的相思之苦，情真意挚，而语言精练，手法简洁，颇见特色。

第一、二句是对偶句，它借物起兴，表面来看，纯属写景，实则内涵丰富，别有寄托。"紫藤"，亦称"藤萝"，是一种高大木质藤本植物，花作蝶形，呈青紫色，其藤能攀缘，故又名"爬藤"。"拂"，轻抚，亦可作照拂、照料解。"黄鸟"即黄莺，"度"，穿越。这两句意思是说，高大的紫藤轻抚着繁花满枝的树木，黄莺在青翠的树枝间飞来飞去。写春天景物，色彩鲜明，形象生动，写景，也是写人，在暗示女主人公的年轻美丽、活泼多情。这两句既是气氛上的烘托，更是乐处写哀，在于运用对比、映衬手法，暗喻人与人关系的某一方面。景语，即情语，这里的写景，点明时间，但又远不止此。"藤萝"是高大的，又是向四周攀缘的，它浓密的绿荫为其旁边的"花树"提供了"保护伞"，使"花树"有所依附。两者就构成一种亲密的依存关系。"黄鸟"与"青枝"也是相依为命、不可分离的。可见，这两句实际上是在比喻夫妇或男女之间的生死爱情。这两句是蓄势，经过这一番着意渲染，反跌下文，才显得更加有力。

第三、四句直接抒情，扣题，突出"怨"字。"一叹息"的"一"，乃是虚指，并非实数。既不妨理解为一声叹息，也可理解为一声声叹息、或一声接一声地叹息。"苦泪"，则是借助于味觉的浪漫主义手法，极写女主人公的思念之情。泪怎么会苦的呢？这显然是夸张，也是一种猜拟。这里的描写对象"泪",已被理性化,即已被赋予感情了。这"苦"是外加的,是假设的,并非物体"泪"所固有。诗人仅仅在凭借这种对物的猜拟,以细致地表现内在的复杂感情罢了。"泪苦",不正是由于心苦吗?"应言垂"的"垂",挂下来。"应言",则可以有两种解释:其一是把"言"看作无实际意义的衬词,它出现于句中,仅是为了节奏的需要,用来凑足字数。因此,"应言垂",即"应垂",必将挂下来的意思。其二是把"言"解释为说话,"应"作动词,应答,应和。意谓女主人公一边叹息着,一边诉说自己的不幸,一边还挂着眼泪。"泪"与"言"相互交错,边哭边说。这自然要理解得深了一层。细按题旨,再联系上下文,此说似亦可通。

　　此诗写古代妇女的痴情,题材常见,其表现则在于运用传统的比兴手法,有独到处。开头两句的工整对偶,已具有近体律句的规模,尤堪注目。

江神子（李别驾招饮海棠花下）

吴文英

翠纱笼袖映红霏。冷香飞。洗凝脂。
睡足娇多，还是夜深宜。翻怕回廊花有影，移烛暗，放帘垂。
尊前不按驻云词。料花枝。妒蛾眉。
丁属东风，莫送片红飞。春重锦堂人尽醉，和晓月，带花归。

  吴文英的咏物词，以花为题材的有好几首。这一首是咏海棠的。词写得沉邃幽密，而出之以隽艳，颇能显示梦窗词的艺术特色。
  词牌名《江神子》，又名《江城子》。李别驾，当系吴的挚友李伯玉。据《癸辛杂识》，李伯玉字纯甫，史嵩之当权时，为太常博士，后被劾去职，改任括苍别驾。梦窗有词《绛都春·李太博赴括苍别驾》。按李任括苍别驾时在南宋理宗淳祐六年（1246）十二月，则梦窗此词当作于次年或稍后，亦即梦窗四十七岁以后（据年龄推算，从夏承焘说，见《吴梦窗系年》）。
  词的起句，"翠纱笼袖映红霏"。海棠素有"红霞帐"之喻。"翠纱笼袖"切"帐"。"霏"，云气，"红霏"亦从陆游诗句"乞借春阴护海棠"中化出。起笔扣题。"冷香"，花的清香，亦形容清香的花。"飞"比喻花光四射，或花香四溢。"凝脂"，凝聚的油脂，柔滑洁白，比喻人的肌肤柔嫩滑腻。借用白居易《长恨歌》"温泉水滑洗凝脂"诗意，以出浴杨妃的肤色与海棠的娇姿作比。这两句承前分写，"冷香"极写花气，"凝脂"极写花色。是接着起句总提一笔以后的具体描写。"睡足娇多"，仍沿着"洗凝脂"的思路，暗寓唐玄宗、杨贵妃的故事。玄宗见杨妃睡起之态，曾戏曰："是岂妃子醉，直海棠睡未足耳！"此句与上句"洗凝脂"，都是拟人，即以名花比美人，意谓睡未足犹如此动人，睡足则自更媚态横生，令人爱不忍释。这三句是词中仅有的对海棠的直接描绘，神完气足，要言不烦。"还是夜深宜"，点明宴饮时间。"夜深"紧扣"睡足"，表明宴饮已到夜深，而越到夜深，花越是容光焕发。一个"宜"字，又表明夜深却是赏花的最佳时刻，这时，人与花都精神倍增，因为人已到了半酣，花则已经"睡足"，可谓人花相得益彰。上阕到这里是一层意思。诗人以深邃绵密之笔，着意描写海棠的色、香、神态，同时还渲染了深夜饮酒赏花的乐趣。接下来是第二层意思。"翻怕回廊花有影，移烛暗，放帘垂"，化用苏轼诗："只恐夜深花睡去，高烧银烛照红妆。"东坡生怕海棠在黑夜里沉沉睡去，故命人点燃着蜡烛照着海棠以保护之。而梦窗却反其意而用之，偏认为夜深赏花，光线不可太强，倒是半明半暗、若隐若现为好。他怕灯光四射回廊下花影斑驳会妨碍视线，故意叫人把灯烛移向暗处，使远离海棠，并且把帘幕放了下来，以免灯光外泄。这个样子赏花，可以说是别开生面，一反前人所为。

上阕纯写赏花，先从花的神情、姿态着笔，然后写到深夜饮酒赏花之别有风味。缓缓写来，极有层次，而且衔接紧凑，转换自然。尤其是移烛暗处，正好是为了不惊扰花的酣睡，同样是出于护花之心，却较之东坡想得更深、更细，也更能显出其体贴入微处。而词中强调暗处赏花之乐，言人所不曾言，可谓独出机杼，不落窠臼。其间名花、美人、历史故事，相互渗透，融为一体。是情，是景，读来只觉香雾霏霏，花魂袅袅，蜜意深情，熔铸于丽句清词之中，令人玩索无尽。

下阕换意，从赏花转入惜花。"尊前不按驻云词。""尊前"呼应题中"招饮"。"按"，打拍子，喻吟唱。"驻云词"有二义：一、指民间曲调《驻云飞》，曾流行于宋元之际。二、泛指响遏行云的歌曲。此句意思是说，席间不要高声歌唱，以免惊醒沉睡中的海棠。乃暗接上阕"移烛暗"句，却并不明言花已睡去，纯用暗示手法。"料花枝。妒蛾眉"，进一步写惜花。"料"，料想，"蛾眉"，妇女的眉毛，这里泛指美丽而善妒的女性，喻造物主。诗人想到，这么娇艳的名花，肯定会遭到造物主的妒忌的，所以，还应该想办法爱惜它、保护它。这就逼出下句"丁属东风"。"丁属"，即叮嘱，"东风"指造物主。"莫送片红飞"，"片红"，喻花瓣。此句是说，要叮嘱主宰万物的东风，千万不要狂吹，免得吹落海棠，使美好事物横遭摧残。

同上阕相似,下阕到这里是一层意思,着重在抒写词人惜花、护花的心情,在惜花的背后,又寄寓词人的身世之感。但其表现手法极其委婉含蓄。应当指出,梦窗此词至此才揭示主题,这也才是全词的"眼"。歇拍"春重"三句是又一层意思。这三句既是写实,又寄托着词人的生活追求。"春重",即春浓,"锦堂",装饰华丽的厅堂,扣题中主人李别驾;"花",花香。海棠安然入睡了,香梦沉酣,画堂里显得春意弥漫,气氛热烈。饮酒赏花的人们逸兴遄飞,略无倦意,直至通宵欢宴,最后大家醉醺醺地披着侵晓的月光,带着满身花气,高高兴兴地散去。从"春重"起,是又一层意思。这三句与上句"丁属东风",紧相关联,构成一种因果关系。由于东风有情,保护了花枝,使得海棠"睡足娇多",从而使参加饮酒赏花的客人都心满意足地尽欢而散。这也是诗人所追求的美好生活。这里的"和月",在于表明宴饮时间之久;"带花",则在于表明人们心情之愉悦。

这首词的写法是借花抒情,借花只是手段,抒情才是目的。借花又分两步,第一步先写赏花。这又分两个层次。第一个层次写夜深看花,最为合适;第二个层次再笔锋一转,写暗处看花更饶有情趣。借花的第二步接写惜花,也分两个层次。第一个层次写花好易被人妒(这里的"东风"已被性格化了),故应防止其受到损害;第二个层次接写海棠得到"东风"的保护,于是花香、月色、人醉,皆大欢喜。曲折地表现了诗人的生活理想。此词内容在于咏物,以花贯穿首尾,中间化用《长恨歌》诗意,融入李、杨故事,复翻出苏诗,托物寄意,暗寓个人感慨。笔法跌宕起伏,开合自如。其借"长恨"以抒发诗人自身之恨,旁敲侧击,于委曲中传出,针脚细密,不露痕迹。此词语言流丽而不失典雅,极见锤炼功夫。特别是能化用典故,熟中见生,增加了词的深度、厚度。曾有人认为梦窗咏物词大半都是词谜,实乃皮相之论。以此词为例,其实并不晦涩难懂。梦窗词托物言志,运用的仍是传统写法,仅仅是在承袭的基础上有所突破而已。

菩萨蛮

林楚翘

画堂春昼垂珠箔,卧来揉惹金钗落。簟滑枕头移,鬓蝉狂欲飞。笑拖娇眼慢,罗袖笼花面。重道好郎君,人前莫恼人!

这是一首艳词,写儿女风情精丽婉约,旖旎动人,不失《花间》本色。其狎昵处,描写颇为大胆,亦可见当时词风。

《菩萨蛮》,乃是小令,共八句四十四字,上下片各四句,每两句换韵,平仄韵互见。

上片首句"春昼",点出时间,"画堂"则交代典型环境。"垂",悬挂。"珠箔",珠帘,即用珍珠缀成或饰有珍珠的门帘、窗帘之类。如李商隐诗"红楼隔雨相望冷,珠箔飘灯独自归"。"画堂",装饰着彩绘的厅堂。这一句是全词仅有的静态描写。它所展示的画面是:画堂深深,春日融融,珠帘低垂,悄无人声,一派富贵闲适气象。这里的静,是为了反衬下文的闹。果然,第二句就立即转入动态描写了。也可以说,从此句起,集中写男女嬉闹情景,直到上片终了,笔力恣肆,而又细致入微,极尽绘声绘影之能事。句中的"卧",与上句"春昼"联系,表明有人正在午睡。是什么人呢?"金钗"一词,又表明那是个女子。"卧来"的"来",在动词后无实际意义,只是为了表达语气的需要,或者只是为了凑足字数。"卧来",即睡着睡着就……或睡到后来之谓。"揉",揉搓,或可作摸弄解。这句是说,那女子正在画堂内午睡,后来有人偷偷地走了进去把她惊醒了。而且这人还在她身上来回地揉搓,惹得她左右躲闪,以致她头上金钗也被碰落了。第二、四句改押平韵,却换了角度,只从女方下笔。而且首句绕开动作的主体,先写枕席,以显示动作的结果。"簟",铺在地上或床上供坐卧用的竹席。"滑"，作动词，滑动。一个"滑"字，一个"移"字，可窥见其动作幅度之大。但作者意犹未尽，还要进一步渲染。"狂欲飞"，是直接写女子的神态了。"鬓蝉"，即"蝉鬓"，因平仄要求而倒装。"鬓飞"也不如"蝉飞"更形象真切。"蝉鬓"，古代妇女一种发式，望之缥缈如蝉翼，故名。这两句写青年男女谑浪笑闹，颇细腻生动，并且笔法富于变化。正是由于尽情地嬉闹，使得床上的竹席滑动，枕头也移到一边去了，女方的头发蓬乱了，精致的蝉鬓也散落了。末句的"狂"，指人狂，人狂引起鬓乱。"飞"，喻头发之乱，也切"蝉"字。这相当传神。非过来人不能道。综上四句，联成一气，紧凑而有层次。由静到动，动则由轻到重，由暗到明，由间接描写到直接描写，终至达于高潮。这四句所创造的氛围，在唐五代词中并非仅见，如李后主词《菩萨蛮》，写同类题材，亦与画堂有关（"画堂南畔见，一向偎人颤"），其意境与此词亦相仿佛，可资对照。

  下片四句全是五言，写嬉闹余波未息，不过动作渐小，却是感情更深，也更富于情趣。首句的"拖"，南方方言，即拖逗，意谓惹得、引得。"笑拖娇眼慢"，一边笑，一边慢慢地转动眼珠。或者是，笑，使得她眼睛也睁不开，好像一点气力也没有了。"罗袖笼花面"，是说女方生气了，不想理男的了。这一动作显然与上句"慢"字相应。女方累了，希望安静一会儿，再闹，她受不了。所以，才有"笼"这一动作。也许是真的生气了，也许是假嗔。这样，最后两句才合乎性格和生活逻辑。"重道"，重复地说，一再地说，表示反复叮咛。"人前莫恼人"，前一个"人"指别人，后一个"人"指自己。"好郎君"，既是昵称，表示亲热，也含有央求的意思。这两句直白又媚态可掬，绝无虚饰，又满含深情，宛然娇女子口吻。真是如闻其声，如见其人。从语言上看，已接近于口语了。联想到《红楼梦》第十九回"意绵绵静日玉生香"，写黛玉在潇湘馆歇午，宝玉走了进去。两人躺着说话。后来也曾有过宝玉挠黛玉胳肢窝、黛玉笑着告饶以及笼袖和以手帕遮脸等动作，光景与这首词所描写的十分相似，因是小说，语言和细节更为丰富而有趣。两者究竟是属于巧合，或千载之下的曹雪芹确曾读过敦煌词的词，因而受到了某种启示，这就有待于专家去细加考证了。

望 梅 花

孙光宪

数枝开与短墙平。见雪萼红跗相映。引起谁人边塞情？帘外欲三更。吹断离愁月正明，空听隔江声。

《望梅花》又名《望梅花令》。原为唐教坊曲名，后用作词调名。此词本咏梅花，调名即是标题。其体有单调、用仄声韵；双调、用平声韵两种。如和凝词内容相同，属前者。此调则属后者。平仄、字数亦互异。

此词上下片各三句，咏物与抒情并见。大抵以抒情为主线，咏物只是陪衬，起个依托作用。上下片艺术手法亦有变化，但都是为突出一个"愁"字服务的。从"愁"（"边塞之情"）字出发，又归结到"愁"字之上，层层推进，有章有法。可见，写梅花还不是目的，仅是作者托物寄意的一个手段。从来的咏物之作，总不是无所寄托的。

上片首句即物起兴，点明节候。梅开数枝，高与墙齐，光景并不热闹。这淡淡一笔，很能体现梅花的孤傲性格，也为后面的抒情定了调。第二句接写梅花的色。看似铺陈，实则颇有分寸。句中的"萼"，即花萼，位于花的外轮，由若干枝萼片组成。"雪萼"，说明外层是白色花萼。"跗"，亦作柎，花萼房，位于花的内层。"红跗"说明花的里层是红的。这样，梅萼红白相映成趣，画面清晰，却并不娇艳。这两句切题，作为一层意思，并非闲笔，它是铺垫，为下句由景入情做准备的。此词以梅花为题，而直接涉及梅花的仅是这两句，以下作者就一笔宕开了。第三句来得突兀，又是疑问句，若细加玩味，分明含有两方面的意蕴：一是折梅赠远行，乃是古代民间习尚，因梅花而勾起相思之情，是常见的，也是很自然的。二是梅开一度，标志着冬去春来，又是一年，而征人在外，归期无定。处此时会，面对着初绽的梅花，又怎能不百感交集呢？所以，上片咏的是梅花，抒的是离情，是到了第三句才切入正题的。

如果说，上片的抒情，还不过是旁敲侧击、半吞半吐（用疑问句而不用判断句或惊叹句）的话，那么，下片所表达的感情就强烈得多。作者显然是倾其全力写愁的。在狭小的篇幅里，接连使用的词汇都富有特征：梅花、三更、笛声、明月，串在一起，犹如一幅春江夜景图，宁静淡远，令人神游物外。"帘外三更"，正值夜半，楼中人好梦方酣，却被劈空飞来的笛声惊醒了。也许是梦里正与心上人畅叙离衷呢！笛声吹散了好梦，使梦的主人满腔离愁欲诉不能。这岂不是大煞风景！于是，只好不睡了。或者是拥衾而坐，或者竟是去窗下倾听隔江传来的笛声。但听了又将如何？明月当窗，孤影自吊，梅花无言，笛声凄清，如此良夜，徒增怅恨而已。末句一个"空"字，透露了楼中人的无穷哀怨和难以排遣的孤独感。所以，上片抒写离愁，仅止于轻轻一点，即戛然收住，下片写愁，就是浓墨重彩，大笔挥洒了。

还须指出的是，下片渲染环境、制造氛围、倾吐心曲，看似与梅花无涉，实则作者的笔仍未远离梅花。边塞、玉笛、明月、春江，都与梅花有关。在古代文学作品，尤其是诗词中应用甚广，实例俯拾即是，笛子曲中就有《梅花三弄》。这里句中提到的吹断离愁的隔江之声，也许正是这支曲子，仅仅没有明白说出来罢了。

上 行 杯

孙光宪

离棹逡巡欲动。临极浦,故人相送。去住心情知不共。金船满捧。绮罗愁,丝管咽。迴别,帆影灭,江浪如雪。

《上行杯》,原唐教坊曲名,后用作词调名。按此调有不同诸格体,俱为单调。《词律》收入二首,均为送别之作,一从陆路,一从水路,一为三十八字,一为三十九字。两首题材相似,而平仄、用韵互异,作者则为鹿虔扆。又据《词律》注,此词原为单调小令,不应分上下片(其又一体四十一字则通篇一韵,可证)。若按上下分段,则下片起句"金船满捧",当属上片。如此则不但与前数句叶韵,且语气亦相衔接。不过,这么一来,上下片变得前长后短,不甚均衡了。故仍以合为单调为是。

词共十句。自起句至"金船满捧"为前五句,用的是上声和去声韵,成为一层意思。这一层以叙事为主,写离别时的景象,杂以抒情。自"绮罗愁"至结尾处亦为五句,用的是入声韵,是又一层意思。这一层主要在于言情,亦有写景之笔,但景中寓情,是为了突出去与住共有的愁思。其表现手法较之前面五句变化明显。如果说,前五句铺叙别时情状还较为显豁平直的话,那么,后五句描绘离情别绪就显得摇曳多姿、耐人玩索了。

首句交代环境,点明题旨。"离棹",即将或正在离去的船。"棹",划船的桨,古代文学作品中常被用来借指船。"逡巡",有两义:一为形容迟疑、游移、欲进不进之状;一表示时间之极其短暂,与须臾、顷刻同义。此处当属两者兼而有之。"逡巡欲动",表明停靠在岸边的船即将解缆启程,好朋友即将分手。而在登舟远行之前,又感到依依难舍。"浦",水边,"极浦",指河岸尽头处。与下句联系起来,就是故人送了一程又一程,已来到岸的极远处，不能再送了。这个"极"字，得画龙点睛之妙，写友情之深厚，胜过许多笔墨。两句倒装，是出于押韵的需要。接下来透露此时此地的心情，"去住"，即聚散离合。人生会少离多，聚散无常，聚则欢，散则悲，心情是完全不同的。这里的"知"，可知、足见，是说过来人都尝过离别的滋味。"金船"，船形铜酒器。眼看离别在即，岸上的送行人满满地斟上一杯酒为远行者祝福，愿他旅途平安。"捧"，双手拿着，以示尊重之意。以上全在写出离别之前的情景，而"逡巡"一词，则在叙述中透出惜别，用笔简练，颇见巧思。

后五句换韵，以短促的入声韵来配合作者的全力抒情。"绮罗"，精致的丝织品，富豪人家所服，这里泛指富贵子弟。"丝管"，乐器，琴箫之类。"愁""咽"，极言离恨之既深且重，不可排遣。"迥别"，一作"回别"，前者较可通，即远别。唯其远别，后会难期，才勾起了如许的愁。也正因为是远别，才引出下面两句写景。"帆影"一句，镜头推移，自近而远，渐渐淡化，亦可见岸上送行之人伫立凝望之久。最后，"帆影"既已跳出视线，则所留下的自然只有白浪如雪的滔滔江水了。此两句暗合李白"孤帆远影碧空尽，惟见长江天际流"诗意，出以化用，放在结尾处，看似不带感情，却留下巨大的空间，给人以反复咀嚼的余味，亦仍在着力渲染离愁之绵绵不绝，不过是用了寓情于景的象征手法，表现得较为委婉曲折罢了。

定 西 番

温庭筠

汉使昔年离别,攀弱柳,折寒梅,上高台。
千里玉关春雪,雁来人不来。羌笛一声愁绝,月徘徊。

《定西番》,原唐教坊曲名,后用作词调名。据《词林纪事》,此词为塞下曲,乃盛唐遗音。其本意与汉使出塞有关,温庭筠此词仍用其意。

词共八句三十五字,上下片各四句,字数前短后长,除上下片第一句及下片第三句押相同的仄声("别""雪""绝"均为入声)外,其余各句(上片第二句"柳"字不入韵)押相同的平声韵。平声韵多于仄声韵。

这是一首征人思乡的小令。

上片起句入题。"汉使",汉时被朝廷派往西域(或河西一带),即所谓"西番"执行任务的官员。这里是泛指出塞远行的使者,并非专指汉代。如白居易《长恨歌》中"汉皇重色思倾国"句,亦是假托,"汉皇"实为唐皇。"昔年",紧扣"汉使",因作者生活于晚唐时代,故称。其实,亦仅是泛指过去,时间并不固定。"离别",揭示题旨,确定基调,以下各句均围绕此一中心而层层展开。接下来的"攀柳""折梅",皆古代习尚,用于赠别或表达别后相思之情的,与下面的"上高台",构成一串动宾词组,动作连贯,都可看作是"离别"一词的注脚和具体化。"弱柳""寒梅",既渲染离情,亦点明季节。上片四句联成一气,就为我们展现了这样的画面:从内地来到塞上的使者就要启程踏上归途了。大家都去为他送行,并且折下柳梅以赠别,或委托他把边塞的柳、梅捎去给远方的亲人。使者走了,大家还爬上高坡(大漠中的荒丘),目送他们远去。

上片四句作为一个层次,用的是写实的笔法,追忆当年,铺陈其事，在于着力点染与使者相见之少和相别之难。这上片词句平易，只是淡淡写来，并不借助于镂金错彩式的描绘，却富有内涵，不仅显示了温词的多种风致，而且还是一种蓄势，为下片的直抒怀抱作了极有力的铺垫。

如上所述，上片写的都是当年离别时的情景。转入下片后，就集中笔墨写别后相思之苦了。起句"千里"，形容相距之遥远。正因为相隔之远，才更显得相见之难。"玉关"，即玉门关，在敦煌县境，河西走廊重镇，古代通向西域必经之地。"春雪"，与上片"弱柳""寒梅"相应，表明离别又是一年了。随着时序的转换，别之既久，则思之愈深。下句"雁来"，紧扣"春"字，春到塞外，万物复苏，大雁也按时从南方飞来了。然而，"雁来"却"人不来"，这不是很令人伤心的吗？这句的"人"，或指从内地来的使者，或指从家乡来的亲属。总之，并不是特定的对象。而且，"雁来"还含有鸿雁传书的意思。因为玉门关外，地处西北边陲，气候恶劣，入冬则天寒地冻，道路无法通行。所以，人们都盼望着春暖开冻，心情尤为迫切。在这样一种"人不来"的无可奈何的情况下，还要加上一声"羌笛"，岂不是愁上加愁吗？按"羌笛"，原是羌人的乐器，吹奏的常是《折杨柳》曲，这是一种离别曲。其歌词曰："上马不捉鞭，反折杨柳枝。蹀座吹长笛，愁杀行客儿。"人陷于深深的痛苦之中，又碰上吹笛怨别，自更增添离人的愁绪。"愁绝"，愁到极点之谓。其所以如此，皆因笛子曲乃是《折杨柳》之故。写到此处，似乎作者要说的话都已说完，离别之思，经过下片作为词的第二个层次的抒写，似乎已发挥得淋漓尽致了。但作者显然是意犹未尽，在末句收尾时还要点上重重的一笔。"月徘徊"，可作二解：一是离人闻笛对月，愁肠百结，以致长夜不寐，只好起来，走了出去，在月下独自徘徊。这里，行动的主体是人。另一则是月亦有知，在天空中徘徊而不忍离去，似乎很同情离人的不幸遭遇。这是拟人化手法。倘作第一解，则此句主语省略，合乎逻辑的主语应是人而不是月。完整的表述应为人在月下徘徊，或人与月一同在那里徘徊。此句，汤显祖认为乃杜诗"香稻啄残鹦鹉粒"句法，若按第一解，正相暗合。这末句是深一层写愁，全用侧笔，避开正面，句子成分如稍加补充调整，意思仍很明白。整首词写离愁，千回百转，层层推进，却以铺叙为主，甚少直接抒情，却极有深度，且能于平实处见真情，足以展示温词的另一面目。

醉花间

冯延巳

晴雪小园春未到,池边梅自早。高树鹊衔巢,斜月明寒草。山川风景好,自古金陵道。少年看却老。相逢莫厌醉金杯,别离多,欢会少。

《醉花间》,原唐教坊曲名,后用作词调名,此调有不同诸格体,俱为双调,上片五句,下片四句,共四十一字,又一体为五十一字,冯延巳此词即是,冯氏此调共有四首,此乃其三。

这是一首春词,主题是咏春惜别,伤年华之易逝,叹良会之难得。

此词全用仄韵,全词十句八韵,除下片第四句和第五句分用平韵外,余均一韵到底。

上片四句每句有韵,第三、四句构成对偶句。起句突出一个"春"字,以下即围绕"春未到"而展开写景。"晴雪"犹在,表明春意尚薄,小园里雪压冰欺,百卉仍沉睡未醒,故曰"春未到"。虽是如此,但报春的早梅却在池边探头探脑了。第二句承前而有转折,"梅自早",有梅得春先,冒寒一枝独放之意。第三、四句仍照应首句而作了有力的渲染,"鹊衔巢"是说鸟类在衔草筑巢。主语"鹊"之前,有个作为修饰语的名词"高树",即高高的树上。因为树高风大,故鸟类仍然需要在春天将到未到之际修筑好自己的巢,以抵御寒气的侵袭。"斜月明寒草"的"明",作动词,照亮、照耀,这里的"斜月"与首句"晴"字相应。"寒"字与"雪"字相应。既然有月,当是夜间。天是放晴了,草上还带有残雪,这就使得月光下的白草显得格外晶莹皎洁。这上片四句纯属写景,从"小园晴雪"开始,写到"池边早梅",再写到"高树鹊巢",最后到"斜月寒草"收住。这四句上下连贯，紧凑而又层次井然。随着作者的移步换形，虽在小园，却能一句一个景、一步一个境地引人入胜。尽管春尚未到，嫩寒犹甚，读来仍令人目不暇接。尤其是三、四两句，构思精巧，意境深邃而造语自然，堪称佳制。

下片六句，写景言情兼而有之。按其顺序，前三句可分两段，前两句写景物，后一句写人事。前两句正面歌颂，后一句意在转折，深致感叹。"金陵"，当时的南唐国都。这三句意思很明白，在于赞美江南一带的山川风物。不过，在赞美之余，亦发出感叹，山河不老，而人物却在不断变换，"昨日少年今白头"，人生原是十分短暂的。这句的"看却"的"却"，助词，用于动词"看"之后，作"看着"解。"少年看却老"，即眼看着少年很快就老了。此句反跌前句"风景好"，并为引起下文提供依据。有联系上下文、穿针引线的功用，极见关键。"相逢"以下三句一气呵成，以劝饮、惜别为主旨，又可分为前一句劝酒，后两句惜别。后因前果，脉络分明。这三句又与下片前三句互为因果。正由于金陵道上风光明媚，而人生苦短，青春易逝，嘉会无常，故人们应珍惜这大好时光，利用这短暂的相聚，杯酒联欢，畅叙衷情。这就是作者所要表达的情，也是这首词的主题。当然，作为封建士大夫代表人物的冯延巳，他的思想境界，只能达到这样的高度。他的感叹人生离多会少，虽有普遍性，总带有那个时代的烙印。尽管如此，这首词的艺术构思和表现技巧，仍有其独到的一面，尤其是他以平易之笔写纷纭复杂心事的手法，于后人不无启迪。

杨 柳 枝

万里长江一带开，岸边杨柳是谁栽？
锦帆落尽西风起，惆怅龙舟更不回。

全词以隋炀帝杨广开凿运河、沟通南北这一史实为题材，吊古伤今，不胜感慨。细按词意，作者当系唐人无疑。

首句"万里长江一带开"，先从咏物着笔。"一带"，有二义：一为地理概念，指附近的地区；另一作一线解，即犹如一条带子那样。此处应属后置——就是说，万里长江像一条带子纵贯东西，如今得到了开辟。句末的"开"字，乃点睛之笔，既咏物，又由物及人，为引出下文咏人作过渡。这个"开"字，内涵极丰富。它隐指当年杨广在位时，大兴徭役，开凿汴河和连接海河、黄河、淮河、长江四大水系的大运河等往事，并非专指汴河通江一事。

第二句承前，接着"开"字而展开。"岸边"，指汴河或运河两岸。杨广开河时曾下令河岸遍植杨柳，以保护河堤。"是谁栽？"设问，无特定对象，措辞含蓄，不明言杨广而其中凭吊之意仍灼然可见。从江写到"岸边杨柳"，过渡自然。

第三句从江又写到船。"锦帆"，锦绣的船帆，隐指炀帝乘坐的装饰华丽的龙舟，"落尽"，帆全部降落，形容龙舟倾覆沉没。指当年炀帝失败被杀事。"西风起"，象征政治气候的剧烈变化。指隋末农民起义，隋王朝覆灭事。从词意看，"西风"是紧扣本句"锦帆"的，亦与上句"杨柳"有关联。西风起，杨柳枯，季节入秋，景物日渐萧索。这里既写景，又咏人。另，西风起，水波涌，江面上险情迭出，于是，就导致帆落，即船的倾覆沉没。这里同样是既写景，又咏人，仅仅是手法比较简练概括罢了。

第四句"惆怅"，是作者言志抒情，以明白的语言，表示对"龙舟不回"这历史事实的无限哀伤和感慨。作者的"惆怅",大致包含着两层意思:其一是对隋王朝建立未久就惨遭覆亡,表示惋惜,对炀帝的悲惨下场表示沉痛;其二是怀念下令在河岸栽柳的炀帝。意思是说,炀帝的龙舟已是一去不复返了,但他下令栽种的杨柳还在。可惜的是,自炀帝死后,世上已不会再有下令在河岸植柳的皇帝了。因此,作者感到惆怅的其实不是炀帝个人的命运结局,而是河岸植柳这一壮举的不再出现。

应当指出,历史上的杨广是个暴君,他在位期间,倒行逆施,作恶多端。他本无心为民造福,但开凿大运河,沟通南北水系,却是一大历史功绩。河岸植柳一事,也有利于国计民生。老百姓从客观效果出发,追怀他,有憾于龙舟之一去不回,是自然的。人民群众对待历史人物是实事求是的,既不是"一俊遮百丑",也不是全盘否定,而是好处说好,坏处说坏。这首词的主旨在于肯定杨广凿河植柳的功绩,并且慨叹后继之无人,而不问当时杨广的主观意图如何。这符合历史唯物主义原则。故此词的思想内容不无可取。其艺术手法,通过咏物咏人,抚今追昔,隐喻悲感,而又出之以平易、流畅的语言。就其结构而言,四句之间,起承转合,联系紧密。首句即物起兴,次句递进设问,三句移步换影,末句结尾托出题旨,寓意深长,收煞有力。明人杨慎认为此词为古今《杨柳枝》第一,其情致堪与"春江一曲柳千条"篇比肩。评价或有过当,但此词堪称《杨柳枝》上乘之作,则是不应该再有争议的。

酒 泉 子

温庭筠

罗带惹香,犹系别时红豆。泪痕新,金缕旧,断离肠。　一双娇燕语雕梁,还是去年时节。绿杨浓,芳草歇,柳花狂。

此词乃是又一体。温词《酒泉子》四首,前三首皆四十字,此为四十一字。下片第二句多了一个字,而且下片首句押的是平声韵。

这仍是一首怨春伤别词,所不同者,在于通篇都是实写,整个格局无大改变,抒情味则较另一首"楚女不归"为浓,手法也不如上述这一首含蓄深婉。

全篇仍从别后光景着笔,层层推进。上片睹物思人,重在写情。物不过是个引子。下片从眼前之物联想开去,勾起回忆。然后再回到景上。重在写景,却一波三折,绕了一个圈子,笔法曲折多变。下片状物写景,看似不带明显的感情色彩,但仍意在使上片由物诱发的情(泪痕、离肠)融化在景中,从而得到更有力的映衬。

首句托物起兴,引入本题,是诗词惯用的手法。"罗带",古代妇女束腰的丝织物,长短不一。"惹",沾染。这里所说的"香",当属薰香之类,也可能来自脂粉,或来自肌肤。"系",动词,绑扎。"红豆",即相思子。古时曾被用来赠人,以表达思慕之情的。这两句意思是说,用香薰过的腰带上,还佩挂着你分手时赠给我的红豆。红豆乃微小之物,竟被如此珍重,说明情意之深长。正因为有物可作依托,接下来就能直接进入抒情了。"泪痕新",意谓泪流不断,襟上袖间总是湿的。"金缕",衣服上的文绣。随着时间推移,一天天地色泽暗淡了。这两句对仗工整,一新一旧,对比强烈。

"旧",意味着离别已久。正唯别久,故思之愈切。思而不得,只好终日以泪洗面。泪痕常新,正是离肠寸断的表现。因此,这三句中的"新""断",无不与"旧"字相关,前者不正是后者所引出的必然结果吗?

下片开头仍从咏物入手。"双燕",点明季节。接着就一笔宕开,回溯当年。"去年时节"的"节"字,是为了押韵的需要而加上去的。此句与上片"别时"遥相呼应,它显然含有许多潜台词。梁上双燕,梁下俪影,良辰美景,记忆犹新。但作者点到为止,不愿在回忆当时美好光景上多费笔墨,而是留给读者去咀嚼。最后三句着力写景,意在以景衬情,把别后相思之苦作更深一层开掘。"芳草歇"的"歇",作散发解。如颜延之诗:"芬馥歇兰若。""绿荫""芳草""柳花",原都是静态之物,如今加了个谓语"浓""歇""狂",就顿时神采飞扬、生机蓬勃,也显得更是春意盎然了。这样写景,真够热闹的,实则这只是为了反衬。古代文学作品常有于乐处写悲,于热闹处写孤寂的。这种写法,要比乐处写乐,悲处写悲,更有深度,更耐人寻味。若只从浅层理解,就容易被作者瞒过,亦分明与上片所抒的情不相和谐,而且根本不像是在诉说离愁别恨了。再说,即便是在下片,作者写景也是经过精心组织的。双燕语梁间,柳花漫天飞,不都是富有象征意义,可以与人的境遇比附的吗?所以,前人评温庭筠此词为"离情别恨,触绪纷来"(《栩庄漫记》),还是颇能把握温词艺术特色的。

酒 泉 子

温庭筠

楚女不归，楼枕小河春水。月孤明，风又起，杏花稀。
玉钗斜篸云鬟重，裙上金缕凤。八行书，千里梦，雁南飞。

此词曾传为冯延巳作，但除《阳春集》外，诸本均作温词，兹因之。

酒泉，地名，在河西走廊，汉武帝时置郡。相传城下有泉味甘如酒，故名。调名本此。此调亦有多种格体，均为双调，常见者为上、下片各五句，共四十字，用韵平仄迭出，大抵上片首句、末句须与下片结句押同一平韵。其他各句押仄韵，一调凡三换韵，颇错落有致。

这是一首伤春怀人之作，显系作者在思念天各一方的所欢（或妻子）。细玩词意，两人离别非止一日，别久则思深，这才引出如许多的离愁别恨，并见诸笔墨。

起笔铺陈其事，旨在点明一个"别"字。可以说，全词各句皆由"不归"一词领起，故此句总揽全局，起了提纲挈领作用。"楚"，指长江中下游广大地区，亦泛指江南一带。"楚女"，楚地之女，"归"，归来，引申为重逢。第二句交代季节，隐含二义：一是表明离别已久；一是暗喻，楼下小河春水涨了，眼看时序又换了一年，楼上人的愁绪亦随着节气的更替而增长不已。"枕"，动词，横川，楼跨河而筑，可见不是小户人家，亦为下片刻画女方装束之富丽张本。另，傍水而居，也最便于得物候之先。此句又为下面的写景做了铺垫，起了承上启下的作用。以下三句集中笔力描写景物，但又寓情于景，曲曲传出主人公的心事。这三句承上，与前两句环环相扣，联系紧密。如"孤"与"不归"、"杏花"与"春水"均前后呼应。月原只有一轮，对影却能成双。现在人去楼空，楼上人长夜孤眠，便觉得月也与人一样陷入寂寞凄凉之中了。这"孤明"二字，抵得多少言语！风起，吹皱小河春水，触人愁绪。一个"又"字，可见这样的看月无眠已不止一次。这就深化了相思之情。"杏花稀"，"稀"字下得有力。它既表明风势之大，亦表明春已过半。而这风，又富于象征性，它既是自然界的风，又是人间吹散鸳鸯的恶风。总之，这三句妙在抒情全在暗处着笔，不见半点人的动态，却层层转折，把一腔离情都渗透在景物的描绘之中。一个"孤"字，一个"稀"字，包蕴着千种风情，万般凄楚，只是不肯明白说出。

如果说，上片写的不过是眼前之景，图像清晰；下片就移步换形、出之以想象了。下片开头两句换韵不换意，仍写眼前所见。可是这里出现的"玉钗""云鬓""裙""金凤"，却非当时实有，其所借代的也并不是活生生的人，而只出于此时此地主人公的幻觉。也不妨说，作者笔下这位装束入时的女性，仅是梦中的幻象。"篸"，通"簪"，动词，插入。"金缕凤"，金色丝线绣成的凤。这两句极写女方仪容之美和服饰之华丽，亦即首句"楚女"的肖像描写，意在反衬相思之苦。最后三句，托出"梦"字，千里，喻相隔之远。以其分离之久且远，才落得魂牵梦萦而不能自已也。"八行书"，信的代称，旧时信笺每页八行，故称。"雁南飞"，古人以雁足传书，后遂以鸿雁借代信使。这三句是说，相思成梦，真盼着雁能捎个信给远在外地的女方。然而，南飞的雁却不曾带得信去，自然也不曾带将愁去。

值得指出的是，下片所写之景，带有虚幻色彩。"南飞"一词固然不是出于虚设，但地域上却是错位的。"楚女"，从逻辑上应是去南方，"不归"，当为长期不回北方与丈夫团聚。当然，亦可理解为南方女子去了北方而不归来。而雁却总是固定不变地每年春天由南而北飞的。如今词中说是"南飞"，时间是春天，地点是江南，似不合雁的生活规律。要传书的话，应是北飞之雁，从南方把信捎来才是。这种时空错乱，与古代文学作品的虚拟手法有关，温词中也并非仅见，因此，如定要坐实，反而不容易理解其真意所在，而且这也正好从一个侧面证明此乃梦境，并非生活实录。

归结起来，此词上片实写，下片则实中有虚，多出于作者想象。但上下片仍有内在联系，从实到虚，转折之间又十分自然，足见作者布局之巧。这也是温词的一个艺术特色。

阿 那 曲

薛 涛

玉漏声长灯耿耿，东墙西墙时见影。
月明窗外子规啼，忍使孤魂愁夜永。

这首《阿那曲》，《唐人万首绝句》及明刻《薛涛诗》均曾收录，与《全五代诗》均题《赠杨蕴中》。亦见于《古今词统》。《词苑丛谈》引文作《独夜曲》，并载："进士杨蕴中下狱成都，梦一妇人，自称薛涛，赠以此词。"计有功《唐诗纪事》亦有类似记载。《全唐诗·薛涛》诗未收，而归入"鬼"诗。相传此乃薛涛死后所作，但近人张篷舟所辑《薛涛诗笺》则认为"鬼"诗云云，皆不经之谈。因自来所谓"鬼"诗，多出于文人伪托，或系梦中得句，并非死后真能作诗也。

薛涛，字洪度，幼而能诗，后流寓蜀中为乐妓，出入幕府，皆以诗受知于当道，与之唱和者均一时名流，其诗坛地位在方干、马戴、贾岛之间，被称为唐代女诗人第一。所作诗以讽喻时政、评骘人物为多，较少脂粉气。但这首《阿那曲》却显得辞意凄婉，格调低沉，不失女儿本色，而且字里行间还真透着点森森寒气，更加重了作品的冷色。

全诗自始至终不离开夜景的抒写。手法是寓情于景，融情入景，情景相生，最后再集中笔力正面抒情。起句中的"玉漏"，即古代宫中用来计时的铜壶滴漏。"声长"，喻漏声持续很久。"耿耿"，光亮微弱，多以之形容天之将明。如白居易诗"耿耿星河欲曙天"句。这里暗示夜很长，人不寐，灯也残了。正因为人辗转未眠，故漏声在耳分外清晰。第二句紧接上句，写景转而写人。"影"，是指人影。"东墙西墙"表明影在移动，而且移动得相当频繁。"时见"一词，就点出这人在不停地来回走动。一、二两句作为一层诗意，借助于漏声、孤灯、人影这些富有特征的词汇，极写孤苦无依的愁人长夜难挨之状，可谓传神。李后主《捣练子》词："无奈夜长人不寐，数声和月到帘栊"，或即脱胎于此。

  第三句空间转换，从室内写到室外，仍着重于环境烘托，它与第一、二句是一脉相承的。本句中的"月明"，与首句"玉漏""灯"呼应，都在于渲染夜景，它又紧扣"影"字，得上下贯通之妙。盖时当夜阑，灯已半明半暗，倘无月光，就很难映现人影之在墙上移动也。月在窗外，说明夜已将阑，天将破晓，更深一层地写人通宵未眠。"子规"，即杜鹃，每出现于暮春季节，鸣声哀苦。此句承上启下，处于关键地位。它诉之于视觉形象和听觉形象，为黯淡的夜景设色，同时又引出下文，为第四句"孤魂"蓄势，使前面三句的写景得以顺乎自然地转入抒情。至此，全诗经过层层进逼，终于形成了高潮。"愁"，既点明了题旨，又展现了作者汹涌的感情波澜，仿佛一股郁勃不平之气喷涌而出。而以反诘句结尾，尤显得余音袅袅，耐人咀嚼。这一句的"忍"，可作何忍、岂忍解，用反问句更能加强语气。但这里的"孤魂"，与孤身同义，专指孤苦无依之人。或以为此处系指孤魂野鬼，代表已死去的人，则未免望文生义，失之附会。因这样理解并不符合作品实际，反而给曲解本诗者提供了依据，这并不可取。若过分执着于"孤魂"一词，从而竟归结为鬼而能诗，显然不是科学的态度。

状 江 南

吕 渭

江南仲冬天,紫蔗节如鞭。海将盐作雪,山用火耕田。

此调乃组诗十二月之咏中的一首。据《唐诗纪事》卷四十七载:谢良辅、鲍防、吕渭等十二人作《忆长安》及《状江南》。这十二位诗人或原籍江南,或曾在江南一带宦游,《状江南》所写皆江南风物,有地方特色。吕渭先任浙西支使,后贬歙州(今皖南歙县一带)司马,又为潭州(今湖南长沙、湘潭、益阳)刺史,足迹遍及浙西、皖南、湘中,在长江以南富庶地区生活较久,其作品自不能不有所反映。

按《忆长安》《状江南》不见于《词律》,前者曾载毛先舒《填词名解》卷一,后者当为同时所作。因词的起句有"江南"二字,又因作者咏此时或尚在当地,故冠以"状"字,以与《忆长安》之多属怀旧之作相区别。

全篇四句,共二十字,略似五绝,平仄稍有不同。而且作为组诗,出于联唱的需要,十二首有统一的模式。大致是第一句"江南仲冬天",按季节排列。第二句"紫蔗节如鞭",紧扣上句,各写一物。第三、四句构成一副工整的对联,进一层展开来描写。第一、二、四句有韵,押的都是下平声一先韵,则又近似五言律绝的格局了。

如前所述,《忆长安》和《状江南》均为十二月词,两者都是按月分咏的。但标题有别。《状江南》是按一年四季、一季三个月(孟、仲、季)分的。合在一起仍为十一首。此词题中的"仲冬",应为阴历十一月。

首句在于点明季节时令,接下来就写景状物,突现江南风光。第二句用的是比喻手法。南方的蔗,有青皮的,也有紫皮的。后者多产于浙江西部和南部，俗称"红皮甘蔗"。"节如鞭"，形容蔗的外形修长挺直而质地坚实。仲冬天气，北方早已飘雪，江南的甘蔗正大量上市。此句极言江南物产之富。第三句写江南人民利用海水制盐，大力开发沿海的自然资源，使海水不断变成雪白雪白的盐粒。"盐作雪"，极言盐之多而洁白。第四句写江南人民烧山开荒种地。烧荒，是一种古老的耕种技术，把杂草烧掉，既扩大了耕地面积，又可以利用草木灰肥田，以提高作物产量，可谓一举数得。这在古代农村很常见，直至现代，某些边远地区仍在使用。

这两句句式比较特殊。按其所表达的内容，应当是"海将水变作雪白的盐，人上山用火烧荒开田"。主要是顺应平仄和对仗的要求（盐是平声），故意把水作盐或水成盐写成"盐作雪"，把人用火写成"山用火"了。"海"代海水，"雪"比喻盐。中国古典诗歌字数固定，容量有限，为了便于表达，有时就不得不运用倒装句、省略句、无主句或主语转换之类，结果就出现这样的句子。这两句看似不易理解，正是作者的匠心所在，也体现了中国诗词特有的表现方法。

阿 那 曲

杨太真

罗袖动香香不已,红蕖袅袅秋烟里。
轻云岭上乍摇风,嫩柳池塘初拂水。

这是杨太真(即杨贵妃,小名玉环)仅有的一首传世的词,阿那,即婀娜。《阿那曲》,原为七言绝句,押仄声韵,一、二、四句有韵,平仄则较古绝灵活。词为单调,同一词调,其平仄、韵脚亦不尽一致。唐人以入乐府,宋人称为《鸡叫子》。关于此词起源,旧题谓最早系由杨太真作此曲。万树《词律》以此调未被收入《词谱》,疑即《纥那曲》之转音,因《纥那曲》亦绝句衍化而来,两词有相似处。徐士俊《古今词统》认为此系赠善舞者张云容作。又徐𠃊《词苑丛谈》载:"姚氏月华随父寓扬子江,与邻舟书生杨达相遇,见杨达《昭君怨》诗,爱之,私命侍儿乞其稿,遂相往来。一日,杨偶爽约不至,姚作《阿那曲》。"按姚词与杨太真此词平仄相去甚远,且与舞艺无涉,自不足据。此词出处虽尚无定论,但它脱胎于绝句,则是无疑的。

杨玉环乃是唐玄宗宠妃,史称其能歌善舞,妙解音律。此词实出自其手,似亦近理。词共四句二十八字,所写的都是舞态。除了首句系从正面直接描绘舞蹈动作外,其余三句均系运用传统的比喻、象征手法,多侧面地加以渲染,颇得斜阳草树、掩映生姿之妙。

歌衫舞袖,长袖善舞,足见,舞总是离不开袖的,中国古代舞蹈更重视水袖的功能。故写舞必得先从衣袖写起。这开头一句的"罗袖动香香不已",第一个"香"是名词,应是指长袖舞动时掀起的阵阵香风,又可理解为罗袖搅动了凝聚在舞女身上的脂香粉气。"动香"一词,形容舞态,形象生动而概括。"香不已"的"香"则是名词动用，有香飘或香满之意。盖舞袖在不断地挥动，香风也在不停地飘散。这里是以赋（即直陈其事、不无夸饰）的手法，写动态中的舞酣畅淋漓之状。

如果说，首句乃是重在写实，以下三句则全从虚处着笔。第二句"红蕖"，即红莲。"袅袅"，纤长的、柔嫩的样子。红莲，不仅色香俱全，而且亭亭出水，体态轻盈。以玉立于初秋的薄雾里、轻轻地摇曳着的荷花来比拟曼妙的舞姿，可谓贴切。此句是从另一角度，即在静态（相对静止）中刻画舞姿之美。

第三、四句是对偶句。"轻云"承上句"袅袅"，"摇风"与首句"罗袖"呼应，喻躯体和双臂的摆动，乃"动香"一词的具体化。此句言舞姿犹如出谷轻云，随风飘动，既潇洒，又舒卷自如。"嫩柳"与"轻云"对举，则在于形容舞女腰肢之细。"拂水"，承"摇风"，风摆弱柳直至低拂水面，在于形容舞女腰肢之柔。"摇""拂"之前加副词"乍""初"，表明舞姿因节奏缓慢而更显得轻灵柔和，荡人心魄。

总之，此词写舞，有实有虚，有动有静，笔力变化而有层次，描写时能环环相扣，前后照应。某些用语甚奇，如"动香""摇风"，系从现实生活中提炼而得，甚见匠心。

有人曾谓此词"既言秋烟芙蕖，又言嫩柳初拂，物候失序"，似有时空错乱之嫌。其实，这三句纯属虚写，无非在着意描绘舞姿之妙，所引用者未必都是眼前实有之物。文学作品，尤其是诗词之类借助形象化语言或运用比兴手法以烘托气氛、突出描写对象的特点，是常见的、合乎创作规律的。倘一一坐实，反而会陷于胶柱鼓瑟，而有悖作者原意了。

【双调】寿阳曲

四时（四首之三）

吴西逸

萦心事，惹恨词，更那堪动人秋思。画楼边几声新雁儿，不传书摆成个愁字。

原作四首，题曰《四时》，即春、夏、秋、冬四季。这是第三首，写的主要是秋思，描绘秋景却并不多，通篇重点在于抒情，抒发秋天带来的离愁绪。写景用笔极省俭，但极巧妙，因此，由景入情，收到了较好的效果。

此曲共五句，每句一韵，平仄韵通押。其中第一句和第五句押仄韵，其余各句押的都是平声韵。

这五句按其内容可分四个层次。第一、二、三句全是抒情，为第一个层次，在于突出秋思。第四、五句先写景，后抒情，景中有情，情由景生。从雁儿引出愁字，点明主题，是第二个层次。

第一句，"萦"，缠绕。第二句，"惹"，引起、勾起。这两句是对偶，意思是说，缠绕着心头的那件事，勾起离愁别恨的那句话。总是放不下，丢不开。第三句，"堪"，忍受、承受。"更那堪"，又怎么得了呢？这是词曲中常见的词汇，如柳永《雨霖铃》词："更那堪冷落清秋节。"三句加在一起，是说这萦心的事，惹恨的词，已经是够折磨人的了。更何况如今又面对着触景伤怀的秋天，这万斛愁绪，叫人怎么承受得了呢？这三句写秋思之无可排遣，运用了赋的手法，直抒胸臆，绝无虚饰。前两句写愁，只写了产生愁的两个原因，第三句逼进一步，明写秋思，其实就是写离愁，不过还没有直接扣到愁字上，而是用"更那堪"来加强语气，以表明愁的沉重。

有了前两句的"萦心事，惹恨词"作了有力的铺垫，则令人感到秋色撩人，秋气侵人，由此引起的万缕愁思，确是很难摆脱。对句中的"更那堪"一词，也就容易理解了。

第四句纯属写景。"画楼"，指有彩绘雕饰、富丽精致的楼房。表明主人公的身份，不是寻常人家。"新雁"，刚刚飞回来的雁。"儿"，北方口语，无实际意义。这一句借归雁来点染秋景，扣题，并为过渡到下文全力写愁做准备。因此，这一句承前启后，起了重要的转折作用。雁儿在空中缓缓飞过，经过主人公居住的画楼边的时候，叫唤了几声。好像是在告诉人们，秋凉了，雁也归来了，在外边作客的人也该回家了。长空雁唳，本来是一种自然现象，却给人增添了不少烦恼。于是，第六句波澜陡起，雁叫激起了巨大的感情浪花。雁原是传递信息的使者，这一回，却不曾捎来任何令人高兴的消息，反而在天空中排成队飞着。"不传书摆成个愁字"，雁阵自然不可能排出什么愁字来的，这"愁"字却摆在主人公心上。其实，主人公的愁，分明是让雁儿触发的。这里作者偏要从对面写起，不说人愁，倒似乎是雁儿带着愁飞去。这种表现手法，新颖别致，可说是独出心裁，可以把主人公那种怀念远方亲人的心情表达得更含蓄、更耐人寻味。比一般的正面写愁，具有更强的艺术效果。

这第四、五句作为第二个层次，是全曲的点题之笔，它既有景，又有情。既用了赋，又用了比。当然，赋是主要的，这是元散曲的基本特色。不过，也有拟人化手法，如第五句。另外，虽是以赋为主，而文字雅俗互见，不失后期散曲作家风格。

【双调】清江引

秋　居

吴西逸

白雁乱飞秋似雪,清露生凉夜。扫却石边云,醉踏松根月。星斗满天人睡也。

此曲写山居夜景,于满纸凄清中透着闲适。在描绘秋色的字里行间,可约略窥见作者超脱的外貌背后所隐藏着的抑郁心情。

全曲共五句,可分为三个层次。第一、二句写夜景,并点明季节,带出抒情的典型环境。是为第一个层次。第三、四句写在这个秋夜里人的活动,并用一个"醉"字点出人的精神状态。这两句对偶句,为第二个层次。最后一句写人行动的继续,由动到静,结尾收煞,是为第三个层次。

第一句"白雁",即白色的雁,暗示秋已渐深。宋彭乘《续墨客挥犀》七《白雁至则霜降》:"北方有白雁,似雁而小,色白,秋深到来,白雁至则霜降,河北人谓之霜信。"杜甫诗:"旧国霜前白雁来。""乱飞",暗示夜色苍茫,白雁找不到宿处,或者是受到了什么惊扰。另外,也含有失侣而惊惶不安的意思。"秋似雪",一指夜色,一指寒意,与"白雁"相一致。第二句续写秋夜景色。句中"清露""凉夜",照应上句,与"白雁"互相映衬,并为下句人的出场预留地步。第三、四句写夜饮醉归,接续上句,突出人的行动,以景入情。"扫",拂拭。"石边云",山中雾气,极言山高。这句意思是说,作者企图用衣袖拂去山石旁的雾气,以便躺下睡觉。"扫"这一动作,暗喻醉态,极为传神。第四句"醉踏",则是明写醉态。"松根月",指树缝中漏下来洒在松下的月光;或指月已西沉,显得山高月低,月亮恰似藏在松树底下一般。这是进一步形容夜深。正是由于秋寒夜深，人又醉了，故引出第五句的一个动作"睡"，以与上句"醉"字扣紧。"星斗满天"反衬夜深，表明此时月已西坠，月色渐见朦胧，才显得星光灿烂。同时还表明，人一头栽倒在山石上，是仰面朝天睡的，这才能在醉眼迷离之际瞥见天空的星斗。这三、四、五句连续写三个动作，互相照应，一气贯串，又衔接自然，使这支曲子由景入情，情景交融，环环扣住，浑然一体。

　　此曲重在写景，作者集中笔力描绘秋夜景色，而且由景入情，步步推进，极有层次。"白雁""雪""清露""石边云""松根月""星斗"，这些富有特征的词语，互见迭出，运用得宜，能准确有效地渲染环境，烘托气氛，中间两句一副对联，着力刻画醉态，却用了不同手法。上句用的"扫"这个动词，既形象，又生动，而且还带有夸张成分，把虚拟的动作写得实实在在。下联尤见巧思，"踏"字加上"松根月"，仿佛可见醉人穿林而来的凌乱脚步。这一联是全曲的主干，它上承夜景，下启动作的归结，起着重要的点明题旨的作用。这一联上句使用律句，下句押仄声韵，很有点类似古律的韵脚。于此可看出散曲与诗词的血缘关系。

　　又，此曲除第三句不曾用韵处，其余各句均押仄声韵（主要是入声）。最后一句以常用的口语"也"字收尾，是曲调的要求，已成了惯例了。

　　此曲通篇用赋的传统表现手法，雅中有俗，既体现了作者风格，又不失散曲本色。全曲重在铺陈，甚少正面抒情，但从一"醉"字透出消息，表明作品冲淡中另有含意，也表明作者并不是一味闲适、与世无争的。

【越调】天净沙
闲题（四首之二）

吴西逸

楚云飞满长空，湘江不断流东。何事离多恨冗？夕阳低送，小楼数点残鸿。

这是原作四首中的第二首，写江头薄暮时的萧瑟景象，通过写景，表达了主人公的思乡愁绪。

此曲共五句。除第三句乃直接发问，属于议论性质外，其余四句全是写景。从布局上看，亦与第一首不同。

全曲可分为三个层次。第一、二两句写眼前所见，抬头望天，然后俯身看水，用一个对偶句体现人先后发生的两个动作。这是第一个层次。第三句是设问句，提出问题，而且声调激越，感情强烈。这是又一层次，且是全曲的眼，点题之笔，说明《闲题》其实不闲。第四、五两句，在问而不答的情况下，进一步写江头晚景，而且透露了人是在小楼上。通过继续写景，渲染气氛，深化主题。这是第三个层次，全曲到此结尾收煞。

第一、二句"楚""湘江"，点出抒情的特定环境。"楚"，古代长江中下游一带属楚国，这里泛指长江以南广大地区。这第一句意思是说，长江流域天空中的云彩正在向南方迅速飘动。第二句"湘江"，是长江重要支流之一，为今湖南四大河流之首，源出广西灵川县东海洋山西麓，由西南向东北流经长沙，横贯湖南省东部注入洞庭湖，与长江连接。此句意思是说，湘江正在不断地东流入湖。与上句对应，都在于表明作为客观事物的云和水，都处于动态之中，转瞬即逝。楚云远去，湘水东流，不言愁而愁字隐约可见。第三句紧接上文，发问：为什么人生总是离多会少？又为什么总是恨多乐少？此句"离"字与第一句"飞"字、第二句"流"字紧相关联。在作者看来，云飞、水流、人离都是人世间的恨事，故三者加在一起，就自然逼出一个"冗"字来。此句系从李煜词《乌夜啼》"自是人生长恨水长东"句化出。正因为云飞天外，水流向东，而且总是一去不返，故触景生情，不能自已，有此一问。第四、五句点明时间，推进一层写景，同时也是为了进一步抒情。目送渐渐逝去的云水，已经是愁肠百结、难以解脱了，又忽然见斜阳影里有几只鸿雁，从小楼前徐徐飞过。雁，本来是传递信息的使者，如今却不顾而去，这就更增添了惆怅、寂寞之感。这两句为"恨"字设色，起到了大笔涂抹的作用，第四句的"送"字，是拟人化，似乎连楼外夕阳也通了人性，正在慢慢地伴送着鸿雁归去。鸿雁毕竟还有夕阳做伴陪送，人，却只能孤立楼头。真是物犹如此，人何以堪？离愁万斛，无可排遣，却又不明白说出。

　　这支散曲内容与第一支相似，抒写的都是离情别绪，但表现手法迥异。它赋、比、兴杂用，有时互相结合，有时单独运用，都服从于表达的需要。如第一、二句即物起兴，着力铺叙，是以赋为主。云，是自然之物，也象征心上的愁云，以一个"满"字，隐喻愁云之多。水，也是自然之物，同时也象征不绝如缕的万丈愁丝。李煜词："问君能有几多愁？恰似一江春水向东流。"（《虞美人》）水流不尽，离愁也同样无穷无尽。这就是赋中有比。第一、二句为第三句做了铺垫，因为有云水流逝之景，就引出了富于感情色彩的问，由景入情，直抒胸臆，便显得顺理成章，一点也不勉强。最后两句，是愁的强化，也是离恨的深一层形象描绘。"小楼"，说明人的位置。由于人在楼头，凭窗远眺，可清楚地看到云水和鸿雁，也清楚地看到夕阳的低沉。这里，雁只有数点，显得孤单，这同人一样。不过，雁终究比人强些，它虽是数只，尚非孤雁，何况还有夕阳伴送。这一句又是赋中有比，用的是暗喻，而且寄托遥深，充分展示了作者疏淡闲逸而又深沉委婉的风格。

【越调】天净沙

闲题（四首之一）

吴西逸

长江万里归帆，西风几度阳关，依旧红尘满眼。夕阳新雁，此情时拍阑干。

    原作四首，这是第一首。作品写江上薄暮时的景象，通过写景，抒发作者的离情别绪，同时还隐约地透露出作者对社会现实的不满。

    全曲共五句，分两个层次。前三句为一层意思，后两句为一层意思。

    第一句写眼前景象：远方归来的客船，正沿着万里长江，顺流而下，渐行渐近。第二句从眼前的归舟，联想到自己的亲人尚滞留在遥远的塞北，多少个秋天过去了，仍无一点消息。"阳关"，地名，在今甘肃省敦煌县西南，乃古代交通要道。王维《送元二使安西》诗："劝君更尽一杯酒，西出阳关无故人。"这里乃泛指边远地区。一、二两句是对偶句。第三句仍是写眼前景象。这个地方风物依旧，转眼西风，又是一年了，可是曾在这里生活过的人如今又在何处呢？这一句承上启下，它紧接上文，又引出下文。"红尘"通常有二义：一是指闹市中飞扬的尘土，形容繁华喧闹。刘禹锡《元和十一年戏赠看花诸君子》诗："紫陌红尘拂面来，无人不道看花回。"它也指繁华的市区。如徐陵《洛阳道》诗："绿柳三春暗，红尘百戏多。"另一是指人世间，佛家称人类社会为"红尘"。如陆游《鹧鸪天》词："插脚红尘已是颠，更求平地上青天。"这三句作为一个层次，它联成一气，构成一幅清秋江景图：主人公伫立江畔，目迎天际逐浪而来的归舟，面对着一江秋水和江上来往的船只，背后是喧嚣的街市，怎么能不浮想联翩呢？第四、五两句作为第二个层次,既写景,又抒情,突出主题,结束全文。第四句点明时间。新雁,初次飞来的雁,与上文"西风""阳关"呼应。这最后两句是说,斜阳下,猛然瞥见天空中的归雁,不禁更加百感交集,以至于不得不以手拍阑干这样强烈的动作来表达自己的内心激动了。

此曲前三句纯属写景,先由远而近,再由近而远,画面舒展,境界开阔,极有气概。第三句再由远而近,把镜头对准沿江一带,包括江面和岸上。此句既是前两句写景的延续和强化,又与前两句所展示的萧瑟秋景形成鲜明的对比。它为下文的抒情起了很好的蓄势作用。也可以说,前三句作为一个层次,它的写景是为后面的抒情作铺垫、造气氛的。同时,这第三句还是全曲的眼,它暗示:归来的客船上,并没有盼望已久的亲人,江面、岸上,熙熙攘攘,而自己的亲人却漂泊天涯。这本已经是够令人惆怅的了,忽然,夕阳影里,又见一行新雁从北方飞回。于是,旧恨新愁,一齐涌上心头,千言万语,不知从哪里说起。这手拍阑干,就成为富于感情色彩的、自然发生的动作。结句借用辛弃疾《水龙吟·登建康赏心亭》"把吴钩看了,阑干拍遍,无人会,登临意"词意,既简洁,又含蓄深沉,显示了作者炼句和化用典故的功力。

元散曲中,离别是常见的内容,这类作品不少。此曲表现手法却非同一般。作品一开头就写江景,以一"归"字衬托出主人公的心情。"几度"一词则在于表明男女双方分手已有多年,失望也不止是这一回了。"依旧"则在于进一步刻画主人公从失望到愤懑的心理。家乡红尘满眼,亲人却被迫远行,而且又是久客不归。这三句环环紧扣,步步深入。长江、归帆、西风、阳关,是景语,也是情语,景中寓情。它们之间,看各不相涉,却互有关联,是有一根感情的红线串着的。经过前三句的铺陈,已憋足了劲,再加上夕阳、新雁的点染,就挤压出最后那一句笔力千钧、破空而至,却不显得突兀的曲词来。而且还用一个作为副词的"时"字以加强语气,说明"拍阑干"次数之多。那么,"此情"到底又是什么情呢?却要留待读者去细加品味。

这支散曲,篇幅短小,而内涵丰富。作者以凝练之笔,抒深挚之情。写景多用赋的手法,着意铺叙,抒情则赋中有兴,寄托遥深。结尾处戛然收住,饶有余味。它文字典雅,体现了作者作为元后期散曲作家"清雅秀丽"的风格,不愧是元散曲同类题材的上乘之作。

记径山之游

蔡 襄

临安县之北鄙，直四十里，有径山在焉。山有佛祠，号曰承天祠。有碑籀述载，本初唐崔元翰之文，归登书之石，今传于时云。

始至山之阳，东西之径二。登自其西，壁绝襟绕，轿行少休。松桧交错，盘折蒙翳，寻丈之间，独闻语声。跻梭层，披翠蒨，尽十里许；下视来径，青虬蜿蜒，搏岩腾霄；且及其颠，峡束洞隐，几不容并行。已而，内括一区，平林坦壑，四面五峰，如手竖指，一峰南绝，卓为巨擘，屋盖高下在掌中矣。峰间小井，或云故龙湫也，龙亡湫在，岁率尝一来，雷雨瞑曀，而乡人祠焉者憧憧然。环山多杰木，丝杉翠柽，殆千千万万，若神官苍士联幢植葆，骈邻倚徒，沉毅而有待者。导流周舍，锵然璆然，若銮行佩趋而中节者。由西岭之北数百步，屹然巨石，屏张笏立，上下左右可再十尺，划而三之若"川"字，隶文曰"喝石岩"，其石甚神。并岩披谷，修竹茂密，尝以契刀刻竹两节间，成"景祐三年十二月十五日"字云尔。

由东径而往，坎窞为池，游鱼旷空。其西径东折，蹴南峰岭胆之间，平地砥然，盈亩而半，偃松一本，其高丈，其阴四之，横柯上耸，如芝孤生。松下石泓，激泉成沸，甘白可爱，即之煮茶，凡茶出北苑第品之无上者，最难其水，而此宜之。偃松之南，一目千里，浙江之涛可挹，越岫之桂可攀。云驭霭骞，状类互出，若图画虫蠹断裂，无有边幅，而隐显之物尚可名指。群山属联，呈露岗脊，矫矫剪剪，咸自意气，若小说百端，欲圣智之宄而不知其下也。临观久之，魁博通幽之思生焉。古人有言曰："登高能赋，可为大夫。"

旨乎哉！予于斯见之矣，曷止大夫之为也。

大凡言之，天邻地绝，山回物静，在处神巧，举可人意。虽穷冬阒寂，未睹夫春葩之荣，薰风之清，秋气之明，然取予者犹在也。既归，无几何，而囊所历者重钩复结无一见焉。追而言之，若觉而言梦，使人悄怆而不知其自也。

同游者建安王瑊君度，岳阳朱师德宗哲；又君度之侄曰子常、子美，甥杜沂皆从游。其前与谋而后以事已之者，朱宗哲之兄师道希圣，杜沂之父叔元君懿，揭阳卢举之三人，莆阳蔡襄一与之善，惜乎不及俱也。书所经见，往贻之，人一通。尝刻竹两节间之十字，其游之年月日也。

径山，是浙江的旅游胜地，它位于天目山的东北部，因有径路可通天目，故名之曰"径山"。径山虽无泰山之雄伟，黄山之神奇，衡山之险怪，庐山之秀媚，却自有其独特之风姿。古往今来，吸引了众多的旅游者，文人骚客，也颇有吟咏。一生游遍名山大川的大文豪苏东坡对径山也大为赞赏，其《游径山》诗云："众峰来自天目山，势若骏马奔平川。途中勒破千里足，金鞍玉镫空回旋。人言山佳水亦佳，下有万古蛟龙渊……飞楼涌殿压山破，朝钟暮鼓惊龙眠。晴空偶见浮海蜃，落日下数投林鸢。"东坡此诗，写足了径山之气势，径山之神奇，令人兴起无穷遐思。但正因为是诗，故没有展开具体的描述、未免令人有不足之叹，而蔡襄的这篇《记径山之游》则将径山之妙景娓娓道来，恰如一幅徐徐展开的青绿山水画长轴，读罢此文，无异于卧游径山，令人心旷神怡。

文章开门见山，"临安县之北鄙，直四十里，有径山在焉"。许多山水游记，往往先言四周之形势、山水、景物，然后渐渐移至所记之处，这固然有其佳处，但如本文这般直截了断，也颇给人以干脆利落之感，大有欧阳修《醉翁亭记》的首句"环滁皆山也"之神韵。接着，作者轻轻宕开一笔，"山有佛祠，号曰承天祠，有碑籀述载，本初唐崔元翰之文，归登书之石，今传于时云"。撇开山而言祠，甚妙。盖首句爽快则爽快矣，但若紧接着言径山如何如何，不免有文急气促之嫌，今"王顾左右而言它"，便给人以从容不迫、纡缓舒展之感。当然写祠并非仅是为了舒展文气，大家笔下岂容冗句，写祠亦是写山。承天祠乃径山一名胜，"殿宇崇宏，甲于浙水"，苏轼、范成大等均有诗吟咏此祠，故这里明是写祠，归结仍是写径山，可谓"不写之写"，颇具一石两鸟之功。

接着，作者用移步换景的手法，像一个高明的导游，先从径山西径将读者带入了一个富有诗情画意、五彩纷呈的世界："松桧交错，盘折蒙翳，寻丈之间，独闻语声。"青青松桧，密密耸立，枝柯交错，浓荫蔽日，悠绝、幽绝，王维诗"空山不见人，但闻人语响"不正是这种意境的写照么？也许这里的"语声"尚不止"人语声"，或许还有那在松枝上跳跃嬉戏的松鼠，隔叶而鸣的黄莺，等等。总之，这寥寥16个字，凝练而富有弹性，营造了一个宁静优美而又生机盎然的境界，文字功力到了炉火纯青的地步。然后，作者将镜头由近景推向远景，"下视来径，青虬蜿蜒，搏岩腾霄"。自山巅回视来路，十余里的山路像一条矫健有力的苍龙，在崇山峻岭间，左盘右旋，似欲横空飞去。这一句是对上面"壁绝襟绕""跻梭层，披翠蒨"的概括说明，形象而简洁，将一条无生命、无感情的山路，写得生气勃勃，突出了径山之气势，这种以动写静的手法，在我国优美的山水游记中时有所见，"夹岸高山，皆生寒树，负势竞上，互相轩邈，争高直指，千百成峰"。（吴均《与宋元思书》）"山峰之上，立石数百丈，亭亭桀竖，竞势争高。"（郦道元《水经注·河水》）也正是这副笔墨。

薛宝钗在大观园论画时说："如把大观园照样儿往纸上一画，是必不能讨好的。这要看纸的地步远近，该多该少，分主分宾，该添的添，该藏该减的，要藏要减，该露的露。"宝钗虽是论画，其实文章又何尝不如此？山水游记切忌面面俱到，如流水账般平铺直叙，它虽无法像绘画一样做到"该添则添"，但写景要有主次，有重点，该显则显，该隐则隐，则无疑是一样的。蔡襄是名画家，他对这些绘画原则自然是了然于胸的，《记径山之游》在描述西径胜景时，往往惜墨如金，"跻梭层，披翠蒨，尽十里许"，寥寥10个字，把由山麓至山巅的十里山路一笔写尽，可谓会减会藏。而对"五峰""龙湫""喝石岩"三景之描摹，却是浓墨重彩，"该露则露"。

径山环抱于五峰之中，故写径山不能不写到五峰，而五峰本身也是奇胜特异，风光宜人。据《委巷丛谈》："五峰者，前堆珠，北大人，右鹏搏，左宴坐、朝阳，主与山凌霄、御爱而七也。山饶翠竹怪桧，阴岑蔽日，地势高，望浙西诸山罗伏在下，烟云出没，顷刻万状。绝顶瞰浙江，望溟海，观日出，最最奇胜。"蔡襄用"如手竖指"形象地写出了五峰并列相依，耸然挺拔之势。而"屋盖高下在掌中矣"一句，写出了五峰之高大雄伟，"掌中"一词与前面"如手竖指"相关联，甚见巧妙。接着作者顺势一转，"峰间小井，或云故龙湫也"，轻轻地由五峰转向了龙湫。对于龙湫，作者没有描述其形状势态，而是通过传说来为其抹上一笔神奇的色彩："龙亡湫在，岁率尝一来，雷雨暝曀，而乡人祠焉者憧憧然。"据《咸淳临安志》："唐代宗时，僧法钦至山下，据石床而坐，俄有老人曰：'吾龙也，自师至此，吾属皆不安息，当挈归天目山，愿以此地为定锡之所。'乃导钦至五峰间，指一湫曰：'吾去后，湫当涸矣。'言讫不见，顷之，风雨终夕，平旦视之，已为平陆，仅存一井，今龙井是也。"作者如一个善解人意的导游，生怕读者随他一路游山疲倦了，便在此处轻松地讲起了传说故事，并用略带调侃的口气说："而乡人祠焉者憧憧然。"大概他本人对这个传说也是将信将疑，所以说："或云故龙湫也。""或云"二字，分明是姑妄言之、姑妄信之的意思。从笔法上讲，这关于龙湫传说的几句也并非闲笔，因为一路不停地介绍景色，虽令人如行山阴道上，目不暇接，美不胜收，但或许会引起疲劳感，现在这样旁逸一笔，顿觉张弛有道，宽紧相济，开阖有致，舒卷自如。古人行文之重势，于此可见一斑。

三景之中，写得较为具体的是"喝石岩"，其位置："由南岭之北数百步"，其形状、态势、大小："屹然巨石，屏张笏立，上下左右可再十丈，划而三之若'川'字。""喝石岩"同龙湫一样，也富有传奇色彩。《余杭县志》：喝石岩"在闻山庵门内，即巾子山人所咒。三石卓立，文象川字，游者以丝线彻底经之，与石座无毫发沾罣。山人语祖师曰：'令此石上不着天，下不着地。'其灵异如此"。但作者并没有像龙湫一样介绍，而是简简单单的一句"其石甚神"便一笔带过，不枝不蔓，颇有掩映生姿之美。

如果说，作者在介绍西径时，采用了"连珠式"，以游山路线为线索，一个个胜景如一颗颗珍珠一样，贯穿于线上，随着作者的游踪，美景接连呈现于前，那么，东径则是"发散式"，以"偃松"为中心，向外扩散，如一把珍珠，摔于地上，四溅而出，更令人眼花缭乱。

　　东径之首是一个水池，"坎窞为池，游鱼旷空"。"游鱼旷空"四字极生动传神。我们仿佛看到一个小小的池子，绿水荡漾，清澈见底，透过池水，一条条鱼在水中闲在地游着，仿佛置身于透明的空中。这里虽仅是对游鱼的描写，却自然让人想见水之清澈空明。高明的画家只画游鱼而波涛自现，只画山峰而云烟自出，这便是中国古代艺术中常用的以实写虚，计白当黑的手法。"平潭清洁澄深，俯视游鱼，类若乘空去，所谓渊无潜鳞。"（郦道元《水经注·洧水》）"游鱼细石，直视无碍。"（吴均《与宋元思书》）"潭中鱼可数百头，皆若空游无所依。"（柳宗元《小石潭记》）"游鱼旷空"显然是从这些名家隽句中脱胎而来的。

　　东径之景犹如一幅奇丽壮美的山水画，画面的中心点便是"其高丈，其阴四之，横柯上耸，如芝孤生"的一株古松。松之下则是一泓清泉，泉水上激，便如沸腾一般，一个"沸"字，将泉水上冒的样子描摹得如在目前，十分形象。"激泉成沸"已是奇景，而这泉水更有其特异之处："凡茶出北苑第品之无上者，最难其水，而此宜之。"写其景亦叙其用，笔法细密。一池、一松、一泉是东径景色图中的具体景物，作者至此似已不满足于这一笔笔的细描，而是大笔挥洒，为这池、松、泉布上了一个奇丽阔大的背景："偃松之南，一目千里，浙江之涛可挹，越岫之桂可攀。"浙江潮奔腾汹涌，为天下奇观，而"三秋桂子"更是浙地的典型景物，白居易有"山寺月中寻桂子，郡亭枕上听潮头"之句，"潮""桂"两字，高度概括了浙地风光，以之来作为径山之背景，烘托径山之美，深得"借景"之妙。至此，径山之景似已写足，但作者意犹未尽，对径山又来了个鸟瞰式的全面观照，让读者既见树木，又见森林："云驭霭奪，状类互出""群山属联，呈露岗脊。"而在描摹云霭、群山之形态时，作者用了两个十分贴切生动的比喻，令人拍案叫绝。云是"若图画虫蠹断裂，无有边幅，而隐显之物尚可名指"，山是"若小说百端，欲圣智之亢而不知其下也"。本文多次设喻，如用"青虬蜿蜒"来写山路之盘旋曲折，用神灵仪卫来形容树木之高大茂密，用鎏铃玉佩来描摹泉水之清脆悦耳，都十分生动而形象。这两个比喻，其主体与喻体之间，似是风马牛不相及，毫无可比之处，但细细想来,驳蚀的图画不正跟变幻的云霭一样，若隐若现吗？小说内容丰富多彩，峰峦"矫矫剪剪"，不都是"咸自意气"吗？这两个比喻，撇开事物之形，抓住其内在之神韵，以神写形，道前人之所未道，令人耳目为之一新。径山如此之美，登临此山，自可令人胸襟开阔，荡涤尘念，故作者用一句慨叹来概括了径山之游："古人有言云：'登高能赋，可为大夫。'旨乎哉！予于斯见之矣，曷止大夫之为也。"倾慕、赞叹之情溢于言表。

　　这篇游记，以登览路线为主线，移步换景，层层推进，描摹景物，主从相属，高下相倾，远近相配，构成了一幅绝美的"在处神巧，举可人意"的径山风景图。比喻之生动传神，语言之凝练警拔，章法之雍容大方，都体现了作者深厚的文字功力，是一篇难得的游记佳作。

拟咏怀诗（赭衣居傅岩）

庾 信

赭衣居傅岩，垂纶在渭川。乘舟能上月，飞幰欲扪天。谁知志不就，空有直如弦。洛阳苏季子，连衡遂不连。既无六国印，翻思二顷田。

诗一开头，庾信就用了两个熟典。"赭"，赤褐色，"纶"，钓鱼用的丝线。"居岩""垂纶"，指的是古代贤相傅说、吕尚的故事。

傅、吕二人，出身寒微，因偶然的机缘，得到了君王的赏识和重用。他们这种遭际，历来为后世文人所艳羡。不少失意文人，渴望能像他们那样风云际会，一展才能。庾信羁留北朝，屈身事周，虽然官位和物质待遇并未降低，然而山河易主，故国沦亡，北朝毕竟不能与南朝相提并论。在北朝，上自君主，下至市井小民，都喜爱他的诗文，庾信却不是个终日只知吟诗作赋、为艺术而艺术的文士，他有自己的理想和志趣。随着梁朝的覆灭，这种理想抱负再也不可能实现了。这就使他很自然地想起傅说、吕尚而心向往之了。

第三、四句是对偶句。承接上句，作者展开了想象的翅膀。"乘舟"，见屈原《九歌·湘君》："沛吾乘兮桂舟。""幰"，车幔。"扪天"，屈辞中又有"遂倏忽而扪天"句，"扪"，抚摸。在这两句中，庾信表露出乘风驾云、遨游太空的博大襟怀。他真想去亲自探望月宫里的嫦娥，并抚摸一下高深莫测的霄汉。遗憾的是，想象代替不了现实。于是，他失望了。

第五、六句，笔势一转，说明理想之破灭，现实之无情。全诗至此出现了转折，以"不就""空有"与上句形成强烈的反差。功不成，志未酬，虚掷光阴，蹉跎年华，空有一腔热血，却未能有所作为。"直如弦"，见应劭《风俗通》："顺帝之末，京师谣曰：直如弦，死道边；曲如钩，反封侯。"这里的"直如弦"，系指禀性正直的志士仁人；"曲如钩"，则指鸡肚狗肠的奸佞之徒。正直之士，不得仕进，反而倒毙路旁，无耻小人却飞黄腾达。按理，以庾信的身份、地位，似不应有此感慨。问题是庾信这个伤心人别有怀抱，他始终不能忘情于江南故土。庾氏世代出仕南朝，庐墓宗祠都在南方，这种感情不是任何高官厚禄所可以更替的。另外，他历事数朝，亲睹政局变幻，对个人前途之不可捉摸，不免抱有忧虑。这两句的潜台词，就是别看眼前富贵荣华，说不定哪一天也会失宠，落得个倒毙道旁的可悲下场！

第七、八句又用了个典故。苏季子，即苏秦。据《战国策》，"苏秦始将连衡（横）说秦，书上而说不行"。这里借用的是苏秦至秦国，鼓吹连横之术，上书十次未被采纳的故事。似在暗喻庾信于梁元帝承圣三年出使西魏时的一段往事。庾信从江陵至长安，本想效苏秦连横之策，促成梁和西魏的联合。不料西魏突然发兵攻陷江陵，顿使庾信陷于国破家亡的惨境。较之当年苏秦"黑貂之裘敝，黄金百斤尽"的窘相，更有过之。尤其令人痛心的是，苏秦转向关东六国鼓吹合纵抗秦之策，终被接受，因而春风得意，显赫一时。而庾信却沦落异域，有家难归，连横、合纵，都无从谈起了。这里，庾信与其说是在叹苏秦，毋宁说是在哭自己。

诗的末尾两句，紧接着上两句"苏季子"的遭遇推进一层，抒发自己的不平。据《史记》："（苏）季子叹曰：'使我有洛阳负郭田二顷，安能佩六国相印乎？'""顷"，古代以一百亩为一顷。这两句是说，当年苏秦由于贫困难耐，不得不出去奔走求官，终于在众游士中脱颖而出，一举成名。设若他家有良田二顷，差堪温饱，也不会到处奔波游说了。对庾信来说，情况又不一样。他生活优裕，却无从实现自己的政治抱负，且不说像苏秦那样身佩六国相印，左右天下大势了，甚至连到处游说、以鼓吹自己的主张的自由也没有。既然不能像苏秦那样建功立业，倒不如弃官回乡去与田夫野老为邻，寄情山水，终其一生，但家乡的二顷田又在哪里呢？不过是存在于梦幻中罢了。苏秦终有衣锦归里的一天，庾信却只能遥望江南，低回哀叹而已。这里的"翻"字，是回过头来的意思。表明作者在绝望之余所产生的一种思想活动。反映了作者身不由己、欲归不得、欲罢不能的狼狈处境。"二顷"之田，并非实数，仅代表一种小康的物质生活水平。这里借用苏秦的原话，暗指作者心目中的长期生活过的江南一带。作者的意思是在于表明，自己既无六国相印可佩，还不如谢官归里，去躬耕故乡负郭之田。但这又谈何容易？庾信把巨大的痛苦都压缩在这最后两句之中。以长期郁积在心头的悲愤、忧闷，融化入诗，这正是他离乡出国、寄身异域、饱经战乱的特殊生活经历所造成的。"庾信文章老更成""庾信生平最萧瑟，暮年诗赋动江关"。诗人的不幸遭遇，却锤炼了他的感情，熔铸了他的作品。这首诗，正好是个有力的证明。

全诗结构严密，层次井然，感慨深沉而出语自然，运用典故亦贴切精当，能说明问题。篇末以无可奈何语作结，更显得意味深长，引起人们思索。

拟咏怀诗（步兵未饮酒）

庾 信

步兵未饮酒，中散未弹琴。索索无真气，昏昏有俗心。涸鲋常思水，惊飞每失林。风云能变色，松竹且悲吟。由来不得意，何必往长岑？

阮籍曾作《咏怀》诗八十二首，表达了在晋代司马氏黑暗统治下的郁愤心情。庾信拟作二十七首，则集中抒发了他羁留北朝后的故土之思、亡国之痛。这是他《拟咏怀》之一。

诗的开头，以晋代"竹林七贤"中的两个著名人物起兴。阮籍曾任步兵校尉，嵇康曾任中散大夫，故名。史载：阮籍每醉卧，不问世事。嵇康善鼓琴，每"自足于怀抱之中"。他们两人之所以如此，一方面固然是他们豪放不羁的名士风流的表现，一方面也是他们对社会现实不满的流露。更主要的，还是他们韬晦避俗、全身远祸的一种策略。对于庾信说来，早年他在梁朝，仕途坦直，生活优裕，自然不会有"未饮酒""未弹琴"的感慨。问题是梁朝覆亡后，庾信被迫羁留北朝，在长安一直待了二十多年。尽管无论是西魏还是北周，对他都优礼有加，却未能冲刷掉他国破家亡、屈身事敌的隐痛。饮酒弹琴，本是文人雅事，而今身在异域，却不能将满腹幽愤诉之于酒杯、琴弦，于是，只好出之以曲笔。这两句粗看是在为前人的遭际慨叹，其实却是借古喻今，为自我写照。

接着，三、四两句进一步写自己的可悲境遇。"真气"，朝气、生气。"俗心"，即俗气。在北朝，庾信终日随班进退，与同僚酒食征逐。随着时光的流逝，当年的锐气已消磨殆尽，剩下的只有一副虚伪的面具和一颗随俗浮沉的逐渐冷却的心。这样黯淡的日子，对于思想活跃、感情丰富的诗人庾信来说,是痛苦的,又是心有未甘的。因此他在诗中发出了深沉的叹息。以上四句是全诗的第一层次,用的是赋的手法,着意铺陈,旨在渲染自己的处境和心情。

五、六两句承前句"索索""昏昏"而出现转折。"涸鲋",即涸辙之鲋,语出《庄子·外物》篇,形容人的处境困难。"惊飞",受惊之鸟。如果说,庾信在前四句中,还不得不以先贤作引子,以描述自己了无生意的生活,那么,这两句抒发内心的愤愤不平就十分明显了。庾信把自己比作失水之鱼,辞林之鸟。他自南而北,虽是官高位显,声望日隆,但终究摆脱不了任人支配的命运。这一点,他是清楚的。而且,越是功名显赫,就越要小心应付。当年阮籍在《咏怀》诗中,曾有"孤鸿号外野,翔鸟鸣北林"句,表露了作者的孤独和忧伤。相比之下,庾信的内心痛苦更甚。句中"思水"前加一"常"字,"失林"前加一"每"字,如实地反映了作者饱经忧患的人生轨迹,读来令人震颤。这可看作是第二层次。

七、八两句是作者对于自己被迫出仕北朝这一事件的反思。无论在南朝的梁,抑或北朝的西魏、北周,庾信都曾被尊为管领风骚的一代宗匠。正因为如此,庾信的出仕北朝,使不少人震惊,有些清流名士直斥之为失节。在这两句诗里,庾信谴责了自己政治上的软弱。"风云变色",比喻风云人物的变节行为,其意在于自悔自责。同时,他满怀崇敬地赞美忠臣义士的高风亮节,把他们比作苍松翠竹。不管风云如何变幻,松竹依然毫不动摇地吟唱着。两相对照,高下立见。这样的内心独白,真切而自然,是庾信的自我解剖,也使得全诗更增加了艺术感染力。这是又一层意思。

最后两句是作者的议论,也是感情达到高潮的一个标志。"长岑",古代县名,其地在辽东。据《后汉书》,东汉时窦宪辟崔骃为掾,"宪专权骄恣,骃数谏之,宪不能容,出为长岑长,骃自以为远去不得意,遂不之官而归"。庾信引用这一典故,是为了表明,自己身居高位,却并无丝毫欢乐。当年崔骃可以不去僻远的长岑当小官,而自己却连这点自由也没有,尽管很不得意,还得硬着头皮干下去,连古代的崔骃还不如。从这两句中,也可见庾信怨愤之深了。

此诗对仗工整,用典贴切,运用比兴手法,熟练而恰当地表达了作者的思想感情，颇能体现庾信的艺术风格。此诗作为《拟咏怀》二十七首的开篇之作，其笼罩全诗的悲凉气氛，也给《拟咏怀》组诗奠定了基调，这也是不应忽略的。

看斗鸡诗

王 褒

蹀躞始横行，意气欲相倾。妒敌金芒起，猜群芥粉生。
入场疑挑战，逐退似追兵。谁知函谷下，人去独开城！

斗鸡，是我国古代一种很流行的游戏，尤以宫廷、豪家为甚。有斗鸡，就有描述斗鸡的作品。北周王褒这首诗，便是其中之一。

此诗共八句，从叙事入手，概括地描绘了群鸡相搏的全过程，最后缘事生情，抒发观感，使作品的主题得到深化。

诗的开头两句，把临战之前的威武勇猛之状，刻画得栩栩如生。蹀躞，小步貌。"倾"，压倒。这两句写气势豪迈，跃跃欲试，渴望一举战胜对手的群鸡，迈着细碎的步子开始了横行天下的征程。这是为了渲染气氛，为群鸡进行战斗蓄势。

第三、四句直接写战斗场景。作者抓住鸡独特的"武器"，作了集中描绘。按斗鸡，一靠嘴啄，一靠爪抓。出于进攻和防御的需要，古人以铁为假距，使鸡爪愈加锋利。魏刘桢《斗鸡》诗"双距如锋芒"即指此。作为防御的手段，还要在鸡身上撒上辛辣的芥粉，使对方入口后迅速丧失作战能力。《左传》："季郈之鸡斗，季氏芥其鸡，郈氏为之金距。"可见这种方法，很早就有了。历代斗鸡诗中经常出现"芥羽""芥粉"等字样，正好说明这种方法采用之普遍。"妒"，仇视。"猜"，忌恨。"妒敌""猜群"，是把鸡人格化了。群鸡列队对阵，奔逐腾跃，假距闪闪发光。有时，某鸡受敌围攻，寡不敌众，就频频拍动翅膀，使身上的芥粉四处飞扬，送入敌口，以产生杀伤力。这两句写鸡的互相搏击，皆作者所亲见，来自现实生活，一经点染，既真实，又生动有趣，得其神理而用笔却十分简洁。

  第五、六句,作者没有展开对斗鸡全过程的琐细叙述,只是截取战斗的开始和结束两个断面,把斗鸡紧张、激烈的场面以及那种生死相搏的神态集中地烘托出来。那初上战场的鸡,正像那横刀跃马、勇敢地向敌人发起攻击的猛将,充满着必胜的信心。一旦把敌人打败,则立即穷追猛打,不获全胜决不收兵。"疑",疑似,即好像在向敌人挑战。这样措辞,是在于充分展示鸡的战斗意志和姿态。

  结尾两句是作者的议论,也是全篇的点睛之笔。"谁知函谷下,人去独开城。"用的是孟尝君借助门下食客学鸡鸣,赚开函谷关门,逃离秦国的典故。这意思是说,别看群鸡在斗鸡场上昂首阔步、神气十足,终究是无知之物。当年函谷关下,一声假鸡啼,引来了万鸡齐鸣,才帮助了孟尝君出关。秦国的鸡,却帮了齐国的忙。那么,养了这许多鸡究竟有什么用呢?读至此,作者的真意才和盘托出。原来前面六句对鸡的如许褒笔,不过是虚晃一枪。对鸡的赞美是假,意存讥刺是真。作者对斗鸡这类荒唐事所持的态度,在这最后两句中得到了鲜明的展现。

  全诗可分四个层次,一、二句写斗鸡前,三、四句写战况,五、六句概括战斗过程及其结局,七、八句寄寓感慨,突出题旨。作者成功地运用传统的表现手法拟人化,也加强了诗的艺术感染力。

清 平 乐

冯延巳

雨晴烟晚,绿水新池满。双燕飞来垂柳院,小阁画帘高卷。黄昏独倚朱栏,西南新月眉弯。砌下落花风起,罗衣特地春寒。

据《阳春集》,冯延巳词《清平乐》一组共三首,此乃第二首。冯在南唐曾任宰相,无甚政绩,人品亦不可取,其所作词却往往意在言外,多有寄托。有时则以愁罗恨绮之语暗寓忧盛危明之旨。此词貌似抒写闺情,然细玩词意,其所表达者亦颇为深婉复杂。

全词八句,分上下片,从写景入手。上片四句纯写春晚之景,全用仄韵,皆眼前常见之物。首句点出"晚"字,交代时间。第二句"绿水",别本又作"渌水",表明季节正是春天。"新池",可理解为新开凿的、或本已干涸而又重新蓄水的池子。"满",为上句"雨晴"作注脚。说明这场春雨下得适时,而且雨量不小。唯其是雨后初晴,远山近郭都还笼罩在淡淡的雾霭里,呈现出烟树迷离之美。冯在另一首词里有句"雨晴芳草烟深",其境界与此相似,同样带有一种乍明乍暗、忽隐忽现、令人捉摸不定的感情色彩。第三、四句继续写景,镜头移向近处。"双燕飞来",紧扣首句"晚"字,又与上句"绿水"相映衬,都在于点染大好春光,而且又为下片"黄昏独倚"设色。"燕双飞""人独倚",对比强烈。宋词"落花人独立,微雨燕双飞"之句,可能脱胎于此。"垂柳",与"绿水""新池""双燕"相表里,皆描绘春景所必需。"小阁",女主人居处。至此,作者目光所及,已从远到近,从外到内,从远处的山光岚影,移到近处的绿水新池;又从户外的绿水新池,移到户内的垂柳庭院;最后停留在身畔的小阁画帘之间。

而在暮色中"画帘高卷",又恰恰与双燕有关,它不正是为了等待双燕归巢吗?上片这四句,笔法平实,写常见之景纯用白描,而且层层推进,脉络十分清楚,所展示的画面则是多角度的。句子间的衔接紧密而自然,淡淡写来,似乎全未用力,这正是冯词的特色。尤其是上片末句"画帘高卷",内涵丰富,它既透露了阁中女主人公的期待心情,又为下片的正面勾勒埋下伏笔。

上片重在写景,女主人公尚未露脸,仅仅从"画帘高卷"一词中,使人感到此中有人,呼之欲出罢了。下片则不然,一开始女主人公就登场了。"黄昏",承上片首句"晚"字而来,"独倚"反衬"双飞","朱栏"与"小阁""画帘"相应。要是上片"小阁"一句还不清楚人在何处的话,那么,现在分明是那位女主人公已在室外了。须知,这时候,天色已晚,双燕早已归巢了。女主人公却还在那里独自倚栏,倚栏本是为了眺望,但时已黄昏,视界模糊,没什么可看的了。显然,她是在等待,等待谁?不须明说,当然是意中人了。下句"西南"一词当属偏义词,即西。月出于东,没于西。从黄昏直至月色偏西,可见其倚栏之久,亦可见其盼望之切。"眉弯",形容新月,亦含有自比之意。第三句"落花风起",既写春景,又感叹身世,伤春情怀,灼然可见。此句还可与李煜词"砌下落梅如雪乱"句互相印证。伤韶光之易逝,伤境遇之不幸。伤春,亦自伤也。差别仅在于冯词是假托,李词则出之以第一人称,更显豁直白。最后一句"春寒",暗示夜深久立,承接上句"风起"。"特地",即特别、格外,与等闲、寻常相对。如辛弃疾词"空怅望风流已矣,江山特地愁余"句,亦作特别解。"砌下",即阶下。这句意思是说,独自倚栏,直至深夜,阶下凉风骤起,罗衣单薄,顿觉春寒侵肌,令人特别难耐。这最后两句抒情味浓,加上"特地"一词,形成了一个新的意境。因上片四句闲闲写来,景多于情,仅在末句轻逗一笔。下片则一反所为,它全用平韵,情多于景。"黄昏倚栏",显示女主人不平静的心情,"落花风起",有象征意义,"西南新月眉弯",亦非写景闲笔,而结尾处托出"寒"字,且不是一般春寒,使全词氛围为之一变,既是天寒,亦是心寒。这个"寒"字,力透纸背,重若千钧,它使前面的铺写,如"小阁画帘""垂柳双燕",乃至"黄昏朱栏"诸景,都有了归结,得到了解答。

大有峰回路转、豁然开朗之妙。至于这一"寒"字,是不是含有忧谗自警之意,或作者托诸闺情,寓得失之心,都不妨根据各自的体会,结合作品实际去寻求答案。

翳 乐

人生欢爱时，少年新得意。一旦不相见，辄作烦冤思。

《翳乐》，乐府西曲歌名，据《古今乐录》："翳乐一曲，倚歌二曲，旧舞十六人，梁八人。"可知为当时舞乐之，旧时随乐而舞者是十六人，南朝梁时减至八人。"倚歌"，即以歌配曲，亦即有歌有舞之意。

《翳乐》的歌词，其实是一首闺怨诗，它描绘了人生相聚的欢乐和离别的烦怨两种既截然不同又至有关联的境遇和心情。开头一、二两句，语言朴实，意思显豁，平易质直，一如口语，却高度凝练地概括了男女双方情爱之深，流露出对纯洁爱情的由衷喜悦和赞叹。"新"，初次。"少年新得意"，是说青春年少，男欢女爱，情意缠绵，正是人生最得意之时。这两句极写欢爱，但一个"时"字，暗示这种欢爱是只限于少年时的，它是短暂的。这里隐伏着因时间推移而必不可免的感情变化，以反跌出下文。

后两句，语气急转直下，表明联结爱情的纽带忽然断裂了。"一旦"，意味着事情发生得很突然。一天之间，双方不再见面了。此句乃全篇的关键之笔，它承上启下，起了由欢乐转入烦冤的衔接、过渡作用。正由于变化来得那么突然，女方思想上缺乏准备，故精神上承受不了这种打击，显得非常痛苦。"一旦不相见"是因，"烦冤思"是果，"辄作"，是加强语气，说明这种烦怨的心情是经常的，难以排遣的。烦躁、怨恨时时刻刻萦绕心头，精神上负担之重，可想而知了。

这两句作为一个层次，也可理解为既是女方的担心，也是对男方的含蓄的提醒，更表达了女方一种强烈的愿望。即要求对方在爱情上始终如一，坚贞不渝。因为在古代以男子为中心的封建社会里，婚姻不能自主，女方的幸福没有保证，始乱终弃的悲剧是时常发生的。这首古辞接触到这个问题，正是它主题的积极意义所在。

【双调】雁儿落过得胜令

叹世（二首之二）

吴西逸

春花闻杜鹃，秋月看归燕，人情薄似云，风景疾如箭。留下买花钱，趱入种桑园。茅苫三间厦，秧肥数顷田。床边，放一册冷淡渊明传。窗前，抄几联清新杜甫篇。

  这是原作两首中的第二首，是由两个曲牌联成的散曲小令，这种体制称为带过曲，又称令调，它是小令中的变体。这仍然算是一首，其中〔雁儿落〕在前，〔得胜令〕在后，属同一宫调，彼此音律衔接，韵脚也一致。

  叹世，感叹时世，即慨叹不合理的社会现实。这类题材，往往有愤世嫉俗之意。此曲着重在慨叹人生苦短，流光易逝，鼓吹急流勇退，及早归隐，摆脱名利羁绊，求得闲适自在。这就给作品涂上了一层消极避世的色彩。但末句却透露出作者其实并未忘情世事。

  第一支曲子共四句，是两个对偶句。第一句的"杜鹃"，即子规，又称杜宇，常出现于暮春时节，啼声凄苦，似为"不如归去"。"燕"，候鸟，春来秋去。这开头两句是说，春暖花开不久，杜鹃鸟就来送春了。秋月正好时，飞燕却要回去了。这一联形容大好时光之短促。加一动词"闻""看"，反映作者的触景伤情。第三、四句写人情世态变化之快，令人不可捉摸。第三句化用俗谚"人情阅尽秋云厚，世事经过蜀道平"。第四句，"疾"，快速。"风景"即光景，泛指时代、社会的推移变化。这四句，概括地写了岁月流逝，人生无常，人情冷暖，世事沧桑，集中地表达了作者的内心苦闷，也隐约地反映了作者对元代不合理社会的不满情绪。同时，也为后面的正面鼓吹归隐提供了依据，做了有力的铺垫。

第二支曲子主要是歌颂村居生活，极力渲染归隐的乐趣。它紧接第一支曲子又作了进一步的铺叙，使作品主题得到了深化。

同第一支曲子一样，这第二支曲子也全部是对偶句。"买花钱"指为了看花支出的费用。萨都剌诗："十八女儿摇艇子，隔溪笑掷买花钱。""花"也有"花花世界"的意思。"趱"，赶，快走。这两句是说，不再付出买花的钱(也可以解释为离开了花花世界)，赶紧走入种着桑树的田园。第三句，"苫"，用席或布把东西遮盖住。"顷"，古时一百亩为一顷。"厦"，大屋。这两句是说，住的是茅草盖顶的三间大屋，吃的是数百亩肥沃田里长出来的粮食。最后两句，床边放书，说明书是悠闲地躺在床上读的，"清淡"，比喻陶渊明作品的风格及其为人。窗前抄书，可作二解：一是指坐在窗前抄杜甫律诗里的警句；二是抄了杜诗里精彩的对仗工整的诗句，挂在或贴在窗前墙上。"清新"，专指杜诗中一些描绘田园风光，感情真挚、笔调活泼、情趣盎然的律诗，如《客至》等闲适恬淡之作。这两句表达了作者对陶渊明、杜甫的仰慕之情，流露出作者处于异族统治下未能积极用世，不得已退居田园的痛苦心理。

元代散曲中，"叹世"这一题目，往往包含着感叹人生和赞美归隐两个内容。此曲正是如此。在第一支曲子中，重点是写人生短暂、世途崎岖。其表现手法是赋中有比，一、二句借物起兴，直陈其事，看似写景，实则在于暗喻。三、四句用的是明喻，以自然之物作比，形象鲜明。第二支曲子用的全是赋的手法，而且不像第一支曲子那样典雅。这支曲子从头到尾几乎全是经过提炼的人民的口语，例如，"趱"这个词，就是北方流行的方言俗语。还有"苫"，也来自北方民间。这样，把典雅的文言词汇和富于地方色彩的口头语言糅合在一起，就使得这支曲子语言既雅又俗，既清俊又质朴，增强了感染力。另外，这支曲子全部是对偶句，却衔接紧密，转换自然，并不显得生硬凑泊，这也显示了作者遣词、造句和驾驭文字的功夫。

第三卷 杂 文

杂文的历史和现状管窥

鲁迅在《且介亭杂文》序言中说过:"其实杂文也不是现在的新货色,是古已有之的。"鲁迅所说的"古已有之",是确有根据的。中国不但早已有了杂文,而且有过专门研究杂文的论著。刘勰《文心雕龙》就曾专辟一章(《杂文第十四》),谈论杂文。"议论而兼叙述者,谓之杂说。"古人很早就把这种夹叙夹议的文体,称之为杂说。战国以来,诸子百家的著作中,这类杂说就已存在了。如《战国策》中的《邹忌讽齐王纳谏》、荀子《劝学篇》、韩非《说难》以及庄子、墨子的某些著作,部部可说是最早的杂文。秦汉以还,如李斯《谏逐客书》、贾谊《陈政事疏》《论积贮疏》、晁错《论贵粟疏》,指陈利害,辨析得失,议论警辟,文笔冷隽,也不妨看作是"议论而兼叙述"的杂文。魏晋崇尚玄学,清谈盛行。南北朝的宋、齐、梁、陈,文风绮靡,杂文一蹶不振。唐以诗歌取士,历初、盛、中、晚,尤其是盛唐时期,名家辈出,佳作如林,诗坛百花芬芳,群星灿烂,其他文学创作都被诗的光华盖住了。到了中唐以后,诗风日趋衰颓,小品文便崭露头角,大放异彩。韩愈有《杂说》四篇,《古文观止》收其二。其中《杂说·一》是谈君臣关系的。《杂说·四》则以马设譬,认为天下英才,必得有知音者,尊之以高位,奉之以厚禄,委之以重任,始可展其所长。否则,就会埋没人才,造成损失。另外,《师说》《讳辩》及一部分《序》《书》《论》,其实也是杂文。如《送董邵南序》《送孟东野序》和《送李愿归盘谷序》等都可归入这一类。柳宗元也写了不少杂文。唐末皮日休的《皮子文薮》中一部分小品文,锋芒毕露,情文并茂,曾被鲁迅称之为"正是一塌糊涂的泥塘里的光彩和锋芒",给予很高评价。《古文观止》编选的就有相当数量杂文，刘基的《卖柑者言》便是此中佼佼者。清代的康有为曾认为我国古文浩如烟海，最佳者不过二十篇，其中尤以《谏逐客书》《过秦论》为优。李斯之作乃是千字文，贾谊之文也不过一千多字。说两文最佳，未必允当，但李、贾所作都是杂文，也都是名著，这倒是事实。可见，好的杂文，本来就有，而且不在少数。

从五代到宋末，几百年间，杂文又出现了低潮，这与时局有关。五代动乱不定，宋代崇尚理学，思想受到束缚，除词而外，其他文学创作远不如唐代。到了明清两代，文字狱起，朝廷对文人钳制甚严，杂文难以抬头。明末，有些知识分子不满现状，曾试图用杂文来抒发自己的愤懑之情，结果都横遭迫害，如东林之祸便是。到了康熙朝，已渐露出了镇压知识分子的兆头，尤其是雍正、乾隆两朝七十多年间，采取了高压政策，知识分子动辄得咎，许多人遭到残酷迫害，一个大案，被株连的少则成百，多则上千人。于是，许多文人不得不钻到故纸堆里去，以考据为业。这不是没有原因的。就这样，杂文消沉了二百多年，直到二十世纪二十年代，才重获生机。

"五四"以来，时间过去了整整六十年，杂文走过了不平坦的道路。这期间，杂文的发展又分为三个阶段：

第一阶段，即从"五四"到一九三七年抗日战争爆发，以鲁迅为代表的进步作家，为了向封建势力（袁世凯及其卵翼下的北洋军阀、前清遗老遗少）宣战，向国民党反动派（一九二八年后）作斗争，拿起杂文这一武器，投入战斗。鲁迅以其锐利的政治眼光，犀利的笔锋，抓住要害，痛下针砭，形成了一代文风——"鲁迅风"。这一时期，杂文的成就是空前的。它超过了小说、诗歌。这是鲁迅的功绩。他的杂文在中国文学史上留下了光辉的一页。毛泽东同志曾把鲁迅的杂文分为前期和后期，认为他的后期杂文更有力，更少片面性。这自然是确切的。不过，鲁迅前期杂文即一九二八年以前的杂文，着重于改造人的灵魂，即着重于反尊孔复古、反封建余孽、改造国民劣根性的斗争。它在思想上所达到的深度，古今中外也不多见。而且这些杂文对我们今天来说，仍富有现实意义。因为收在《热风》《坟》《华盖集》《三闲集》《而已集》等集子里的作品，其矛头所向，所揭露、抨击、鞭挞的社会现象，至今犹未绝迹。当然，鲁迅后期杂文，由于他思想上的飞跃，由于他更加自觉地掌握并运用了辩证法，因而更加显出其高度的艺术魅力和鲜明的战斗风格，也完全是事实。这是必须予以充分肯定的。

鲁迅认为"五四"以后，散文成绩大于诗歌、小说，这自亦包括杂文在内。当时，《新青年》杂志以议论为主，于一九一八年率先开辟"随感录"专栏，鲁迅、李大钊、陈独秀、钱玄同、刘半农等人，曾在这个园地发表杂文，产生过巨大的社会影响。后来，以鲁迅的作品为代表，写杂文的人日益增多，扩大并巩固了杂文的阵地。到了二十世纪三十年代，鲁迅把一大批杂文作者团结在自己周围，还培养了一批青年杂文作者。那几年，写杂文成风，甚至连一些小说家、诗人、剧作家都参加到这个队伍里来了。抗日战争时，不论是在延安、重庆、桂林还是香港，或者是孤岛时期的上海，杂文仍然是相当兴旺的。在此期间，甚至还出现过以发表杂文为主的刊物《杂文》（一九三五年五月在上海创刊）、《鲁迅风》（一九三九年一月在上海创刊）和《野草》（一九四〇年七月在桂林创刊）。（这股潮流）到了解放战争时期，杂文作者的队伍更为扩大，除了原有的唐弢、柯灵、夏衍、徐懋庸、林默涵、聂绀弩、秦牧等人而外，郑振铎、叶圣陶、周建人、马叙伦等民主人士也纷纷加入。他们进一步发挥了杂文的战斗作用，有力地揭露了国民党反动派的丑恶嘴脸，鼓舞了人民的斗志，有力地配合了解放战争的胜利进行。

第二阶段是从一九三七年至一九四九年，即从抗战开始到全国解放。这一阶段在延安和解放区可分为两个时期：一、从一九四一年夏至一九四二年上半年，从传达毛泽东同志《改造我们的学习》的讲话，《解放日报》正式出版，直至整风运动的开展。这一时期人们思想活跃，情绪昂扬，杂文也较为繁荣。另外，在各个根据地也发表了不少对解放思想，反对主观主义、教条主义、宗派主义和党八股有益的杂文。总的倾向是健康的，成绩是可观的。二十世纪五十年代对延安时期某些作品的所谓"再批判"，事实证明那是"左"倾路线的产物，是不够郑重的。二、是一九四五至一九四九年，即从抗战胜利到建国前夕。国统区杂文的成绩尤为突出。当时上海出版的、由民主进步人士主办的几个刊物，如《民主》《周报》《文萃》以及一些报纸副刊，都大量刊载杂文，蔚为一时之盛。这些杂文或义正词严，或嬉笑怒骂，或旁敲侧击，或讽刺挖苦，笔锋都是对准美蒋反动统治的。这对于配合解放战争和推动群众性的反饥饿、反迫害、争民主的斗争，起了有力的作用。

　　第三阶段是从新中国成立到目前，杂文几起几落，可说是道路曲折，历尽艰辛。二十世纪五十年代初期，国内片面强调学习苏联，报纸照搬《真理报》的一套，有的连副刊也取消了。杂文，连个发表的园地也不易找到，当然更谈不上繁荣了。一九五六年改进报纸工作，开始注意继承我们自己的办报传统，各报普遍恢复了副刊。同年夏，党中央提出了"百花齐放、百家争鸣"的方针，有关领导还发出要复兴散文（包括杂文）的号召。于是，杂文一扫沉闷空气，出现了生动活泼的局面，作者大量涌现，队伍空前壮大。当时，《人民日报》副刊上开展了小品文是否面临新的危机的讨论，引起了广泛的注意。不少同志从讨论中认识了杂文的重要性，而且得出结论：这种文学样式是永远需要的，因而，它也是永远不会消亡的。这场讨论澄清了某些有争议的问题，统一了认识，提高了思想，鼓舞了斗志，也结合了实际，总结了杂文写作的经验教训。这于杂文的发展是十分有利的。可惜好景不长，紧接而来的一九五七年，在反右斗争中，很多杂文作者首当其冲，遭到了不应有的批判，这就使得人们更是望杂文而畏之，谈杂文而变色了。毋庸讳言，反右斗争中一些人所写的杂文，名曰"批判右派言论"，其实多半是掐头去尾、断章取义、攻其一点、不及其余。它们绝不是以理服人的。其中不少杂文，强词夺理，盛气凌人，全是在群起而攻之、又不容被批判者置辩的一边倒的状态下发表的。因此，这些杂文说理很不充分，分析很不中肯，经不起事实和时间的检验。尤其是张春桥（笔名桔子）、姚文元所写的杂文，文风恶劣，面目可憎，不只是棍子而已。一九五八年大刮浮夸风，形而上学猖獗，人的主观能动性被强调到神化的程度，意志成为万能的了。这时，政治领域里出现了一些脱离实际、违反科学的口号。在文艺领域里也出现一些推波助澜、弄虚作假、给现实生活造成不良后果的文学作品，其中也包括杂文。由于政治形势的直接影响，这一段日子，批评性的、切中时弊的、有见解的、有生命力的杂文大为减少，而说过头话的、否定客观规律的、盲目吹捧的杂文多了，开始显露出假、大、空的苗头。到了二十世纪六十年代初，即三年困难时期的后期，杂文又一度得到了复苏。这是克服了国民经济的暂时困难，各方面重视总结工作中的经验教训,也是党中央提倡恢复实事求是传统和加强民主集中制的结果。这种由政治形势带动起来的创作繁荣的局面,可以《人民日报》的《长短录》和《燕山夜话》《三家村札记》以及全国各地报刊上开辟的许多杂文专栏为标志。当时,杂文作者队伍不断扩大,老一辈作家雄风犹昔,新秀则如雨后春笋,先后破土而出。正像二十世纪五十年代,出现了"马铁丁""龚同文"一样,这时也涌现出"吴南星"那样有影响的集体作者。在领导干部中,省委书记如陶铸、王任重,省、市委宣传部长如俞铭璜、宋振庭、许道琦等,也是杂文作者,可见其兴旺之一斑。当时,党中央倡导召开"神仙会",提倡"三不"原则,提倡学海瑞,提倡魏征精神,提倡解放思想,破除迷信,都给了杂文创作以巨大的政治上的推动和促进。令人遗憾的是,这一段好景也不算长,"史无前例"的席卷全国的政治大风暴一来,一切都归于乌有了。

到了二十世纪七十年代,即"文化大革命"后期,在"四人帮"的把持下,阴谋文艺盛行,杂文也成了整人的工具。由于它本身固有的特点,杂文比其他文艺形式,起了更坏的作用。什么"罗思鼎",什么"丁学雷",什么"柏青""江天"之流,无一不是"女皇"驾前的御用文人,也无一不是主子豢养的鹰犬。他们,包括张春桥、姚文元在内,张牙舞爪,气势汹汹,唯以颠倒黑白、造谣诬蔑为能事。他们的杂文,态度蛮横,格调卑下,虚张声势,令人作呕。这些年,正是他们这一伙硬把杂文的传统糟蹋了,把杂文的名声败坏了。可以说,杂文所遭到的空前浩劫,是他们一手制造的。

粉碎"四人帮"五年来,随着党的文艺政策的逐步落实,随着冤假错案的平反昭雪,尤其是错划右派的改正,解脱了相当一部分杂文作者,杂文创作也开始有所好转,并展现出令人鼓舞的前景。这期间,老作家挥笔上阵,写下了不少佳什。如秦牧的《鬣狗的风格》,宋振庭的《马尾巴、蜘蛛、眼泪及其他》,都给人以耳目一新的感觉。但整个说来,杂文的成就不但远不如二十世纪五十年代中期和六十年代初期,与同一时期的中短篇小说、话剧、报告文学相比,也有一定差距。这原因是十年动乱所留下的某些作者的创痕尚在,余悸未消,某些领导同志对杂文的看法仍未改变,报刊编辑部也难免还有这样那样的顾虑。因此,稍露锋芒的杂文或则胎死腹中,或则被摒诸门外,即使是勉强刊登了,也往往遭到刀砍斧削,拔刺磨角，力求平稳，弄得面目全非。其结果，却是把香洌似醇酒的杂文，一变而为淡而无味的白开水了。当然，我们不能抹杀这几年杂文所取得的成绩，而且，我们对杂文的发展前景也一直是满怀信心的，但就当前的状况而言，杂文之尚未恢复到"文革"以前的水平，则是千真万确的。我们应当采取措施，创造条件，努力把杂文创作促上去。

总而言之，回顾杂文的发展史，可以看出，杂文之在我国，可说是历史悠久，源远流长，有其优秀传统，底子也是深厚的。杂文的兴衰，总是与当时的政治经济形势相关联而受其制约，不可能孤立地做到一枝独秀。从"五四"到现在，六十年风雨，杂文几经波折，走过的道路曲折而又崎岖。但杂文作为文学体裁的一种，过去对革命事业有过贡献，今后仍将继续作出它的贡献。在长期发展过程中，发生过周折起伏，产生过这样那样的缺点错误，在所难免。它终究只是事物的支流，不足为怪。杂文曾被林彪、江青反革命集团利用过，但这并不是杂文自身的过错，小说、散文、诗歌又何尝没有类似情况呢？杂文根本不是生来就是反党的工具，也不全是什么不满现状的产物，更不应片面地认定杂文似乎只能用来批判、揭露，不能用来歌颂、赞美。多少年的创作实践早已证明，杂文同其他文学作品一样，它应当也完全可以用来团结人民、教育人民、给人民以鼓舞的。这类作品数量其实并不少，如唐弢的《"三户"颂》、陶铸的《松树的风格》，都是众口传诵的名篇。所以，只有端正对杂文的认识，给杂文以应有的地位，杂文的战斗作用才可能得到正确的、更有效的发挥，杂文创作才可能在党的"双百"方针指引下一步一步地趋向真正的繁荣。

杂文的特点和作用

给杂文下个定义，是不容易的。因为关于什么是杂文，历来有不同的说法。有人认为顾名思义，杂文者，即杂七杂八的文章之谓。或干脆看作是一种杂乱无章的文体。另外一种意见，则认为杂文，乃是杂而有文之意。

我赞成后一种意见，认为这样解释较为合理。

战国时代，诸子百家中有一家，名曰"杂家"。原指不专攻一家的学派而言，泛指战国末期至西汉初年那些折中和糅合各派思想学说的学者。简而言之，所谓"杂家"，乃是一种不属于各家、又似乎兼各家而有之的学派。既是这样，那么，杂文的杂，也不妨作如是观。鲁迅在《且介亭杂文》序言中说过："凡有文章，倘若分类，都有类可归，如果编年，那就只按作成的年月，不管文体，各种都夹在一处，于是成了'杂'。"可见这里所说的"杂"，一是无类可归；一是各种文体夹在一处，又兼而有之。所以，不论是按古代的"杂家"，还是按鲁迅的说法，把杂文看作是一种杂乱无章或杂七杂八的文体是不够恰当的。

杂文的基本特点究竟是什么？古代曾认为"议论而兼叙述者，谓之杂说"。这只是就文体而言，而且失之于笼统。它其实是一种散文不像散文、小品文不像小品文的随感式的短文，形式既无定型，又不受任何文学作品体裁的束缚，内容则无所不谈，范围更少有限制。总之，它是一种颇为别致的文体，它不属于某种文学作品之列。鲁迅说得更明确："生存的小品文，必须是匕首，是投枪，能和读者一同杀出一条生存的血路的东西；但自然，它也能给人愉快和休息，然而这并不是'小摆设'，更不是抚慰和麻痹，它给人的愉快和休息是休养，是劳作和战斗之前的准备。"这段话，为我们全面理解杂文的特点和作用,作了十分精辟的论述。

鲁迅在这里指出了,革命的杂文首先应当是匕首,是投枪。这就是说,杂文的生命力,首先在于它的战斗性。无论杂文是"议论而兼叙述"也好,是"文艺性政论"也好,或者竟至是"以议论为主的散文"也好,它首先是议论。杂文的战斗性正表现在这上面。杂文如果缺少了战斗性,对于反动腐朽的事物,对于社会上的歪风邪气、陈规陋习,不敢触及,不敢鞭挞,那就不成其为匕首、投枪了。但是,批判反动的,固然需要战斗精神,歌颂新事物又何尝不需要战斗精神?一句话,要敢于为坚持真理、捍卫真理而斗争。

在强调杂文的战斗性,强调杂文是匕首、投枪的作用的同时,还应注意杂文也是解剖刀。正因为杂文要以议论为主,所以一定要学会说理,学会分析。杂文之不同于一般论说文,在于它并不像论说文那样,抓住现实生活中重大而有普遍意义的事物本身,从理论上作全面的、系统的发挥,借以阐明道理。杂文当然也需要对具体事物作具体分析。所不同的是,这种分析只是选取社会现象中某些具体的、实际存在的、本身又确是包含着某种内在意义的事物为题材,并把它放到广阔历史环境和社会背景下,作深入的开掘,揭示其本质和意义,给人启示,发人深省。

正如鲁迅所指出的那样,杂文的知人论世,要抓住事物的本质,通过中肯和精辟的分析,透视阶级斗争和社会发展的规律。因此,杂文与论说文一样都具有严密的逻辑性,判断的准确性,分析的透彻性,以及文笔的犀利泼辣。这样才能做到鞭辟入里,一针见血,发挥巨大的论辩力量和战斗作用。

长期以来,杂文过多地被人们看作是匕首、投枪和解剖刀,过多地强调了它的战斗性和批判作用,却较少地注意它还是个战鼓和号角。杂文,它应当给人以启发,以振奋,以鼓舞,同时,它还应当给人以美的享受,给人以愉快和休息。唐弢说:"杂文是诗与政论的结合……因为它是议论,但同时它又是诗。我们却容易忽略这一点。"这些年,由于"四人帮"疯狂推行文化专制主义,人们不敢承认杂文也是一种文艺作品,不敢承认它同样具有教育作用、认识作用、美感作用的,更不敢承认它的教育作用应当寓于"愉快和休息"之中。久而久之,杂文在人们心目中产生了一种错觉:

似乎它只能冷嘲,不能热讽;它只能板起面孔来训人、骂人,而不能亲切地、热烈地和读者促膝谈心;杂文与交朋友、讲感情似乎是无缘的。它也不能以生动活泼的、含而不露的形式来激发人们的自觉。这种认识显然是不正确的。一篇出色的杂文,它除了应以凝练的文字、深刻的见解、经得起检验的论点来鼓舞读者的斗志外,还应以有趣的典故、巧妙的比喻、形象的手法、耐人寻味的幽默、辛辣的讽刺,给人愉快和休息。战斗必须有休整,休整正是为了更好地去战斗。有张有弛,有劳有逸,杂文的政治性和艺术性的统一,诗和政论的统一,正好体现了这一点。

当然,说到应给人愉快和休息,并不意味着它要放在玻璃橱窗里去供人观赏,要成为小巧玲珑的案头摆设之类。杂文虽然与花鸟画、玉石雕刻同属文艺作品,但它与后二者的不同之处,在于前者的政治倾向往往更为鲜明而强烈。它用形象思维和逻辑思维相结合的方法,给读者以更有力的、更直接的思想触动。而这恰恰是任何绘画、雕塑之类的艺术品所难以达到的。

矛盾出杂文:按照瞿秋白同志的说法,杂文的产生是由于"急遽的剧烈的社会斗争,使作家们不能够从容地把他的思想和情感熔铸到创作里去,表现在具体的形象和典型里……它的特点更直接地更迅速地反映社会上的日常事变"。由于杂文的特点是直接而迅速地反映社会现实,又由于杂文带有强烈的政论色彩,因此它的发表时间特别重要。它一要迅速,二要准确。迅速是第一位的。这一点,它与新闻,在时间性的要求上是共同的。实际上,报纸杂文的题材,不少是由新闻材料直接提供的。一篇新闻报道,往往配发杂文(随感、杂谈、前言、后语等),同时刊出。如果慢了,宣传效果就会减色。有为数可观的好杂文,几乎无一不是赶着逼着写出来的。有了感受,得立刻动笔,所谓"骨鲠在喉,一吐为快"。否则,事过境迁,材料也不新鲜了,创作激情也消失了,硬写出来,一定是失败之作。

鲁迅说:"杂文很短,就是写下来的工夫,也决不要写《和平与战争》(即《战争与和平》)的那么长久,用力极少,是一点也不错的。不过也要有一点常识,用一点苦工,要不然,就是杂文,也不免更进一步的'粗制滥造',只剩下笑柄。""要有一点常识",即生活知识和书本知识;"用一点苦工",即要勤于思考,勇于探索。通过多看、多读、多想、多练、多实践,这才能有成。否则,率尔下笔,勉强写出来的杂文就很难免粗制滥造而成为笑柄的。若问杂文是否易学好写,鲁迅这一席话,无疑是最好的回答。

(1981年6月)

寓说理于描绘之中
——杂文写作谈屑

杂文，不论其内容如何，总应该做到言之有理，言之有物，言之有文，言之有味。这就是说，一篇杂文，除了亮观点、讲道理，思想上给人以有益的启示，还要给人以知识、以趣味、以美感的享受。使人读了既受到教育，又妙趣横生，美不胜收。任何作品，有了巨大的艺术力量，才能感染人，激励人，扣人心弦。杂文也是如此。一篇杂文，文理不可偏废，否则，哪怕理论、观点再正确，如果缺乏高度的艺术性，也必然是苍白无力的，不可能收到预期的效果。

与一切文学作品一样，杂文也要具有教育作用、认识作用和借鉴作用。因此，把逻辑思维与形象思维有机地结合起来，把思想性与艺术性有机地结合起来，达到完美的统一，就是使杂文充分发挥上述三种作用的必不可少的因素。

写杂文是否一定要运用形象思维？这个问题历来颇有争论。有人认为杂文是一种政论，它以议论为主，只要言之成理，持之有故，即只要坚持说理，把道理讲明白就行了。何必强调什么形象思维呢？另一种意见则与此相反，认为杂文虽则以议论为主，但一是为主不等于全部；二是杂文固然是一种政论，但它是文艺性政论，与一般政论不同。它其实也是一种文艺作品，因此同样需要形象思维。不运用形象思维，甚至否定形象思维的作用，于杂文写作不利，并且也一定不会写好杂文的。

显然，后一种意见是正确的。

别林斯基谈过："哲学家用三段论法，诗人则用形象和图像说话。"又说："一个是证明，另一个是显示，可是他们都是说服，所不同的只是一个用逻辑结论，另一个用图画而已。"这一段话，于杂文完全适用。杂文，既要有说服力，又要有感染力。它既需要哲学家的三段论法，又需要诗人的形象和图画；既需要证明，又需要显示。读者在读了一篇杂文后，能否留下印象，受到启发，获得深刻而生动的教育，关键在于作品本身是否有切合实际的例证，精辟的议论，有力的论据，富有诗情画意的描写，准确的、新鲜活泼的语言，等等。一句话，即是否把哲学家的说理和诗人的形象恰当地、巧妙地融为一体了。

形象思维的特点离不开具体的形象和情感，离不开以形象的描绘和叙述来反映生活的本质。运用逻辑思维，条理清晰地说明一个理论问题或解决一个思想问题，也许不失为一篇上乘的论说文，但它绝不是杂文，更不可能成为一篇情文并茂的、既有真知灼见又有感人艺术力量的好杂文。郭沫若同志在《科学的春天》里告诫科学工作者不要把幻想让诗人独占了。科学研究尚且需要幻想，需要形象思维，何况是杂文？

形象思维不等于比兴，比兴却是形象思维重要的表现形式。毛泽东同志给陈毅同志的一封谈诗的信中指出："要作今诗，则要用形象思维方法""所以比兴两法是不能不用的"。没有形象思维的诗，会变得味同嚼蜡，令人不耐。宋代不乏好诗，它的成就不容抹杀。但由于当时崇尚理学，许多人好以议论入诗，使得有不少诗成了干枯的说教，简直一点诗味也无了。例如被称为"五七言绝……以工致胜""用意深""有阔达之境"的诗人王安石，曾写过"春风又绿江南岸""一水护田将绿绕，两山排闼送青来"以及"南浦随花去，回舟路已迷，暗香无处觅，日落画桥西"一类的名句佳作。但也写过《拟寒山拾得》："我读万卷书，说尽天下理。智者渠自知，愚者谁信尔。奇哉闲道人，跳出三句里。独悟自根本，不从他处起。"上述诗作，皆出于一人之手，差异如此之大。可见，不用形象思维，其结果必然导致文学作品哲学讲义化。杂文是诗与政论的结合，道理自然也一样。

"四人帮"君临文坛那些年，形象思维被说成文艺黑线的理论基础，说成现代修正主义思潮，属于资产阶级思想。于是，形象思维遭到了围攻，从文艺创作领域里被扫地出门了。杂文也不例外。那个时期的杂文，成了泼妇式的骂街，流氓式的恐吓，魔法师的咒语，精神病患者的狂呓，真乃假话、大话、空话连篇，令人不堪卒读。这一页历史总算翻过去了。杂文无文的一页也翻过去了。近两三年来，涌现了一大批很有分量的好杂文。秦牧的《鬣狗的风格》就是把形象思维和逻辑思维结合得较好的杂文佳作。

如前所述，比兴手法乃是形象思维的重要表现形式。"比者，以彼物比此物也。"用生动的比喻来突出事物的特征，借物喻人、喻事，托物言志，就是比。其实，作为一种表现手法，中国文学史上很早就有了。以香草配忠贞，以恶禽比奸佞，《诗经》《离骚》中就可以找到好些实例。秦牧这篇杂文用的正是这种手法。它一开头，就牵出一头集丑恶之大成的怪物："有一种动物，叫作鬣狗，不知道你见过没有？注意过它的模样、行藏和风格吗？"接着，作者用生动的笔调，介绍了鲁迅《狂人日记》中提到的那种叫"海乙那"的东西，就是鬣狗："眼光和样子都很难看：时常吃死肉，连极大的骨头，都细细嚼烂，咽下肚子去……"这样介绍，犹嫌不足。作者又把我们带进了动物园："我第一次见到这种'久负盛名'的动物时，大吃一惊，它也是食肉兽，但样子却很猥琐，走起路来一颠一颠，皮毛没有光泽，还隐隐有几块大暗斑。它那个模样儿，就好像刚给人打了一顿，或者刚从什么阴暗的角落里被揪了出来，光天化日之下，显得有点狼狈的模样。总之，它是豺狼一类走兽，但比起有点慓悍的豺狼来，样子要猥琐难看一些。"请看，这一段文字，把鬣狗的外貌、神态、行藏、风格，淋漓尽致地刻画了出来。"它那模样儿，就好像刚给人打了一顿。"这里又进一步运用了比的手法。这既是形象的描绘，又是深刻的揭露，含蓄的讽刺。真像个高明的美术家那样，寥寥数笔，便如此逼真地勾勒出那匹恶兽的本来面目。但描绘还不是目的，目的在于以此喻彼，深化作品的主题。再请看，"在万恶的'四人帮'横行中国的日子里，鬣狗式的人物，是着实出现了一批的"。我们终于从这里看到这匹恶兽在二十世纪七十年代的人类社会的投影；看到了一股逆历史潮流而动的邪恶势力。这批鬣狗式的人物，就是"四人帮"及其爪牙。他们肆虐全国达十年之久，有的还不止十年，几乎把中华民族推入万劫不复的深渊之中。想到这个事实，广大读者在过细地咀嚼了这篇杂文后，于感叹之余，就会十分自然地接受上述结论：鬣狗＝"四人帮"及其爪牙。因为它委实是太相似了。

再说兴。"兴者，先言他物以引起所咏之词也。"质言之，兴，即所谓联想是也。由他物起兴，通过触景而生情，而有了感受，并引起联想。文已尽而意有余，得曲终人散、余音袅袅之妙。这样，杂文的杂味就出来了。仍以秦文为例，作者并未立即联系到"鬣狗式的人物"如何如何，而是欲擒故纵，一笔宕开，绕了一个弯子。它从鬣狗说到杰克·伦敦的一篇小说，内容大致是："有一条船被狂风恶浪打坏了机器，只能在大海上漂流着。船上的小生物都给捕食净尽了，凶恶的人就建议杀一个人来充饥，善良的人坚决反对，宁可饿死也不吃同伴的肉。但是凶恶的家伙却拿起刀子开始追逐刺杀某些身体最衰弱的人。于是，船上就出现四种人：被迫害的弱者；企图杀人者；坚决宁愿饿死不喝人血、不吃人肉者；第四种呢，他们并不想当砍第一刀的凶手，然而他们渴望凶手们杀人成功，以便从他们手里分一杯羹，喝一点血。"故事最后结局是忽然地平线上出现了另一艘轮船，人们得救了。于是，举着刀子的人，渴望分一杯羹的人，也顿时变得文明了，变得像个彬彬有礼的上等人了。

这真是入木三分的传神之笔！从鬣狗说开去，推而广之至于这第四种人，至少可给人以两点启示：一是把狗比人，既形象又贴切，很能说明问题；二是从那篇小说里的人物联想到现实生活里的某些活生生的人。在那动乱的年代，他们中的一些人，确实谁也不曾亲自操刀杀人，也未必都参与过捕人、打人、整人。他们多半只是像鬣狗一样远远地蹲着，等待着，一到时机成熟，气候适宜了，就立即上前啃骨头、喝血、吃肉。而当远处有轮船冒出地平线时，他们又立即返回原处，装作没事人一般，一脸温良恭俭让，一变而为谦谦君子了。

如此辛辣的讽刺，生动的描写，深刻的分析，鞭辟入里的贬斥，可谓惟妙惟肖，活灵活现，比任何论说文大段大段的说理要有力得多，也有效得多。这就是杂文运用形象思维、比兴手法所取得的艺术效果。

要研究怎样运用形象思维、比兴手法于杂文吗？秦牧的《鬣狗的风格》无疑是个范例，它为我们提供了写作杂文的一个成功的经验，很值得借鉴。

结论就是：既以理服人，又以情感人，尽量让形象说话，寓说理于描绘之中。

杂文的讽刺与幽默

讽刺与幽默是杂文的一种艺术手法。如运用得当，能加强杂文的逻辑说服力和艺术感染力，有助于主题的开掘。杂文作者要做到诗和政论的高度统一，使杂文成为诗人和战士相一致的产物，这讽刺与幽默是必不可少的。

不论是写敌我矛盾，还是写人民内部矛盾，都可以运用讽刺与幽默。因为人的思想总会有先进、中间、落后之分，人类社会无论发展到什么阶段，也总会存在着矛盾。矛盾出杂文，自然也出讽刺与幽默。其实，幽默也是一种讽刺，两者既有区别，又往往是互助渗透的。它们是智慧和力量的有机结合。一篇杂文，有了严密的逻辑，透辟的说理，细致的分析，再辅之以巧妙的讽刺与幽默，思想的威力就能显示得更加充分，从而收到更好的艺术效果。

对于阶级敌人，对于一切坏人坏事，杂文的讽刺，用词不妨尖刻，火力不妨猛烈，口气也不妨严厉些。所谓嬉笑怒骂，皆成文章。笔锋所向，定是对方的要害和致命之处。这样的讽刺，既准又狠，能鞭辟入里，一针见血。写这类杂文，要抱着一种无产阶级义愤和疾恶如仇的态度去运用讽刺的手法，把一腔怒火，在冷笑声中吐出来。

杂文的讽刺用于对敌斗争，一般说来，难度并不很大。但如何运用讽刺于人民内部，历来被认为是个难题。杂文既然不仅仅是匕首，是投枪，它还是解剖刀，这就规定了它不仅是用来对敌的，它应当而且完全可以用之于人民内部。当然，在落笔时，态度要慎重，分寸要掌握，要注意界限。它应是热讽，而不是冷嘲，应是鞭策，而不是鞭挞。它也表示一种恨，那只是"恨铁不成钢"的恨，而不是仇恨。讽刺的目的，乃是为了提高它、改善它，而不是为了摧毁它、消灭它。鲁迅在《什么是讽刺》最后一段中指出："如果貌似讽刺的作品，而毫无善意，也毫无热情，只使读者觉得一切世事，一无是处，也一无可为，那就并非讽刺了，这便是'冷嘲'。"这里强调善意和热情，即要有与人为善之心，是诚恳帮助，耐心说服，而不是板起脸孔训人，更不是蓄意搞垮别人，置别人于死地。它可以通过尖锐的批评，也可以通过娓娓清谈。当然，必要时也可以采取痛下针砭的办法，使被批评者红一下脸，出一身汗，以促其猛醒。

  讽刺的材料，是取之不尽的，只要处处留心，几乎俯拾即是。反面人物经常在为我们提供这方面的材料。远的如解放前的马步芳等人，近的如"四人帮"及其一伙，乃至形形色色的犯罪分子。凡此，杂文作者抓住其一枝一叶，略加点染生发开去，便是一篇绝妙文章。当然，在革命队伍里，由于思想方法的主观片面，工作作风的华而不实，以及官僚主义、不正之风等等的实际存在，给杂文提供的笑料也是不少的。取精用宏，见微知著，就全在于作者的眼力和匠心了。

  讽刺的生命在于真实，不真实的讽刺，很容易变成造谣与诬蔑。鲁迅说："非写实决不能成为讽刺，非写实的讽刺，即使能有这样的东西，也不过是造谣和诬蔑而已。"写实是杂文运用讽刺和幽默时必须严格遵循的一个原则，也是杂文取得良好社会效果的一个重要因素。

  美好的事物，无论怎样歪曲、涂改，它终究是美好的；而丑恶的、腐朽的事物，哪怕再着意地加以装扮粉饰，也很难掩盖住它那股熏人的臭气。所以，要杜绝讽刺固属不易，强迫"歌颂"也往往事与愿违。

  讽刺还常用反语。反语运用得当，会产生一种强烈的逻辑力量，吸引读者的注意力。在这方面，鲁迅堪称典范。其他作家也不乏其例。运用反语进行讽刺，会增强杂文的战斗力。所谓"皮里阳秋，入骨三分"，有时，它的效果比正面的揭露和批判好得多。

  讽刺还需要适当地运用一些夸张手法。夸张可以增强讽刺的形象生动性和艺术感染力。但夸张要合乎情理，不能信口开河，漫无边际。说"一个铜板打破头"，是合理的，因为生活中确有那种人，有事实根据。说"鸡蛋过手小一圈""铜钱眼里打秋千""老鹰飞过拔根毛"，这些，连同上面所举的"一个铜板打破头",形容贪婪、吝啬、自私自利、唯利是图的性格,既形象又贴切生动。这种略带夸张的讽刺手法,能突出事物的本质,得画龙点睛之妙,也是杂文经常采用的。

  总而言之,杂文讲一点讽刺与幽默是有益的,有时甚至是必要的。它既要准确、鲜明、生动,又要真实可信,即不宜随心所欲地去向壁虚构。只有这样,才能耐人寻味,发人深思。杂文的杂味,多半就体现在这上面。离开了讽刺与幽默,杂文就等于是没有灵魂的躯壳,只剩下干枯的说教了。

(1982年12月)

关于杂文的杂感

据悉,《宁波日报》副刊明年起将要经常刊登杂文。这消息令人鼓舞,也必然会受到广大读者的欢迎。

报纸副刊,尤其是文艺副刊之有杂文,犹如人之有喉舌,其功能在于发音、说话。当然,其他品种如诗歌、散文、小说,也是一种说话的形式,但它们终究不及杂文之显豁而直截了当。杂文是面对现实、干预生活的。它与现实生活贴得非常之近,反应非常之快。有时甚至要对某种社会现象立即作出评价。它有点像评论(社论和短评),却更有内涵,更发人深思。正是由于这种特点,杂文往往拥有比评论甚至散文、诗歌更为广泛的读者面。因此,报纸之重视杂文是理所当然的。

杂文,在我们这个文明古国里,有着悠久的历史。先秦诸子中有不少杂文作者。庄子的杂文就相当有名。后来,代有名篇。刘勰的《文心雕龙》还专章论述了杂文。真可谓源远流长。到了现代,由于鲁迅的杰出成就,杂文开始脱离了散文的范畴,成为一种独立的文体。半个多世纪以来,在鲁迅精神的孕育下,杂文名家辈出,佳作如林。杂文,在报纸的文艺副刊上,已居于当家的地位而不可动摇了。

但新中国的杂文,其道路很不平坦。近十年来,国家进入新的历史时期,党内外言路大开,杂文自然也随之而萌发了新的生机。这些年,从《人民日报》算起,确实涌现了一大批有见解、有文采、短小精悍而又生动活泼的优秀杂文作品。老一辈杂文家宝刀不老,中年作者渐趋成熟,还培养了一支为数可观的青年作者队伍。杂文的春天已经到来。

一说到杂文,人们马上会想起匕首和投枪,以为它只是对敌人的。这显然是误解了。匕首和投枪,并不是杂文功能的全部。杂文还可以是号角,是战鼓,乃至是精致的艺术品。它促人猛省,催人奋起,也给人愉悦和休息。所以,片面地理解杂文,以至于一提杂文就神经紧张,是大可不必的。

四化建设需要杂文,改革开放需要杂文,政治的民主化更需要杂文。杂文是可以大有作为的。杂文要对社会上一切腐败丑恶现象口诛笔伐,也要为新生事物鸣锣开道。目的在于正人心、挽颓风,为改革开放扫除障碍。因而,杂文又是实行舆论监督的一种有效手段。杂文之受欢迎,其理在此。至于作者队伍,总是练出来的,总要通过实践而后才能逐步壮大。当然,发现人才,开辟稿源,提高质量,报纸要做许多艰苦的工作。但只要真正解放了思想,端正了对杂文的认识,这些难题就有了解决的基础。何况,宁波人文荟萃,这方面的潜力很大,经过精心组织、引导,一旦打响,杂文定会源源而来的。

(1988年12月29日)

打好文底,写好作文

清蘅塘退士(孙洙)在其编选的《唐诗三百首》的序言中曾说:"谚云,熟读唐诗三百首,不会作诗也会吟。"请以"是编验之"。《红楼梦》第四十八回写香菱学诗,林黛玉有一段议论:"你若真心要学,我这里有《王摩诘全集》,你且把他的五言律一百首细心揣摩透熟了,然后再读一百二十首老杜的七言律,次之再李青莲的七言绝句读一二百首;肚子里先有了这三个人做了底子,然后再把陶渊明、应、刘、谢、阮、庾、鲍等人的一看,你又是这样一个极聪明伶俐的人,不用一年工夫,不愁不是诗翁了。"

孙洙和林黛玉关于学诗的经验之谈,有一定的道理。他们强调熟读各家的代表作,以此作为"底子",这是经过实践检验,证明行之有效的方法。古往今来许多有成就的诗人、作家,走的都是这条路子。李白五岁"诵六甲",杜甫"七龄思即壮",白居易"五六岁便学为诗,九岁谙识声韵"。除了他们的天赋条件外,从小熟读百家名篇,成了他们得以攀登诗歌创作高峰的重要因素。至于现代的文学大师中,如鲁迅、郭沫若、茅盾,也无一不得力于少年时期的博览群籍。

如果说,孙洙选编的《唐诗三百首》,黛玉推荐的王维、杜甫、李白诗作,可作为"诗底",那么,先秦诸子的、唐宋八大家的、明清两代的散文都不妨用来作为"文底",有选择地加以熟读。这对于开阔视野,活跃思路,积累词汇,摄取养料,都大有裨益。

作文、写诗,首先要有正确的世界观的指导,此外,还必得有丰富的知识、较强的形象思维和逻辑思维能力,以及大量词汇。这三者缺一不可。这三项条件,又总是要通过本人的社会实践和阅读前人著作,即从直接经验、间接经验中取得。古人的成功先例，有力地表明，青少年时期凭借熟读打下的扎实的"底子"，将会一生受用无穷。

今日的学生，一到作文课，文思泉涌，左右逢源的，百不得一；而愁眉苦脸，抓耳挠腮的，则占十之八九。其所以如此，最主要的原因就在于腹内太空，底子太薄。林彪、"四人帮"愚民政策、蒙昧主义所造成的恶果，再加上这些年来，家长、学生及部分学校领导人中普遍存在的重理轻文思想，使得某些学生视语文为负担，尤其是文言文，缺口最大。有些高中毕业生，不知唐诗、宋词为何物，更多的学生则欣赏不了历史题材的戏剧、电影，听不懂剧中人的唱词、道白。这种状况，再不能任其继续下去了。

全国统编课本规定，高中语文每册有文言文八九篇，占总篇数的三分之一左右。这些课文都应当也完全能够熟读的。倘学生真的都按要求"揣摩透熟"，即经过咀嚼、消化而成为自己的血肉了，再适当补充一部分古代和现代的名著，则到毕业时，就有了较为牢靠的"文底"。

（1980年4月11日）

应当进入角色

曾听说梅兰芳先生演戏有个规矩。演出前，他喜欢独坐一隅，闭目凝神，旨在集中心力、揣摩剧情，使自己在演出之前，就已进入角色。等到锣鼓一响，自然就能带戏上场了。

所谓进入角色，即指演员要和所扮演的剧中人，无分彼此，融为一体。只有这样，演员才能扮啥像啥，进而达到演啥就是啥的境界。梅兰芳先生之所以能够成为世界闻名的艺术大师，这进入角色，善于把握角色，无疑是个颇为重要的因素。

其实，这又何止是演戏呢？各行各业各项工作都有个进入角色的问题，也都适用这个道理。在社会这个舞台上，人们每天都在扮演一定的角色，不过，演得好不好，则大有区别。有些人就像梅兰芳先生那样，能借一角人生舞台，把戏演得形神俱备，丝丝入扣。有些人则演得荒腔脱板，糟不可言。另外少数人，看穿戴倒俨然是个挑梁压台的正角，等到一上台演出，却满不是那么回事。毋庸讳言，由于十年内乱和其他种种原因，至今仍有一些同志尚未进入自己的角色。比如，青年演员化妆穿戴好了，还在后台说说笑笑、打打闹闹；上得台去，自己是自己，角色是角色，贴不到一块儿去。至于身为机关干部，在办公室里看报喝茶闲聊天，或者打打毛衣；身为营业员，身在柜台心在家；身为工人，操作时思想开小差，诸如此类的情况，并非绝无仅有，这应当引起我们的注意，加以改正。因为如若不能集中精力，全神贯注地从事工作，那就很难出色地完成任务，甚至还会发生差错，造成事故，给国家带来损失。

要进入角色，首先要理解、热爱自己所扮演的角色。一出戏有主角、配角，主角固然重要，配角也断不可缺。任何一项工作，都是党的整个事业的一个组成部分，都为四化建设所需要，没有高低贵贱之分。何况，戏演得如何，不决定于你在戏中的地位，而在于你对待演出的态度。要是你当真热爱你所扮演的角色，你就一定会去努力钻研它，熟悉它，一旦登台，也一定会得心应手、挥洒自如，收到良好的艺术效果。反之，即便你演的是主角，却无精打采、敷衍了事，也完全可能把一台戏演砸的。

那么，在人生这个大舞台上，在两个文明建设的锣鼓声中，你究竟打算当一个什么样的演员，扮演一个什么样的角色呢？

（1982年4月19日）

续 说 名

见到一篇谈名的文章,觉得尚可增补,故作此续说。

"三代之下,唯恐不好名""争名于朝,争利于市"。这些话都说明,对名的关注,以至于孜孜以求,确是很早就有了。

关于名,不外乎三种情况:一是生前平平淡淡,无所作为,一旦撒手人寰,也引不起什么强烈反响。即所谓"生无益于时,死无闻于后"者;二是生前位高权重,声名显赫,死后却"身与名俱灭",再也无人提及;三是生前寂寂无名,死后却突然走红,甚至成为研究或媒体炒作的对象,如曹雪芹、华彦钧(阿炳)等便是。此外,还有另一种情况,即辛弃疾词中所说的"赢得生前死后名"。但这类生荣死哀的幸运儿,古往今来,毕竟不多。

人们之所以好名、求名乃至争名,是由于"名至则实归",名总是与一定的物质利益相联系的,也就是通常所说有名就有利。即便名是虚的,利却是实实在在的。正因如此,许多人便千方百计地图名。当官的,要做表面文章,目的在于留个口碑;从事文学艺术的,期望自己的作品传世而不朽;一些节目主持人、演员、歌手,尽管已经是公众人物,也尽管生活积累和文字功底都有欠缺,也硬是要去叩出版社的门。结果一书既出,嘘声四起,与预期的效果相反。不仅不曾求名而得名,反而成为盛名之累,真还不如不去操这份闲心好。

其实,名,对于个人来说,无论是偶尔得之,还是刻意求之而得,它都是一把双刃剑。正如任何事物都有两重性一样。有名就有利,亦必然有弊。名可以带来种种好处,也可能成为一种累赘,一种束缚,甚至是一种风险。"树大招风，名大招谤。"因为名这东西，离不开口头或媒体传播。大凡人有了知名度，就往往是千手所指、千目所视，其主动性和自由度远不如那些无名之辈们。不是有不少大腕明星连随便走走都要雇保镖陪同跟随？不是有不少名人每天陪会陪宴，迎来送往，忙得喘不过气来吗？

看来，古人把名看作枷锁，还真是不无道理。可惜世人不察，终不免要奔向逐名之途。当然，生前无意求名而身后得之，从杜甫到曹雪芹再到华彦钧，他们得到的名是他们应得的。"名岂文章著"，便是最好的注脚。因此这种名是美名、令名。至于曾有人认为若不能流芳百世，也要遗臭万年，这种名，害人害己，以不求为好。

（2001年10月14日）

无奈读书

关于读书的甘苦，历来说法不一。古人云"有福方读书"，以为读书是一种享受，它只属于"有福"之人。他们还视"红袖添香夜读书"为无上境界，这"红袖添香"便是"有福"的具体化。那是要在一则有钱、二则有闲的条件下始可实现的。不过，若把它理解为读书应注重营造宽松和谐的氛围和恬静愉悦的心境，倒也离题不远。

但鲁迅却说"无聊才读书"。人大凡忙得脚不沾地时，总不会想到读书的。只有闲得无事可做或偶亦有忙里偷闲之时，或会萌生读一点什么的念头。从这个角度看，鲁迅的话也不无道理。不过，古往今来，"有福"之人未必读书。"有福"莫过于帝王，然而"刘项原来不读书"，人所共知。至于无聊之最的太太、小姐们，纵然不见得全无读书之心，要读却并不容易，因毕竟还有个"女子无才便是德"嘛，到了当今之世，她们更无须靠读书（除非是言情武侠小说）来消磨时光了；看录像、跳舞、打牌，其乐也融融，远胜于读书。

现在，大学生不爱读书，青年教师很少读书，已不是局部现象。那么，读书的人难道就没有了吗？当然还有，但已属凤毛麟角。究其原因，在于他们缺少读书所必需的宁静氛围和宽展的心灵空间——高校的崇垣广厦挡不住外部环境的滋扰诱惑。

老教师呢，在岗或退而不休的，不免有许多牵挂。已离岗的，无缘下海，该收拾身心读点书了吧，家庭内外却难以提供一个静谧闲适的读书环境。街头巷尾，前村后郭，哪里不是市声鼎沸、商潮汹涌？沉不下心来，读书就不易进入状态。有时得到一本新书，包装固然华丽，排校却舛错百出，文字更是"坑坑洼洼"，令人不忍卒读。如此久而久之，读书的兴趣自必越来越淡。因此，就我个人来说，如今既非"有福"读书，也不是"无聊"读书，实实在在是无奈读书，读书无奈。

无奈导致倦读，倦读导致厌读。不忍去想，有朝一日我们这些嗜书如命的读书族竟也会变得厌读。

（1994年9月30日）

搬 家 摭 谈

搬家一事，起源甚早。我国北方（黄河流域）住房的建造是从下向上发展，即从穴居——半穴居——地面建筑；而南方（长江、珠江流域）却与此相反，乃自上而下发展，即从巢居——半巢居——地面建筑。北方遗留下来的是窑洞，南方遗留下来的则是竹楼。我们越人，很早就已懂得"依树积木以居其上"。到了河姆渡文化时期，已有了最初的地面建筑——房屋底部下有一个用木桩构成的底架，以托住房屋使其离开地面。

居住格局的变迁，是地不分南北都必须经历的。尽管当时还无所谓家，居处的变迁，无非是挪个窝罢了。但这一挪，却具有划时代的意义。倘若当年南方的初民不是从地面迁至树上，即变野处而为巢居，也许就维持不了生存。倘若他们始终是依树而居，不回到地面上来，那就不可能得到发展，当然也就不会有今天的文明了。这也可见，居住条件有时竟直接关系人类的生存发展。这在远古时代尤为明显。

古代人们搬家，目的很明确。不论是逐水草而居，还是如《诗经》所说的"迁于乔木"，主要是为了防猛兽、防洪水、防潮湿和取得较好的生产、生活资源。总之，是为了生存的需要。也正因如此，他们的搬迁比较频繁。我在青海牧区曾见不少从事畜牧业的藏民，流动性都很大，他们的家只要一两头牦牛就可以驮走，说搬就搬，利索得很。

我又联想起当年那位孟老夫人，为了给儿子孟轲找一个良好的生活和学习环境，竟不厌其烦地一搬再搬，于是就留下了"孟母三迁"的佳话。当然，也有人身居陋巷而不改其乐的，不搬，恐还是由于太穷，搬不起。也有人尽想着往冷僻处搬，或干脆从城市搬到乡间去，为的是追求一种恬静的生活。这在古代有时也蔚为风气。

但现时代人们的搬家情况要比古代复杂得多。原因也是多种多样的。或由于工作变动，或由于分配新房，或由于旧城改造，或由于土地被征用……不论出于何种原因，反正，搬迁的趋势总是从小到大、从低到高。这一趋势，合乎规律，顺乎潮流，它反映了当今社会的发展和人民物质生活的改善。

如果说，古代的孟母之得以三迁，除了社会环境外，想必是她家用杂物不多，搬，总还不至过于费事。文人搬迁，更往往是一肩行李之外无长物。如今可就不同了。有些人搬个家，装潢粉饰，动辄费时数月，花费逾万元。有些人乔迁之喜，竟大宴宾客，有些人甚至利用权力借机敛财。这后两者其实已与正常的搬家无关，而是属于另一个话题了。

还历史本来面目

加强爱国主义教育，一要正确对待历史和历史人物；二要有物质载体。

爱国主义离不开历史。但人们用一只"左"眼看历史，为时已久了。反映在文学界中，就是治文学史的学者对古人喜欢贴标签、划成分，或抓其一点，不及其余；讲到"五四"以后，常习惯于以鲁迅的评判划线。于是，古代好些有成就的作家及其作品，有的未被编入文学史，有的被挤到"舞台"角落，有的还被扣上"封建反动文人"的帽子，当了活靶子；近现代的名家也有不少被歪曲——凡是在敌人营垒里生活过的，便一概不是"好人"；凡是被鲁迅骂过的，便多半属于"右翼"。这一来，就出现了从未有过的定于一尊的历史观。

显而易见，这种仅以某一大人物的见解定是非、分优劣，却置当时复杂的历史条件和社会环境于不顾的知人论世方法，是违背历史唯物主义的。如今，这一页总算翻过去了。某些曾被否定或有争议的老作家如林语堂、徐志摩、梁实秋等，已相继回到他们原有的位置，大体恢复了本来面目。甚至连曾国藩、周作人也获得了实事求是的评价。最近，在国内早被遗忘的甬籍女作家苏青，也似乎热起来了。不过，这仅是开始。人们观念的转变、认识的提高以及某些事实的澄清，都需要时间。但这一课一定要补上，而且要认真而执着地补上。

同时，爱国主义不是抽象的，它必须落实在看得见、摸得着的物质载体上。人文景观、博物馆、图书馆以及地方志等，都可以发挥载体的作用。宁波作为历史文化名城，对于如何引导人们去正确对待历史和历史人物，从而接受爱国主义教育，曾做了不少工作。但与其他城市相比，差距仍大。

比如，郑成功在闽南是家喻户晓的，而在宁波，同是民族英雄的张煌言，知名度就差得多；鼓浪屿有林巧稚的纪念馆——毓园，而同是著名科学家的童第周，在宁波究竟有几个知道他呢？现成的活教材，是应该充分利用的。

（1994年12月28日）

强化名人意识

纪念梅兰芳、周信芳百岁诞辰演出活动开幕之前，江苏先下手把周信芳"抢"了过去。这件事曾引起不少议论。

江苏之所以要"抢"周信芳，我想，其一是出于对这位艺术大师的崇敬；其二，还因为看重周信芳的名人效应。在当今社会，名人是金字招牌，是吸铁石，是活教材。他们所起的巨大作用往往是不可取代的。无论从历史文化的角度，或是从经济效益的角度来审察，宣传名人、突出名人，利莫大焉。

经济发展了，若少了与之相适应的文化品位，就会导致两者的失衡。到头来，经济固然会缺乏后劲，城市形象也树立不起来。尊重名人，尽可能地发挥名人的号召作用和凝聚作用，将有助于提高城市的知名度，加强城市的辐射力。而这单凭经济实力是不易实现的。

可是，作为周信芳故乡的历史文化名城宁波，在这次规模空前的纪念活动中，"响动"却不大。其根源在于名人意识淡薄。江苏的经济发展得那么快，却并未放松抓文化。

泰州很早就建造了梅兰芳纪念馆。前年暑假，我在厦门发现郑成功在闽南一带是家喻户晓的，陈嘉庚也备受尊重，妇产科女专家林巧稚的纪念园精致雅洁。在福州，还看到了严复的街心塑像。这些都足以显示当地人对自己杰出儿女的深情。这种感情与人们的文化素质有关，并将形成巨大的向心力。而同是民族英雄的张煌言，同是老一辈科学家的童第周，在家乡的知名度就差得多。其实，宣扬了一个，影响所及则是一大片。宁波的名人也不少，不加以利用，不是太可惜了吗？

（1995年1月17日）

变了形的压岁钱

春节将临,压岁钱之类又将照例出现在人们的现实生活里。

压岁钱,本来是家长给予未成年孩子的一份节日赠礼,往往是农历除夕之夜待孩子睡定后,家长把装入红封袋的现金塞在孩子的枕头下,有些红封袋上还写着字。这个红封袋就伴着它的得主一同度过阴历一年中最后一个夜晚。因是压在枕头下的,又含有压邪的意思,所以,它是我国民间家庭内部表示骨肉情的一种古老习俗。

但今日的压岁钱,已完全变了形。它远离了压岁钱的本义——示爱和压邪。有些人发放压岁钱是为了应付门面,有些人即便动机不坏,效果却适得其反,另外有些人则赤裸裸地利用压岁钱为交换手段以达到个人某种目的。这就使得压岁钱蒙上了污垢。

光从数目看,压岁钱经历的变化也是很大的。早些时候,压岁钱大抵有个三五元也足够了。这几年压岁钱的行情越抬越高。听说,去年春节就已被抬到三位数,甚至还有更多的。今年,恐怕还会更上一层楼的。

正因为压岁钱已变了形,它产生了许多负效应。不少人过年如过关,主要是无力承受庞大的支出。有些青少年得到的压岁钱动辄数百,乃至上千元,家长又不加管束,孩子们口袋里的钱太多,而又不懂得合理使用,难免会滋生出事端来。这无疑于下一代健康成长不利。

另外,压岁钱又曾经是某些人行贿、纳贿的一条特殊渠道。一些肮脏交易正是在压岁钱这块遮羞布的掩盖下进行的。这类压岁钱,数额巨大,已大大超出压岁的范围,而被赋予另一种含义。还据说红封袋上写着祝贺新春的字样,里面装着的却是黄澄澄的金条。这跟压岁钱的钱字也已没有什么直接联系了。

压岁钱，原是民间沿用已久的习俗，最初的用意是可取的。变形，乃是后来的事。要恢复压岁钱的本来面目，要杜绝它由于人为因素而产生的种种弊端，要做许多艰苦的工作。正本清源，还是应先从各级领导做起。

（1994年2月9日）

说"无聊才读书"

"无聊才读书",是鲁迅说的。据说当时就曾有过争议。因为中国的文人学士一向认为读书乃极严肃的事,连何时读何书,都规定得一清二楚,如"读经宜冬,读史宜夏,读诸子宜秋,读诸集宜春",等等。可谓态度端正,目的明确,而且注重营造和谐的读书氛围和保持愉悦的心境。这怎么能跟无聊扯在一起呢?

这话在鲁迅原不过是一句气话,但也是实话。因当时有些"左"得可爱的文化人写文章攻击鲁迅,鲁迅出于论战的需要,挤时间读了点马列著作。明知这种笔头官司未免无聊,却又不能不认真对付。因此,所谓"无聊才读书"多少带有一点自嘲或被迫无奈的味道。当然,虽是被迫,这一读却大有收获,也是事前未曾料到的。

可见,鲁迅说的"无聊",与闲得发慌、无事可做之类,不是同义语。因为鲁迅一生从未有过这样的无聊。事实倒是,忙了,无暇读书(除非像鲁迅那样利用紧张工作的间隙挤时间读一点),真的无聊了,也不一定读书,甚至有越无聊越不读书的。最无聊的莫过于帝王,然而"刘项原来不读书"。王公大臣则历来是"生儿不用通文字,斗鸡走马胜读书"。至于当今的阔人们,更无须靠读书打发闲中岁月,红灯绿酒,歌台舞榭,看录像,打麻将,那乐趣想必是胜于读书的。有些人偶或抓一本侦破凶杀或这个性那个性的小册子翻翻,正像旅途中常见的那样,看似读得相当投入,但严格说来,是不能称作读书的,他们自己也并不认为是在读书。

工作之余,略有倦意时,从架上抽一本文学名著,读上几页,目的在于调剂精神,陶冶性情。读时不用下帷焚香,正襟危坐,却有与前贤高士一同神游物外之乐。这与无聊读书又有区别。因它既非出于被迫，也不怀有任何功利目的，更不是为了寻求感官刺激。这种读书，就比较容易进入境界。古人所谈的读书之乐，指的正是这种境界。

不过，这种境界不是人人都能达到的。因为读书的人本来属于不同阶层。像我们这些人，读书几十年，至今却感到可读之书越来越少。有时见到一本新书，书名诱人，装帧华丽，名家作序，报刊吹捧，展卷细读，却发现内容既无可取，文笔也欠顺畅，排校又极粗率，令人不堪卒读。有些书名曰著作，实不过是把别人的文章加以重新编排，或改头换面，或东拼西凑，在观点、材料并无差异，仅是表述的顺序和词句略有变动的情况下，便署了自己的大名。这类书，其实也是一种伪劣产品。读这类书，那才真正是无聊。

所以，到了现在，读书之乐，已不可多得。因不仅有"无聊才读书"，而且竟还有无聊才写书的。这也算是近来读书的一得吧。

（1994年11月10日）

书斋的兴废

从西北归来后,我居然有了一个书斋。虽无苔痕上阶、草色入帘之胜,却是明窗粉壁、坐北朝南,加上窗外阳台,不仅可读书写字,还可莳花养鸟,得视听之娱。登上阳台,则郊野风光,尽收眼底。总之,这书斋确是相当不错的。

书斋,我并不陌生。儿时,住在上海郊区,父亲的书斋名曰静观书屋。门上有父亲自题的匾额,室内左字右画,架上玉轴牙签,案头文房四宝。记得正面一副对联是张问陶的手笔:"岩前拄杖看云起,松下横琴待鹤归"。门联是隶书"掬水月在手,弄花香满衣"。这书斋,我8岁以前是常去的。家乡老宅也有一个书斋,格局与沪宅相似,只是门上无匾。正面对联是梅调鼎的手书:"此处多奇花异草,其人如霁月光风"。门联则是隶书"惜花春起早,爱月夜眠迟"。与上海书斋的门联同出于唐于良史诗句。父来病故后,沪宅易主,母亲带着我和姐姐回到镇海乡下,我就自然地成了老宅(包括书斋)的主人。

这个书斋,我仍然名之为静观书屋。它同我关系亲密。在这里,我断断续续地盘桓了七八年,度过我的少年时代。这期间,我受到它的熏陶,培养了读书兴趣,奠定了半生从文的基础。父亲遗下的书画,给了我灵气。父亲圈点过的为数可观的线装书,我还消化不了,但一些笔记、小说和诗词歌赋之类,却使我眼界大开,简直如醉似痴。父亲没来得及教给我什么就撒手而去,他正是凭借他生前构筑的书斋及众多的藏书给了儿子以巨大影响的。

离开乡下老宅已快半个世纪了。这次万里归来,跑到村子里一看,我和母亲、姐姐住过的那座名曰"倚翠"的楼房，只剩下一堆瓦砾。原来的书斋，连同它的内部陈设以及图书、字画等，早已不知去向。连书斋旁的那座小花园也无从寻觅了。当年，这里曾经是前花后竹，光影会合于轩户之间，给书斋提供了个恬静幽雅的环境。50年沧桑剧变，这些都已恍如一梦了。可如今，我又分到了新房，就在市郊，距我老宅所在的村子不过4千米许，而且仍另辟一室作为书斋。这个书斋，我仍名之曰静观书屋。尽管它的面积不比旧的书斋大，现代建筑门上不宜有匾，壁上也并无何绍基的字和郑板桥的画，而高爽明敞则有过之。何况，窗前还多了个6平方米的阳台，上面放半排盆花，挂一笼小鸟，朝迎日出，暮送落霞，听四邻琴声，揽千顷翠色，这却是旧的书斋所不具备的。尤其是夜深人静后，凭栏小立，尚可隐约望见甬江上的点点渔火和声声入耳的江潮。所以，这实在是个饶有诗意、能予人以美的享受的好去处。

我非常钟爱这个书斋，这不仅是由于它来之不易，而且还由于它构筑在家乡的热土上，并将帮助我度过愉快的晚年。而今天，在全国各地，这样的教师宿舍还不很多。据我所知，在我的一辈老师中，三代同堂，五六口人挤在一间斗室里的，颇不少见。至于生活在某些大城市里的同学、朋友们，人均居住面积在4平方米以下，父母子女合用一张径尺之桌，甚至以缝纫机代替写字台的，也绝非仅有。他们或根本不曾有过自己的书斋，或虽亦有过却终于被赶了出来。至于我本人从20世纪40年代初因避战祸而仓皇离家，以后多年住在上海普通里弄里，室陋而人稠。20世纪50年代后期起，则远谪黄河源头，在风雪高原挖过地洞，钻过帐篷，沙眠露宿，与坚冰严霜为伍达20余年。可说久已不知书斋为何物了。不料垂暮之年，竟又重新回到书斋之中，而且经过这16年的着意购求积累，我又拥有了4大架的图书、包括我父亲也不曾拥有过的《左氏百川学海》《笔记小说大观》和《清名家词》。至于壁上，则有好友冯其庸的水墨葫芦、林锴的红梅图和前辈李宗海、包谦六的字。从此，我可以在这15平方米的天地里，"调素琴，阅金经"，研墨挥毫，吟诗作赋，还我书生本色。"形骸既适，观听无邪"，文思也自然而然地趋于活跃而汩汩不绝了。这几年，虽年事日增，精力日衰，而教学、科研、业余写作方面所完成的工作量及其取得的成果，却远远地超过前20年，这除了大气候这一因素而外，恐亦与我有了一个比较安定的生活环境和一个属于个人的书斋有关。想想过去，看看现在，比比别人，感到这其实是够幸运的了。

好像是曾巩说的，文人（即知识分子）的荣辱遭际，往往是测量一个时代的明和暗、清和浊、盛和衰的标杆。这也可见，书斋虽小，却关乎大局。所谓一室之微，国脉所系，它足以反映时代和政局的变迁，足以反映文运的兴衰和知识分子社会地位及待遇的实际变化，这内涵就相当深广了。

我怀念记忆中的旧的书斋，更无限珍惜眼前的新的书斋。但愿普天下像我一样，或与我有类似经历的文人和广大教师，都能在自己拥有的心爱的书斋里"静观自得"，并愉快地从事对社会有益的创造性劳动，直至生命最后一息！

"英雄不怕出身低"

"英雄不怕出身低",这是一句流传已久的古话。这句话所包含着的无穷哲理,曾不止一次地被事实所印证;即使是移用于解放后的现在,仍有它不可低估的教育意义。

把"出身"作为衡量人才的一种标准,这在我国历史上是数见不鲜的事了。两晋时代就最讲究这个,以后几个朝代情况也大致相似。在那个时候,赴试进学要填报"三代履历",遴选官吏要审查是否"正途出身"……总之,出身高贵的处处吃得开,出身卑微的处处遭白眼。封建社会的等级制度和宗法观念把人捆得紧腾腾的,目的当然是为了有利于培养统治者自己所需要的"英雄"。

然而,那些出身于阀阅世家的公子哥儿,多半只是一些酒囊饭袋,真正有心胸有气魄的人物,却偏偏不出在高门大第之中。像号称神医的扁鹊,发明活字印刷术的毕昇,著名的天文历数家僧一行,不都是没有什么社会地位的普通老百姓吗?

封建社会的等级制度固然早已被历史所埋葬了,但它的流风余韵,似乎至今仍在某些人的头脑里发生作用。有些人对"出身高贵"的学者专家倾倒得无以复加,而对"出身卑微"无名的"小人物"往往爱理不理。有些学者专家也很喜欢自命不凡,摆出各种各样的样子来吓唬人。不过也正像过去一样,真正的英雄却总是从"小人物"成堆的地方涌现出来。在这里,仅念过初中一年的李始美已成为防治白蚁的专家,一个普通劳动农民王保京,在农业战线上创造了惊人的业绩;而那些具有高贵身份的学者专家们,由于头脑里的金箍圈还没来得及砸碎,做起学问来总跳不出原来的框子，因此在研究的成果上就不免相形见绌了。

伟大出于平凡，英雄来自普普通通的劳动，这是颠扑不破的真理。今天正在各个战线上大批涌现的敢于打破陈规、富有独创精神的英雄人物，本身都是平凡朴素的劳动者。只有这些"出身低微"但蕴蓄着无穷无尽的智慧和活力的人们，才真正是推动历史巨轮滚滚前进的时代英雄。知识分子必须放下架子虚心向他们求教，领导者的目光也应该倾注在他们的身上，以便在生活和斗争中发现他们，培养他们，促使他们成长壮大。

"出身高贵"的学者专家不足畏，"出身低微"的人不必自卑，让我们推倒偶像，挣脱束缚，奋步前进，争取做社会主义英雄吧！

向王海学习

关于22岁青年王海买假索赔的消息披露以后,引起了社会各界的普遍关注和议论。人们对此,有摇头的,有切齿痛恨的,更有鼓掌的,由于视角不同,以致褒贬不一,这并不足怪。

摇头的、切齿痛恨的,只是少数人,他们是一些以制假售假为业的不法企业主、商贩或某些不懂法又胆小的糊涂人之类。索赔,不仅断了他们的财路,还使他们从此名誉扫地。因此,恨是必然的。而鼓掌、即赞同的则占了事实上的多数,他们都是普通消费者。至于那些甘于吃亏、惯于息事宁人的老实疙瘩,他们的怕,只是怕乱,怕与店家撕破脸皮,怕怄气等等。殊不知这怕,却正好纵容了制售假冒伪劣产品者。

王海的可贵,是在于他第一次使顾客成为真正的"上帝",使长期处于无权地位而不得不被动挨"斩"的广大消费者,挺起了腰杆,敢于向制假售假的工厂、商店说"不"。这说明,今天已出现了像王海那样的消费者代表,懂得有效地运用法律武器来维护自己的正当权益了。索赔也是打假。如果有朝一日,千万消费者都积极采取行动,理直气壮地向制假售假者提出索赔,那么,假冒伪劣产品就将遭到灭顶之灾,不再有任何立足之地。当然,赞同王海是为了向他学习,而学王海先得为他正名。王海不是什么"刁民",他是自觉地守法、用法、依法打假、用行动捍卫《消费者权益法》尊严的典范。为了维护消费者合法利益,他挺身打假,大胆索赔,不达目的不止。这一行动完全符合国家利益和人民利益。而且,这一行动能起到自上而下的监督、检查所起不到的作用。其次,学王海,还得认真转变观念。过去,消费者买了假货次品,往往是自认倒霉,误以为这只是个人的私事。而打假索赔，却是创建社会文明、维护社会秩序、规范社会行为的一种实际行动，是现代公民具有强烈的正义感和高度的社会责任感的一种具体表现。三是，索赔并非图意外之财，它只是为了挽回个人因买了假货而蒙受的损失（包括精神损失）。其所得到的乃是鉴别商品、交涉索赔、奔走求助于执法部门所付出的一种报酬，是合情、合理而又合法的。尽管王海一开始未必能清醒地充分认识这一点，但此举的社会效果无疑是积极的，意义也是深远的。市场经济的原则是公平竞争，王海的行动也是合乎这个原则的，理应得到广泛的认可和支持。

晚　　晴

人生，倘能平平安安地步入黄昏，是应当感到宽慰和喜悦的。因为有些人只拥有早晨和中午，他们等不到黄昏来临就过早地走了。所以，黄昏很值得珍惜。同时，黄昏不过是人生旅途中最后一个驿站，它距离终点还有一段路，甚至也可能是不近的。在这里，你可以"解鞍少驻初程"，可以歇歇气，恢复一下体力，然后再继续赶路。黄昏，提供给每个"旅客"的机遇都是均等的。关键在人们怎样把握它。有些人误把驿站当作终点，躺下不想动了。有些人则在休整后仍奋然前行，奔向既定的生活目标。也确实有不少成功者，他们恰恰是披着晚霞的余晖攀上人生征途的最高峰的。

在我接触较多的知识界里，这类活生生的"夕阳红似火"的事例几乎随处可见。前辈中，如华东师大老教授、著名诗人、书法家苏渊雷先生，87岁了，可依然童心未泯，精力不减。他平时酒瓶不离身，走到哪里，随时喝上两口，终日笑口常开，活得非常潇洒。他吟诗都脱口而出，不打草稿。写字、制作对联往往一挥而就。思维之敏捷，一般中青年人都望尘莫及。他腿脚灵便，走路健步如飞。登山也不落人后。前年，他还同他儿子一起在上海办了个书画展，他几次出国赴日本、新加坡访问，除了讲学、交流还写下了不少诗文。有一次，在广东开会，他曼声吟唱自己的诗，赢得满座掌声。老先生二十世纪五十年代曾受过委屈，七十年代末落实政策，当时他已年过古稀，却并无老态，心情也很平静。所以，这些年学术上硕果累累，诗文创作也卓有成就。这仅是一例。

至于生活在宁波的知识分子，晚年仍在继续奉献的也不在少数。其中如毛翼虎先生、李友聪先生都已年届八旬，至今尚未离岗。毛老是德高望重的爱国者。宁波人都熟悉他、尊敬他。李友聪先生则是经验丰富的西医外科主任。退休后仍每天去医院上班,为病人解除痛苦。前不久,他突患小中风,躺了几天。病愈后依然坚持去医院主持门诊。他还是诗人、书法家,平时也喜欢以吟咏自遣。去年,为纪念他与夫人结婚六十周年,他写了一组诗并广泛征求友好合作,堪称一时佳话。他住在湖西柳汀街,老两口常在傍晚时到湖畔闲步,恩爱不亚于少年夫妻。故友人赠之以诗曰:"黄昏杨柳街头立,袅娜春风月在天。"是很足以说明他的晚年生活的。

老干部离开工作岗位后,最容易产生失落感。但也有过得很愉快的。这可以分为两种类型:一种是工作型的,如原宁波大学党委书记张永祥,今年刚满70岁,依旧是身兼数职,操的心一点也不少于离休前。人们还能看到他出席各种重要会议、参与各种社会活动,宁大校园里有时也会出现他的身影。他的热心肠和他的充沛精力,在宁波是出了名的。还有一种是生活型的,他们离岗后,把每天生活安排得有条有理、有板有眼。比如早上去公园锻炼,早饭后读书、看报、做家务,午饭后小睡片刻,起床后就去找人聊聊天,下下棋,打打扑克,或到活动中心坐坐,或在家弄弄花草、喂喂鸟,晚上就看看电视。这样,一天的生活也很有规律。逢到星期日,或与子女团聚,或上街走走。按国家规定,离休干部每年还可以定期出去旅游,费用由国家支付。应该说,这些也是保证老干部晚年幸福所必须的。

当然,黄昏,并不总是霞光万道的。有晚晴,就必然会有晚阴。后者,作为一种社会现象,还是相当普遍地存在着。不过,随着老年人队伍的不断扩大,老龄问题正在日益受到全社会的重视。老龄工作正日益走向规范化、法制化。为老年人服务的各项社会福利设施正在不断增多和完善。越来越多的老年人在不同岗位上发出光和热。所以,青春——初升的朝阳固然是生机勃勃的,夕阳的余晖仍可以把大地映红。黄昏,不也同样是充满着诗情画意的吗?

(1994年4月)

广告引起的杂感

二十世纪四十年代，在上海读新闻夜校，学过一门课程："广告学"。由于自己干的不是这一行，也没有多少兴趣，所以边学边忘，终于啥都不曾记住。不过，对于广告，却并不陌生。当时，十里洋场，目之所睹，耳之所闻，手之所触，几乎无一而非广告——除了满街市招、满耳市声，以及入晚的霓虹灯外，连人也有成为活广告的，简直就是广告世界了。

广告，作为自由竞争的一种手段，它原是资本主义经济的必然产物。为了追逐利润；为了在激烈的市场争夺中挤垮对手，以扩大产品的销路，巩固自己的地盘，资本家们往往借助于商业广告，并且确实是不惜工本的。旧上海是典型的半殖民地消费城市，广告之随处可见，自不足怪。全国解放后，广告不那么时兴了，虽然还有，但比之旧时代那种无所不包、无所不在的势头，毕竟不同了。社会主义计划经济取代了资本主义商品经济，受经济基础制约并为之服务的广告之类，也将要随之而变，这也是理有固然的。

近年来，随着改革、开放的日益深化，一向沉寂的商业广告也忽然大为兴盛。报刊上纷纷刊载，有的整版皆是，有的则甚至为刊登广告而出增页。至于广播、电视也竞相播映。广告文艺，一时成了家弦户诵的热闹节目。如此热闹，还是建国以来破题儿第一遭，也可说是国民经济正在日趋活跃的一个标志。

然而，我还有一点小小的感想。

广告，顾名思义，无非是广为宣传之意。既是宣传，自免不了要运用各种手段、开动各种机器。报纸、电台作为重要的新闻媒介，覆盖面大，渗透力强。因此，承接一部分广告业务，既可增加收入，又能为生产和消费服务，一举两得，谁曰不宜？但凡事总有利有弊，广告也不例外，倘掌握失当，也易滋弊端。即以报纸为例，如广告所占版面过大，就会挤掉新闻和文章，削弱了可读性。何况，目前纸张紧缺，为招揽广告而增页，且不论广告之内容如何，这种做法是否合乎社会主义办报原则，也值得商榷。至于广播和电视，像我这样昼夜不分的脑力劳动者，平时较少问津，但每当夜深人静、目枯神疲时，偶尔也会打开收音机，想听点什么，以便稍一调剂，而传入耳膜的却是一片嘈杂的叫卖声，那也是够煞风景的。

其实，广告的泛滥所产生的流弊，诸如名实不符、弄虚作假、坑害群众、污染社会风气，等等，已时有所闻。这正是某些经济部门、新闻单位见利忘义所导致的不良后果。

发展社会主义商品经济需要广告，丰富人民的物质文化生活也需要广告。广告是不必也不可能废止的。但广告的副作用却是应当而且是可以防止的。只要报纸、电台心里装着群众、两眼盯住"四化"大目标，真正懂得自己应当怎么去做，那么，广告再多也用不着担心的。

掮客的新花样

关于掮客之类，旧社会生活过的人，大概都能道其仿佛。有些人则是直接吃过掮客苦头的，所以，一想起来，还往往不免皱眉蹙额，恨恨不已。

全国解放后，曾经活跃在资本主义商品市场上的掮客，失去了依托，渐渐从生活领域里消失了。不料，这几年，早已销声匿迹的掮客，又忽然冒了出来，并且日益显示其能量。他们不仅出现在商品流通领域，甚至把手伸到文化界，而且花样层出不穷，犹如水银泻地，简直到了无孔不入的地步。

月前，有个在高校任教的朋友，与同事共同编写一部工具书。完稿后，找不到出版单位。消息传了出去，就有一位不相识却颇有些办法的机关干部捎过话来，说可以帮助解决出版问题。条件是不取稿酬，只要求让他列名编委，并冠以本书副主编的头衔。结果如何，不得而知。

以上仅是一例。还听说有比这更苛刻的，如要求列为第一作者，甚至要求稿酬分成，等等。

当然，出自传闻，未可尽信。不过，诗掮客我却是碰见过的，其手段也相当巧妙。这些人，面目不同，按其实质，都可归入文化掮客一类。

历来，商人重利，利之所在，趋之若鹜。目的则一，手段不妨多样。旧时代上海的文化掮客，出入于福州路上，推销出版物，赚一点微薄的佣金。而当前的文化掮客，却花样更多，胃口更大。他们已不以追逐金钱为满足，而是企图通过一本书或一项创作成果，跻身于学者、专家或诗人、作家之列。这些人言之无文，却行之有术，为了达到目的，或是凭借权势，或是利用关系，甚至上下、内外勾结，形成一股特殊的垄断势力。这些人的干扰,加剧了出书难的矛盾,同时,导致了出版物质量的下降,后果十分严重。

出版事业要改革,对文化掮客的不法行为及其所起的破坏作用,无论如何是不应忽视的。

欢 喜 钱

"有朋自远方来,不亦乐乎?"有客自台湾来,不也是令人高兴的吗?故国三千里,异乡四十年,一旦重逢,这其中的"悦",绝非三言两语所能表达清楚的。

然而,天下事往往有悖乎常理者。长期暌隔,老去相逢,带着一颗海外游子的拳拳之心归来,结果却事与愿违,弄得不欢而散,甚至带着满腔怨愤而去。这在我们这里已经不是个别事例了。

上月一位远房亲戚从台湾转道香港回大陆探亲。老两口年近古稀,老太太还患有多种疾病,为了与大陆的弟妹团聚并祭扫先人坟茔,他们携儿带女回到浙江老家。谁知下乡扫墓之日,他们一家人被一群素不相识的村民包围,说是要讨一点"欢喜钱"。一时吵吵嚷嚷,推推搡搡,光景十分尴尬。

前些日子,我认识的一位旅港多年的宁波籍老先生,出钱委托家乡的亲属重修在"文革"中被毁的祖坟,也因为当地一些非亲非故的大小菩萨轮番需索,花了一大笔冤枉的"欢喜钱"。很简单的一项工程,差点成了无底之洞,搞得老人哭笑不得。类似的实例,还可以举出一些,仅仅是不见诸报端罢了。

其实,"欢喜钱"者,买路钱也。巧立名目,意在勒索,如此而已。田园寥落,骨肉流离,当年双亲犹在,如今墓草已宿,此时此地,哀恸之不暇,尚有何欢喜可言?海外侨胞、港台同胞又最注重慎终追远,他们之所以不辞辛苦,远道跋涉而来,所企求的就是这坟前一拜。清香三炷,鲜花一束,面对着三尺孤坟,他们的孝思有了寄托,心理也就得到了平衡。但我们某些人，却不理解这种心情，还纷纷伸手，力图在他们身上刮一点油水。这不但有损于中华礼仪之邦的形象，也不符合中国人的传统道德。

有人说，现在的大陆，正处于一个空前的寡情期。人性、人道主义，本来就是批判的对象。亲子之爱，师友之情，也日益淡化了。贫困、愚昧，加上商品经济诱发的个人贪欲，于是就在农村里发生了一连串的使港台来宾瞠目不知所措的怪事。你跪在坟前泣血捶胸，却有一批人嬉皮笑脸地围住你索讨"欢喜钱"。

"礼失而求诸外"，许多大陆上已被淡忘的、或已被否定的嘉言懿行，生活在资本主义制度下的海外的炎黄子孙身上竟完整地保存着。港台来宾与我们本是一家人，如今却变得这样陌生。当他们怀着伤心失望的情绪离开大陆以后，又会产生什么样的社会影响和国际影响呢？如果我们只注意两岸经济发展水平的差距，而忽视"欢喜钱"之类所反映的精神文明方面的巨大差距，那它迟早会成为祖国统一的一个新的障碍的。谓予不信，拭目俟之！

（1989年1月13日）

卖　书

上月去杭州公干,一位在省出版社工作的诗友给我看一首近作:《卖书》,其前四句曰:"天下伤心处,杭州清泰街。未能送穷去,于是鬻书来。"题下有注,说是"有朋自远方来,适以囊涩,遂检书数种,换钱沽酒饷客"云云。

杭州清泰街,是一条古老的街道。近几年,这里设了旧书门市部,附近形成了自发的图书市场。知识分子自不免常去走走看看。我的朋友是去卖书的,而卖书只是为了换钱沽酒买菜。于是,这条名字雅驯的长街,也好像蒙上了一层灰色,变得不那么"清泰"了。

为什么伤心呢?这当然与本人的身世有关,也可能因卖书勾起了辛酸的回忆吧!朋友是个中年知识分子,二十世纪五十年代在大学里"走白专道路",不久就被"扩大"到浙南山区,就在那里草草成了家。二十世纪七十年代末,他调任现职,可妻儿仍在农村。为了解决两地分居的问题,他整整奔走了九年之久,耗尽了心力,才初见眉目。至于书,原有的早已毁于劫火,现存的是平时从牙缝里挤出的一点点钱逐步购置的。这次为了款待远客,竟不得不把一套朝夕相处的《全唐诗》卖掉。这心情大概与《水浒传》里的"杨志卖刀"相似。

文人卖书,旧时代倒不罕见。抗日战争初期,南京、上海一部分知识分子撤往内地,临行都卖掉不少书。昆明街头,西南联大的教授曾摆过地摊卖书。全国解放后,卖书主要是在"文革"初期,都是论斤称给废品收购站的。至于今日竟还有卖书沽酒的事例,在我实在是颇感意外的。

但细细想来,卖书换钱之类,似亦不难理解。我那朋友只是个普通编辑，就算是中级职称吧，标准工资低则97元，高不过105元。一家四口，妻子是个工人，又长期患病，其生活之拮据可知。按照惯例，知识分子倘工资足以养家，业余又能"爬爬格子"，则或能买几本书。我的朋友苦撑了十年，图书未及半架，为数虽微，也是相当不易的了。书，既得之不易，一旦卖掉，怎么能不伤心？

中国知识分子若不能进入仕途，则往往不免贫困。杜甫典春衣换酒，元稹的夫人拔钗沽酒，等等，古来不乏其例。他们为什么不卖书呢？这大概是由于一则尚有衣服、首饰可卖；再则是古人嗜书如命，并始终恪守"案有琴书不算贫""有书真富贵"的信念，甚至在三餐不继中常以此自解。有书可读，虽日子艰难，仍不以为苦，这可说是古今知识分子的共同心态。我不知道这类事在当前报刊、出版社编辑中有否普遍性？其内涵又是如何？反正总觉得不写出心里话来不宁贴，于是黯然命笔，遂成本文。

（刊1988年10月11日《兰苑》）

从高考语文试卷看中学的文言文教学

今年全国高考的语文试题，总的说来，已在一定程度上克服了去年的某些偏颇，更重视语文的基础知识和基本技能的训练，从多方面来检验考生驾驭和运用祖国语言的能力。这具体表现在：要求较高，涉及的知识面较广，但分量适中。四个大题包括标点符号的使用，实词和虚词的掌握运用，病句的修改，文言短句的译述，文言虚词的辨析、比较、选择以及作文，等等。旨在通过各种途径，用各种方式全面地、广泛地考查考生的语文水平。试题有一定的广度，也有一定的深度，又不游离于课文之外，而且还强调了阅读课的重要性，摆正了它的地位。所有这些，都鲜明地体现了中学语文教学的目的和任务。这对进一步改革语文教学，提高学生的语文程度，必将起到有利的作用。

就文言文来说，第三大题包括三个小题，要求考生分别给三段文字加标点符号、解释词义和译成白话文。第一小题是《孟子·梁惠王（上）》里的一段对话——"五十步笑百步"（略有删节），内容是大家所熟知的。第二小题摘自《送东阳马生序》（见高中课本第四册）。第三小题讲的是"圯上纳履"的故事（见《史记·留侯世家》）。这个故事也不陌生。三道小题对理工科、文科考生有不同要求，评分也不一样，这样做是合理的。

从考生的答卷情况来看，质量比去年有所提高，出现了某些令人鼓舞的可喜景象。部分考生具有相当的阅读、译述浅近文言文的能力。例如第三大题一小题要求给原文加标点符号并解释加着重号的词，此题得满分的有好几个。一、二两小题合计得十九分的也有几个。另外，不少考生对文言文的虚词，一词多义，以及名词作动词用，掌握得较为牢固，答卷时能运用得当，准确地理解词义，这也是过去不多见的。又如"之"字，按其不同的语言环境，分别作助词、代词、动词；"或"字，作"有人""有时"，而不作"或者""也许"讲；"是"字作指示代词"这""这个"，而不作判断词。这些，大体上已被相当一部分考生所掌握。再如，否定词中的宾语前置，介词"以"的变化，有不少考生也是能够领会的。

当然，我们在肯定成绩的同时，也应当如实地指出所存在的问题。有些考生的文言文答卷不合乎要求，暴露出了考生这方面知识的贫乏和运用能力的欠缺。有些问题甚至是比较严重的。例如有一份答卷把"弗之怠"的"弗"字，与名词"佛"字混同了，因此，全句译成"上帝保佑，不要把手指冻掉了"。还有两份答卷，一则把"衣褐"译成"父亲的爸爸"（意即"祖父"），一则译成"母亲和孩子们"。还有两份答卷则译成"老人没有穿衣服"或"旗袍"，可谓想入非非了。再就是词义的解释，如"直不百步耳"的"直"字，"业为取履"的"业"字，"父去里所"的"所"字，"后五日平明与我会此"的"平明"，能准确地得到解释的，简直是非常之少。

本来，文言文的翻译，是需要多方面的语文基础知识的。一段（或一句）译文，且不说准确与否，起码也得语意连贯，读起来基本上文从字顺。如今，有些考生却连这一点都做不到。按说，《送东阳马生序》原是刚学过的课文，那五句话难度也不算大，而有些答卷译出的文字就像用若干互不关联的词语拼凑起来的，令人费解。有个别答卷就"以是人多以书假余"一句，另起炉灶地写了一段话，却与原文毫不相干。"一词多义"，这应该是懂得的，确定某个词的含义，必须联系上下文，照顾到特定的语言环境，即考察该词在句中的地位和作用，然后加以解释，这也是应该懂得的。但考生在翻译时却不会具体运用，以致出现了上文提到过的把"弗之怠"句译成"上帝保佑，不要把手指冻掉了"，以及把"衣褐"译成"鞋挂在脚上玩"，把"父去里所"句译成"老人到派出所去报告"，把"履我"译成"跪在我面前"等诸如此类的笑话了。文言文翻译中出现的问题，多半是属于未能把有关词义辨析的知识综合运用，有一部分则反映了考生缺乏最起码的常识。这就不是单靠语文教学所能为力的了。

基于上述情况，我认为今后的中学文言文教学，不妨从下列几个方面进行改革，以求得提高质量的实效。首先，一个时期以来，人们对文言文不够重视，甚至认为这是封建主义的东西，因而采取排斥、鄙薄的态度。部分学生则认为文言文占的分数不多，学不学关系不大。有些教师对文言文教学不认真，要求不严格，或者竟有视讲授文言文为畏途的。这是造成文言文教学长期不景气的一大原因。不彻底扫除这种思想障碍，文言文教学的不景气状况就不容易得到真正的改变。其次，根据教学大纲的要求，高中阶段，学生要在初中的基础上，进而掌握一些文言词汇和句式的特点，并能借助工具书独立阅读浅易的文言文。因此，中学的文言文教学，着眼点应放在帮助学生理解文言文的字、词、句、篇上。这就要求我们每教一篇文言文，都能对课文中的字音、词义、句式、典故、文章的结构特点和它的思想内容等作较为具体的、深入细致的分析，然后有计划、有重点地进行讲解。经过循序渐进，让学生扎扎实实地熟读成诵几十篇，就能触类旁通，逐步培养起阅读文言文的兴趣和阅读、译述文言文的能力。再次，文言文教学一定要立足于课文。不论是讲读课，还是阅读课，一律从课文的实际出发，做到以读为主，让学生在熟读课文的基础上逐步加深理解。读，这一环非常重要，必须始终牢牢抓住。不但要读，而且要背，熟读精背，才能收到融会贯通的实效。教学中，要防止脱离语言实际去进行架空的分析。字、词、句的讲解，务必要做到字字落实，句句清楚，连一个语气词都不可放过。散文一般都要直译，只有某些韵文才可以意译。教学中，要反对不求甚解，观其大略，或简单地一"串"了之。这样，才有可能防止学生在文言文翻译时发生望文生义、穿凿附会或以意逆之的弊病。这次高考试卷中暴露出来的问题，正好说明，我们的文言文教学存在着多少薄弱环节，有待于进一步加强啊！

　　中学的文言文教学，究竟应当怎么搞，才最符合新时期总任务的要求？怎样才能做到事半而功倍？怎样才能切实提高效率？凡此，都值得广大语文教师继续探讨，也是学生和家长所普遍关心的。今年，我省高考的语文（其中包括文言文）成绩，较之去年虽已有显著的提高，但距全国水平仍远。中学语文教学仍然存在着效率低、进步慢、阻力大、困难多等问题。由于有机会参加全省高考语文试卷的评阅工作，接触了实际，听到了议论，故结合试卷的评阅就某些问题提出个人的一些粗浅的看法。我相信这些问题，通过广大语文教师的不断探索和深入讨论，会逐步得到解决的，语文教学的规律，总是可以认识的。现在，方向已经明确，新的高度已经标定，办法要靠大家在教学实践中取得。个人经验不多，见闻有限，所述各点也未必恰当，写出来仅供同志们参考。

"晚景"应该"堪愉"

在悼念茅盾同志的文章中，有一篇曾写到作者一次去看望这位老作家，谈完话，主人就由儿子媳妇搀扶着缓步走进内室的情景。读到此，除痛惜这颗文坛巨星之陨落外，一时还引起了不少感触。

大家知道，茅盾的夫人谢世已好多年了。而他在生命的最后阶段，能够有人照顾，得以集中精力从事文艺创作，包括撰写卷帙浩繁、具有丰富内容和珍贵价值的回忆录（虽然未能写完），这显然是因为有党组织的安排照顾。

由于自然规律的作用，人到老年，机能衰退了，病痛也多了。在这种情况下，生活上需要有人照顾帮助，是理所当然的。其实，凡是有强烈事业心、高度责任感的老干部、老知识分子，总是一心扑在工作上的。即便在他们年富力强的时候，也几乎都不惯于、也不善于料理柴米琐事。他们在工作中，在讲坛上或者实验室里，可以雄姿英发，显示出非凡的才华，而在自己的厨房里，却手足无措。所谓"工作的巨人，生活的矮子"便是。

心无二用。人的精力毕竟有限。花在生活上多了，花在工作上必然就少了。花在生活上的精力，充其量只是让自己过得舒适些，而花在工作上的精力，则有可能变成无穷的物质，两者所产生的结果不可同日而语。因此，像茅盾那样的老作家，照顾好他们的生活，使其免除后顾之忧，在有生之年置身于恬静的环境里，保持着愉快的心情，奋笔疾书，以便尽可能多留些精神财富在世上。这本身就是一种很有意义的工作。

"由儿子媳妇搀扶着"，这无疑是一种幸福。这种幸福尽管为多少人所向往，却并非人人都能享受到。时至今日，我们确实还有一部分老科学家、老作家、老教授，身边没有亲人和得力助手，以至不得不亲自洗衣烧饭、提水买菜，把有限的精力、所余无几的时间，花费在缠人的烦琐家务之中，这不是极大的浪费吗？"东隅已失，桑榆未晚。"老科学家、老作家们都是饱经忧患的幸存者，他们的时间已经不多了。如果说，早几年，限于现实条件，他们没能充分得到照顾的话，那么，现在这个问题应该得到较好的解决了。愿我们所有的老年人，都能由儿子媳妇或其他亲属搀扶着，安度晚年；愿所有需要照顾的老年人，都得到应有的照顾；愿所有的老科学家、老作家、老干部，在党的温暖的怀抱里，在他们各自的岗位上，发出更多的光和热！

致滥竽者

"滥竽充数"这个成语的故事梗概，人所共知、毋待赘述。故事的主人公——南郭先生，早已成了家喻户晓的侏儒。如今旧事重提，又把他拉了出来，为了鉴古知今，以他为镜子，来对照今天一些类似南郭先生的人物，以便从中总结出有益的经验教训。

在我们这个社会里，"滥竽者"到底有没有呢？有，学校里有不懂教育的校长；文化单位有言之无文的领导人；科研所有不学无术的负责人……诸如此类的"南郭"先生难道还少吗？

固然，"滥竽充数"是不足为法的。但我们也不宜过分指责南郭先生。因为他之得以充数期间，主要是齐宣王为他提供了庇护所。要不是"齐宣王使人吹竽，必三百"，要不是齐宣王以言取人，而不注重真才实学，那么，南郭先生之流，本来是站不住脚的，更不用说在乐队里混那么些日子了。同样，今天"滥竽者"的出现，同我们的制度某些环节上的缺陷，同上层建筑中某些实际存在的弊病和疏漏是有联系的。它其实正是"铁饭碗"制度的直接产物。若干年来，由于封建意识的影响，由于小生产习惯势力的作用，由于对历史的无知，再加上林彪、"四人帮"极左路线的毒害，造成了种种恶果。例如我们国家机构庞大、臃肿，层次繁多，人浮于事，等等。当然，指出这些客观因素，并不意味着今天的南郭先生们就一点责任也不须承担了。他们之所以能成为"滥竽者"，平心而论，既有客观原因，也有主观因素。事实上，就以我们的老干部为例，不是已经有相当数量的领导同志，经过长期勤奋学习，刻苦钻研，从外行变成内行，从原来的"土包子"变成精通业务的专家了吗？那么，为什么另外一些同志进城时是一字不识的文盲，如今却依然是"西瓜大的字，认识不到一担"呢？有些同志进城时是识字不多的半文盲，如今却依然只会画圈圈呢？中华人民共和国成立已经三十一年了，可是，我们的这些同志却还仍然停留在文化水平很低、业务能力极差的"外行"状态，这究竟是谁的过错呢？

　　南郭先生之流，成事不足，败事有余，靠这号人是建设不了社会主义现代化的。但今天的"滥竽者"所处的时代毕竟与当年的齐国有别。他们总还是有出路的，他们既不必溜之大吉，也不必担心会因什么欺君之罪而招致杀身之祸。除非他们甘心被时代所淘汰，否则，他们是完全可以作出正确抉择的。如果他们有一点自知之明，能够审时度势，又能够以天下为己任，以党和人民的利益为重，那么，在提高认识以后，他们就应该从自己的条件出发，或是退居第二线，或是急起直追，下功夫学会"吹竽"。总之，路就在脚下，而且是十分宽广的。只要出以公心，不管怎样，他们仍可以为四化事业作出贡献，而受到人民的尊重和欢迎。

景要"文装"

前不久，我应邀去金华游览了西岩寺（俗称大福寺）。见大殿正面廊柱上一副对联，上联曰："西岩寺大雄宝殿"，下联却是："何时此地涌奇峰"。当时于惊讶之余，询问寺僧和当地干部：上联原句是什么，现在何处？他们都不知所对。

金华西岩寺乃是东南名刹，吸引了不少游客。但由于人文景观未受到重视而存在着许多疏漏和缺陷。这副对联的不配套仅是一例。

类似实例，我们宁波也有。天童寺大雄宝殿上有一副长联上下错位。阿育王寺藏经阁笔者所撰、丁乙卯先生所书的长联，工匠制作时把两个字给颠倒了，等到发现已无法补救。这类情况，明眼人一望便知，总觉得美中不足，令人遗憾。

月前，镇海区城建局为了美化招宝山风景区，在山前山后修建了若干亭台。他们邀请了宁波市部分诗人、书法家去山上实地勘察，边走边议，一共确定了几十处景点，或撰联，或匾额或题诗。现在，都已交付制作。

镇海区的同志很懂得开发旅游资源的重要性，并且懂得应当把自然景观和人文景观结合起来。事实证明，风景点如文化气息淡薄，会使河山减色。一些旅游设施，如无相应的文化品位，就缺乏丰富的内涵。至于上面所举的对联，则像是美人脸上的瘢点，不但令人惋惜，而且贻笑大方。

宁波是历史文化名城，旅游资源是丰富的。目前，东钱湖景区已着手开发，市区月湖的修整也已提上议事日程。人要衣装，佛要金装，景则要文装。希望有关部门在规划发展自然景观的时候，不要忽略人文景观的建设，使明山秀水、名胜古迹更显其迷人的魅力。

（1993年10月1日）

快 慢 之 间

"这样的速度,什么时候才能实现四化?"三二知己,每当茶余饭后凑在一起闲聊时,总免不了发出诸如此类的感叹。有的同志讲这番话时,紧迫之感、焦急之状溢于言表,颇有不够满足之意。

唯其不满足,就容易发牢骚,并产生消极悲观情绪,以至对前途失去信心。所以,有必要弄清事实,讲明道理,让大家充分理解快和慢的辩证关系,以便在提高认识、端正态度的基础上,树立起奔四化的坚强信心。

其实,只要不是闭目塞听,故作痴聋,那就谁也无法否认眼前的铁的事实。这一时期,我们的步子迈得并不小,工作的成绩是显著的,形势的发展是相当迅速的,我国人民在党的领导下各方面都取得了巨大的成就。这一点,已为举世所公认。这是事物的主流与本质。分析形势,研究问题,如不抓住事物的主流与本质,就难免会走了偏锋,迷了方向,就不可能作出正确的、合乎实际的结论。

人们要求把社会主义建设搞得快一点,这种心情自然是可以理解的,这种愿望也是完全正当的。但我们是唯物主义者,我们必须严格按照客观规律办事,而不主张任何人超越实际可能去勉强地干一些力所不及的事情。过分强调人的意志的力量,无限夸大人的主观能动作用,头脑发热,盲目蛮干,这种苦头我们已经吃够了。历史的教训是不该忘记的。

快和慢,原是相比较而言的。作为一种感觉,有时它也受主观因素的支配。所谓"欢娱嫌夜短,寂寞恨更长"便是。有些事,似慢实快。比如缩短基本建设战线,是为了集中兵力打歼灭战,一些工程下马,正是为了另一些工程更快地上马。有些事,似快却慢。经济建设上的一哄而起,一哄而散，表面上好像是轰轰烈烈，热热闹闹，骨子里却是破坏了固有的比例关系，引起了国民经济的失调。这叫"其进之也骤，其退之也速"，结果只能是"欲速则不达"。

　　当然，我们现在某些工作也确实存在着效率低、质量差的现象。这是因为：一，我们国家在遭到林彪、"四人帮"的严重破坏后，元气尚未完全恢复，正像一个大病初愈的人，仍需要多加调理，一时还难以去拼杀冲刺。二，在经济部门担负领导工作的同志，或是由于长期不在岗位上，情况中断了，须从头摸起；或是由于文化低，不懂业务，面对着不断出现的新情况，新问题，缺少解决的办法，这就免不了要走些弯路，误些时间。三，一些地区、部门一度甚为泛滥的无政府主义思潮和资产阶级自由化倾向，以及一部分干部的官僚主义、特殊化等不正之风，也必然会妨碍我们事业的发展。针对上述情况，党中央正在采取一系列有力措施，例如调整国民经济，改革经济管理体制，改革干部制度，贯彻《准则》以整顿党风，发扬社会主义民主和加强社会主义法制等，并已初见成效。所有这些，也是为今后高速度发展国民经济作准备的。可以断言，随着党的政治路线、思想路线和组织路线的进一步贯彻执行，随着工作的深入，国民经济发展速度定会更稳些更快些。

　　可见，正确地认识速度问题，正确地看待快和慢的关系，会有助于坚定信心，鼓舞斗志。

第四卷 人　物

春风桃李念师恩

——怀念许杰先生

十几年前写过一篇短文（刊于《宁波盟讯》），谈到入盟经过，曾提及许杰先生。是因为他老人家以及盟内许多学者、专家的事业成就和人格魅力深深吸引了我，才使我这个后生小子对民盟如此向往，以至于早在20世纪80年代初盟组织刚恢复活动，我就申请入盟，并随即成为盟的一员。虽然，我入盟的时候，还无法与许先生取得联系，但不能否认先生对我的影响。尽管当时我与许先生分别已久，而且一直不知他身在何处。

盟内有我听过课的老师，如吴承禧先生（原上海财经学院教务长、教授、1957年被"错划"，死于"文革"）、洪文达先生（上海财经学院副教授、1957年被"错划"，20世纪80年代后任复旦大学教授、经济学院院长），也有我一向崇敬的前辈经济学家陶大镛和沈志远先生。不过，那都是我上了大学以后才知道他们的名字的。而许先生则早在20世纪40年代我就认识他了。

抗战胜利，许先生从内地回到上海。当时，上海新闻界一些资深报人，办了一所新闻夜校，聘请了几位有声望的记者、编辑、作家来校授课。许先生讲授的写作，每周一个晚上，三节课。他身材不高，衣着朴素，慈眉善目，讲起话来，声调低低的，带着浓重的台州乡音，但态度诚恳、谈吐风雅，不仅听得清楚，而且课堂气氛活跃。所以，纵然事隔多少年，所讲的内容不免失于记忆了，而他的声音笑貌仍历历在目。

许先生的课只讲了一学期。上最后一堂课时，他告诉我们，下学期要应聘去安徽大学任教，不久就要离开上海，还说了些勉励和惜别的话。上海解放后，他先在复旦，不久就调入刚由原私立光华和大夏两所大学合并组建的华东师范大学中文系继续任教。其间，我只见过他一次面。由于高校院系调整、思想改造，学习紧张，政治运动频繁，人际关系不正常，师生之间串门谈心变得越来越不容易，故基本上就是各忙各的，不相往来。直到1957年反右，才听说华东师大教师之被戴上"右派"帽子的竟也有许杰这个名字。大约是1958年秋（第二次反右结束），他就和苏渊雷先生（文史学家、教授、诗人）等一起奔赴遥远的北大荒了。

重新见到他已是20世纪80年代初。那年我回沪探亲，从他的复旦学生王聿祥兄那里，得知他已获"改正"，仍在华东师大任教。于是，我就去师大一村看望他。一别二十余年，他虽已年过古稀，又经受了难以想象的长期磨难，却风采依旧。谈到在风雪北大荒那一段九死一生的日子，只是淡淡一笑，轻轻带过。更多的倒是关心我的昨天和今天。真不知道是何种力量使得他竟能以如此瘦小的身躯抗住如此异乎寻常的打击？

从此，我与许先生恢复了联系。1983年，我编建国后第一部诗歌总集——《中国当代诗词选》。他帮我搜集作品，并把自己所作的几首词给了我。1986年10月，他来宁波开会，我去看望他，并邀请他光临刚刚开学的宁大。他欣然应邀。在同裘克安副校长会见时，他一再表明自己是半个宁波人，与宁波有缘。早在二十世纪二三十年代，他们就曾在宁波中学（省立四中）执教，与朱自清先生共过事。他对宁大的创办表示祝贺。以后，我每年赴沪，总要到他的寓所（先是师大一村，后迁至师大二村）坐坐，畅叙旧谊。他住所并不宽敞，一间书房兼会客室，一间卧室，但极雅洁朴素，就像他的为人那样：摒绝浮华，淡泊自甘。

几年后，他的小说选正式出版，他让责编王聿祥寄了一本给我，扉页上写着"元章同志指正"。他从来对我不直呼其名，见面时总称我同志，以示尊重。许先生是德高望重的前辈学者、作家，又是老盟员，却一贯谦逊有礼。而我作为他的门弟子，倒是很少对自己的学生称之为同志的。想想真是惭愧！

许先生逝世后，我写过一篇短文以寄托哀思。随着岁月流逝，我自己也老了。但记忆却一点也不曾褪色，每逢与上海的王聿祥兄等许门弟子聚在一起时，总会谈起他老人家。真所谓"春风桃李花千万，尽在晴窗一梦中"。师恩难忘呵！

杂文做骨漫吟诗

何满子兄无心做诗人,他作诗只是偶一为之,数量不太多,而且为文名所掩,故一向被人忽略。其实,他的诗以杂文做骨,个性鲜明,语言机俏,笔调佻脱,可谓风格独特,别具面目,是完全可以在中华诗坛占一席之地的。

现当代中国诗坛,以杂文笔法作诗,开一代诗风的,首推聂绀弩。继之而起者有荒芜(李乃仁),稍后则有林锴和李汝伦。何满子兄亦应归属于这一流派。这一流派队伍不大,但其价值及其影响不可低估。尤其是聂绀弩,已被奉为一代诗宗。何满子兄所作,若细按起来,还是与聂诗有血脉可寻的。其难能可贵处也正在此。我读何满子诗仅是有限的几首,主要是上世纪八十年代初我编《中国当代诗词选》和《当代中国诗词精选》两书时,承他不弃,先后寄给我近体诗一束,前者选收了他的七言律诗四首,又七绝一首。后者选收了他的七言律诗四首。两书共收入九首,尚非全部。不过,虽仅窥一斑,已可概见其作品既极见功力,又饶于性情,迥非时下庸常者所可企及。现试举数例以证之。

如作于1981年题为《镝贯》四首,乃为纪念鲁迅一百周年诞辰而作,其中一首有句曰"沉渣要泛由他泛,终信河清会有期"。这是因为作此诗时,全国已开始改革开放,进入新的历史时期,作者精神振奋,对未来生活充满信心。经过前面的铺垫,就很自然地得出上述结论。类似"沉渣要泛由他泛"这样的句子,是颇能显示其语言特色的。

又如翌年新作题为《和聂绀弩八十自寿》两首。其第一首诗照录如下:"从来民可使由之,乐得省心诈作痴。老树着花真有趣,杂文做骨漫吟诗。

恰逢梁灏登科岁，也是周婆祝寿时。须谢天公降大任，酸甜苦辣已全知。"这首诗连同另一首，都属于合作。所使用的几乎全是杂文笔法。从语言看，既流畅显豁，又内涵深广；既明白浅近，又是经过锤炼加工的。从诗的格律看，八句四联，起承转合，层层推进，平仄排列有序，用韵悉遵规范。尤以中间两联，对仗工整，用典浑成贴切。偶以古今人物入句，也使事熨帖，直如随手拈来，全不费气力。其尾联二句"天降大任"云云，用于祝寿，杂味十足，是很有点含着眼泪唱赞歌的味道的。

又如稍晚的《七十古稀今不稀》三首以及《己巳岁朝作打油》二首，其题材内容均涉及本人身世遭际，因而全诗感情更加强烈，格调更加凄楚，而其语言及其表现手法，则依然不脱"杂文做骨"一路。杂文有时是要多些讽刺乃至"金刚怒目"式的火气的，但又不能过于直白。诗，自更宜于表现为怨而不怒，婉而多讽。这几首诗也莫不如此。如诗中有句"文章只合充肥料，菩萨原来披外衣""文章媚俗方行俏，识见忤时该倒霉"，语极沉痛，却反话正说，似褒实贬，即所谓寓讥刺于自责了。至于另有如"洛阳纸贵辞非美，梁苑池荒客反稠"，其意仍在讥讽，仅仅是运用了某些典故，就显得有些隐晦，未必人人都能一眼看穿罢了。

总之，何满子兄工诗，我很早就知道了，但接触较少，仅限于浅尝，又拙于鉴赏能力，难于窥其堂奥，领略其精髓。今约略言之，只想充当一块引玉之砖，深盼有更多的方家，作进一步的探讨。

读遗作悼亡友

罗洛走了。

罗洛是诗人。他的诗,拥有不少读者。但世人只以为他是创作新诗的,却不知他还长于吟诗填词。他在西宁、兰州生活了20多年,在严酷的环境下,作品无处发表,有时只好以吟咏自遣。由于从未出以示人,故至今仍未能确知其数量。

我与罗洛相识于20世纪50年代末的西宁,他夫人杨友梅同我一度共事,又住在同一院子里,共同度过了那一段噩梦般的日子。20世纪80年代,他从西北回到上海,主持大百科全书出版社工作,又被选入作协上海分会领导班子。当时,我正着手编《中国当代诗词选》一书,承蒙他支持,自选了5首诗词给我。这5首作品,包括七律2首,词3首。诗作于"文革"以后,词一首作于1955年他被捕入狱时,两首作于"文革"后期。不论是诗或词,都鲜明地烙下了特定时代的印记。

作于1977年的律诗《游北京西山、步雪芹原韵》云:"乘兴高歌又浅吟,攀槐折柳踏蹊深。樱桃沟上晓云薄,半月池中丛竹阴。泉石参差犹可辨,音容渺茫欲何寻?西山怅望蒸岚起,乱岫嵯峨傍密林。"全诗寓情于景,借凭吊曹雪芹遗迹而感叹身世,含而不露,只从"怅望""乱岫"中透出一点消息。作于1979年的《次韵奉呈晴虹兄》云:"九曲黄河必向东,风云万里浪涛中。高歌不用羌人笛,独酌还思蜀国钟。舞凤君词应憾世,涂鸦我字敢求功。倩谁唤得丹青手,彩笔轻描雨后虹。"据作者自注,晴虹原名李奇梁,四川省文史馆馆员。罗洛原籍成都,故诗中有怀念故乡之句。又因当时胡风一案尚未平反,故句中企盼着"雨后虹"的出现。正是作者身处逆境中焦灼心情的展示。词则以抒情为主。《如梦令·狱中纪梦》云："记取春江南浦，垂柳蝶飞莺舞。晓露湿轻红，却道海棠初吐。归去，归去。扑面东风吹雨。"身陷囹圄，所填词却轻俏婉约，富于色彩美。乐处写哀，意在言外，却又无迹可寻。《卜算子·冬日记事》1975年作于西宁，词曰："今古是非多，莽莽燕台草。侧望昆仑叹路难，塞雁催人老。冰雪满河湟，芳信年年杳。梦里情知问天难，说甚昏和晓。"这首词感情强烈，怨中带怒。结句描述作者孤立无助的处境，语极沉痛。还有一首《诉衷情》是悼念周总理的。有"伤国事，看金瓯，风沉浮。倩谁收拾，剩水残山，重写春秋"等句，寄托了一个备受折磨却不失赤子之心的知识分子的真挚感情。

才华横溢，又饱经磨难，诗人遭遇，古今通例。现在，翻检出这几首罗洛遗作，介绍给西北的广大读者，以概见其生平，并对他表示悼念。

（1998年11月10日）

不登场的"主角"

著名科学家、作家高士其，一九六一年由田海燕夫妇介绍，并在董必武同志的热情支持下，与金爱娣结了婚。当时，金爱娣才三十出头，高士其却已年过半百，而且全身瘫痪，语言不清，生活不能自理。金爱娣并不计较这些。婚后不久，她就把秘书、护士、保姆的工作全部承担了下来。她每天黎明即起，买菜、做饭，给高士其穿衣、洗脸、喂饭、服药、洗衣，还要替他剪报、翻书、查阅资料。如今，高老已年逾古稀，仍能从事述著。有时，思考问题，彻夜不眠。金爱娣总是随侍左右，寸步不离，二十年如一日。因此，有一次全国科协领导人去看望高士其时，对他说："您选金爱娣选得对，没有金爱娣，就没有您的今天。"

"没有金爱娣，就没有您的今天。"这是一个何等恰如其分的结论。金爱娣，一个普普通通的劳动妇女，并不懂得多少高深理论，也不会讲惊人的豪言壮语。她仅仅是把对丈夫的爱，融化在平凡的、琐细的、默默无闻的日常护理工作之中。这正是金爱娣的难能可贵之处。

中国妇女的善良、正直、勇于自我牺牲，是有传统的。千百年来，史不绝书。古代诗歌中，曾流传过诸如"落叶添薪、拔钗沽酒"（见元稹《悼亡》诗）一类佳话。不过，古代妇女的行动，终不免带有她所处那个时代的烙印，带有封建伦理的色彩。现代妇女就不同了。她们已经摆脱了旧意识的羁绊，开拓了崭新的精神境界。她们是在责任感和崇高理想的鼓舞下，自觉地见诸实践的。金爱娣对丈夫的爱，分明已冲破家庭的藩篱，升华为对国家和人民的爱，同整个祖国的前途、同建设四化的宏伟目标互相渗透，融为一体，不可分割了。

人们习惯于称那些勤勤恳恳甘当"人梯"的同志为"无名英雄",把他们比之为一台戏的不登场的"主角"。像金爱娣那样的"贤内助",无疑是此中的佼佼者。尽管科学家的著作里,未必会出现金爱娣的名字,但它不同样凝结着金爱娣的心血和汗水吗?不难想象,那位头脑清晰、思路活跃,却是脖子发硬、舌头发僵的高士其,要是一旦离开了金爱娣,或者虽是结了婚,却得不到体贴入微的照料,又会怎么样呢?所以说,"没有金爱娣,就没有您的今天",这句话绝非过誉。

我认为,双脚踏在地上,为了一台好戏的演出而乐于做一点一滴工作的人,总是值得尊敬的。为了支持和帮助自己的战友创造出更大的成绩,自己做出一些牺牲,争取做个不登场的"主角",不也是对社会主义四化事业作出了出色的贡献吗?

(1981年5月22日)

漫忆苏青

认识苏青，是在1943年深秋。她在上海办文艺刊物，我曾去延安东路160号亚细亚大楼她的编辑部小坐。当时，她已是成名作家，对家乡人却特别亲切，而且衣着朴素（穿一件玄色旗袍，领口别一枚水钻胸针外，无其他饰品），语言坦诚（用宁波话交谈），神态随和。故尽管谈得不多，印象却相当深刻。

这一别，直到1961年初夏才重新见面。当时我正在上海养病。一次，市剧协组织部分评论工作者看戏，其中有黄浦区红旗锡剧团的新编历史剧《李太白》，编剧冯允庄，正是苏青。事后，我由李咏霓（鄞县人、摄影家）陪同去她寓所做客。她已年近半百，依然是一口家乡话，依然是布旗袍、布鞋。室内的家具陈设，则近于简陋。因是旧交，又都饱经沧桑，为了免于勾起回忆，彼此尽量不谈往事，只就《李》剧的某些情节，如关于高力士为李白脱靴的合理性、目的性等进行探讨。后来，我又去看过她，谈的仍是《李》剧。由于李咏霓兄与苏青的小女儿李崇美是同事，比苏青小一辈，苏青的过去种种，他知之不多。我怕触痛苏青，也不便直接询问，竟错过了了解她这一段生活历程的机会。不久，我病愈离沪，从此再未与苏青见面。

1962年我写了四首绝句托咏霓兄转交苏青。诗，直到1985年12月才正式发表于《团结报》。1986年春，《兰州晚报》刊登了我回忆苏青的随笔。由于当时得不到苏青的消息，文末只好揣测："如今，关露（地下党员，与苏青同时的女作家）在饱受折磨之后，于年前谢世。赵清自（与苏青同时的女作家）年逾古稀，偶有露面。至于苏青，是否熬过了十年浩劫，就不得而知了。"

20世纪90年代初,为了编写《宁波词典》,我向上海的老朋友打听苏青的下落,仅知上海书店已重印《结婚十年》,但书店却不曾提供更多材料。也正因此,我在《苏青两三事》(见1991年7月25日《宁波日报》)一文中又不得不说:"关于作者(苏青)仍无确讯。这位甬籍女作家是否尚在人间,倒真是个谜了。"不料,此文刊出后,接到苏青堂弟的信,才知道苏青已于1982年12月在贫病交迫中悄然逝去。毕竟由于材料到手为时已晚,终未来得及把它编入词典。我想,宁波市和鄞县的方志,总可望补上这一笔了吧?

贾植芳先生极器重苏青。那年,他来宁波,曾同我谈起与苏青的一段交往,并对苏青受他牵连遭屈一事,深表歉疚。他一再表示,要肯定苏青,尤其是宁波人更要宣传苏青。现在,《苏青文集》已在上海出版。国内对苏青作品的研究也正在强化。《鄞县报》日前还转载了蔚明的《一个女作家的沉浮》。这说明家乡人民也不曾忘记自己的女儿——这位从故乡的石桥上走出去的饶有才气却半生坎坷的女作家。今后,必然还会继续记起她,并用各种形式纪念她的。

拂去岁月的尘垢,人的本来面目就会重新显现。这一天终究会到来的。苏青地下有知,可以含笑了。

(2011年8月4日)

自学成才的唐诗专家富寿荪

惊蛰前夕，宿雨初霁。节气虽早已交春，却余寒尤烈。不过，我在富寿荪同志家里一个下午的啜茗倾谈，倒确是如饮醇醪，如沐春风，浑身上下始终是暖融融的。

这是因为，今天他第一次向我诉说了他的身世，他走过的曲折而又坎坷的生活道路，以至于连我这个局外人，也不能不为之动情了。

富寿荪，这位蜚声海内外的唐诗专家和学术界颇负盛誉的古籍整理工作者，并非什么高等学府的文科毕业生，也不是什么名牌中专的高才生。他连中学的门都不曾进去过，他的最高学历是高小毕业，而且只上了后四年。

他刚满十三岁，就尝到了生活的艰辛。一九三六年，他父亲不幸逝世，刚读完小学的富寿荪，就不得不以瘦小的肩膀挑起养活寡母和弟妹的担子。生活迫使尚未成年的富寿荪离开钱塘江畔的故乡海盐，来到十里洋场上海当学徒。翌年，黄浦江上响起了炮声，全面抗日战争爆发，店铺停业。这时，邻居，一位好心的中学教师，教了他一年多诗词和古文。从此，他就像被拨开了眼睛似的，对内容极其丰富、浩如烟海的中国古典文学作品发生了浓厚兴趣，开始大量阅读古籍。全国解放后，他认识了生物学家秉志先生，秉老发现了他的才华，就热心地把他介绍给前厦门大学中文系教授、著名诗人辛际周（号心禅）先生，从学三年。辛老离沪后，又经冒鹤亭老先生介绍，认识了诗词名家叶葱奇、龙榆生，成了两位老人的入室弟子。一九五七年，经龙榆生推荐，他从工厂转入上海古典文学出版社，正式开始了编辑生涯，一直干了二十多年。

二十多年来，富寿荪一心扑在古籍的整理出版上，除在日常工作中认真审稿、发稿外，利用业余时间曾先后整理校点出版了《唐诗纪事》《范石湖集》《唐诗别裁》等书。近几年来，他又和郭绍虞教授合作编选校点并出版了卷帙浩繁的《清诗话续编》约一百五十万字。

富寿荪早年学宋诗，对王安石、苏轼、黄庭坚、陈师道、陈与义、陆游诸家均曾潜心研究。一九五九年，出版社指定他负责编选《全唐诗简编》，要求从《全唐诗》中精选出五千首名作。他三年中全神贯注、废寝忘食，曾前后把《全唐诗》读了三遍，并从此专攻唐诗。他，作为辛心禅、叶葱奇、龙榆生的得意门生，又得到了前辈名家吕贞白、王蘧常、朱大可等的指点，加上自己勤奋好学，于诗词一道功力深厚。龙榆生的老同事、原中央大学教授何之硕老人于新著《千章草堂丛话》一书中，说"富君所为词疏隽似白石，秾密似梦窗，能得榆生心法"。又说他"诗古文辞卓然成家"。可见其评价之高。

他平生作诗词千余首，曾发表于国内外报刊的约二百首，不少已被选入合集。有关唐诗考证、论述的文章，曾在国内外发表过三十余篇。他和别人合作选注的《唐人绝句评注》，在香港中华书局出版后，即为台湾某书局所翻印。该书除注释外，他又从数百种诗话、笔记中辑出评语数千条，附于所选诗后，并另加评语，条分缕析，便于读者参考。现在，他又在《唐人绝句评注》的基础上，增补为《千首唐人绝句》，即将出版。

富寿荪整理、校点古籍，以严谨精密著称。即如前不久校点出版的《清诗话续编》，他曾广征群籍，验证核实书中引诗引文，补苴罅漏，订正讹误，先后校读达七八遍之多，共写出校记三千余条，多所发现。整理古籍，原是一项艰巨复杂的工作，爬梳剔抉，考证鉴别，要付出极其辛勤的劳动。做这项工作，既要具备文字、训诂、版本、目录学方面的过硬功夫，又要掌握广博的文史知识，更需要有"板凳甘坐十年冷"的坚韧踏实、锲而不舍的工作作风。富寿荪以一个旧社会的学徒，取得今天这样的成就，绝非偶然。他在《壬戌除夕》诗中，有"莫道桑榆晚，终凭夙夜勤"之句，可说是自己的经验之谈。他当了编辑以后，坚持业余自学，把日常工作、业余自学、校点古籍三者结合起来，不断扩大知识领域，不断提高业务能力。靠的是"夙夜勤"，勤于学习，勤于探索。"业精于勤"，这是任何学问家、事业家得以攀登科学高峰的必备条件。

富寿荪于一九七九年在上海古籍出版社退休后，仍任该社特约编审，近年又受聘为上海社会科学院文学研究所特约研究员、上海师范学院兼职教授。他虽年逾花甲，又在十年浩劫中断过腿，并患有高血压、冠心病，但每天仍坚持工作十小时以上，连星期日也不休息。他对未来满怀信心，立志在有生之年继续为抢救民族优秀文化遗产，为整理出版更多的古籍贡献力量。

……

谈话结束了。当我放下笔，合拢笔记本，从他那间朴素雅洁的书斋兼卧室辞出时，他缓步送我到门外。已经是傍晚时分了，在苍茫的暮色里，我凝望着他斑白的双鬓，他那双充满自信的眼睛，一种崇敬之情，蓦然从心底涌起。这时，我记起了他的另外两句诗："吟边旧梦和花坠，雨后余寒着袂轻。"是啊，旧梦已坠，余寒渐轻，政治气候正在日益回暖，知识分子的春天已在眼前了。他怎么能不振奋、激动呢？让我们为他、为像他那样自学成才的老一辈知识分子祝福，愿他们老当益壮，在垂暮之年，发出满天晚霞般的耀目光辉！

（1984年4月）

忆 石 挥

石挥离开我们已快三十年了。直到近些日子，才有人重新提起他。

1979年3月，上海电影局宣布对1957年被错划为右派分子的十几个同志予以改正，其中就有石挥。但这位名演员早已不在人间了。他是在当年那一场政治运动中被"扩大"进去以后不久，蹈海身亡的。据说，他死在从上海乘轮船去宁波途中，所以尸体一直没有找见。

石挥原是二十世纪三四十年代崛起于上海影剧界的一颗熠熠明星。他戏路宽广，演技洗练，能戏甚多，尤其是演反派角色，堪称一绝。二十世纪四十年代初，由石挥、张伐、韩非等人为台柱，并有沈敏、白穆、莫愁等人参加的苦干剧团，在上海演出话剧《蜕变》《大马戏团》，石挥饰演梁专员、慕容天锡，屡演屡满，历久不衰，给荒芜枯寂的上海剧坛注入了活力。他演《秋海棠》里的季兆雄（吕玉堃演秋海棠，沈敏、李丽花演罗湘绮）阴狠狡诈，入木三分，不作第二人想。所以，新中国成立前就有"话剧皇帝"之称。

石挥能演京剧，有时也粉墨登场。二十世纪四十年代，我看过他的演出。一次演《鸿鸾禧》，石挥演金松，孙兰亭演金玉奴，由名票、"小报状元"唐大郎（即刘郎）客串莫稽。一次演《铁弓缘·开茶馆》，石挥的丑公子，李丽花的李秀英，贾松林的婆子，由唐大郎客串匡忠。石挥演的都是丑角。

石挥不仅是影剧全才，还是个散文作家。1957年以前曾在《大公报》副刊《大公园》发表了不少作品，题材丰富，文笔清隽，颇可看出其文学修养。

记得"反右"时，报纸上曾有人给石挥扣了许多条罪名，尤其是有一篇文章说石挥曾趁周璇身患重病、神志不清之机，强行污辱了她。这大概也成了石挥致死之由。

"江南活武松"盖叫天

前不久,浙江电台在一档戏曲节目里,播放了记者采访京剧名武生张剑鸣(盖叫天的小儿子)的谈话录音,内容主要是探讨盖派艺术,这引起了京剧爱好者的热烈反响。

著名京剧表演艺术家盖叫天(原名张英杰),被剧作家、诗人田汉誉为"江南活武松",是堪与武生泰斗杨小楼并列的我国武生行的一代宗匠。

在盖老长达60多年的舞台生涯中,曾有过两次骨折。一次是在清光绪末年,他在北方草台班演出,不慎摔断右臂。当时仗着年轻力壮,经过土法治疗并咬牙苦练,伤竟渐渐愈合了。第二次是在1935年,他47岁。骨折时,我恰好坐在台下看戏。

记得那年我才小学四年级。那天晚上,盖老在九江路大舞台演《水浒》戏《狮子楼》,这是盖老生平拿手杰作之一,每演必满。剧中人武松与对手西门庆有一场激烈的开打,打到后来,两个演员都要翻桌子,即先后爬到垒起来的几张方桌顶上翻身往下跳。演员的功夫要在这时充分显示。但这次演《狮子楼》,戏院老板为了渲染气氛、讨好观众,临时硬给加了一道布景,这就阻碍了演员的手脚,增大了跳楼的难度。演员要从桌面上跃过高出的布景向上翻,然后落到台中心。记得当时演西门庆的高雪樵已先跳下去了,盖老踩着鼓点,断喝一声:"西门庆,哪里走!"随即腾身而起,先在空中打了个旋子,等两脚落到台面时,似乎微微挫了一下,他马上又一腿跷起,做了个金鸡独立式的舞台造型,屹然不动,真乃干净利落,身手不凡,顿时博得满堂彩声。谁知就在这时,大幕闭上了,随着,台前挂出牌子,说是"盖叫天因伤停演"。观众莫名其妙,不免议论纷纷。因为谁也不明白，盖老是怎么突然受伤的？

这段往事，盖老在《粉墨春秋》一书中曾有追叙，并提到自己因庸医接骨错位，不得不忍着剧痛砸断，请医另接的经过。张剑鸣在接受记者采访时，也以此为例，说明盖老忠于艺术、忠于观众的精神。

盖老在"文革"中被迫害致死后葬于杭州。1979年6月，上海曾举办"盖派艺术展览演出"，特把小盖叫天张剑鸣请来，他每晚演双出，一出《一箭仇》，一出《十字坡》，宛然是他父亲的规模，小盖又作了某些加工。《十字坡》两名解差由艾世菊、伊鸣铎扮演，演孙二娘的是名武旦阎少泉，都是盖老生前的合作者。虽然配戏的已上了年纪，但原班人马，搭配整齐，演来丝丝入扣。我这个盖老当年的小观众，看得十分过瘾。

为唐伯虎一辩

同祝枝山、徐文长相似,唐伯虎也是在传说中被歪曲而变得面目全非的历史人物。

程瞻庐的《唐祝文周四杰传》把唐伯虎列为四才子之首,把他作为小说主人公进行了集中描写。其中最吸引人的情节就是所谓"三笑姻缘点秋香"。再加上江南评弹有个"三笑"传统节目,更把这个故事渲染得神乎其神。于是,风流才子唐伯虎不但走上戏剧舞台,而且还跻身银幕,成为满城争谈、红得发紫的艺术形象了。

这却是厚诬了古人。"三笑"一事根本不存在。据史料,秋香这个人倒是有的,但她与唐伯虎风马牛不相涉,年龄也大很多,算起来,她还是上一辈的人,两人也不知怎么被扯在一起的。

《四杰传》曾写到唐伯虎的《花月吟》一诗,说是他在华相府当伴读书童时吟成的。事出虚构,诗却实有。按这组诗共有四首,是七言律诗,每句嵌"花月"二字,故名。我只记得第一首:"有花无月恨茫茫,有月无花恨转长。花艳如人临月镜,月明似水照花香。扶筇月下分花入,携酒花前带月尝。如此好花如此月,莫将花月作寻常。"诗不很出色,不过,每句都要嵌入"花月"二字,倒也颇费功夫的。

唐伯虎,原是明代著名画家和文学家。他是苏州人,与祝枝山、文徵明、徐祯卿并称吴中四子,又与沈周、文徵明、仇英合称明四家。这就成为《四杰传》的由来了。他有一颗石章曰"江南第一风流才子",这也是他蒙受冤屈的一个因素。其实,他虽则为人狂放,却并不拈花惹草。他晚年学佛,自号六如居士,更不可能有什么风流韵事了。

关于陶渊明

——纪念陶渊明逝世1560周年

陶渊明是我国一位伟大的诗人,但对他的认识,却经历了曲折的过程。

陶生活在东晋后期,玄言诗充斥文坛,刘宋时期山水诗又盛极一时。具有充实内容和独特风格的陶诗,却不为时人所重。例如颜延之的《陶征士诔》是当时唯一评论陶的文章,但只赞誉了陶的人品,亦未对其作品作出全面的、公正的评价。南朝宋齐梁陈诗风柔靡,一般诗人对陶诗仍十分冷淡。《文心雕龙》竟一字未提。沈约在《宋书》里为陶立了传,文字也很简略。文学上的成就只推崇颜谢(灵运)二家。钟嵘的《诗品》对陶诗有所肯定,但仍只列在"中品",位居潘岳、陆机之下。到了梁萧统,才给了陶以较高评价。可以说,东晋以至整个南朝,陶一直是受贬抑的。

陶之被重视,是从唐代开始。李白、杜甫、白居易对陶诗都备极倾倒。王孟、韦柳更是刻意学陶而取得成就。宋代研究陶诗,盛况空前。各家纷纷编刻陶诗。评陶的诗话、笔记多达数十种。明清两代出现了研究陶诗的高潮。特别是清代,学术繁兴,陶集新出了数十种,论陶著作达百余种,并有长篇专著。

一千多年来,前人对陶及其作品作了研究,许多成果值得珍视。关于对陶的评价,也互有歧异。焦点在于陶对人生即对现实社会的态度,说法有二:一、认为陶脱离现实,不问世事,忘情得失。如王通的《文中子》;二、认为陶虽退隐田园,并非超然物外一尘不染。他归隐后仍关心政治。清顾炎武、龚自珍都持此说。"五四"以后,出现了鲁迅与朱光潜的意见对立,就陶是否静穆、是否终日悠悠然展开争论。

陶诗并不都是清淡恬静之作,如《咏荆轲》,便是"金刚怒目"式的。

即便是田园诗，字里行间也隐含着不平之气。但承认这一点的，并不都属于正确的意见，立场不同看问题的角度也就各异。

陶的世界观是复杂的。过去有人把他归入儒，有人则把他归入道，聚讼不已。正因为复杂，故陶诗的艺术成就虽高，消极影响也不算小。

罗贯中与宁波

罗贯中与宁波有过什么关系？或者说，他曾否到过宁波一带？这个问题，除了参考有关佐证材料之外，最可靠的答案是他的作品。

罗贯中是《三国演义》的作者，也是《水浒传》两个作者之一（另一个是施耐庵）。《水浒传》的语言远比《三国演义》复杂。其故事虽多半发生于山东，人物却南腔北调，而且还掺和了一部分流行于浙东的宁波方言。仅以小说第一、二回为例，就有"三牲福物""陪小心""吃酒""掇凳子""多少好""家生（家私、武器）""相脚头""行头""吊墩""下饭""腌臢"等语。若细阅全书，这类方言定还不少。人物非浙籍（如九纹龙史进），使用的却是浙江地方的口语，这只能说明小说的作者原是浙人，致使小说显示了这些语言特色。

罗是钱塘（今杭州）人，施耐庵则是江苏人。因此，《水浒传》自然也会有一些苏北方言。更重要的是，施、罗当时的职业是书会才人。他们不但写小说，编剧本，有时还得粉墨登场。与罗同时的明初戏曲家贾仲明在《录鬼簿》续编中说罗"乐府隐语，极为清新"。又《明代杂剧全目》在列举前期杂剧家作品时，说罗"号湖海散人，生元末。所著小说最富……所著杂剧三种，仅存一种"。可见，罗贯中的名字虽不见于史传，但他确是一位来自民间的多才多艺的小说家和戏剧家。

既然置身于书会（剧团、剧院），就必然有创作和演出任务。为此，罗贯中就有许多机会游乡串村，也必然会较多地接触群众、熟悉生活。《三国》《水浒》原是长期流传民间的口头文学，经罗贯中等连缀加工整理才成为长篇小说。语言的多样是最好的证据。宁波与杭州相距甚近，游走四方的罗贯中,曾到过宁波并与宁波人有过交往,那是完全合乎情理的。

(1994年11月24日)

刘以鬯二三事

前一些日子《宁波日报》上有一篇介绍"宁波帮"文化人、当代作家刘以鬯的文章，勾起我的一串回忆，特略作补充。

刘以鬯，原名刘同绎，镇海贵驷桥刘家村人。其胞兄刘同缜，早年从政，后来当了宋美龄的英文秘书，直至抗日战争胜利。同绎毕业于圣约翰大学，毕业后即离沪去内地。1945年冬，《和平日报》迁沪，他随报社到沪，住在胶州路。

刘家与我们叶家累代通婚。我的族祖母是同绎的姑母，和我的族叔叶善性乃是中表兄弟。1945年年末，善性叔自甬到沪，要去看望多年不见的刘同绎。因我当时失业，就把我带了去，意在托他帮我在报社谋一位置。当时，求职的人太多，谋事不易，他表示如果我愿意当个校对，他可以替我去说。但不久，我找到了一份收入固定的工作，随后又在上海另一家报纸兼了职。所以，未能去他那里上班。不过，作为亲戚，又是小辈（其实他只比我略长几岁），逢时过节总还是要去走动走动的。

他那时还是单身汉，有时要去报社值夜班，上午起得较晚。《和平日报》社址在南京路，楼上是编辑部。我的报社在九江路，相距不远，但我也要上夜班，彼此都忙，无法串门。所以虽属同乡加亲戚，交往却并不密切。

同绎于1947年与电影明星李芳非结婚，婚礼那天，上海新闻、文艺界头面人物纷纷前去祝贺。婚后不到半年，夫妇俩就离沪去香港。从此一别，再无联系。20世纪80年代起，渐渐听到了他的名字，知他长期投身文学创作，也曾帮东南亚几家华文报纸编副刊，在海外有很高知名度。

《藤野先生》

一

鲁迅的《藤野先生》写于1926年10月12日。它叙述了作者在日本留学时的一段生活经历。鸦片战争后，腐朽的清王朝统治者，对外一再割地赔款，出卖主权，对内实行残酷的民族压迫。中日甲午之战后，中国的国际地位更加低落，民族危机日益深重，1898年的戊戌维新和1900年的义和团运动相继发生。这些运动虽然失败了，但青年知识分子为了向西方寻求真理，纷纷出国留学，一时蔚为风气。鲁迅就是在这个时候，在这样社会条件下，于1902年初赴日留学的。鲁迅先在东京弘文学院补习了两年日文，然后去仙台学医。这期间，正是中国民主革命的潮流奔腾向前的时刻，日本成了中国资产阶级革命派在海外活动的中心。孙中山在日本传播革命火种，组织革命力量，"兴中会""光复会"等以留学生为主干的革命团体正在积极开展反清活动。青年鲁迅曾积极参加了这些活动，并从中得到了鼓舞。他一到日本，就剪去辫子，并拍了一张照片，写了一首《自题小像》的诗，表达他追求真理，向往自由，热爱祖国，誓为中国的民族解放事业英勇献身的决心。本文所记叙的，就是在这种革命形势的推动和激励下，鲁迅在上下求索救国救民真谛的过程中的一个片段。

鲁迅在仙台学医，前后共一年有半，在此期间，日本和沙皇俄国在中国的东北进行了一场肮脏的战争。在旅顺及其附近海面，在东北三省广大地区，日俄两国军队互相火并，烧杀抢掠，给中国人民带来了巨大的灾难。数以万计的老百姓被迫离乡背井、家破人亡。但腐败的清朝政府却置国家主权、民族利益于不顾，竟宣布什么"中立"，还划辽河以东为战区，任凭帝国主义铁蹄在那里纵横奔突，肆意蹂躏。这种奇耻大辱，激起了中国留学生的极大愤慨，也受到青年鲁迅的强烈谴责。他正是在爱国主义精神的推动下去仙台学医。尔后，又是为了祖国和人民的利益而毅然弃医从文的。外因与内因相结合，促使鲁迅果断地作出这一项意义重大的决定。

鲁迅回顾了这一段往事。回顾了离开仙台医专，离开了藤野先生的经过，以对这一段经历的回溯，来表达自己对老师、对日本人民的深切怀念，表达了对中国封建王朝和一切反动势力的无比憎恨，表达了自己愿为复兴中华民族而继续战斗、不达目的不止的坚强信念。

与郭沫若一样，鲁迅的弃医从文，是他一生的重大转折。鲁迅学医的目的，在《呐喊·自序》中讲得很明白："我的梦很美满，预备卒业回来，救治像我父亲似的被误的病人的疾苦，战争时候，便去当军医。"然而，当他目睹了那些"清国留学生"终日过着醉生梦死的生活，面对着弱国人民受歧视、被侮辱的冷酷现实，尤其是从时事影片上看到中国人被杀头的情景后，鲁迅学医的念头发生了变化。他痛切地感到："学医并非一件紧要事，凡是愚弱的国民，即使体格如何健全，如何茁壮，也只能做毫无意义的示众的材料和看客……所以，我们的第一要着，是在改变他们的精神，而善于改变精神的是，我那时以为当然要推文艺，于是想提倡文艺运动了。"这一转折，关系重大，不仅对作者本人，而且对中国、对亚洲甚至对全世界都有深远的影响。

以文艺为武器，去唤醒民众、团结民众、教育民众，去同中国的封建主义、帝国主义、官僚资本主义及其走狗进行长期的、不可调和的斗争。鲁迅的毕生的战斗道路，是在仙台学医时确定的。

二

这是一篇回忆性散文，以自己和藤野先生的交往和自己思想感情的变化为线索，逐步展开。作品先写离开东京的原因（第一、二自然段），是由于鲁迅耻与那些浑浑噩噩的清朝政府派遣的留学生为伍，想找个清静的去处，避开烦嚣，好好学些科学知识。再写与藤野先生见面，这位老师给自己的印象：教学认真负责，作风细致踏实，对中国学生不歧视、不冷漠，而是关心爱护，热情鼓励，诚恳帮助。他的严肃认真的教学态度，深深感动了青年鲁迅。老师的质朴、正直的性格（通过对言谈举止、服装穿戴的描写）和他对学生的严格要求，使鲁迅受到了启发。中间插入使自己的爱国主义感情受到刺激的两件事，交代了离开藤野先生的原因。接着写惜别，最后写对藤野先生的崇敬和怀念，以及这段往事对自己的鼓舞，并和现实斗争联系起来，赋予它更深刻的意义。作品以叙事为主，在看似平淡、朴实的叙述中，夹杂着精辟的议论，表达了作者对祖国、对人民、对老师、对真理的爱和对"正人君子"之流的恨。

藤野先生的形象是鲜明的。作者运用饱蘸感情的笔，刻画了藤野先生的外貌和谈话的特点，描绘了他简朴的生活作风，显示了他纯朴的性格。作者细心挑选了几个富有特征的细节，如"挟着一叠大大小小的书"，"坐在人骨和许多单独的头骨中间"，研究中国女子裹脚是怎样使足骨变成畸形的，等等，突出描写了他治学态度的严谨。又举出了在学习过程中两三件事，如修改鲁迅的讲义笔记，指出缺点，关心解剖实习等，烘托出他对中国人民的友好，对学生的深情厚谊。作品里的我，鲁迅自己，作为一个追求真理的爱国青年，形象也是鲜明的。藤野先生对之越是关怀备至，越显示出鲁迅的弃医从文的动机、目的纯正和崇高。

作品用第一人称写来，语言亲切自然，富于感情色彩。如开首"东京也无非是这样"，没有明说东京风景是否宜人，而是结合下面对清国留学生的细致描写，表明了作者的厌恶之情。又如受军国主义影响的日本学生，用了讽刺笔法。而对藤野先生的描写，笔尖充溢着感激和崇敬。特别在最后，回忆他给自己的印象时，作者满怀着对这位老师的热爱和赞颂。鲁迅还着重写了离开藤野先生以后未给他去信的原因，表现了严格的自我批评精神。

祖国的需要，人民的利益，高于一切。这也就成了鲁迅当年考虑问题、处理问题的出发点。为了祖国的未来，不惜牺牲自己的一切。当选定了生活道路以后，就一往无前地走下去，虽天崩地裂也毫不动摇。鲁迅在这篇作品中所表达的崇高的爱国主义精神和顽强的革命意志，都值得后人效法。尤其是作品表现的藤野先生对中国学生的关心爱护，也必将激励我们要和日本人民世世代代友好下去。鲁迅写这篇作品时，已经是举世闻名的文学家了，他自己教过的学生也遍于天下，而藤野先生却寂寂无名。鲁迅对待老师的态度，以及他所表达的他们师生之间的深厚感情和亲密关系，对今天的广大教育工作者和青年学生都不失为一个极其有益的启示。

  这篇散文以叙事为主，它把相当复杂的、不相连贯的题材，用一根红线（爱国主义思想）串了起来，写得层次清楚，脉络分明。既有抒情性的叙述，也有精辟的议论，结合紧凑，文字简练。运用讽刺手法，也恰到好处，有助于形象的鲜明、生动，结尾有力。作者最后写到每当想起藤野先生，便好像良心受到谴责了，重温青年时代弃医从文时自己的决心，以及日本老师对自己的殷切期望，不由得增强了斗争的勇气和信心。这样收尾，既照应了前文，又给读者留下了思索的余地，是颇具匠心的。

（1981年）

文苑奇杰姚梅伯

姚燮（1805—1864），字梅伯，号野桥，又号复庄，别署甚多。浙江镇海人，他是著名画家，擅画梅。又是学识渊博的学者，才华出众的诗人、作家。他在学术研究和文学创作上的卓越成就，使他与当时的龚自珍齐名。但在近四五十年，姚的知名度却远不如龚。

在学术方面，姚燮著述宏富，研究领域深广，经、史、地理、道藏、佛典、词学等均有涉猎，并各有专著问世。成就最高，影响最大的，要数他的《红楼梦》研究和戏曲研究。《读红楼梦纲领》和对《红楼梦》的评点，至今仍在红学史上占有重要地位。《今乐考证》和《今乐府选》集元明清戏曲之总汇，规模之大，包罗之富，具有很高的参考价值。这些，为龚自珍所不及。

姚燮的文学创作成就堪与学术研究媲美。他的骈文，别具手眼，古朴典雅，品位甚高。他一生作诗万余首（现存约三千七八百首），乃清代作诗最多的诗人之一。他的诗，反映了道光、咸丰年间腐朽的清王朝统治下的社会现实，如贪官污吏横行、社会秩序混乱、水旱灾害侵袭、人民生活痛苦，等等。鸦片战争中，浙江东南部是抗英前线，他亲历战乱，备尝艰辛，于耳闻目睹之余，发而为诗，如实地描述了发生在浙东的重大事件，广阔地反映了战乱中当地老百姓的艰难困苦，讴歌了王锡朋、葛云飞、陈化成等民族英雄的光辉事迹，鞭挞了祸国误国的文武官员，记录了英军的累累罪行。姚燮以诗笔描绘的这一时期浙东前线军民抗英的历史画卷，闪烁着耀眼的爱国主义光芒。在贝青乔、张维屏等鸦片战争史诗作家中，作品内容之丰富，语言之锋利，描写之真切，当以姚燮为最。姚燮描摹浙东等地自然风物的诗,在清代山水诗中,与刘光第的峨眉诗、高心夔的匡庐诗鼎足而三,一向被称为我国山水诗中的精品。这也是与他同时的龚自珍所不及的。

至于姚燮的词,刊行于世的有《疏影楼词》五卷,后又有《续疏影楼词》八卷以及《玉笛词》《苦海航》等。前两种,近年经整理标点已正式出版。前五卷的内容以游宴、题赠、雅集、咏物、写景、应酬为主,吟风弄月,男欢女爱等,占比重较大。多半系早期新作。可从中窥见作者青年时代思想、生活和艺术活动。续编八卷多作于中年以后,有部分涉及时事,风格也不同。据记载:姚燮早年曾去祭扫过张苍水墓,也极景仰文天祥。他的《贺新凉·宋信国公文丞相铁如意》曾说:"莫漫招魂,唱朱鸟,袒红衣,夜舞临安月,恐隐起,蜀鹃血。"语意激切,民族意识历历可见。总的看来,《疏影楼词》(正续集)学的仍是婉约一派,深受南唐二主、晏氏父子、姜夔、吴文英等影响,词风含蓄委婉,清空淳雅而工于摹写。抒情状物,喜使用色彩鲜明、形象典丽的词语。但又能自出机杼,不一味蹈袭。而且有的词,还带有瑰奇的色彩,如《青玉案》:"嚼得峨眉山色秀。香狸能缚,野狐不打,无乐宣龙咒。"他后期作品反映重大历史事件,如《故苑》以下双首,有写家乡残破的《石州慢·残村》,写商业凋零的《玲珑四犯·寂市》,写农民痛苦的《霜花腴·芜田》,写林则徐被贬谪的《月下笛·绝塞》,写英法联军入京、圆明园被焚毁的《霓裳中序第一·故苑》,写劫后南京的《木兰花慢·归院》,都情文并茂,感慨深沉,多郁勃之气,这类词继承了陈维崧豪放词的余风,尤足为清词增色。

半杯残酒过田螺
——读沈曼卿《老妻词》

沈曼卿(一八九八——一九八〇),原名家箴,晚号曼叟、种月居士,生于甬上一书香世家。自幼受家庭熏陶,习辞章,擅绘画。早年曾就读东南大学文科。返甬后,先后任教于培英女中、中山公学及镇海、奉化各校。一九三五年,弃学从商,任宁波中实药房监理。二十世纪五十年代起历任市政协委员,晚年受聘任天一阁顾问。

沈氏大半生耽于吟咏,所作甚富,唯以屡遭变故,诗稿多有散失。我回到宁波时,他已不在。出于对故人的缅怀,也为了保护地方文化遗产,曾着意搜求,仅得其遗作一束,共二十余首,计有《老妻词》七绝十首,《悼亡》七绝十首及其他近体律绝数首,虽远非全璧,亦弥足珍贵。

《老妻词》题下附有小序云:"病中无聊,低吟自遣,内子持纸索诗,写此付之,以博一粲。少陵诗云老妻画纸为棋局,因即以老妻名词,或不致贻杜撰之诮也。"沈氏原配夫人早丧,一九四四年夏续娶,我曾作为最年轻的忘年交贺客,登门道喜。记得当时沈氏戴克罗米眼镜,穿蓝绸长袍,温文儒雅。新夫人还不到三十岁。细按诗意,有"有女浣衣儿担水"等句,诗当作于沈氏晚年,即一九五七年他被打成右派分子以后。当时子女尚未成人,由于家庭多故,不得不过早地承担繁杂的家务。犹忆我当年见到过的他的新夫人,秀丽而纤弱,而诗中却说"弱质从前剧可怜,而今喜讶臂如椽"。这是由于过门后十余年间,"析薪汲水渐来惯",使原来的玉臂变得又粗又黑了。这亦与包括沈氏在内的广大知识界人士的生活之由小康坠入困顿相吻合。

《老妻词》十首,内容全在写实。如第一首入手便突出一个贫字:"寒家乐事本无多,花自清香鸟来歌。难得老妻偏有兴,半杯残酒过田螺。""残酒"只有"半杯",并且有酒无肴,只将以最廉价的田螺下酒,不直说贫而其贫自见。还好在,虽贫,老妻偏还有兴,不忘给丈夫张罗一点点酒菜。伉俪之情,久而弥笃,穷而未改。后面几首,仍都围绕着"贫"字展开,写的虽属于日常家务琐屑,却寓深情于叙事之中,笔端饱蘸着作者泪水。如第五首:"老妻不叹出无衣,箱底尚留旧罩帏。买得三分青靛粉,染来何以七襄机?"第九首:"娇女旧补膝欲穿,阿儿双鞋亦无缘。低头灯下千针补,又废老妻一夜眠。"贫至出门无衣,不得不自行染色,使之整旧为新,免可穿着。贫至儿女裤破鞋脱,老妻又只得彻夜不眠地为之补缀。借助于写贫,更在于突现老妻的辛劳和贤惠,读来令人肃然起敬。

  第十首乃全诗的结语:"捧笺我亦学齐眉,儿女围看笑不支。欲赠床头无长物,慰乡只有老妻词。"说明作诗的用意唯在慰妻,因实已再无别的东西可以赠给心爱的老妻了。极辛酸事,偏出之以"笑",恐怕只能是苦笑。这就是中国诗歌常用的表现手法:反话正说,乐处写悲。通篇更多的却是"喜""笑",这一方面展现了中国知识分子安于贫困、甘于淡泊的传统性格;另一方面,多用反写,也增强了作品的艺术感染力、渗透力,正合乎古人"穷愁之词易好"的原理。

(2000年7月)

初 访 毓 园

毓园，是林巧稚大夫纪念园，位于鼓浪屿的东南部，共占地5700平方米。它南望大海，背靠塑有郑成功巨型雕像的复鼎岩，西南面是观海园旅游村。步出花树掩映的菽庄花园，沿着纵横全岛的幽静的柏油小马路往东走，拐过一座座别墅式小洋房，白墙尽处，就到了毓园。

进了园门，迎面是一方光洁的大花岗岩石屏，屏上镌刻着行书"毓园"二字。屏的两侧是花坛，种植着白得耀眼的星菊。沿着石阶往上，有一个平台，林巧稚大夫的全身石雕像，就矗立在平台右侧，被四周色彩缤纷的米兰、扶桑、大理、一串红等花簇拥着。雕像高不足2米，身穿白色工作服，斑白的短发下露出慈母般的笑容。

雕像旁，有一座占地140平方米的白色平房——林巧稚生平事迹展览室。这里陈列着林大夫生前使用过的实物，展出了她生前学习、工作、生活和参加社会活动的100多幅图片以及她的部分著作、论文、证件和国内外友人赠予的纪念品。

林巧稚从20世纪20年代初毕业于北京协和医学院之日起，就立志以仁术济世。她坚持行医，六十年如一日。为了集中精力，她终身未婚。但她的儿女遍于天下。经她的手或在她帮助下得以降生人间的小生命数以十万计。她抢救过垂危的产妇，收容过街头的弃婴。凡有出诊，必随叫随到，遇有贫困户，不但免费接生，而且给产妇送药、送营养品和水果。病人家属为了感谢她，常给新生儿取名"爱林""思林""敬林"，等等。以林为名的孩子不知到底有多少？她80岁生日，在京的她的"儿女"都纷纷前去祝寿。一张合家欢照，四代同堂。林大夫坐在中间笑得像一朵花。

她，作为著名的妇产科专家，却生活俭朴。展出的一只药箱，她用了几十年，已相当陈旧，仍舍不得换掉。而对有困难的病人，对公益事业，她却乐于解囊相助，绝不吝啬。

　　当我走出展览室，再到林大夫雕像前肃立时，仿佛自己的心灵也得到了净化。我还想，要是千千万万个医务工作者都能到毓园来看一看，在林大夫雕像前站一站，一定也会受到同样感染的。

（1993年12月8日）

第五卷 诗评及书评

关于诗的"传统"与"现代"

中国诗歌源远流长。其所以至今仍具有强大生命力，乃在于：一、根基深厚，内容丰富而又形式多样。诗从四言、五言、杂言到七言，词从小令、中调到长调，曲从散曲到套数，绵延三千多年，取得了高度的艺术成就。直至今日，其影响及于海外，为世界所公认。二、在"五四"以前，儿童入学就开始读诗，一些启蒙读物也都是有韵的。读诗即识字，二者相辅相成。这样，既识了字，也学会了读诗甚至作诗。老一辈知识分子大多经历过这种学习阶段。三、诗词的格律，既是一种语言规范，又是一种可供掌握的现成模式。尤其是律诗、绝句以及词中的小令、中调，都篇幅短小，既便于谋篇布局，上下贯通，又易读好记，利于流传。四、诗词有固定的完美的艺术形式。如平仄的间隔交错和押韵，体现了汉语音节美。句式的整齐、律诗的对仗，又符合中华民族的传统习俗和审美观念。因而它比较容易被接受、被传诵。而易学好记，能上口，则是诗歌赖以存在并得以广泛流传的重要条件。

现代自由诗（即新诗），却不很注重诗的外在形式。这主要表现在只讲节奏，不讲韵律。尤其是近几年大量出现的自由诗，力图摆脱中国诗歌长期形成的外在形式。以至废弃声韵，把句子拉得很长。有的则连标点符号也不用了。有人说，当今的自由诗存在着严重的散文化倾向，实则，这类诗连散文化都够不上。因为散文同样要讲意境、韵味和词句的锤炼。优秀的散文必然是高度诗化了的。

一些现代自由诗的致命弱点是内容的虚无和表现的晦涩。原因就在于，这些自由诗作者缺乏深厚的文化功底和理论修养。有些人很少接触过屈原、李白、杜甫、陆游的作品，有的甚至根本不知道中国历史上曾出现过哪些文化名人。他们只是盲目地反传统。他们在诗的内容上，既反对理性，又否定感情；强调诗应是一种无意识的、超现实的活动，因此认为诗不需要、也不可能传达什么思想感情。在表现手法上，他们认为只能横地移植，不能纵地继承。于是，就纷纷搬用洋教条，拼凑洋腔洋调、洋典故。其结果就是置民族传统于不顾，使诗歌全盘西化，直接导致抹杀理性和感性，切断联想。诗的语言成了不可解的谜语，诗境也就成了不可捉摸的梦境。试问这类诗，又怎能被群众接受呢？

不了解传统而要否定传统，最后必将受到历史的嘲弄。曾经风行一时的某些现代歌曲，为什么昙花一现般地消失了，除了作的曲不优美动听，还由于歌词过于拙劣。不少自由诗，也正因为太自由了，反而遭到群众冷落。

传统与现代不是对立的，而是互相联系，并可以互相融合的。当代诗人要认识到两者的分，更要认识到两者的合，采取科学的态度。当代诗歌，包括诗词和自由诗，空间上要突出民族性，时间上要突出时代性，艺术上要强调创造性，要正确处理传统与现代的关系，做到兼容并蓄、推陈出新，而不应执其一端，有所偏废。唯有这样，中国诗歌，不论是诗词还是现代自由诗，才能永葆其青春活力，并在不断接受新的挑战中求得发展。

（1991年12月18日）

关于"以议论入诗"

对宋诗的评价，多少年来一直是个聚讼纷纭的问题，争论的焦点，是在于所谓"以议论入诗"。

"以议论入诗"，历来被视为宋诗的大病。早在南宋末年，严羽就提出"近代诸公乃作奇特解会，遂以文字为诗，以才学为诗，以议论为诗"。（见《沧浪诗话》）因此，他认为语虽工，却非古人之诗。明人屠隆则更进一步地说："宋人好以诗发议论，夫以诗议论，即奚不为文而为诗哉……宋人又好为故实组织成诗……用故实组织成诗，即奚不为文而为诗哉？"（见《由拳集》卷二十三《文论》）意思是说，诗是不应杂有议论的，要发议论，干脆去写文章好了，何必作诗呢？这种论调，颇影响了一些人，成为明清两代直至今日某些作家、评论家否定宋诗的一条理由。例如清初吴乔就认为："唐人以诗为诗，宋人以文为诗。唐诗主于达性情，故于三百篇近；宋诗主于议论，故于三百篇远。"（见《围炉诗话》）至于今人，持同样见解的更不乏其人。一九七九年第一期《武汉大学学报》上那篇《宋诗怎样一反唐人规律》就很有代表性。

应当承认，严羽、屠隆的观点，并非毫无道理。它们在明确诗与文作为两种不同的文艺形式的区别，并指出其不能互相代替，以及提醒诗人不可忽略诗歌的抒情特征等方面，无疑是可取的。但作诗要完全排除议论，乃至认为诗与议论根本不能统一、有了议论便必然不是好诗，这却未免有点绝对化，并且是近于武断了。翻开一部中国文学史，从先秦、两汉，直至明清，究竟有多少不发任何议论的诗？在我国最早的诗歌总集——《诗经》里，就有不少议论。清人沈德潜就说过："试思二《雅》中何处无议论?"(见《说诗晬语》)其实,何止二《雅》如此,《国风》中的议论也相当多。《魏风·伐檀》:"不稼不穑,胡取禾三百廛兮?不狩不猎,胡瞻尔庭有悬貆兮?彼君子兮,不素餐兮!"又《王风·黍离》:"知我者,谓我心忧。不知我者,谓我何求。悠悠苍天,此何人哉?"《离骚》的议论则更多了。真可谓:"满纸自怜题素怨",其例几乎触目皆是。

至于说到宋诗,由于当时程朱理学盛行,流风所及,确曾出现过某些干巴巴、硬邦邦的,堆垛成语典故、炫耀学问道德的,类似押韵的文章那样的诗。即便是优秀诗人如王安石,有时也不能免。如他的《拟寒山拾得》二十首之一:"我读万卷书,说尽天下理。智者渠自知,愚者谁信尔。奇哉闲道人,跳出三句里。独悟自根本,不从他处起。"这种纯属说理,犹如哲学讲义一般,半点诗味也无的所谓诗,就算他所宣扬的理论非常正确,也是没有生命力的。又如道学家邵雍《伊川击壤集》里的一些诗,也可归入这一类。尽管如此,所有这些,却并非宋诗的全部,也不是宋诗的主流。虽说宋诗模仿盛唐,但它之于盛唐,仍既有继承,又有突破。这一方面,就比明诗高明得多。从整个成就看,宋诗不仅远远超过明诗,也高于清诗。尤其是相当一部分抒情写景的七言绝句,清新婉约,玲珑剔透,较之唐人绝句,可谓各具特色,难分轩轾。不少宋代诗人,确曾"以议论入诗",而且为数可观。然而他们并未忘记诗的抒情特征,他们一般都能做到用议论的方式来加强形象,或以形象的手段来阐述理论。这方面的实例也几乎是俯拾即是的。如苏轼的《和子由渑池怀旧》中的"人生到处知何似,应似飞鸿踏雪泥,泥上偶然留鸿爪,鸿飞那复计东西"等句,通过设譬,揭示了生活领域里"雪泥鸿爪"之间内在的辩证关系。咏的是物,说的是理,托物寄意,言近旨远,耐人寻味。又如杨万里的《过松源晨炊漆公店》:"莫言下岭便无难,赚得行人错喜欢,正入万山圈子里,一山放出一山拦。"用朴素的语言,揭示了在现实生活中,矛盾无处不有、无时不有这样一个深刻的道理。又如陆游《夜归·偶怀故人独孤景略》:"买醉村场半夜归,西山落月照柴扉。刘琨死后无奇士,独听荒鸡泪满衣。"刘琨、祖逖都是立志抗御外侮、规复失土的英雄,陆游、独孤景略也都抱有同样的旨趣和决心,然而长期未能实现。因此,陆游触景生情,发出了"刘琨死后无奇士"的慨叹。又如李清照的五绝:"生当作人杰,死亦为鬼雄,至今思项羽,不肯过江东。"这首诗议论中饱和着感情，女诗人那种主张抗战到底、反对屈辱求和的愤激之情，跃然纸上。即如那位对宋诗持批评态度的严羽，尽管他本人的创作实践赶不上他的诗歌理论，毕竟也多少写过一些不依傍前人、富有情趣的诗。他有几首伤时忧国的诗就颇值得一读。且看《有感》："误喜残胡灭，哪知患更长！黄云新战路，白骨旧沙场。巴蜀连年哭，江淮几郡疮。襄阳根本地，回首一悲伤。"如果他真个要全盘否定宋诗，就会犯玉石俱焚的错误，结果，连他自己也一起被否定了。另外，即使是有名的理学家程颢、朱熹，他们的诗也并不都是道貌岸然的。被谢枋得选入《千家诗》，并置于卷首的，恰恰是程朱二人的作品。如第一首程诗七言绝句《春日偶成》："云淡风轻近午天，傍花随柳过前川，时人不识余心乐，将谓偷闲学少年。"第二首朱诗《春日》："胜日寻芳泗水滨，无边光景一时新，等闲识得东风面，万紫千红总是春。"这两首诗，作为旧时代启蒙读物的佳什，早已是家喻户晓、广为流传的了。这些作品，包括上述严羽的在内，不也是杂有议论，并且诗中的议论与抒情结合得较好的吗？

由此可见，问题不在于诗是否发了议论，也不在于诗里发了多少议论。其关键显然在于：首先，它发的是什么样的议论，是正确的，还是错误的？是积极的、进步的，还是消极的、落伍的？其次，议论是通过何种方式发出来的？究竟是堆砌语录、口诀，卖弄学问，进行枯燥呆板的政治说教，还是寓情于理，情理相生，使深刻的含义体现在形象描绘之中？全部诗歌创作实践所提供的经验表明，将形象思维和逻辑思维割裂开来，甚至对立起来，主张诗在任何情况下，只能抒情，不能议论，是无益的，不足取的，这种主张也是行不通的。

论诗切忌以偏概全，以瑕掩瑜。鲁迅论陶渊明时曾指出："这'猛志固常在'和'悠然见南山'的是一个人，倘有取舍，即非全人。再加抑扬，更离真实。"（见：《且介亭杂文二集·题未定草》）可见，在文学评论工作中，掌握一分为二的辩证法，学会全面地看待作品，确实很有必要。何况，宋诗作为整整一个朝代的诗歌，创作先后不同，风格流派互异，数量众多，内容繁杂，岂能以一语概括？经过认真分析，作出全面的、正确的评价，予宋诗以应有的历史地位，并从中获得有益的借鉴，这无疑是今天我们每一个诗歌作者和文学评论工作者一项不可推诿的职责。

谈王之涣的《凉州词》

唐人绝句，是唐代诗歌宝库中一颗晶莹的珍珠。其数量之多，质量之高，影响之大，历来为举世所公认。其中一些优秀作品，至今仍脍炙人口，传诵不息。王之涣的七言绝句《凉州词》便是此中佼佼者，而且一直被推为压卷之作。

王之涣（688—742），字季陵，原籍晋阳，寄籍绛郡（今山西省新绛县）。他一生只做过主簿、县尉等小官，大部分时间是在优游山水中度过的。他是盛唐著名的边塞诗人，工诗能文，与王昌龄、高适齐名。他的诗在当时就已"传乎乐章，布在人口"，颇负盛誉。

且看《凉州词》原作：

> 黄河远上白云间，一片孤城万仞山。
> 羌笛何须怨杨柳，春风不度玉门关。

这首诗又名《出塞》，原作二首，这是其一。首句"黄河"又作"黄沙"，末句"春风"又作"春光"。这首诗在唐代就已流传甚广，并为当时的歌女乐人所喜爱。

全诗四句，篇幅短小，但它以鲜明的形象，铿锵的声调，深邃的意境，内蕴丰富而出之自然，语言朴实而不事雕饰，充分显示了唐人绝句的情韵风致。故读来能启人联想，耐人寻味。

诗人以精巧的构思，卓越的手法，展现了一幅莽莽苍苍的关山图。诗人描写的是西北边境，古凉州一带雄浑壮阔而又荒漠寂寥的自然风貌。通过写景，抒发自己的情怀，并借此表达了诗人对边防戍卒的深切同情。

诗的第一句写滔滔黄水，一望无际，站在低处往上看，好像一直延伸到远处云层中。一个"远"字，极有气魄。第二句写周围人烟稀少，只有连绵不断的高山和一座孤零零的城垣。一个"孤"字，极言其冷僻幽深。第三句写笛声，有城就一定有人，但人却是暗场处理的，只听得一声声撩人愁绪的羌笛，吹的是哀怨的《折杨柳》曲子。一个"怨"字，如闻其声，如见其人。第四句从"怨"字，引出诗人的议论，意思是说，你们何必抱怨这个地方春光寂寂，因而春愁黯黯呢？暖和的春风是吹不到玉门关来的呀！

这首诗既写景又抒情，既实写，又虚写，情景融合，虚实相生。具体说来，它是通过三个层次来表现的。即：通过望，写眼前所见；通过听，写耳畔所闻；正是所见所闻，使诗人触景生情，引起了联翩的浮想，于是就有了抒情的要求。例如首句写高天、白云、黄河，这是由近及远。二句写高山、孤城，是由远及近。三句笔锋一转，由景及人，但它却是"空山不见人"，只闻笛声响。这三句说明优秀古典诗歌总是很注意角度、高低、上下、远近、虚实的安排的。如果说，诗的一、二句构成的整幅画面的衬景，即所谓典型环境的话，那么，第三句即在于写出这典型环境中的典型性格。"远上白云间"，显得空旷，用"一片"对比"万仞"，显得寥落，再用"孤"字来修饰"城"，则更显得寂寞而偏僻了。范仲淹词"千嶂里，长烟落日孤城闭"句，与此诗同一境界，却是脱胎于此的。境界已出，人未露面，只闻笛声哀怨。这样多方烘托，把景色悲凉、人物凄伤、春寒尤烈的塞外风光表现得一清二楚，然后诗人借景抒情，托物兴感，才引出末句的慨叹。用否定句结尾，也是七言绝句惯用的手法。

正因为玉门关一带除了高山孤城之外，便是一片荒凉，那些长期戍守边疆的士卒才有"春风不度玉门关"的怨愤。环境的幽僻，生活的艰苦，那些捍卫国土的边防战士理应得到朝廷的关怀。可是，象征着皇恩浩荡的春风却迟迟不到边远地区。因此，诗人才说"何须怨"。这里，隐含着对战士的同情，也曲曲地表达了诗人对这一不合理现象的不满。不过，从字面看，仿佛是在解嘲、宽慰，而并未平铺直叙地明说。这正是诗的含蓄深沉处。这样，就使得诗的情思更切，更富于韵味。唐人绝句讲究炼意传神，使抒情、写景、叙事和议论巧妙结合，融为一体。这也正是《凉州词》那样的作品，具有巨大艺术魅力，使人百读不厌的一个重要因素。叶燮认为"春风不度玉门关"句，"乃情得然后理真，情理交至之语"。从作品实际来看，这话绝非过誉。

这首诗是平起，正格，一、二、四句入韵，押的是十五删韵，音节比较响亮，能朗朗上口，这也有助于熟读成诵。

（1982年3月）

深婉而不落常套
——司马光《西江月》浅析

> 宝髻松松挽就,铅华淡淡妆成。
> 红烟翠雾罩轻盈,飞絮游丝无定。
> 相见争如不见,有情还似无情。
> 笙歌散后酒微醒,深院月明人静。

此乃席上赠舞女之作。关于此词的作者,曾有人疑为他人伪托。据杨慎《词品》引仁和姜叔明语,认为"此词决非温公作,宣和间,耻温公独为君子,作此诬之"。后亦有沿袭此说者。但亦有人认为即便真是司马光所作,亦无碍于功业。何况,身居高位而善为侧艳之词者,在北宋并不少见,如晏殊、欧阳修等走的都是婉约一路。按此说自较近理,盖当时北宋词坛确是如此。

起首两句直接写人。"宝髻",装饰着珠宝的发髻。"松松挽就",指挽的是一种高髻,唐宋时代风行一时的发式。亦有人认为这"松松",就是蓬蓬松松的意思,因舞女动作强烈,使得头上的发髻也松散了。此说非是。若依此说,则"挽就"一词就无法理解了。"铅华",脂粉之类。"淡淡妆成",言只是薄施脂粉,不作浓艳之妆。此两句从外貌上着笔,写舞女之韵致天然,并不求助于浓妆艳抹。造语工致,形象鲜明。第三、四句接写舞姿。"红烟翠雾",指舞女肩上披的罗纱,舞动时似一团烟雾缭绕,"罩",裹住,"轻盈",形容舞女之体态。"飞絮",飞扬的柳絮,"游丝",蜘蛛等所吐的丝,因其飘荡于空中,故称。此句在比喻舞态之轻盈曼妙而又变化无穷。上片纯写舞女及其舞态,从外貌、装束到舞技,有赋有比,以富有特征的描摹构成艺术境界,不特形象鲜明,而且自然流畅。

　　下片转入抒情。一、二句"相见争如不见,有情还似无情",此联曾以警句脍炙人口。"争",即怎。上句从自己说起,正因为一见难忘,那还不如不见,也省得意惹情牵。这是故作反语,较之正面颂扬更深沉有力。下句系脱化于刘禹锡诗句"道是无晴(情)却有晴(情)"。尽管彼此有情,席间却不能通一语,仍然如同陌生人一样,岂非更增惆怅?明明有情,偏要装作无情。这也许是由于舞女之艳如桃李、冷若冰霜;也许是作者碍于身份、地位,纵欲互通情愫,亦难以表达。总之,都在有意无意之间,是相当微妙的。这样言情,可谓深婉而又不落常套。最后两句,纯用侧笔,以衬托相思之苦,偏又不正面拈出。笙歌消歇,酒阑人散,一觉醒来,已是夜半。唯见月色溶溶,花影寂寂。忽然想起刚才那次宴会的欢乐情景,不禁爽然若失。这一夜,心事似潮,起伏不已,此中况味,实非局外人所能想象。所谓"思君忆君,魂牵梦萦。锦绡香暖云屏,更那堪酒醒"(刘过《醉太平》),与之正相类似。

悲中有乐　孤中有伴
——苏轼诗《除夜野宿常州城外》析

苏轼是北宋大诗人，在文学艺术各领域都卓有成就，而且影响深远。他与常州特别有缘，曾十一次途经或逗留常州，留下不少诗词佳作。晚年从海南岛遇赦北归，主动要求定居常州，终于在当地孙氏藤花馆中病逝。

《除夜野宿常州城外》包括七律两首，作于宋神宗熙宁六年（一〇七三）除夕之夜途经常州城外泊舟时（后常州人于其原址建一舣舟亭，今存）。当时，他与王安石政见不合，出任杭州通判。为了赈灾，他急于赶往润州（今镇江），故未在常州上岸，而是在野外舟中度过一个不平常的除夕。

此诗两首，现简析其一：

> 行歌野哭两堪悲，远水低星渐向微。病眼不眠非守岁，乡音无伴苦思归。重衾脚冷知霜重，新沐头轻感发稀。多谢残灯不嫌客，孤舟一夜许相依。

开头两句，"行歌"指自己，"野哭"指百姓，两者处境都很可悲。诗人既为自己政治失意而难过，也为人民生活困窘而难过。心情如此，却又碰上除夕寒冷的暗夜，远处的灯火，低垂的星星（野旷天低，星星似亦摇摇欲坠），都渐渐地隐没、模糊了。上句抒情，下句写景，情景相互渗透。

三、四句承上进一步抒情，说自己思绪万千，难以入眠，却并非为了"守岁"，而是因为感到孤独、寂寞。同行者无人操四川乡音，说个话也不方便，他禁不住被浓浓的乡思缠住而不可解脱。这两句上下关联、一气贯通。"不眠"是由于"思归",但又不限于"思归"。"思归"是由于"无伴",但又不限于"无伴"。其中的潜台词,系指当时政争的激烈和社会危机的深重。这正是诗人真情的流露和开头"行歌野哭"的延伸。

五、六句从具体的生活片段中写出感受。"重衾"比喻被子多而厚,却仍感"脚冷",原因在于野外"霜重"。洗发不久,"头轻"的同时,却又感到"发稀"。是由于愁多,还是由于年老?诗人未正面回答,留下想象余地。善于使事又长于联想,含不尽之意于言外,乃苏诗一大特色,此仅为一例。

以上主要在于写悲,可谓满纸凄凉。但东坡毕竟是个乐观、旷达的诗人,他在结尾两句中,展示性格:"悲中有乐,暗中有光,孤中有伴。"他把寒夜里一盏"残灯"拟人化了,他感谢它不嫌弃自己这个遭际不幸的迁客,在暗夜里,在孤舟中,与自己长相厮守,就像自己的亲人一样。于是,虽是寒气侵人、长夜难眠,却始终有一缕光亮、一丝暖意在鼓舞着他、支持着他,使他得以勇敢地面对生活。

不出情理外　恰在意愿中
——《促织》结构艺术侧议

在《聊斋志异》众多的具有强烈批判精神的作品里，有不少基本上以现实生活为题材，间或穿插一些幻想或怪异的情节，深刻揭露封建统治者及其爪牙倚仗权势、鱼肉良民的罪恶的。在这类作品中，《促织》占有突出的地位。

《促织》写了成名一家人因朝廷征取蟋蟀而发生的悲剧故事。通过这个故事，作者无情地揭露了封建社会最高统治者的精神堕落，以及他们对老百姓的残酷迫害。事件的起因，是一头小虫——蟋蟀。这是耐人寻味的。

作品一开头就交代了事件发生的时间是宣德年间，地点是陕西华阴，起因是：1. 宫中好尚；2. 岁征民间；3. 官吏媚上；4. 责常供；5. 猾吏乘机扰民。"上有好者，下必甚焉。"上有好，乃是根本原因，说明"乱由上作"是祸源。蟋蟀"故非西产"，却必须常供，构成了供求之间的矛盾。这里暗示得一头尚且不易，常供自难以做到，这就注定了老百姓非陷于破产不可。

矛盾的序幕。接着就写主人公成名登场。"操童子业"，说明是个读书人。"久不售"，说明是个没有功名，没有地位，没有权势的。性格又忠厚老实，而且不善言辞。这样，猾吏才敢于欺负他。正唯如此，成名才很轻易地落进了猾吏的圈套，以致"报充里正役，百计营谋不能脱"。也正因为如此，当征取促织的差使落到成名头上时，他既"不敢敛户口""又无所赔偿"。这就预示着不幸命运对他已成为不可避免的了。

矛盾的展开和解决。当成名因薄产累尽，以致忧闷欲死时，按成妻提议，自去搜觅，结果，却是想尽了办法，历尽了艰辛，一无所获。于是，成名因违限受责，"杖至百，两股间脓血流离"，被逼入绝境。"欲死"，"惟思自尽"，极写成名之绝望，事态之严重。这是一捉一失阶段。矛盾从初步展示走向逐步激化。这时，作者插入"村中来一驼背巫，能以神卜"的情节，虽带有迷信色彩，在结构上却不可缺少。它为成名到村东捕捉蟋蟀作了铺垫，提供了依据。果然，成名按照巫的指点，捉到一头"巨身修尾，青项金翅"的俊物。这样，否极泰来，合家转悲为喜，矛盾似乎可以解决了，故事似乎也可以告一段落了。这里的"大喜"，表明成名是第一次破涕为笑。然而故事并未到此为止，而是变生不测，又引起了新的波澜。成子窃发瓦盆，无意中扑杀了蟋蟀。这就使得将近解决的问题，顿时又变得复杂起来。一时间，成妻"面色灰死"，成名"如被冰雪"，成子跳井自尽。一场家破人亡的惨祸就在眼前。接着，作者写了从井中捞起的孩子"神气痴木，奄奄思睡"，呈现出半死不活的状态。这样写，一方面渲染了悲剧气氛，点出成名一家遭遇之惨，所受打击之重；另一方面，也为后文孩子魂化蟋蟀埋下伏线。这可以说是二捉二失阶段，即矛盾达到白热化阶段。行文至此，好像又到了山穷水尽的境地了。但作者笔锋一转，故事又春云乍展，忽然出现了奇迹。正当成名"僵卧发愁"之际，"忽闻门外虫鸣"，赶忙出门一看，"虫宛然尚在"。但作者并未平铺直叙地让成名手到擒来，而是欲擒故纵，极尽腾挪躲闪之能事。他先写小虫"一鸣辄跃去"，而且"覆之以掌，虚若无物"，"手裁举"，则又"超忽而跃"，不知去向。真乃虚虚实实，恍恍惚惚，扑朔迷离，不可究诘。本来，成名一见小虫，就"喜而扑之"，分明已唾手可得了，却又变成一场空欢喜。作者越是写"虫宛然尚在"，又"迷其所往"，就越能加强故事情节的生动曲折，引起读者的悬念和对成名不幸遭遇的深切同情。这是三捉三失阶段，也是矛盾从极度尖锐开始走向解决的转折阶段。但成名继而捉到的乃是一头体型甚小的平常蟋蟀。成名先是嫌其小而劣，颇有弃之不顾的意思，又见其"形若土狗，梅花翅，方首长胫"，意识到这也许是善斗的良种，姑且收下，也聊胜于无。实则成名却是没有多少信心的。这里的"喜而收之"与上文的"大喜"不同，显得非常勉强。只有写出勉强收下，才有下文的反跌。因为缺乏信心，担心献给官府，"恐不当意"，故权且"试之斗"，一个"试"字，极写成名的游移和将信将疑的心理。斗之前，又写成名受村中少年的奚落，他看到别人的蟋蟀"庞然修伟"，相比之下，自惭形秽，胆怯了。再写开始对阵时，"小虫伏不动，蠢若木鸡"，"少年又大笑"。再撩拨它，"仍不动""少年又笑"。真个是紧锣密鼓，千回万转，用的依然是"将军欲以巧胜人，盘马弯弓故不发"那种欲擒故纵的表现手法。这种写法，给读者设置了一个又一个悬念，才显得文势跌宕起伏，一波三折引人入胜。直至小虫奋然向前，"张尾伸须，直龁敌领"，并发出胜利的鸣叫，成名才真正大为惊喜了。这一喜，才是多少日子以来，艰苦备尝以后，从心底里发出的欣慰的欢笑。故事发展至此已接近尾声，似乎已再无文章可做了。不料，作者笔下又奇峰突起，设置了又一个悬念，故事又生波澜：当一鸡走来，猛啄小虫时，小虫出奇制胜地一跃而起（照应前文"长胫"一词），集于鸡冠之上，"力叮不释"，弄得鸡伸颈扑翅，无法摆脱，狼狈万状。这是故事的最后一个转折。就这样，峰回路转，石破天惊，这头小蟋蟀的神奇处通过风口浪尖多次的严峻考验，得到了充分的展现。作者的描写至此才算是最后完成了。到了"进宰""宰以其小"，不过是余波而已，虽有小小起伏，但故事高潮业已过去。最后结束全文，成名因此致富，"裘马过世家"。这种结尾法，看似庸俗落套，实则是古典小说常用的背面敷粉法。作者通过主人公成名前后生活的变化，即从小康之家到薄产累尽，又从贫到富；又通过他心情的变化，即悲而喜、喜而悲的多次反复，从一个侧面映衬了封建统治阶级残酷压迫剥削老百姓的无耻行径，有力地说明他们的"大恍""大喜"等等，正是建筑在广大老百姓的"忧闷""发愁"和痛苦无告之上的。对照强烈，含义深刻。故事结束时，作者又补了一笔，说明了成子的情状："后岁余，成子精神复旧"，并自述："身化蟋蟀，轻捷善斗，今始苏耳。"这不仅照应了前文，而且深化了小说的主题思想，也使整个故事波澜曲折、生动而完整。

《促织》中成子之化为小虫，富有传奇色彩，既怪异又含有浓重的人情味。成子是个九岁的孩童，故所化的蟋蟀个头也小。因父子情深，故蟋蟀主动"跃落襟袖间"。因孩子生前惹了祸，故化为异物将功补过，救了一家的命。它不但善斗，还善舞，"每闻琴瑟之声，则应节而舞"。凡此都说明它与一般蟋蟀迥异，是通人性的，也是惹人喜爱的。这头蟋蟀的出现，是故事发展的必然结果,是作者理想化的产物。它又旨在表明,劳动人民活着当牛做马,为封建统治阶级奔走服役,死了还得化为蟋蟀继续供统治者玩乐。写来一字一泪,极其强烈地控诉了封建制度的罪恶本质,谴责了统治者的暴行。

诚如前人评论这篇小说时所指出的:"说得极圆,不出情理之外;说来极巧,恰在人人意愿之中。虽其间亦有意为补接,凭空捏造处,亦有大段吃力处,然却喜其不甚露痕迹牵强之形,故所以能令人人首肯也。"就《促织》的情节而言,"求神"并得其指示这一段,显然是作者的有意补接,但它能做到不露痕迹,不显牵强,足见作者的结构手法是相当高明的。这一点,很值得借鉴。另外,《促织》于写实之中穿插了某些幻想和传奇色彩的情节,实中有虚,虚实结合,可看出它是继承了魏晋南北朝小说的志怪特点,唐代小说的传奇色彩,宋元话本曲折的、引人入胜的故事性,以及两汉史传文学刻画人物的优秀传统,并有所创造的。作品末尾还仿效《史记》"太史公曰",加上了一段"异史氏曰"的议论文字。这段议论,意在提醒天子,一举一动,都牵连着国脉民命,关系重大,万不可粗心大意。像这类笔锋直指最高统治者皇帝并如此直言不讳的事例,在《聊斋志异》全部作品中殊不多见。在文网严密、知识分子动辄得咎的所谓"康乾盛世",向皇上直接进言,即便是出于"致君尧舜上"的良好动机,总还不免要冒一点政治风险的。作者的这番议论,既针砭了时弊,又烘托了主题,更有助于显示作品的战斗性,应当得到肯定。

由此可见,《促织》的艺术成就是多方面的,它不愧为蒲松龄文言短篇小说的代表作。它所达到的高度,标志着文言短篇小说艺术结构的成熟,为中国文学史增添了光辉的一页。

(1983年4月)

禅 诗 偶 拾

禅宗于唐代确立，就在当时诗人中产生广泛影响，诗和禅开始建立了联系。于是，也就出现了好以禅入诗、在诗中表现禅理禅趣的诗人。王梵志（约590—660）是个有名的代表人物。他的诗见于敦煌残卷，传世的已非原貌，数量也不多，但影响甚大，被称为梵志体。其诗，有五言，也有四言，多半类于佛家的"偈"（印度佛教经典在一段散文之后的简短的韵文结束语）。其内容多为阐释佛家教义，以浅近语言劝人为善，如"好事须相让，恶事莫相推"；也进行果报教育，如"布施无边福，来生不少粮"等。按梵志即信仰佛教而不出家做比丘的居士，因此，有人把王梵志置于唐诗僧之首。他的格言诗受到王维的赞赏。中唐时期的寒山子也写过不少模仿梵志体的诗。唐（中晚唐）、宋、元三代高僧、大德的禅偈，也是梵志诗的变体。甚至宋代理学家的诗也有仿作的痕迹，在二程、朱熹，特别是邵尧夫的诗中都可得到印证。

禅师为诗，主要是实现了禅对诗的渗透，在诗中表现他们对世界的观察、思考和理解，从而赋予诗以内省功夫，以及由内省带来的理趣。这样，中国诗固有的冲和恬淡的艺术风格就取得了重要地位。唐代，一批包括诗僧在内的山水田园诗人崛起并汇成诗派，是事出有因的。自宋以降，凡是隐迹山林、托足岩阿的诗人，他们的作品有些表现得淡远有味，乃至近于不食人间烟火的，几乎都或多或少地受到禅的浸润。直至近代，仍是如此。这类实例，随处皆有。可见，禅与诗的关系不仅由来已久，实在还是相当密切的。

禅与诗的融合，通常有两种方式。一种是以禅喻诗。宋诗人严羽作

《沧浪诗话》，把诗分为汉魏晋盛唐、大历以还、晚唐三个等级，以比附禅宗的大乘、小乘、声闻辟支果三个等级。学诗，他主张入门须正，立志须高，以汉魏晋盛唐为师，不作开元、天宝以下人物。这正是禅宗"取法乎上"的精义。在学诗的方法上，他主张"妙悟"，并注重诗的意境和韵味，强调"羚羊挂角，无迹可求"。这也与禅宗注重"顿悟"与妙造自然相吻合。《沧浪诗话》论诗，运用了禅理和禅语，而且成为诗话的一大特色，予后世以启迪，并为清代的"神韵""性灵"之说开先河，使得某些诗人的作品也随之而带有禅味了。宋吴可有论诗之作，其中一首曰："学诗浑似学参禅，竹榻蒲团不计年。直待自家都了得，等闲拈出便超然。"说明诗理与禅理自有相通处。学诗与参禅一样，经过一番竹榻蒲团的修持功夫，便可超越雕章琢句阶段而达到洞明透彻、纯乎自然并运用自如的最高境界。

另一种禅与诗融合的方式是以禅入诗，即直接引禅语入诗。如苏轼《琴诗》："若言琴上有琴声，放在匣中何不鸣？若言声在指头上，何不于君指上听？"按此诗来自《楞严经》："譬如琴瑟琵琶，虽有妙音，若无妙指，终不能发。"琴作为乐器，声是固有的，但若非手指拨动，终究发不出来。此即禅家所谓明镜之台，仍须时时勤加拂拭也。亦即上面提到过的内省功夫。王维的山水田园诗曾有所反映。如《鹿柴》："空山不见人，但闻人语响。返景入深林，复照青苔上。"句中的"返景""复照"，看似写出静中有动、动中有静之景，其实正好拓展了诗的意境——返照，体现了禅家极重视的内省功夫。又如他的"明月松间照，清泉石上流""深林人不见，明月来相照"等诗句，都含有浓重的禅味，达于物我两忘的境界。与王维同时或较晚的诗人，如李白、储光羲、韦应物、白居易等，其诗也曾受到禅的影响，仅仅是数量有多有少，程度有深有浅罢了。到了宋代，以禅入诗，蔚为风气。诗人与高僧为友，论诗谈禅，互相切磋，互相启发，诗情禅理，各臻其妙。如苏轼与佛印的交往，留下不少佳话。苏门弟子如黄庭坚、陈师道等都曾结交方外之友。禅师工诗，诗人参禅，历久而不替，其流风余韵，一直延续到清末。如八指头陀、弘一（李叔同）、苏曼殊是近代诗僧的佼佼者。所有这些都足以证明，禅诗本是禅和诗结为一体的产物，它的出现，却给中国诗注入了新的内容，使高僧、大德获得了新的谈禅的形式，使诗人获得了新的艺术表现力，创造了新的意境、韵味，诗也更加多姿多彩，更加耐人寻味了。因而，在中国诗歌发展史上，禅诗的作用还是应当肯定的。当然，禅诗有时也容易流于枯燥，它的谈理缺乏形象化手段，也往往会导致脱离现实生活。不过，任何诗歌作品总免不了瑕瑜互见，禅诗的负面效应当然也有，但毕竟是属于第二位的。

（1995年1月）

改诗例话（一）

辛巳秋，受中华诗词学会创作研究中心委托，为其函授班指导几名学生习作诗词。半年来，经过通信联系，这些学生都有了不同程度的提高。我自己也从批改他（她）们的作业中深受启发，收到了教学相长的效果。现特选录其中部分作业，交《吟草》刊登，作为改诗例话，以供交流，或不无参考价值。

例一　登间山望海寺（七绝）

原　作

柏美松奇可接天，登峰观海听大澜。
收寻未见白帆影，忘却渔舟换巨船。

改　作

云白松青接远天，偶来登极听潮喧。
任他海上波澜阔，难阻乘风破浪船。

山水登临，不宜尽作风物描摹，发些感慨，使情由景生，自可更具感染力。原作凭高寄兴，视野宽阔。只是所抒之情，显得牵强，用词亦欠精当，难以达到动人效果。故须适当改动，使之别开一境，以正其声。首句写景欠佳，"美""奇"两个形容词平平，且与"接远天"无必然联系，改为"云白松青"，不仅画面富于色彩，高度也随之而出了。次句"大"字失律，改以"偶来登极听潮喧"，意思没有变。已有个"潮"字，故把"海"字移至下句。"登极"即登山顶，不宜用平声字时可用之。第三句"收寻"

或系"搜寻"之误,与下句构成之感叹,亦不具新意,不如借海上波澜言志,使末句作结加大力度,庶几略见风神。

此诗作者学诗不久,尚未熟谙格律,亦不善于写景抒情。但全诗无套话,是其可贵处。

例二　回乡途中(五律)

原　作

扁舟系北浒,雨霁过新林。
月暗山花舞,星明水鸟临。
寒泉穿绿谷,冷露满红襟。
寂寞云天外,鸡鸣野草深。

改　作

扁舟系北浒,雨霁过新林。
月暗花无色,星稀鸟失音。
寒泉穿绿谷,冷露湿青襟。
寂寂云天外,鸡声入草深。

此诗基础不错,可见作者已有一定功力。但其中写景状物,有未尽确切处,少数用词,亦不够精当。如第三、四句"月暗山花舞"不合事物逻辑。故改为"月暗花无色",因雨霁而又月暗,视线模糊,看不清山花到底是什么样子,故改以"花无色",较合乎夜景。"星明"与"临"无因果关系。而且雨刚过又是夜间,山鸟应当歇息了,不宜再作动态描写。故改以"失音",突出一个静字。"星稀"与"月暗"相对,与上句"雨霁"呼应。因刚下过雨,不可能一下子就繁星满天也。第六句"满"改"湿","红"改"青","湿"字较有分寸感。又因作者是男性,用"青"字较妥。第七句"寂寞"一词往往用于心情,与题意不甚吻合,而"寂寂"则用于夜景,亦与上句"鸟失音"扣住,更可与同句"云天外"融为一体。结句"野草深"一词画面显得荒凉,不像是二十世纪九十年代新农村景象。改为"鸡声入草深",则似近实远,实中带虚,给人一种缥缈的有余不尽的感觉,诗味和诗的意境都出来了。此诗另一不足，是借景抒情不够，仅写了途中所见所闻，却少了所感，所以仍嫌缺乏厚度。

（2002年2月）

改诗例话(二)

原作(七绝)
竖立巍巍气势妍,
惊雷峭壁各优巅。
通幽曲径高千尺,
胜别名山一线天。

改 作
峙立巍巍断复连,
轻雷掠壁欲登巅。
通幽曲径高千尺,
独步东南一线天。

此乃游山之作,重在写景状物,但病在作者未能准确而熟练地运用合适的词汇加以表现,致词不达意,且因此而出现了病句。如起句"气势妍"的"妍"字,形容山势显系用词不当。第二句"各优巅"乃生造之词,亦不合语法规范,最后一句"胜别名山",大概是作者认为这里的一线天,更胜过别的地方的一线天,却不知用"胜别"一词反而令人难以理解了。

作者是个退休干部,这几年常出门旅游,诗兴甚浓。但学诗不久,从几首习作看,都缺乏表现力,虽是格律大体平稳,而硬凑之足迹明显,因此也体现不了景色之美和心情之愉快。当然,这首绝句病在用词上,总体结构不予打乱,仅作此局部修改,最后仍可望站起来的。

原 作

言是名媛过海来，
柔条数尺用金裁。
千花有意争春早，
万卉无声我自开。

此乃咏花（迎春）诗。作者乃青年女性，承家学，擅书法，学诗的条件很好。从所寄的习作看，已有一定基础，已懂得运用拟人手法状物，也颇能驰骋想象。作为咏花诗，是基本合乎要求的。但如严加剖析，就会觉得仍不无进一步加工润色的余地。例如第一句"名媛"一词就用得未尽恰切。故拟改为"东君"，盖东风催开百花，乃固有的因果关系，自较"名媛"合理。句首的"言是"，即"道是"，有人说也，不如干脆改为"喜见"，托出心情，亦与结句"我"字相应。问题还在于第二句"柔条数尺"以之咏迎春花，恐有未当。因作为草本植物的花，一般是没什么柔条的，况是"数尺乎"？而"用金裁"，似乎意在形容"柔条"的颜色，更脱离实际。哪一种花的枝条是金色的呢？因此，想来想去，把此句先改成"柔条数尺拂池台"，写它的形态。虽似顺了些，却又像是咏柳而不是咏花了。这也可见，包括咏花在内的咏物诗，除了常用的比兴手法外，还要注意描写的准确，即科学性、合理性。否则，字面上尽管好看，实则经不起细细推敲。像这首咏迎春，起句尚可，三四两句切题，恰恰是第二句似是而非。最好是换掉，重新构思了。

彩笔绘出高原春

——诗集《青海之春》读后

乍一翻开新书《青海之春》(中国作家协会青海分会、青海人民出版社编辑部合编,青海人民出版社出版),立刻就像置身于姹紫嫣红开遍的百花园里,大有目迷五色、应接不暇之概。

"书当快意读易尽",《青海之春》之所以给人以这么多的愉快之感,自然是因为它在艺术上确具特色。作为一本新出版的诗集,首先一个印象,是它以题材广泛、风格多样取胜。从选入集子的七十多首作品看,内容丰富,所反映的生活面是广阔的。上下数十年,纵横几千里,从"忆昔西征,誓志擒马贼"到"今日建设万象新"(魏传统·《青海》),从风雪祁连山到浩瀚戈壁滩,从碧波万顷的青海湖到风光绮丽的江河源,从平沙无垠的柴达木到稞熟梨香的贵德县;大至对祖国高原新貌的礼赞,小至对一人一事一草一木的咏叹。凡是作者行踪所经之处,都印下了清晰的足迹,写下了可贵的篇页。论形式,则有新诗,也有旧体;有民歌,也有仿古;既有清新俊逸的"裁红量碧"之辞,又有豪放雄健的描绘严重斗争的"屠龙割虎"之作。巨细互见,红绿相映,千姿百态,各极兴致。这些丰富多彩的体裁,又被一根共产主义思想的红线把它们贯串了起来,构成作品最显著的特色。

"诗言志",诗歌所表达的原是作者的思想感情。作者的思想感情越是健康,则他的作品必然越是充满着乐观向上的激情和高亢昂扬的基调。这一点也在这部诗集里得到了印证。特别是其中一些作者如魏传统、薛宏福、王择等同志的诗作,虽在某些方面尚欠推敲,但他们的诗仍不失为好诗,在他们的诗篇中所表现的无产阶级坚强战士襟怀之磊落、气魄之宏大、目光之高远,以及一种发自内心喷薄欲出的火样的革命热情,无疑是很感动人的。

　　黄静涛同志的旧体诗词，圆熟地运用旧的形式表达新的内容，使诗作的情与词、政治性与艺术性得到了和谐的契合。诗集中几首作品，显示了作者精练凝盈，因而使他所描写的事物形象鲜明，气韵生动。试看《贵德风光》（调寄沁园春）一词的上片："贵德风光，四山环矗，烟雨苍茫。更千顷绿波，随风荡漾；万树森森，扑鼻飘香。枝头粟粟，一派梨黄，秀色难锁竟出墙。疑道是，穷人间乐地，玉帝仙庄？"

　　寥寥数十字，却把"塞外江南"——贵德的自然景色之美，物产之富，勾勒得如此清晰。这是何等笔力！末了以问句作结，一唱三叹，余音缭绕，更足以耐人寻味。

　　作诗贵在创新，若一味"踩着别人的脚印走去"就太没意思了。诗集中有些诗篇的题材是常见的，但只要作者构思巧妙，也能化平凡为神奇，达到高远的意境。左可国同志的《草原风光·牧人》，即是一例：

　　　　　草原上的牧人，
　　　　　是草原的琴师。
　　　　　他一出来，
　　　　　牧歌朗朗，牧笛声声，
　　　　　舞袖扫落白云。

　　牧歌牧笛之类，在描写草原生活的作品里，并不少见，但出现在这里却越显得婀娜多姿。因为经过作者的精心编织，它与下面的舞袖，连成一气，构成一幅动人的画面，牧歌高唱，牧笛劲吹，挥动的舞袖竟至扫落了天上的白云。其狂欢炽烈的情绪，不是被集中地烘托出来了吗？作者就是运用这种夸张的手法，通过这种贴切新颖的比喻，来增加诗的奇特壮丽的成分。

　　书琴同志的一组《油都好》用词牌《忆江南》的格律来抒写自己的感情，而又不为旧诗词的格律所拘囿。且举其中之四：

　　　　　油都好，

> 夜来景最妙；
> 银珠万串从天降，
> 风过油湖塔影摇，
> 星河落九霄。

灯映油湖，风摇塔影，良宵美景，激发了作者的诗思，于是，佳句随之喷涌而出。不过，古典诗歌的影响也隐约可见，只是由于作者咀嚼消化了古人的精华，变为自己的血肉，把前人的名句融化在自己的作品里，才能推陈出新，不落窠臼，而无穿凿牵强之病。

此外，著名诗人李季，部队作者张永枚，在他们访问青海的过程中，也写下了不少弥足珍贵的篇什。诗集中李季的《虎将歌》、张永枚的《我是青海人》《西宁二首》《鲁沙尔之歌》等，都很值得一读。青海省较有影响的诗歌作者如左可国、朱奇、歌行等同志，也有一定数量的作品被选入，使诗集呈现了"百花齐放"的异彩。

《青海之春》的问世，乃是青海省文艺界的一件喜事。通过这本诗集的出版，我们可以披阅近几年来青海诗歌创作的成绩，它使我们了解到，在党的哺育下，青海诗歌作者的队伍正在成长。我们相信，随着党的文艺方针的进一步贯彻，诗歌作者的不断努力，不要多久，一批具有更高质量的新作将如雨后春笋般地破土而出。

美好感情的赞歌
——评《含泪的云》

（一）

以往在以描写藏族上层分子——牧主头人为主角的文艺作品中，有一种较为常见的现象，即：凡是牧主头人，总毫无例外地被描绘得反动透顶，腐朽不堪。他们政治上反对共产党，反对民主改革，反对社会进步，从封建的农奴主到反革命武装叛乱的头子，是他们的必经之路和必然结局。生活上穷奢极欲，荒淫无耻，对藏族同胞的压迫摧残更是骇人听闻。什么剥下人皮当鼓面，将人烧死"点天灯"，乃至剖腹挖心，割舌剜目，剁去手脚，等等。总之，他们一个个都是吃人不吐骨头的嗜血魔鬼！毫无疑义，多少年来，藏族农奴主的统治是极其残酷、极其野蛮的。在文艺作品中加以反映，加以揭露、鞭挞，也是完全必要的。然而，任何阶级，任何阶层都不可能是铁板一块，即使是属于同一阶级或同一政治集团的个人中间，也难免鱼龙混杂，良莠不齐。这就是说，就农奴主整个阶级来说，是反动的、腐朽的，是阻碍社会发展的。这是共性。但具体联系到农奴主个人，则又是千差万别的，"人心不同，各如其面"，这里面也不免会出现一些头脑清醒、目光远大、能顺应历史潮流的"开明士绅"式人物。这是个性。这些"开明士绅"，作为农奴主阶级的进步分子，在党的民族政策感召下，思想发生了巨大变化，他们团结在党的周围，为社会的进步、草原的繁荣，做了大量有益的工作。应该说，他们是党在民族地区开展各项工作的一个得力助手，是一支不可缺少的力量。可惜，由于"左"的流毒，我们的诗人、作家，过去对他们注意得太少了，我们的文艺作品很少如实地描写过他们，自然更谈不上正面地歌颂他们的历史功绩了。只见共性，不见个性，只能说坏，不能说好，长期来习惯于"一刀切""一锅煮"，这正是左倾错误在文学创作上的一种表现，也是思想方法的片面性、绝对化所产生的必然结果。无论怎么说，这终究是件憾事。

李生才同志的中篇小说《含泪的云》（以下简称《云》）是一部独辟蹊径、脱出窠臼的力作。唯其独辟蹊径，故读后令人耳目一新。小说《云》的第一主人公是龙木切草原的大头人贡布达杰。在作者笔下，贡布达杰不仅未被写成面目可憎的反面人物，相反却被赋予种种美好的性格，被作为正面人物而着力渲染。读者掩卷沉思，既为其不幸的遭遇哀叹，又被他正直善良的品格所感动。这样的艺术效果，恐怕是每一个初读《云》的人始料不及的，也是任何一部以牧主头人为反面人物的文学作品所难以比并的。

《云》的故事不算复杂：大头人贡布达杰坐了二十年牢获释回家，随着冤案的昭雪，三十年前的是非功罪终于有了正确的结论。就故事本身而言，很难说是个好题目。近几年来，写冤假错案的小说颇时髦了一阵子，题材已不怎么新鲜了，再要写同类题材，一般不易讨好。李生才同志的《云》却以其独特的艺术手法，在同类题材的小说创作方面开了一条新路子，并且取得了可喜的成就。《云》的成就，首先应归功于作者的胆识。在今天这样的政治形势下，过去的草原的实际统治者——牧主头人，不像早几年那样被全盘否定了。但要把牧主头人树为正面典型，作为文学作品的中心人物，即便不冒什么政治风险，至少也没有多少先例可援。尽管我们党为了拨乱反正，花了大力气平反了大量冤假错案，肯定了民族宗教上层分子中的进步人士的历史作用。但现实生活中仍不乏这样的实例：平反归平反，看法归看法。要在文学作品中为贡布达杰这类人物说好话、唱赞歌，广大读者，尤其是某些早已抛弃了历史唯物主义、让阶级斗争经咒灌输得通体麻木的党员干部，思想上通得过、感情上受得了吗？

是的，这是个尖锐的现实问题。一个有艺术良心的作家又该怎样回答呢？

从二十世纪六十年代初期就进入果洛藏族自治州的李生才同志，在那个地方已生活了二十多年。他和当年的农奴在一个帐篷里喝奶茶、吃糌粑，彼此朝夕相处、呼吸相通，结下了深厚的情谊。他也和昔日的牧主头人有过长期交往。他是个有心人。经过长期观察、深入了解，他发现：生活在雪山草原的藏族同胞，有着鲜明的是非标准和强烈的爱憎。他们的爱，深沉而执着，不因人的地位变化而转移；他们的恨，也不因对方是否属于本阶级而增减。他们有自己的道德规范和行动准则。这，按过去流行一时的阶级分析法，简直是不可思议的。这种民族的、不尽符合阶级论、却符合藏族人民传统风尚习俗、体现藏族人民心理状态的独特的是非观念和准则，究竟应不应该、可不可以在文艺作品中加以表现呢？这个问题，在文艺界恐怕还是没有能取得一致认识的。李生才同志通过自己的作品亮出了鲜明的观点：人类社会中，一切真的善的美的事物，一切积极的、美好的感情，一切顺乎潮流、合乎情理的思想意识，都应当汇入作家的笔端，得到作家的讴歌，都应当列为文艺作品的主题，充分地得到表现。在文学创作的道路上，老是战战兢兢、不敢越雷池一步，怎么能实现"百花齐放"呢？老是被阶级论、血统论之类的"紧箍咒"捆住了手脚，又怎能做到题材风格的多样化呢？我以为这正是李生才同志的可贵之处。正是从这样的认识出发，他才敢于触及禁区，去写以前很少有人写过的牧主头人的悲欢离合史，并赋予它崭新的社会意义。他不怕"人性论"的帽子，不怕那些正统的自以为懂得马列主义的文艺评论家的指摘，也不怕来自哪一个卫道者的非难，而是在一旦认准了方向之后，就坚定不移地、踏踏实实地迈出自己的脚步，终于走出一条路来了。所以，如果说，《云》不失为一部可取的、有成就的作品，那么，它的最大成就，首先在于作者的创新精神，在于不落陈套，具体说来，在于题材上有所突破。

（二）

《云》之所以如此引人入胜，还由于它的构思巧。作者精心剪裁，着意铺排，在行文叙事上，采用了意识流的表现手法。使现实与回忆紧紧地交织在一起，通过大量的插叙、倒叙，构成一幅幅生动的、色彩缤纷的画面。整个作品的故事情节，既跌宕起伏、回环曲折，又环环紧扣；既时断时续，遍设悬念，又和谐流畅，浑然一体。跳跃性虽是很强，却放得开，收得拢，整个故事总是绕着主要人物的命运展开。作者在写到关键处，往往故意戛然而止，或一笔宕开，插入一段倒叙，然后再分解下文。这样，就可以免除传统写法那种平铺直叙、呆板僵硬之弊。例如在小说的开头，写主人公贡布达杰的出场，没有写父女劫后重逢、抱头痛哭，而是让女儿巴薇措对这位历尽磨难的父亲，翻眼若不相识。由此揭示了各人的内心活动，并展开了一系列矛盾冲突。作者在作品开头设置的第一个悬念，就很自然地把读者吸引住了。

《云》以大头人贡布达杰的个人遭遇为贯串全书的脉络，并部署了三条线索：贡布达杰和索拉姆半途夭折的爱情；索拉姆和牧马人陆采尔的结合；汉族干部陈立纲和贡布达杰、索拉姆的女儿巴薇措的婚姻。三部罗曼史，犹如三支动人的牧歌，有的深沉，有的热烈，有的朴实。它既有高亢嘹亮，也有婉转低回，既有欢乐，也有辛酸。这三支牧歌，异曲而同工，即它们都是洋溢着火样热情的恋歌，都唱出了人们对纯洁爱情的赞美和歌颂，因此，它们都深深地拨动着读者的心弦。

无论在雪山还是草原，爱情，历来是人们吟唱不绝的主题。自然界的风霜雨雪，现实社会里人为的政治风暴，曾经摧毁了多少美好的事物。然而，纯洁的爱情，恰如昆仑山巅的雪莲花，傲霜斗雪，久开不败。有时确实能给人以勇气和力量。请看，正是因为这种刻骨铭心的爱，大头人贡布达杰竟然甘心代人受过，自动地背起了沉重的十字架——认下杀人罪，硬是蹲了二十年大狱，正是因为对爱情的执着追求，憨厚的牧马人陆采尔斗胆去"采大头人心上的花"，索拉姆则勇敢地投入了情人的怀抱；正因为出于热烈而真挚的爱，汉族党员干部陈立纲和大头人的女儿巴薇措冲破了民族的界限和世俗偏见的拘囿，结成了幸福的终身伴侣。这三对恋人，由于出身、地位、生活经历、年龄、性格的差异，他们表达爱情、处理爱情的方式方法也各有不同。何况，他们的爱情生活又总是和草原上的政治斗争互相交织的。要把这一切充分地、恰当地写出来，并不容易。作者在这里却掌握得颇有分寸，它前有铺垫，后有呼应，既不旁枝斜出，又不重复雷同，头绪虽繁而不乱，并且最后归结到作品的一个统一的主题上，这是需要有一定的艺术功力的。

（三）

在《云》的不多人物中，大头人贡布达杰无疑是作者倾其全力加以塑造的一个主要角色。这个人物能够在作品中站起来，在读者心目中活起来，正好说明这部小说的艺术魅力所在。贡布达杰和我们所知道的头人不同，他有真挚的感情，有高尚的情操，有治理部落的才干。他有政治眼光，比一般头人站得高，看得远。他和索拉姆从小耳鬓厮磨，相亲相爱，立下了生死不渝的盟誓。他们的爱情生活由于主奴身份的限制和封建势力的干预，终于未能持续下去。他们虽则是被迫分离了，但贡布达杰并没有"始乱之，终弃之"，而是把对索拉姆的爱埋在心底，并无时不在为索拉姆祝祷，希望她过得幸福。他常常为自己离开了索拉姆（尽管这并非他的过错）而感到"欠下了还不清的债"，为此付出了巨大的牺牲：先是忍痛割爱，成全了索拉姆和陆采尔的结合；继则挺身受罚，保障了索拉姆夫妇的婚后生活。贡布达杰对爱情所持的态度，与那些一贯以淫人妻女为乐事的封建统治者迥然有别，也是一般剥削者所不可企及的。贡布达杰是个精明能干的、有事业心的头人，他经常骑马外出，巡视各个部落，深入牧民帐篷，为部落的事务操劳。这一点，作品着墨不多，但给人的印象是鲜明的。更值得一提的是，贡布达杰拥护党、拥护民主改革，在当选为副县长前后，跟着党做了大量工作。他是头人，又是共产党领导下的副县长，这样的双重身份，使他既看到了光明的前途，以至于愿意跟着党走，又对当时的某些来自上面的"左"的言论和基层的某些过火做法疑虑重重。头人的自尊心和自信心促使他对作为党的基层组织领导人陈立纲提出了大胆的、中肯的批评，他是真心实意地要想帮助党做好各项工作的。然而他的阶级局限和性格上的弱点又十分明显：过分地注意维护个人的威信，过高地估计自己的能力，脱离群众，也脱离组织，既不愿依靠广大牧民、也不愿依靠党组织的帮助去解决部落里的日益激化的矛盾。甚至有时竟采取了不明智的措施，贻误了解决矛盾的有利时机，给坏人提供了可乘之隙，最后也害了自己。细按起来，贡布达杰冤狱之造成，固然和二十世纪五十年代后期的政治气候、社会条件紧密联系着，这里面包含有党的政策的偏差，坏人的从中破坏，等等，也和贡布达杰性格上的弱点有关。这样描写，比较客观地揭示了酿成悲剧的缘由，给人以真实可信的感觉，同时也使贡布达杰这个人物多层次地、立体化地凸现在读者面前，以其完整的活生生的形象进入读者的脑际，而留下印象。直至小说终了，两鬓斑白的贡布达杰在州人代会上讲出发自肺腑的两句话："路要朝前走，眼要朝前看！"读到此处，人们不由得对这位历尽艰险、年已垂暮，仍保持着坚强的生活信念的主人公发出由衷的赞叹。是啊，一个始终保持着人类的美好感情，永远忠于自己的信念的人，即使他曾经是大头人，曾经蹲过二十年大狱，又有何碍？为什么不能得到人们的尊重而予以应有的肯定呢？

《云》的其他几个正面人物，也写得形象鲜明，血肉丰满。美丽的姑娘索拉姆对爱情的向往是那么强烈，对爱情的追求是那么大胆，对第一个恋人贡布达杰又是那么一往情深；牧马工陆采尔的一生有眼泪，也有欢笑，有过错，也有功绩，完全称得上是个憨厚、剽悍、勇敢的藏族劳动者；巴薇措作为藏族人民第二代的形象，是沐浴着阶级斗争的风雨，在"左"的影响下成长起来的，她是那么单纯，那么幼稚，又是那么自以为是，令人既同情又深为惋惜；至于那个陈立纲，作为党的基层干部，他的经历和品质无疑具有广泛的代表性。总之，这一个个人物的性格，各具特色。作为正面人物群像，他们在情节的发展中有各自的语言行动和相互之间的关系，又较好地烘托了主要人物贡布达杰，起到了红花绿叶相映生辉的作用。特别应当指出的是，他们中间围绕着贡布达杰的冤案，大都不同程度地说过错话、办过错事，但他们给人的印象仍然是可亲的。这正是由于作者在塑造人物形象、刻画人物性格上，避免了简单化、公式化，才保证了正面人物形象的丰满和真实可信。

《云》的反面人物很少。一个是贡布达杰的管家塔惹桑，此人和共产党有不共戴天之仇，是个阴险、毒辣、狡诈、凶残的家伙；一个是无赖阿什吉哇，好色、贪杯、刁钻促狭，卑鄙无耻。作者并没有把他俩脸谱化，而是着重交代了这两个坏蛋的来龙去脉和思想变化过程。随着故事情节的展开，逐步揭示他们的丑恶本质，既让这个坏人和那个坏人有明显的差异，也不同于其他同类小说里的同类人物，这是符合人物自身发展规律的。

《云》的人物，大部分时间跨度很大，同是一个人，有童年、少年时期,也有青年、中年乃至老年时期,然而一个个都写得富有生气,令人难忘。当然,败笔还是有的。比如说,写索拉姆之迅即投向陆采尔的怀抱,总觉得前面的铺垫不够,转折间不很自然。索拉姆之爱上陆采尔,虽说已在离开了贡布达杰之后,但这种爱的转移究竟是什么原因促成的?又何以如此迅速地发生了?总觉得缺乏有力的依据。又如陈立纲的面目显得不像其他几个人物那样清晰,看来笔力有点弱了。

(四)

《云》的语言也很有特色。作者长期生活在藏族聚居的牧区,有着丰富的生活积累,对藏族同胞的口头语言相当熟悉。小说较多地运用了藏族谚语、口语,使作品的语言清新活泼。有些人物对话还直接采用了藏语,加强了作品的地方特色和民族特色。此外,作者也充分注意了人物语言的个性化,力求所运用的语言与人物的身份地位相称。如成年后的贡布达杰的语言偏重于书面化,偏重于文雅;大管家的语言除了尖酸刻薄,还在于更多地注重旁敲侧击,在于设譬隐喻。这也与这个心怀鬼胎的反面人物的性格相一致。牧马工陆采尔、女农奴索拉姆则多半使用日常口语。巴薇措的语言又难免夹杂着不少政治术语。当然,过多地使用民族语言也会产生一种局限性。同时,像贡布达杰这样的上层头面人物,毕竟有别于汉族知识分子,他的语言过多地掺杂古典诗词的警句,是未必合适的,弄不好反而会成为"蛇足"。

(五)

《含泪的云》作为青海省第一部在省内出版、反映牧区生活的中篇小说,它的成就是可喜的。作品文笔流畅,描写生动,显示了作者生活根底的深厚扎实。其中一些细节描绘,尤为感人,为节省篇幅,不一一列举了。至于作品的不足之处,自属难免。比方说,在结构上由于作者还未能运用自如地驾驭意识流这种表现手法,有时情节的前后衔接显得不很紧密。又如巴薇措这个人物,作为县委组织部长,又是县委书记陈立纲的妻子,她的绝情、她的偏执、她的左倾观点竟是如此根深蒂固，似乎令人不可理解。这样描写巴薇措，是不是过头了呢？对于作为她的丈夫的陈立纲这个人物，会不会有损害呢？这都值得考虑。又如，作品在描写男女爱情的时候，可不可以写得更含蓄些，对来自生活的素材作更进一步的提炼呢？再如，作品的时代背景也不够明确。党中央决定为大量冤假错案平反昭雪，是十一届三中全会以后的事。贡布达杰的获释，应当也是这个时候。而从作品的环境描写和气氛渲染看，倒好像是刚刚粉碎了江青反革命集团不久的一九七七年，又好像是在一九七八年。须知贡布达杰坐了二十年牢才告获释的，由此上溯，究为何时入狱？这个时间是应当扣得很准的，反之，如果出现了疏漏，作品就不真实了。

综上所述，都无非在于说明，《含泪的云》确是一部虽存在着某些不足，但仍值得一读的好作品。它的多方面的成就，应予肯定。它的问世，其实是一个信息，表明青海省一些作者经过长期的深入生活，正在勤奋地、扎扎实实地从事小说创作，并且正在不断地取得进展。有人曾预言，一九八五年将是青海省小说创作的丰收年，到那时将有一批好作品涌现出来，这是有根据的。现状虽不能令人满意，前景却是令人鼓舞的，让我们为此而共同努力吧！

飞红万点春如海
——"宁波之春"征联点评

"宁波之春"征联启事在《后乐园》刊出后,两周内,就收到应征稿400余件。这表明,作为大众化的、富有民族风格的文学形式——对联,是群众所喜闻乐见的。来稿的踊跃,还表明读者对家乡怀着深厚的感情,他们力求借助于对联这种形式来表达对宁波的建设和发展的关注。

中国的对联脱胎于古代的骈文和诗词。骈文中的对偶排比,近体诗中的律句,都是对联的滥觞。正因为如此,对联与律句一样,要求上下两句(出句与对句)字数相等,词性(名、动、形容、数量词等)相对(即相同或相通),词组(主谓、偏正、动宾等)相对,而平仄相反(平对仄、仄对平,七言句中一、三、五字有时可变通)。这种款式和语言规范,是在于体现汉语的音节之美,也便于背诵和记忆。

对联一向应用甚广,现在,它几已渗透到社会生活的各个领域。但对联是有艺术品位的,并非轻易就能掌握。因此,应当多做些普及工作。"宁波之春"征联活动,显然也含有这一意愿在内。

不过,既曰"宁波之春",自应在"春"字上多费些笔墨。这就意味着,对联必须具有鲜明的时代特色和浓厚的生活气息。这些对联的格调应当是健康的,色彩应当是明丽的,气氛应当是热烈的,节奏应当是欢快的。这样,才能显示出盎然的春意。

就来稿中的多数而言,与上述要求尚有差距,主要表现在:

一、用词和平仄对仗不工。如出句"望北仑新港……",有人对以"看农村今日"或"看未来建设",显然不符合要求;

二、平铺直叙,缺乏新意。有些对句字面工稳,无懈可击,但所使用的语言陈旧，有的甚至是时时处处通用的陈词滥调。有的则分明是从别的什么地方抄来的，与"宁波之春"根本对不上号；

三、上下联脱节，意蕴不深。如出句"两岸云开帆远近"，既写景，又抒情，在于赞颂海峡两岸出现的新气象。因此对句就不能局限于写景。如"一城雨霁屋高低"之句，写景有了，对仗也称工整，可上下联意思连贯却显不足，有悖这次征联的初衷。

编辑部的主要工作是在大量来稿中，筛选出某些较有基础的对句，经精心修改加工后，予以发表。例如今天见报的对句原稿是"祝科坛老将，百花齐放，一马当先"。另一句原稿是"赞明州古城，三江如画，百业争雄"。这两个对句，经修改后，成了现在这个样子。虽未尽完美，较之原稿，无疑是有了明显的提高。至少一些词性、词组、平仄和逻辑上的疵病得到了补救。上下句分量不一致，上重下轻、上轻下重、托不起、粘不住等缺陷也有所纠正，使之初步达到平衡与和谐。可以相信，经过大家共同努力，一定会涌现出更多构思精巧、含义深广的佳联来。

石在，火种不灭！
——读革命回忆录《永远在战斗》

新书《永远在战斗》（中国作家协会青海分会、青海人民出版社编辑部编，青海人民出版社出版）是一部值得一读的、比较优秀的革命回忆录。它的特点是材料生动、内容丰富，形象鲜明、气势雄伟。

《永远在战斗》共收短篇回忆录一十三篇。作品所叙述的斗争史实，包括了第二次国内革命战争、抗日战争、解放战争、抗美援朝等这一段前后约二十年的历史时期。作者马华亭、田志周、高维嵩、关子烛等同志，原都是当年这一系列斗争的参加者。作者从自己的战斗经历中选取了最动人的、富有典型意义的部分作为题材，然后加以精心的艺术处理，从中概括出熠熠发光的典型人物和精彩的故事情节，使作品迸射出耀目的思想光芒和艺术光芒。

材料生动，是任何革命回忆录能够激动人心的重要因素。《永远在战斗》的作者，是正确掌握了写文学作品所必须遵循的"选材要严"的原则的。这些材料不但是作者当时所亲见亲历而又念念不忘的，而且它确实存在着较为完整的艺术加工条件。像书中《王庄养伤》，写一个解放军团长（即作品里的我）在战斗中负了伤，被带到距战场不远的一个小村子里养伤，在那里历尽危难，终于在当地村干部和群众的掩护下，安然脱险。像《永远在战斗》《车固村二三事》写的是个人的战斗经历，过铁路遇险、进村被围、计杀敌军官、双枪赴会、地道奇缘等，不仅故事情节曲折、紧张、惊险，而且特别是由于这些材料原为作者所亲见亲历而又是感受最深、怀念最切的部分，笔端饱蘸着作者真挚深沉的感情，所以，读来也就格外亲切感人了。

有了生动的材料，还必须在这个基础上进行提炼加工。也就是说，回忆录作者应当采用形象化的手法来再现革命历史。为了实现作品的形象化，就有必要把历史事实中那些富有特征的、有本质意义的历史生活形象集中概括起来，以加强作品的艺术效果。像《王庄养伤》中，作者选取了把武工队的四十箱子弹寄存到了伪军碉堡里去，最后竟至让那个负了伤的解放军团长去伪军碉堡里休养治疗等几个精心安排的情节来加以集中描绘，就使作品充满着浓烈的传奇色彩。又如《生命桥》中的护桥、抢修、冒寒炸冰排、舍命拆卸定时炸弹等场面，也都写得有声有色，引人入胜。通过这些集中概括，作品的形象趋于鲜明了，作品的艺术感染力加强了。同时，通过这种集中概括的描写，也较为深刻地揭示了历史的本质，反映了当时社会错综复杂的阶级关系和尖锐剧烈的敌我矛盾。通过这种集中概括的描写，更使人们认识到："石在，火种不灭！"依靠着党的领导，依靠着广大群众的支持，依靠着革命者的坚持斗争，任何敌人都无法逃脱被击败的命运。这就使得读者在得到美感享受的同时，又接受一次生动有力的革命传统教育。

此外，随着故事情节的开展，作者还着力地刻画了人物的性格。在不少场合下，作者都是有意识地把人物一步一步地推到矛盾冲突的尖端，放在斗争的最中心处以充分展示其精神面貌。如《生命桥》里的英雄人物郭金昇的形象，就显得高大丰满、有血有肉。

革命回忆录《永远在战斗》的成就是值得肯定的，它不愧是一本有益于读者的好书。环顾青海省党政军领导干部中，掌握这类珍贵资料的还大有人在，期望作协及有关部门继续组织力量，从事搜集、整理、编写，使这一份富贵的精神财富不断地公之于世。

形象化的时代记
——评诗集《宁波新咏》

中国乃是世界上少有的诗歌古国，古诗词是中华民族取之不尽的宝贵文化遗产。最近几年，江泽民总书记倡导在青少年中朗诵古典诗词，弘扬中华民族优秀文化传统，并在报上发表诗作。古典诗词日益呈现出空前的发展和繁荣。宁波诗社新编的诗集《宁波新咏》正是在这种大背景下诞生的。

宁波这一方热土，曾孕育过不少墨客骚人；巍巍四明山，滔滔甬江水，曾触发过许多诗人的创作灵感。但从20世纪50年代起，宁波的诗词创作转入沉寂。宁波诗社成立于1987年年初，当时正是全国诗坛处于从沉寂开始走向复苏的阶段，社员不过寥寥十余人。十五年后的今天，已有社员逾百，累计作品万余首，社员个人结集数十种。《宁波新咏》是对过去十五年辛苦耕耘的实录。

本书的编辑出版，主要是为了总结回顾过去，同时也是为了迎接党的十六大召开。书名《宁波新咏》，决定了它既要凸显地域特色，又要保持浓浓的时代气息。因此内容分类把"盛世赞歌"放在首要的位置，是理所当然的。这类作品，主要讴歌新时代、新生活，赞颂改革开放。诗人们高吟肺腑，以饱蘸感情的笔，描绘祖国的大好河山和港城的经济发展、社会进步新成就。宁波诗社这一时期取得的实绩，创作之外，还有服务社会，包括为许多名胜古迹、旅游景点、商业建筑取名、撰联、题额，提高了城市知名度和文化品位。这些，在本书中都有提及。应该看到，如果没有大规模高速度的城市建设，那么，中华诗词独特的艺术魅力及其广泛的实用价值，就难有机会得到较多体现。

作品题材的丰富，反映出现实生活的绚丽多姿。当然，选收的七百余首作品，仅仅是捧起海洋的一朵浪花而已。作为形象化的时代记录和地方文献，这本诗集对宁波市文化建设具有积极的意义。

第六卷　评　报

评　　报

近一时期以来，宁波市媒体刊登的关于水的文章和报道，林林总总，各有特色。我比较赞赏的，还是8月8日《三江周末》B1那个版面，应当说这一版整体编排布局都不错，大标题是《走在火辣辣的日子里……》，醒目，富有韵味，但"走"字不合语法要求，如换个"生活"之类的中性词或干脆删去这个"走"字，就好读了。制作标题贵在引人入胜，不过，也应防止因力求出奇制胜而出现语病。另一个手写体大标题《大旱　宁波不屈服》个性鲜明，含义积极。但"大旱"后空了一格，却忘了加个逗点。下面三个小标题统率的报道内容，都有较强的可读性和较多的知识含量。尤其值得一提的是，右侧的《1967·记忆》。这里刊登了三则来自本报记者和读者的回忆片段。编者在题下加了个简短的导语，意在提示，1967年，宁波酷暑大旱，是一种什么样的生活场景：理发不洗头，纳凉江底坐，买水要排队，如此等等。最后，编者又加了一段同样简短的类似按语的文字，中心意思是要大家不忘过去，珍惜现在，共创美好明天。话不在多，在于精到，这就叫作要言不烦。大家知道，1967年乃是"文革"的第二年，人祸加上天灾，老百姓受尽煎熬，朝不保夕。36年过去，虽同样是大旱，老百姓一不用排队买水喝；二不会无水洗头；三滔滔姚江水依然奔流不息。两相对照，就可体会到改革开放带来的变化有多大了。我想，倘当今的宁波，还有人因暂时用水紧张而牢骚满腹，读一读《三江周末》这一版，大概可以心平气和了吧！

一则用词不当的新闻标题

8月22日第八版大号黑体头条一则两行新闻标题《反对派逼宫城下，卡扎菲身困危局》，说的是利比亚反对派武装在北约的军事支援下已攻至首都的黎波里，卡扎菲处境困难。这天消息的标题有"逼宫城下"一词。应该说，这里的"逼宫"却是不确切的。所谓"逼宫"，系指使用武力包围皇宫逼迫君主退位。这是本义，逼，逼迫，逼近。宫，宫廷，宫殿，隐指皇位或权力。故逼宫应是近距离或甚至是面对面的，有些宫廷政变或军事政变就属于这一类。总之，它有特定含义，不能随意引申，尤其不能用来比喻处于战争状态，反对派武装虽已攻至首都，尚未完全占领的情况下。作为新闻标题的正确表述应为"反对派兵临城下"，而不应是"逼宫"。"宫"，怎么会在城下的呢？

文风杂谈

文风问题从二十世纪五十年代始就开始讨论，至今事隔三十余年，追昔抚今之余，却感到文风问题不仅远未解决，且大有变本加厉、日益严重之势。二十世纪五十年代的讨论，开头时不过是形式和内容、思想和艺术之争，如今却范围扩大了，涉及的问题及其表现也比当年复杂得多，而所有的这一切，又总是与当前的社会风气连在一起的。

比方说，发表作品，有时要托人情、走后门。有些刊物要向作者收取所谓"编辑费"或"赞助"。这已不是什么秘密。有些人文坛登龙，靠的是长袖善舞、钻营有术。有些人号称作家，其大作却错别字累累，连标点、符号都不会正确使用。有些人根本不懂诗词格律，却硬要吟风弄月、附庸风雅。有些人自己写不出东西，却专门替人题词、作序，信口开河，漫无准绳。有些人写评论文章，不是骂杀，就是捧杀，脱离实际，恣意妄作。有些人不学无术，却惯会坐享其成，"不着一字"却可以"尽得风流"。有些人公然剽窃，把别人的创作成果，换个署名，便据为己有。有些人编历史剧，可以任意杜撰，或张冠李戴，移花接木；或时空错乱，是非颠倒，弄得面目全非。有些人则只靠着剪刀、糨糊过日子，东补西贴，七拼八凑地搞所谓写作。有些人一稿数投，企图以多取胜。还有些人则专做"文抄公""捉刀人"。如此等等，不一而足。所有这些，大半是二十世纪五十年代不曾见到、听到过的。

端正文风，还文坛以一方净土，已成为当务之急。这要靠学术界、新闻界、文艺界上下一齐动手加以整治。成败的关键则系于改革。因为文风牵涉到方方面面，相当复杂，而且由来已久，解决它自不可能奏一朝一夕之功。但改革（包括新闻改革）毕竟为我们国家提供了机会，使某些社会积弊，包括文风问题在内，有了解决的可能。因此，在极为有利的大环境下，我们不但要呼唤良好文风的回归，并且要通力合作促其早日实现。

（1996年2月）

浅评2月25日的《月末·一束花》

2月25日的《月末》版,起了个很温馨的名字:《一束花》。既然是花,又不止一朵一支,那在质量和数量上自应做到名副其实。就本期四个版的内容来看,值得肯定之处还真不少。试列举如下:一、新春特稿《邓小平的珍闻》所叙述的是关于这位伟人的异闻轶事,分成十二小段,各冠以小标题。虽都属于邓小平的身边琐事和兴趣爱好,但"伟大出于平凡",在日常生活中往往最能显示杰出人物的性格特点,而且有时哪怕是一幅画、一件小摆设,也能从某一侧面窥见主人丰富的内心世界,甚至还会联系着时代风云。如邓家的《双猫图》便是。这篇特稿有选择地披露了这些生活细节,其中好些是未经公开发表的,因此,读来亲切有味,妙趣横生,而又富于新鲜感。应该说,它的可读性是比较强的。放在第一版占的篇幅虽大,读着倒也不觉得其长。唯一不足的是套红的正标题《似水流年伟人风采》总觉得不尽完美。尤其是"似水流年"这四个字原出于《牡丹亭》曲文,系与另四个字"如花美眷"相对应,显得过于忧伤、缠绵,抒情味太浓,用来概括特稿内容不够确切,以之形容邓小平的往昔岁月,更多有不妥。这是以后拟制新闻标题时应予注意的。本版《本期导读》放在右侧并配以图文,位置恰当,可惜照相制版技术不过关,看不清晰,影响了效果。二、三版版面安排颇见功力,内容也还可以,仍然是图片存着缺陷。这更应想些办法逐步加以解决。第四版内容比较扎实。刊登的小说梗概《相爱在哈佛》描写在海外的留学生的生活及其感情纠葛,真实而动人,是当前社会普遍关心的热门话题。报告文学《夏令营的较量》,题材新、挖掘新,生活气息浓。触及中国社会久已存在,又常被忽略的病态,提出的问题牵涉面广、层次深，很发人深省。这类作品在宁波乃至浙江还不多见。另外，随笔《所谓"上班"》，短小精悍，有力度，对一个时期来的机关作风，痛加鞭挞，却用了轻描淡写的手法。《当代流行语》有内涵，也不错。

《月末》版已成了各报争夺读者的重要手段，几乎所有的报纸都在刻意经营。县报已有了良好开端，今后不断汲取各报之长，不断克服缺点，总结经验并倾听各方意见，一定会办得一期比一期精彩的。

（1994年5月25日）

开门办报的成果

一调回家乡，我就与《宁波日报》建立了联系。一晃9年，宁波市的面貌大变，《宁波日报》也已初具大报规模，并即将发展成为一个报业集团。这是宁波历史上从未有过的。

《宁波日报》之所以有今天，我以为离不开依靠群众、开门办报的正确方针。报社定期召开老报人座谈会、评报员会议、通讯员会议，进行问卷调查，等等。总编辑率先与作者、通讯员交朋友，认真听取批评、建议。报社上下形成了一种尊重历史、尊重知识、勤于探索、勇于进取的好风气。

当年扩版时，我曾热切希望《宁波日报》能办得既有大报风度，又有小报风格。也就是既要高瞻远瞩，目光四射；又要活泼生动，丰富多彩。应当说，这两个目标都在一步步地接近实现。报社这些年不仅派记者到全国各地去，而且还实行出国（境）采访，以广辟信息来源。报纸的几个副刊、专版，多数已办出特色，为读者所称道。

眼下，形势发展很快，而报纸的采编、通联和管理工作，还存在着某些薄弱环节。新闻稿件的质量、言论的力度、有些采编人员的素质，还存在着问题。《宁波日报》要与宁波这个副省级城市的地位、知名度相适应，还得拓宽思路，作更大胆的改革。

（1995年5月26日）

把握标题的个性

第15期《评报参考》曾有文提到标题的个性问题，并举10月7日县报的几则标题加以衡量。我以为这确是重要而又往往难以把握的问题。

新闻标题是编辑学的一个必不可缺的内容。标题的制作是编辑人员文字功底、知识面、提炼概括能力和审美观的综合反映。所以，标题最容易体现编辑人员的水平。评报，也总是喜欢着眼于此并以此为话题。

实事求是地说，鄞县报从创刊之日起，就很注重新闻标题的个性，力求做到标题的准确、鲜明、生动。应当承认，他们的努力是有效的。就其总体而言，作为一张县报，能达到这一步是极为不易的。这，只要横向比较一下就清楚了。当然，也有一些标题不那么确切，与正文扣得不紧，或与整个内容游离。也有一些标题则太平板，不美，因而缺乏吸引力。有一些标题又过于花哨。甚至有个别标题还出现了差错。总之，县报的标题，大家都认为是不错的，但还存在着不足，有待于改进。

今天，读10月25日县报，就觉得第2版一篇短评的标题《知小者大》和第4版小栏目《京城速写》下篇《"飞天"奖花落人家》，都不大好懂。前者是讲工厂企业不可忽视小商品生产，勿以利小而不为，小中亦有大市场。文章的论点是可取的，也很有针对性。只可惜标题不是那么明白易懂，像是在绕弯子。倘换成"小中有大"或"不遗在小"之类，也许会更加贴切些。后者那个标题不知该怎么读？无论是"奖花落人家"或"花落人家"，都意思不够显豁，也容易产生误解。因此文章属于正面宣传，用了"花落"一词，却含有贬义了。而且"花落人家"语法上也不完善，经不起推敲。

以上仅随手举例，未必恰当，仅供参考。

另外，标题的字体应该多样化，不拘泥于黑体字，黑体字用得太多、太滥，反而感到挤逼、臃肿、呆滞。这已好几次提到了。

（1994年11月4日）

新闻标题应精益求精

新闻标题的制作是一门学问。为了美化版面，增强对读者的吸引力，各报编辑部于标题的制作无不全力以赴，精益求精。因为这里也存在着竞争。

新闻标题除了要在为内容服务、与内容相适应的前提下，做到精练、鲜明、醒目和富于概括性，还必须尽可能地讲究文采。为此，有时不免要调动一些修辞手段，力求言简意赅，一以当十。这里面当然也包括标题字体、字号和标点符号的运用。也不妨说，标题的制作对每个版面编辑都是个考验，它最能显示编辑人员的文字功底和表达能力。

鄞县报是一张刚诞生不久的报纸。创刊以来，编辑部对新闻标题的制作是相当用心的，曾经出现过不少好标题，很引人注目。这是可喜的，应充分肯定这种努力。但近来有些地方报，在经营一版、设计标题时，有过多地使用黑体字并且字号片面求大的倾向。这很影响版面的和谐，导致了视觉形象的错乱，其效果适得其反。县报也或多或少地存在着类似问题。特别是第一版，时或不免有黑体字标题使用频率过高、字体不够多样化，而且墨色过浓的缺陷。例如1月21日县报一、二、三版乃至四版副刊，其标题绝大部分使用了黑体字。尤其是副刊的作品标题，这样做实在没有必要，也并不悦目，而一版把各条消息分隔成块，所使用的铝条太粗、太黑，反而不美。另外，穿插在消息中间、与之相配合的新闻图片，不够清晰，也令人感到美中不足。

要解决好新闻标题的质量问题，一要提高认识，克服使用字体、字号上的片面观点；二要坚持岗位练兵，提高文字的驾驭能力；三要改进版面设计和编排,既突出重点,又协调匀称。至于印制版方面的技术问题,在更新设备一时尚难做到的情况下,编辑部应会同印刷厂一起认真研究攻关,也可以订立一些近期奋斗目标,逐步有所改进。比如墨色太浓的问题应当是不难先得到解决的。

(1994年2月25日)

让新闻标题更具吸引力

新闻标题要制作得准确、美观、醒目、富于吸引力，一要靠精心提炼，善于运用最有表现力的字、词和词组；二要靠精心挑选合适的字号、字体。这是大家都认可的常识。

但要完全做到这两点并不容易。有些报纸做得好，有些报纸则做得较差甚至很差。就《宁波日报》而言，过去这一年随着事业的发展和编辑工作通力的提高，新闻标题比以前讲究了、精致了。有不少传神之笔，给人留下印象。这，可以举出好些实例。但新闻标题，尤其是新闻版的新闻标题，太直、太实、太板、少变化、不美观等疵病仍然存在（地方新闻版比新闻版强一些）。这除了有关人员文字功底不够扎实，所掌握的词汇不够丰富等因素外，还与近一时期以来黑体字见报频率越来越高有关。

黑体字方头方脑，肥厚粗大，用在新闻标题中，自然是比较醒目。不过，使用得过多过滥，甚至不问新闻作品内容，不看场合，不考虑是否需要，凡编发消息，制作标题，一概冠以黑体字，结果必然会弄巧成拙。试想如果翻开报纸，版面上尽是黑压压的一片，只会让人感到挤压、迫促，也许连阅读兴趣都会荡然了。其实，制作标题也像烹调那样，要适当动用多种字号、字体，予以合理搭配，使之浓淡得宜，疏密有致。总之，浓妆艳抹不一定美，素淡有时倒更动人。何况，新闻作品之是否具有价值，主要决定于内容，不取决于标题之是否有了黑体字。例如3月4日头版所有新闻标题主题全是黑体字，由于左下角一篇现场采访的标题《万众一心图发展》用了手写体，就疏朗了些，反而引人注目。

读近期《文荟》

在日报诸多的副刊、专版中,《文荟》周刊无疑是人气很旺、深受读者关注和喜爱的。遗憾的是,有一个时期,它却不是那么吸引人了,它版面缩小了,特别是B1即它的第一版,被广告挤占过多,有时甚至达到二分之一的版面。这一来,它的信息量自然也就减少了。

不过,近几期的《文荟》周刊比较有看头了。且以5月20日这期即797期为例,其中B1是个通版,未刊登广告。全版所选登的十条信息,按其内容有关于现行户籍制度的,有关于自然灾害的,有关于企业员工薪资的,有关于房产和房价的,有关于税负水平的,有关于贪官受贿方式的。所有这些,可说都属于时下老百姓普遍关注并正在寻求解答的热门话题。本期周刊利用版面,或作为消息报道,或作为新闻评论,从各个不同侧面加以刊登,是一定会起到很好的舆论引导作用的。如关于杭州市原副市长许迈永的妻子戚继秋、浙江省公路管理局建设处原副处长周某的"男朋友"(同性恋)、景宁县建设局原副局长吴远明的情人,都是成为领导干部"身边人"利用影响力受贿的典型案例。这类案例,正说明利用"身边人"经手受贿,正成为贪官们一种前所不多见的新型腐败方式,也是刑法修正案规定的新罪名,是很可以发人深省的。《文荟》周刊加以刊登,是很有积极意义的。

(2011年5月30日)

关于改稿的余话

几个月前，写过一篇题为《审稿和改稿》的小文章，刊登在《报人园地》上，意在就个人若干年的编辑（报纸、杂志、图书）工作经历，谈一点粗浅体会，与同行朋友们共勉。现在，又因为看到报纸编辑工作中发生的一些问题，党报审稿改稿，尤其是改稿，确实是一门学问，甚至是穷毕生之力都未必能完全掌握并做得完美无缺的。

据我的了解，新中国成立前新闻单位中，编辑的地位、待遇一般都比跑外勤的记者高。这是因为编辑要拥有更扎实的文字功底和更广博的知识面。一句话，就因为编辑是把关的。编辑们的把关功能主要体现在审稿和改稿上。按照当时的规章制度，版面上倘是出现了差错，或是因审稿不严或改稿不当而酿成事故引起纠纷，首先要追究当班编辑的责任，轻则罚俸（扣工资）、记过，重则辞退。可见，处分还是很重的。

所谓改稿，其实就是对来稿进行编辑加工，无非是增或删两个方面。过去的编辑加工，增删并重。必要时甚至可以作适当补充。但如今的编辑，尤其是报纸编辑，通常只着眼于删。问题是删也不容易。删的目的是去繁就简，突出重点，节省篇幅。删，是为了芟除枝蔓，保其主干，而什么是枝蔓，什么是主干，是需要仔细辨别的。有时辨别不清，把不该删的删了，弄得伤筋动骨，面目全非。有时又把该删去的保留了。总之，改稿不当，无论是增或删，都是必须严格防止的。

前不久，如竹的《平安退休》一文，刊出后曾致非议。杜仲的《让墙里的花也吐香》也挨了批评。其原因都由于原稿被删削过多。《平安》一文，连结构都曾被打乱。《吐香》一文的开头，部分比较关键的词（如"这是好事"句中的"这"后原有"本来"二字）被砍掉，与原意有了出入。因此，使得作者不得不再作说明。删改是正常的，但一要看准二要细心，重大的删改最好能征求作者的意见。否则，宁可不予发表。这也是对读者负责，对作者负责。因此，编辑拿到稿件，切莫轻易动"刀"。"审慎、审慎、再审慎"，应始终成为我们每个编辑的工作信条。

（2000年12月31日）

审稿和改稿

编辑，审稿和改稿，几乎是天天发生的。不过，作为一项工作，也有不少讲究，要做好它，并不容易。

一篇稿子的处理，分为上下两道工序。稿子拿到手里先要看，这就是审稿。看什么呢？当然是先看立意是否积极可取，然后才是谋篇布局和语言运用等等。审稿贵在发现问题，即在总体评价的基础上找出其存在的缺陷或不足。这有属于思想上的，有属于内容上的(如真实性)，有属于逻辑上的，有属于结构的，有属于词句上的。总之，毫无欠缺的稿子是极少的。只要认真审阅，总会或多或少地有所发现。而能否发现，发现多少，这里有个水平，即眼力问题，当然，不仅仅是水平，它也与编辑的工作作风有关。往往有这种情况，一篇稿子从初审到发排，一路绿灯。等到见报，读者指了出来才恍然大悟。其实问题也并不过于隐秘，只是由于几道关口都不曾把牢，才滑过去的。这类实例，并不少见。

这样看来，审稿是极其重要的，它是下一道工序改稿的依据。看不出问题（当然不一定都有缺陷），怎么改呢？改稿，无非是删和改。改稿，首先是敢于改，只认稿子不认人。不迷信名人，不畏惧权贵，也不被私人感情所左右。该改的就坚决改，这才是忠于事业，对人民负责。其次是善于改。怎么改？改多少？都要仔细斟酌。删，主要是压缩篇幅，有时也为了迁就版面。不管出于什么目的，它的要领是"把不需要的东西统统砍掉"(罗丹语)。也就是去其枝蔓，固其主干，而不是相反。但实践中，也不容易做得恰如其分，有时倒是把不该砍的砍掉了，该去掉的却保留了下来。有时却又砍削过多，连皮带肉，大伤元气。至于改，那是细活，从思想内容到语法修辞都不能轻易放过，改的目标是使稿子臻于完善，做到点铁成金，化腐朽为神奇。改稿最能检验编辑的学识水平和文学功底。改稿有两忌：一、望文生义；二、想当然。特别是对谈掌故、忆旧事等文史类稿子，偶一疏忽，就会改错。例如唐振常先生（老报人、文史学家）曾谈到他的文章中有"来沪过我"一词，被改成"来沪找我"。"耳房"被改成"平房"，"反美扶日"被改成"反美抗日"（见9月9日《新民晚报》副刊）。"过我"有对来客表示尊敬之意，以前也是常用的。"耳房"与"平房"亦非同义。至于"反美扶日"原是新中国成立前中国人民为反对美国扶植日本军国主义而掀起的群众运动，规模很大。改成"抗日"就违反历史了。这类被改错的事，我自己也经历过，很啼笑皆非，却又无可奈何。

编辑要慎于改稿，下笔前查一查工具书，问一问编辑部的老行家，必要时同作者通个气，就有可能避免差错。这既是尊重作者的劳动，同时也维护了报纸的形象。这里的关键是编辑（包括主编辑、责任编辑）的勇气和细心。改稿时多推敲，多设身处地地为作者着想，多一分谦虚谨慎，少一分自以为是。那么，稿子改好了，新闻作品质量上去了，编辑与作者的关系密切了，自己也得到了提高，岂非一举而数得？

也谈负面新闻的报道

2月14日《宁波日报》于第2版刊出了关于招宝山大桥发生梁体断裂事故的报道。消息见报后，立即引起评报员的关注。《读者评报》第8期、9期有三篇评报稿对之发表意见，另一篇评报是谈"封锁令"的，虽未直接联系招宝山大桥事故，但其笔锋所向，并不仅仅限于綦江县某些领导，这也是不言而喻的。

这些评报，对2月14日的报道，仍持肯定态度，认为报道尽管已迟了不止半拍，但从一直不发消息到终于写了报道，总是个进步。不管出于什么原因，报纸在隔了将近5个月之后毕竟还是把事故真相如实地告诉了读者，而且这篇报道事实清楚，把事故的前因后果叙述得比较客观完整。同时又把全文的重点放在查明原因和制定永久性处置方案上，这都符合事故报道的规范，也能给广大读者在惋叹之余带来修复的希望。

当然，如果《宁波日报》能在事故发生后，发个百来字的短讯，向读者打个招呼，说明断裂的出现，并说明事故原因有待调查，这就不会陷于被动。就是说，如果把2月14日报道中第一、二段的内容提前公之于众，就会群疑释然，不至于引起诸如许多的猜测和讹传了。

新闻是现实生活中发生的事件，这种事件乃是客观存在，并不取决于报道与否。就以綦江县为例，当时某些领导自以为封锁很严密，却不料很快就被打破了。何况，庞大的断桥横在江面上，行人往来，船舶出入，可实昭昭在人耳目。怎么掩盖得住呢？

有些报评对《宁波日报》在负面新闻报道上的欠缺，曾提出中肯而又不无尖锐的批评。他们认为报纸固然不应有问必录，但有问不录也并不可取。倘若长期在这方面陷于被动，那就会削弱报纸的功能，以致信誉下降。这对任何报纸都是应当竭力避免的。

由这一事故报道引起的须加以思考的问题是不少的。当然这里的责任不在报社和记者，有些深层次的问题，恐还得等报纸走向市场参与竞争以及等新闻立法、真正做到依法办报后才有望得到解决。不过，既然生活中存在着负面事物，那么，负面新闻就是不可缺少的。关键不在报不报道，而在如何报道。

首先，可以学一学兄弟报纸，尤其是《人民日报》的报道作风和经验。同样是党报，同样是新闻的正面报道为主，为什么他们却并不忽视负面报道？这差距到底是怎样产生的？其次，看一看人家又是怎样进行负面新闻报道的，比如事实是怎样交代的，角度是怎样选取的，重点是怎样突出的，措辞的分寸是怎样把握的，等等。其三，报道重大负面新闻的时机怎样才是最合适的，怎样才能做到既不是抢新闻，又不至过于滞后。既照顾到新闻的时效性，又不违反党的宣传纪律。这样做，自非易事。但经过努力，还是可以找到一个最佳结合点的。

在市场经济条件下，人们思想活跃，获取信息的要求强烈，传播手段多样，渠道也是畅通的。面对新的情况，办报人应尽快地转变观念、转变作风，尽快地面向市场，面向广大消费者（读者），开创报道工作的新局面，以赢得广大读者的认同和信任。

（1999年3月31日）

副刊谈往

写下这个题目，脑际立刻浮现出一串闪光的名字：孙伏园、黎烈文、萧乾、严独鹤、唐弢、柯灵、张恨水、袁鹰……这些资深而又成就突出的副刊编辑，曾经以他们里程碑式的业绩，为中国报业史添加了浓墨重彩的一笔。

孙伏园，这位一贯笑嘻嘻的《晨报》副刊编辑，是鲁迅不朽名著《阿Q正传》的催生婆。没有他，就不可能出现《阿Q正传》。黎烈文的《申报·自由谈》给鲁迅杂文提供了用武之地，这也是人所共知的。萧乾是集记者、作家、翻译家于一身的多面手，却编过七年副刊。严独鹤编了大半辈子《新闻报·快活林》和《新园林》，始终如一。唐弢、柯灵与《文汇报》副刊的关系简直就像父母与子女一样亲密。张恨水是小说家，也是响当当的副刊编辑，当年《新民报》的"三张"之一。至于袁鹰，新中国成立后，先任《解放日报》文艺部主任，后任《人民日报》文艺部主任，是广大读者相当熟识的迄犹健在的一位老资格副刊编辑。他们作为我国新闻界的优秀代表，连同他们编过的报纸副刊，都将永远地留在人们的记忆之中，成为中华民族宝贵的精神财富。

报纸副刊历来被称为"报屁股"，向副刊投稿，曾被称为"塞报屁股"。但正是这个不受重视的"报屁股"，却培养造就了难以计数的作家、诗人。老一辈的鲁迅、郭沫若、茅盾、巴金、沈从文，新中国成立前后崛起的刘白羽、杨朔、郭小川、李季、孙犁等，哪一个不和报纸副刊打过交道呢？有些人是一身二任，既是作家，又当编辑；有些副刊编辑本来就是作家或诗人。这可说是个报坛佳话，也形成了一种特有的优良传统。

这个历史事实也告诉我们，副刊编辑的多才多艺是极端重要的。旧社会曾要求副刊编辑人人都成为"杂家"，即不仅要上知天文，下知地理，还得懂一点诗词歌赋、琴棋书画、花鸟虫鱼之类。因为这是工作需要，不如此，就无法审阅各种内容庞杂的来稿而区别其优劣。不如此，也就难以走出编辑部去与各行各业的作者交往并向他们组稿。

这方面成功的例子很多。20世纪40年代《新民报·繁花》编辑唐云旌（笔名唐大郎），可以一面为几家小报撰写连载小说，一面又发表旧体诗。同时还隔三岔五地粉墨登场客串京剧（我看过他与童芷苓合演的《鸿鸾禧》，他饰莫稽）。由于他接触面广，朋友多，自己又懂行，故组稿方便，当时《繁花》版面活泼，好稿源源不断。至于建国以后，可以举陈诏编《朝花》为例。陈诏原籍镇海，从民治新闻专科学校毕业后入《新闻日报》编过副刊。后到《解放日报》文艺部，直到退休离岗，前后编副刊近二十年。他幼年时读古诗文，学会作诗，成年后从吴子深学图画。中年在宁夏二十一年，刻苦钻研《红楼梦》和中国饮食文化，成为这方面的专家。所以，他重返编辑岗位后，得以广辟稿源。他懂诗，也写诗，可出入国内诗坛约稿。他懂画，也能挥洒几笔，就认识了不少书画家。他又是知名的红学家，冯其庸、周汝昌等人常与他通信交换意见。他研究饮食文化，又使他拓宽了组稿的渠道。这一时期，《朝花》佳作如林，真可说是内容精彩，品种繁多，蔚为一时之盛。

办好副刊，一靠编辑，二靠作者。而编辑无疑是重中之重。也可以说，有怎样的编辑，然后才会组织起怎样的作者队伍。如上所述，副刊编辑要提升副刊的品位，首先他自己就应做到高品位。唐云旌生活圈子大，交游广，是个人条件决定的。同样，陈诏也是如此。另外，副刊编辑约稿是目的，广交朋友是手段，但又不能过于急功近利。陈诏的经验是除了约稿，还应为作者服务，使彼此的情谊历久弥新。他的做法是收到稿件后先给作者打个电话，使其安心。稿件如有疑问，则及时与作者通气商量。稿件见报后，立即批发稿酬并寄赠剪报。如财务不及时汇出稿酬，则要催发。重点作者的稿酬，有时甚至须编辑自己去汇寄，如此等等。还有一些额外的事务，副刊编辑也应乐于承担，如替作者购书、查资料、提线索等。这都需要花费精力，却有助于调动作者的积极性，达到增进友谊，加强联系，共同为办好副刊而尽力的目的。

　　陈诏至今还保存着与他有交往的一部分作家的书信,计113人,632封。包括夏衍、陈荒煤、萧乾、钱锺书、唐弢、于伶等,全部是手写的。而且其中多数人已先后谢世。所以,这已成为极珍贵的史料和艺术品。陈诏忠于事业,笃于友情,又勇于开拓,精于谋划,恰好证明他编副刊《朝花》之取得成绩,与上述因素是密不可分的。

　　今天的年轻编辑,对我所谈的往事,或许是很陌生的了。但历史不可割断,好传统不可抛弃。一部中国报业史的每一页,都沾染过前辈报人的汗和泪。唐云旌和陈诏乃至为数不少的老一辈副刊编辑,都不拥有高学历。而今天的年轻编辑,在这方面优势明显,又生活在改革开放的新时代,他们理应比老一辈做得更出色更富有成效才是。但事实又是如何呢?因此,如果有可能,我真的很希望他们都能静下心来,认真地作一番对照检查,看看你所编副刊的现状以及你与作者的关系,以便找出差距,知所改进。倘能有一丝助益,拙稿就不算白写了。

(2003年)

门外谈改稿

修改别人的稿件（简称改稿），是每一个文字编辑（包括报纸编辑、刊物编辑和图书编辑）的一项必不可缺的基本功。而这基本功，并非与生俱来，只能是借助于长期的坚持不懈的勤学苦练然后才可望加以掌握。一句话，功是练出来的，除了练，别无他途可循。

编辑的职责一般就是审稿、改稿、编稿、发稿，其中审稿是第一道工序，目的在于全面衡量来稿，如果属于言论，就要先从立意入手，看其主旨是否积极健康，是否合乎政策精神。其次才审视其篇章结构、布局分段，乃至遣词造句。审稿就好像医生检查病情，要找的是人体内的种种不平衡和不协调。如果属于新闻稿，那还得核对事实、核对数据。总之，审稿等于是医生诊断，然后，在确认病情的基础上，进入第二道工序——开处方或动手术。改稿，即对来稿动手术，这可以是大动，也可以小动。当然，经诊断后要是确实没有什么病，也有不必动手术的。这类例子，在日常工作中并不少见。

在编辑工作四个环节中，改稿无疑是最关键的。审稿需要眼力，需要理论和政策水平，而改稿则需要过硬的文字功底和过细的工作作风。改稿之难，难在找到了毛病后，要用你的笔把它一一矫正过来。这类毛病，或在于原稿冗长拖沓，应当删繁就简，把篇幅适当作些压缩；或在于结构松散，逻辑混乱，应当理顺上下关系，分清主次，合理分段；或在于出现常识性错误、病句、用词不当（包括标点符号使用不规范等情况），也应当逐一地予以纠正。

改稿要点铁成金，化腐朽为神奇。一篇来稿经过编辑加工，情文并茂，面貌一新，这是编辑的功劳。反之，倘若应改而未改，或者竟至把不该删的删了，不该改的改了，把本来不错的反而改成错的了，这是编辑的失职。这类实例，在编辑工作中同样也并不罕见。比如我前不久发表的一篇谈书价和稿酬的短文章中，谈到20世纪50年代中期全国报刊稿酬（刚恢复实行稿酬制）标准大致是每千字5至12元。刊出时，却成了每千字12元了。这一砍，完全背离了当时的实际状况，与下文的关于上海三大报副刊稿酬在6元至9元之间的说法，也产生了矛盾。又如当时上海三大报原是《解放日报》《文汇报》和《新闻日报》。不料，刊出时"新闻"却被改成了"新民"。而大家都知道"新民"乃是4开晚报，并不是对开大报。

没有能够改对或没有能够改好，究其原因，一是知识尤其是历史（包括中国报业史）知识匮乏；二是作风不严谨，下笔轻率。因为知识不够，有时望文生义或想当然。某些青年人只知道《新民晚报》，却不知道我说的是20世纪50年代中期。尽管《新闻日报》后来归入并于《解放日报》了，但解放后它一直存在着。新中国成立前"申""新"两报并立，而且改革开放后又恢复了《新闻报》的名称在上海出版。同样，某些青年人不了解20世纪50年代的工资和物价水平，不知道5到12元的实际购买力，才发生了误会。如果仔细些，能问一问作者或身边的老编辑，就妥帖了。

老报人中，改稿成功率都相当高。二十世纪三四十年代的严独鹤、张慧剑以及稍后的姚苏凤，堪称改稿高手，佳话不少。曾为《新民报》编副刊的唐云旌（唐大郎），改稿既快又准，改格律诗尤所擅长。但他们大多不拥有高学历，是不断摔打磨炼出来的。旧时代报纸编辑的工资高于记者，就在于前者是把关的，责任更重，要求更高。出现差错，处分也严。既是把关，定要做到一丝不苟，无懈可击。为此，编辑要精读来稿，一而再，再而三，以发现其可取之处或问题所在。要学会抠字眼，有时一字之差，会导致意蕴尽失，境界全非，所谓"差之毫厘，谬以千里"便是。改稿要极其审慎，能不改的尽量不改，小病则小改，大病大改，也要避免伤筋动骨，损害原意；也不要为了凑版面而削足适履，更须注意文气的一贯性。总之，编辑要慎用手中的删改权，从尊重作者的劳动出发，精雕细刻地改好每一篇不得不改的来稿。这样，提高了稿件质量，处理好了与作者的关系，编辑自己也会不断取得进步。

（1998年）

新闻新在第一次发表

新闻姓新，它唯一的标志就在于第一次发表。因此，它首先必须表现在时间上迅速及时，它最忌的是慢半拍，炒冷饭。

为了在市场经济条件下求得生存发展，报纸只能先尽力唱好新闻这出重头戏，力争多一些第一次发表的消息。为此，担任外勤采访的记者，就得出奇制胜，别出心裁，有时甚至还免不了要冒些风险。从我国报业史上看这样的例子很多。北洋时代的名记者邵飘萍，有一次段祺瑞内阁讨论金佛郎案，拒绝记者采访。邵飘萍事先雇了一辆小轿车，等法国公使到来时，他赶紧跟在公使身后，装作随从人员，昂首而入，终于采到了这条第一次发表的重要消息。又据徐铸成回忆：1948年末，被蒋介石软禁的龙云，逃离南京，潜抵香港。徐闻讯后立即往访，谈到深夜。回到报社，要闻版已经拼好，只预留了一块空白。徐写一张，发排一张，直到付印。次日清晨，关于龙云抵港的消息见报，使《文汇报》零售数猛增一万余份。还有一例是管翼贤采访孙中山先生逝世的消息。1925年3月12日，孙先生在北京铁狮子胡同寓所病逝，但记者不得其门而入。管翼贤冒险翻墙进入院内，目睹了现场，终于比别的记者早几个小时发布了这一特大新闻。

以上三例，都曾传为报界美谈。尽管他们处于特定的社会环境中，各人所用手段、方法或有不同，而目的则都是为了取得人无我有、独一无二的鲜活的具有很高价值的新闻。其中，徐所采用的手段比较合法，是通过直接的面对面采访。邵虽也是现场采访，却耍了小聪明。与管一样，都是在未获得允许的情况下达到采访目的的。

当今社会，对记者来谈，采访条件比旧时代不知好了多少倍。但在工作中依然会碰到不少意想不到的艰难险阻，需要记者付出精力和心血。如前不久的采访抗洪抢险，甚至还有生命危险。为了见到采访对象并与之谈话，记者既要勇敢，又要机智，有时简直到了绞尽脑汁、不眠不休的程度。如上海记者采访克林顿总统以及稍后的中央电视台记者之采访布莱尔首相，他们均克服重重困难，获得了第一手的材料，发布了独家拥有的第一次发表的新闻，完成了报道任务，并在实践中取得了经验，增长了知识，同时，媒体也锻炼了队伍。

　　第一次发表的新闻最有价值，但不是轻易可以到手的。对记者来说，除了环境宽松，还得具备某些主观条件：一是信息要灵，对国内外大事，要了然于胸，见微知著；二是反应要快，如走在街上，看到一辆小轿车驶过，看车号是某巨头的车，要立即跟踪，往往会有所收获；三是会记，笔记（通常是速记）或心记。上面所举的邵、徐、管三人用的都是心记，即看在眼里，记在心里。因为任何被采访者，都讨厌记者笔记。而且说一句，记一句，既受拘束，气氛也不好。记者要把谈话要点牢牢地印在脑海里，这也是一项基本功。即便是到了下世纪，新闻采访的手段更先进、更自动化了，作为主动性看家本领的心记，仍将是必不可缺的。

　　当然，第一次发表的新闻，其前提是真。不能为了图快，而忽略了准确。这是无须多说的了。

（1998年11月30日）

评报应以批评为主

评报,不外乎褒或贬,即通常所说的赞扬或批评。对于报纸来说,任何时候,批评总是评报的侧重点。道理也很简单,批评使人进步,报纸也一样,它只有经常地而不是短暂地接受来自各个方面的批评,才有可能不断进步。"流水不腐,户枢不蠹",批评无疑是使报纸始终保持旺盛生命力的一个重要因素。《宁波日报》之所以乐于"花钱买批评",也正是基于这种认识。

但批评并不容易。因为从来好话受用,批评总不免刺耳。同时,批评需要勇气,也需要投入精力和时间。批评首先要准,既要言之有理,更要言之有据。这样才能做到有的放矢,一针见血。因此,它除了必须以精读细读为前提,还得调动个人的工作经验、专业知识、文字功底、理论修养,等等,然后再作出判断。可见,一个合格的具有真知灼见的又能随时提出批评性意见的评报员,所以得到报社尊重,原因在此。

评报,很早就有了,而且一开始就是以批评为主的。记得上世纪四十年代(抗战胜利时)的上海,光是大型日报就有近二十家。报业竞争异常激烈。各报为了生存,无不下功夫狠抓新闻质量。因而,也特别注重批评性评报。当时,除每天上午贴出报纸四个主要版面供本报职工点评外,编辑部还召开简短的内部评报会,交换意见,指陈得失。另外,若有读者来信指谬摘疵且确有价值者,报社还适当付酬,以资鼓励。应该说,当时多数报纸编校质量较高,版面差错较少,与编辑部高度重视批评性评报,并采取措施切实予以保证,是直接有关的。

《宁波日报》的评报制度,既继承了传统,也有自己的创新。以前,各地报纸多半只限于内部评报。《宁波日报》则是内外结合，不仅内部评，还动用了社外力量，即组织培养了一支业余性质的特约评报员队伍，并提供了一个半公开的园地——《读者评报》。

《读者评报》所起的积极作用是有目共睹的。尽管它的覆盖面有限，出版周期也比较长，但它是镜子，时时对照之，可以照得失，见差距。好的、对的，就发扬巩固；坏的、错的，就可以知而改进。所以，历任报社领导都无一例外地关心它、支持它。评报员更是以心血和汗水浇灌它、培植它。不过，也正像大家所感觉到的，有一段日子，《读者评报》的用稿，表扬性的多了，批评性的少了。有时甚至连一则批评都没有。即便偶尔有些批评，也通常是在赞扬之余，顺便带上一笔，或委婉地点到为止。这样，就使得评报不是以批评为侧重点，而是以赞扬为侧重点，也就在一定程度上偏离了报社"花钱买批评"的初衷。从效果看，也不见得好。

情况终于有了变化。去冬今春起，批评性评报逐渐有所加强。反映在《读者评报》编排上的，一是批评性稿件刊出的位置靠前了，以前总是放在最后，现在甚至被放置头条了；二是摘疵明显增多了。近来不仅每期都有，有时竟多至十来则；内容也丰富了，文字的、常识性的、数据的、提法和称谓的以及时空方面的，包罗之广，堪称前所未有。摘疵日见其多，说明《读者评报》的用稿尺度放宽了。于是，随之评报员的积极性也被进一步调动起来了。前者是因，后者是果。批评性评报力度加大后，会给编辑部提供更多的镜子，提供更多的冷静思考、认真总结的机会。这也必将有助于促进报纸工作的良性循环。

评报其实是一种监督。作为新闻媒体的报纸，一向被誉为舆论权威。它要对政府行为、社会生活进行监督。同时它自己也必须接受监督。舆论监督，监督舆论，相辅相成，缺一不可。评报员就是作为读者的代表对报纸既支持又监督的一种形式。既是监督，当然不应放弃或削弱批评；既是支持，当然也不应排斥必要的肯定和赞扬。批评性评报对报纸也是一种激励和鞭策。就以摘疵为例，评报员勇于发现和善于发现是一个方面，另一方面，恐怕也存在着差错增多的客观事实。差错多，原因非止一端，不过，它毕竟是有损报纸声誉的，无论如何，是必须下大力气加以整治。目前，在尚未找到有效的治本办法以前，至少要做到三点：一、不出政治性、原则性差错;二、保证大小标题不出差错;三、不重复已出现过的同类差错。这些应当是编校工作的底线,应坚决守住。总之,新闻质量是报纸的生命,除了健全内部机制,加强管理,加强队伍建设,作为外部监督形式的批评性评报,仍不失为一种行之有效的辅助手段,只能强化,不能有丝毫削弱。

(2003年2月3日)

坚持和改进评报工作

评报很早就有的。20世纪40年代上海《申报》和《新闻报》两报曾建立内部评报制度。建国后，这一制度被沿用。如上海《解放日报》和《文汇报》，把当天出版的报纸张贴在走廊的报栏里，让各部室工作人员浏览，然后用红笔勾勒，指出其得失，以利于巩固成绩、改正缺点，最终达到提高办报水平、更好地发挥报纸作用的目的。事实证明，对于报社来说，评报确是一项行之有效的制度，它之所以受到各方重视，绝非偶然。

《宁波日报》继承了这一优良传统，并在20年的实践中，积累了不少经验，有些做法，带有开拓性，从而把评报工作大大地推进了一步。比如，一、报社创办了一份《读者评报》内部刊物，每星期出刊一期，每年出刊五十余期，作为特约的社外评报员表明见解（包括正反两方面）并与编辑部互相交换意见、探讨问题的共同园地。这份刊物，以其出刊准时、内容切合实际、与评报员联系紧密而备受好评。特别是今年以来，随着反馈的增多，编读双方在刊物上交流情况、辨析疑义已形成了良好的氛围。二、报社定期召开评报工作会议，既向评报员通报一个时期的工作概况，又面对面地听取评报员的批评建议。这样的会，规模不大，人数不多，基本上可以保证与会者人人发言，而且谈得较深，亦可补刊物常因篇幅限制而无法展开的不足。三、报社向评报员赠阅新闻业务报刊，以帮助其更新知识，提高评报能力。这其实是一种培养和激励。四、每年年终举行评奖，评出优秀、积极通讯员（包括评论员），公布名单，并隆重地予以表彰。

正唯如此，这些年评报员队伍不断扩大，评报领域不断拓展，评报质量不断提高，评报所起作用也日益明显。尽管评报也存在着局限性，它只限于从旁建言,而且往往是事过而发。然而旁观者清,看问题不带偏见,故凡所指陈,多半能切中肯綮,有较高的参考价值。也不妨说,《宁波日报》(包括《宁波晚报》)这些年来之所以发展如此迅速,固然与大局有关,其中也不无评报工作的一份力量。

迎接新世纪,《宁波日报》任重而道远,要考虑的事还很多。具体说来,如何进一步提高新闻质量;如何加大言论的穿透力、震撼力;如何加强舆论监督;如何进一步贴近生活、贴近群众,使报纸真正成为老百姓的喉舌。这些,都是有待解决而又不易解决的难题。同样,评报工作也是任重而道远。评报要促使报纸克服自身的弱点和各种内外阻力,取得新的进展,就得多出好点子、评出新水平。比如怎样让报纸在舆论监督方面既硬气,又适度。又比如怎样让报纸的第一道风景线——头版亮丽起来。如此等等。但另一方面,评报工作真要做到长流水、不断线,并常评常新,难度确也相当大。当务之急是,编辑部应未雨绸缪,抓紧研究,怎样继续保持评报的活力?怎样培养新生力量并把他们充实到评报队伍中来,使得现有的评报员在不可抗拒的新陈代谢中后继有人?总之,"凡事预则立,不预则废",工作做在前面,并部署周密,才不至于措手不及,陷于被动。

报纸的眉目

旧时代的报纸很注重新闻标题的制作，曾长期流行过"题目乃是文章的一半"的说法，以为题目若拟好了，文章就完成了一半。又认为制作标题是编辑、记者的一项基本功，它最能展示这些人的文字功底、生活积累和知识面。因此，报社总是十分重视这方面能力的培养，并常常以此考核编辑、记者。记得当年上海几家大报招考采编人员，试题中就有制作标题的内容。后来，读新闻夜校，张常人先生在讲《新闻编辑学》时，曾花了好些课时专门讲授标题的基本知识和规范操作。徐铸成先生在《报海旧闻》一书中，另辟专章谈新闻标题。凡此种种，都足以说明新闻标题制作的重要性。

其实，道理也很简单。"看人先看脸"，看文章先看标题。文章写出来原是给人看的，只有别人看了，才能受到感染和启迪。如果标题不醒目，不吸引人，读者就不想看了。那么，再精彩的内容也无人欣赏。这就不可能达到作者预期的目的。尤其是在报纸林立、竞争激烈的时代，除了抢新闻之外，如何把新闻标题制作得引人入胜、令读者一看标题就欲罢不能，是各报编辑部经常在劳心焦思的一个课题。

一个上佳的标题，有时抵得上几百字的评论。这类实例新中国成立前非常之多，新中国成立后也有不少。远的如1947年年初，有一条中央社电讯，是报道国民党军政人员公祭军统头子戴笠的，各报都采用了。当时，《文汇报》把它加了个标题《戴笠精神不死！》，并把这则电讯编在国民党压制工潮和绑架殴辱学生等消息旁边，同时见报，辛辣地讽刺了国民党，起到了揭露事实真相、宣传群众的作用。近的如20世纪80年代一则为马寅初先生新人口论平反的消息，标题为《错批一个，误增三亿》。又如另一则关于我国体育战线英才辈出、成绩突飞猛进的报道，标题也是两句话八个字：《冲出亚洲，走向世界》。这几年，随着新闻改革的不断深化，在事业取得成就的同时，报纸的采编质量也在日益提高。以《宁波日报》来说，总的趋势也是向上的，版面上同样出现过，并正在不断出现鲜明、准确、生动的好标题。但新闻标题，尤其是一、二版的新闻标题有些仍显得平淡、冗长乃至晦涩。正像王宝华同志评报时所指出的：标题实多虚少，缺乏变化，显得单调，有些则不够明确。

新闻标题的冗长，是从"反右"以后开始的，那时，有些编辑怕犯错误，怕被扣上"资产阶级新闻观念"的帽子，标题力求做得全面。到了"文革"时期，"假大空"泛滥，新闻标题越拉越长，甚至还出现过会议报道与会者的名字都要一个不漏地列入题内，以致标题与内容字数相差无几的怪事。它的坏影响至今还没有完全消除。

新闻标题能否吸引读者，有时会关系到报纸发行量，这对旧时代报纸（除了官办的）来说，可是个生死攸关的问题。因此，它要挖空心思以引起读者注意，是必然的。新中国成立后，报纸学的是苏联的一套，端的是铁饭碗，既不面向市场，也没有同行竞争，只要政治上不出纰漏，日子是过得去的。这样，新闻业务就被忽视了。标题的制作之类，自然也好像无关紧要了。所以，新闻标题制作的薄弱（各报程度不同），有历史因素，也有体制上的因素。另外，当然也不能排除个人因素。

所谓个人因素，是说标题的冗长，与新闻报道越写越长有关，与某些新闻稿含有大量水分有关。这是文风问题。同时，不可否认，这里也有个功力问题。同样一条消息，你做个标题要十几个字，而到他手里，八九个字就表述清楚了。确实，标题要简明扼要，就需要高度概括。为此，编辑要学会炼字炼句，乃至调动自己所拥有的一切词汇，包括古诗词、成语、谚语，运用一切修辞手段，包括比喻、象征、比拟，等等。制作标题是乐事，也是苦事。有时妙手偶得，全不费力；有时却煞费周章，或竟至百思不得。一旦所积渐厚，自能信手拈来。关键在于修炼，并非一朝一夕之功。

总之，新闻标题是报纸的眉目，眉目不清，读者（上级领导也是读者）就会不感兴趣。一张报纸不受读者欢迎，怎么生存呢？这个道理，对哪家报纸都适用。因此，报社一定要下决心、花大气力解决它。只要在统一认识的基础上，继续深化新闻改革（主要是针对体制上的弊端），进一步加强内部管理，加强职业道德教育，强化岗位练兵，并抓紧抓好采编人员的业务学习和考核，那么，诸如新闻标题制作之类的问题，将随着采编人员整体素质的提高而得到较为圆满的解决。

第七卷　序、跋

《中国当代诗词选》编后记

　　本书从酝酿、筹划、集稿、编选、审定直至最后发排，前后一共花了两年多时间。现在，在几经周折之后，它终于同广大读者见面了，这是值得庆幸的。本书共收入四百多位诗词作家的近两千首各种形式的诗词（包括少数散曲）作品。

　　编选本书，其目的在于通过所选入的作品，展示当代诗词的创作成就，为诗人、词人、作家、文学史家、诗歌评论家、诗歌研究工作者以及一切业余诗词爱好者提供一份较为全面的、不无参考价值的资料，借以进一步推动当前的诗词创作使之走向繁荣。当然，这仅是编选者和出版社的主观意图，至于能否实现，还得由广大读者来加以评议、作出回答。

　　为了保证出版物质量，使本书能在更大范围、更高程度上反映一个历史时期的我国诗词创作的概貌，我们拟订了几条选稿标准：一、作品不以曾否发表定取舍，也不以作者的身份地位为转移。我们的口号是："质量第一""标准面前人人平等"。二、在不违反四项基本原则的前提下，提倡题材、风格、表现手法的多样化。在强调作品思想内容的同时，注重作品的艺术性，注重作品的意境韵味。对于诗词格律，要求严格遵守，即绝句要讲平仄、押韵，律诗还要讲对仗，词则按词牌的规定，不能含糊。遵守格律，而又不拘泥于格律，允许严中有活；但这只是个别现象，不能以"不以辞害意"为理由而置格律于不顾。必要的灵活变通与不懂格律、不讲格律是两回事，不可混为一谈。三、既曰"当代诗词"，作者自然应当属于当代，即生活于新中国成立以后的，但所收录作品却不受时间限制。因为有些作者建国后已不再写诗，或写得很少；又如有些作者早年诗名藉甚，建国后虽也继续在写，但好诗不多。这就得从实际出发，不能死扣时限。四、革命领袖、中央负责同志、党政领导干部的作品，一般不选或尽量少选。凡已有个人专集或合集公开出版者，不再重复选录；个别确不可不选的，则按标准办事。五、编选本书，事先不划地区，不定比例，也不搞优先照顾之类。作者地区分布的不平衡，乃是客观存在，编选者不抱成见，也无能为力。六、编选者、出版社编辑部对作品有删改权，但持慎重态度。为保持作品的本来面目，除非万不得已，我们尽量不予改动。非改不可的，也只限于声韵等方面的问题，而且尽可能与作者一起商量。七、为节省篇幅，作品加注只限于涉及本事、写作背景或有关人名、地名之必须作说明者，一般由作者自注，并力求简明扼要。作者小传及其写作时间等，有弄不清楚的，则宁可从缺，不妄加。有些作者现职有变动，也不一一更正了。

在整个工作过程中，蒙国内各地师友、诗坛前辈、名家高手，纷纷赐函惠稿，香港及海外华人诗家寄来佳作。可以说，我们的工作，始终是在广大诗词爱好者、作者、诗社组织、报刊编辑部和编选者所在单位的大力支持和密切配合下进行的。应当首先感谢安徽省作协的徐味、刘夜烽同志，正是由于他们热心倡导与大力支持，才使得这本书的编选有了个良好的开端。杭州周采泉先生、上海陈兼与先生，于本书的编成贡献特多。又如杭州孙家遂同志、田地同志、钱锦生同志、上海富寿荪同志、林平同志、周退密先生，桂林汪民全同志，长沙萧长迈先生，广州余少帆先生，天津寇梦碧先生，兰州路志霄同志，银川吴淮生同志以及《诗刊》编辑部杨金亭同志、《解放日报》文艺部陈诏同志等，或悉心指导，或提出建议，或提供线索，或介绍作者，或推荐作品，都倾注了巨大的热情，令人感奋。浙江图书馆古籍部、杭州大学图书馆曾给予帮助，沙孟海先生为本书封面题签，吴嫩彩、童可申同志协助抄录，对本书的编成起过积极作用，在此一并致谢。

编选诗词选集，在我国历代都有，积累的经验极其丰富。这是一项极其繁重、艰苦的工作。当代诗词浩如烟海，而编选者才力不足，见闻有限，选材不当或遗珠之憾，均所难免。尤其是迟到之稿，不乏佳篇，却未及采选，深感歉疚。切盼广大读者，多加指正，以帮助我们总结经验，不断进步。

（一九八四年十一月）

诗歌合为时为事而作
——《当代中国诗词精选》前言

《中国当代诗词选》（以下简称"初编"）一书是1986年12月在江苏正式出版的。由于此书是建国后第一部总览全局、能反映新的历史时期诗词创作概貌的诗歌总集，故问世后，受到海内外诗坛的普遍关注。也正是由于它本身具有的特色，故初版万册，不久就销售一空。有鉴于当时的客观需要，于是，续编的问题就被提了出来。两年多以来，当代诗词的创作有了进一步的发展，各地诗社组织大量涌现，省、市、自治区的诗词学会纷纷成立。作者队伍日益扩大，作品数量不断增加。大陆与香港、澳门、台湾地区诗社的友好联系有所加强，海外一些有影响的诗词组织都积极开展活动，或编印诗集，或举办作品评奖，或扩大组织，或与国内诗词组织结为姊妹诗社，或互派代表团进行交流，等等，呈现出空前活跃的可喜局面。尤其是1988年统一的全国性诗词组织——中华诗词学会在北京成立，标志着中国诗词的发展已进入一个新的阶段。《当代中国诗词精选》就是在这样的形势下编选的。它其实是《中国当代诗词选》的"续编"。

编选当代诗词，首先应强调继承传统。因为历史不可割断。一部中国文学史，记载着从《诗经》以来，林林总总、浩如烟海的古典诗歌，不论是《国风》中的民歌，还是《大雅》《小雅》中的贵族讽喻诗；不论是"感于哀乐、缘事而发"的西汉乐府民歌，还是始于东汉的文人五言诗；不论是反映现实、有强烈针对性的长篇叙事诗，还是魏晋南北朝的徒歌、谣谚；不论是陈子昂、杜甫的长歌短章，还是白居易、张籍、王建的新乐府；不论是陆游、辛弃疾的金戈铁马，还是文天祥、夏完淳的碧血丹心；不论是龚自珍的《己亥杂诗》，还是南社诗人的爱国诗篇。它们或感时伤乱，俯仰身世；或忧国忧民，痛心疾首；或振聋发聩，慷慨悲歌；或抨击时弊、抒发怀抱。尽管题材风格、艺术手法各有不同，但都闪射着现实主义光芒，反映了当时尖锐的阶级矛盾和民族矛盾。这无疑是中国古典诗歌的主旋律，也是中国诗词的优秀传统。三千年来，这一传统从未中断过，也正是当代诗词所要继承发扬的。事实早已证明，凡是能传唱千古而不衰，脍炙人口而常新，令人摇情动心、一唱三叹的名篇佳作，绝大多数都是真实地、艺术地反映了生活、表现了时代的。因此，当代诗词面向现实、贴近生活、关心国家命运、关心人民疾苦，是势所必至、理有固然的。今天，一切有良心、有社会责任感的诗人，借助作品讴歌新生活，讴歌改革开放，讴歌社会主义建设成就，为新时期英雄人物大唱赞歌，乃至运用诗词来沟通海峡两岸骨肉同胞的感情，促进祖国统一大业，都可说是当代诗词题中应有之义，也都意味着坚持了现实主义，继承了传统。当然，"惟歌生民病"，通过作品去针砭时弊、鞭挞丑恶，以表现诗人的忧患意识，也同样是坚持了现实主义，继承了传统。这方面同样是不应忽视的。谁如果做不到这点，那就有愧于当代诗人的称号，就没有尽到自己的责任。

但也必须承认，新中国成立以来，中国诗词所经历的道路是崎岖而又充满险阻的。诗词创作很不景气，继承传统、推陈出新工作时断时续、若有若无。这一时期，堪称优秀的诗人词客，屈指可数。传诵一时的、来自生活又高于生活、思想性和艺术性高度统一的优异之作，犹如凤毛麟角，不可多得。直至党的十一届三中全会以后的二十世纪八十年代，在新形势的推动下，这种状况才有了较大改变。近十年来，诗词作品大量涌现，一批有才华、有创新精神的诗人词客开始登上诗坛，各地先后创办了数以百计的、公开的或半公开的诗词报刊，还相继出版了诸如《散宜生诗》《麻花堂杂诗》《倾盖集》《苔纹集》《紫玉箫集》等既继承传统又独具面目的诗集。除了迄犹健在的老一辈诗人外，还崛起了一支人数可观并很有希望的青壮年作者队伍。他们是当代诗坛的中坚力量，有些人的作品已产生了一定的社会影响。这些，都令人鼓舞。不过，就当代诗词的总体而言，能站在时代的制高点上俯瞰社会、表现生活，并且有相当高的艺术造诣的可传之作，仍属少数。这一现象表明，确有不少作者至今尚未从个人狭小的天地里跳出来。他们观念陈旧、视野窄小、感情淡薄、手法单一。因而，他们的作品或病在平庸空泛，或病在陈腐艰涩，或病在浅露粗疏。尽管从形式上看，都协律合韵，严守章法，内容却了无生气。或则就是空话连篇的政治诗和脱离现实的隐逸诗。在这种情况下，我们的编选工作难度之大，概可想见的了。

历来选诗，总不免带有某种倾向性。编选人喜爱什么，鄙弃什么，赞成什么，反对什么，不能不通过编选工作显示出来。应该说，与前若干年相比，当前我们选诗，主客观条件已大有改善，回旋的余地也确是大得多了。但诚如上述，今天确有相当数量的诗词作者离开了中国诗歌现实主义轨道。他们本来应当与人民群众同呼吸、共命运的，他们的作品应当深刻地反映这个时代的社会生活和人民的思想感情。可是，他们却在纷纭的现实生活面前闭起了双眼。三十年阶级斗争风雨中形成的思想禁锢，尤其是十年浩劫留下的心灵创伤，以及中国知识分子固有的弱点，乃至个人生活天地、生活情趣的局限，等等，使得其中多数人不善于用作品去袒露心胸，更不敢用作品去口诛笔伐，扶正祛邪。于是，他们的作品不是堆砌标语、口号为政治作注解，就是充斥着千部一腔、缺乏真情实感、缺乏个性的陈词滥调。在我们收到的大量作品中，有的是抄书用典，炫耀学问；有的是雕章琢句，玩弄辞藻；有的是模拟山水，故作闲适；另有一部分则是属于叹老嗟卑、充满没落情调的无病呻吟之作。显然，这类作品与我们所处的新时代很不相称。它是当代诗词的糟粕。当然，一种诗风的形成及其转变，总有个过程。思想的解放，诗魂的复活，诗胆的熔铸，非一朝一夕所可奏效，亦与整个社会风气有关。但我们衷心希望中国诗词这一历史性转变能早日实现。经过改革，新的一代诗风能早日形成。我们呼唤现实主义，呼唤爱国主义，呼唤曾赋予诗人创作灵感的民族魂。总之，当代诗词的创作应当回到诗歌合为时为事而作的轨道上去。我们不但要以自己的作品，同时也力求通过本书的问世，公开宣传这一主张，并争取获得普遍的响应。

正是基于以上认识，本书选收了较多的、能感受到时代脉搏的跳动、富有时代气息和生活气息的作品。自度曲是一些作者对诗歌形式革新的一种尝试。如果这种形式能更适合于表现新的内容，自应予以肯定。完美的艺术形式有助于更充分地表现积极的思想内容。两者的有机结合，过去是、现在仍然是我们衡量一切文学作品（包括诗词）的标准。

五年前，我们在"初编"的选稿标准中曾认为：在注重作品的思想内容的同时，也要注重作品的艺术性，讲求作品的韵味和意境，这也是本书所应坚持的原则。我们不以题材大小定取舍，也不以风格流派定优劣。那些貌似进步却毫无诗味，只是为了附庸风雅、装潢门面而强凑硬写出来的作品，我们一概不取。本书也选收了相当数量的题材虽不重大，而基调健康、构思精巧、手法新颖、语言凝练、感情真挚，能充分显示个性的作品。这些作品尽管并不表现为慷慨悲歌、沉郁苍凉，却一样可以听见诗人心弦的颤动，一样能激起读者的共鸣。我们欢迎托物寄意、比兴得宜的咏物诗；欢迎借古鉴今、含蓄深沉的怀古咏史诗；也欢迎那些情高意真、回肠荡气的爱情诗，包括那些血泪交迸、情见乎辞的悼亡之作。只可惜这类作品目前还不多见。

　　本书所收作品的时间跨度很大，按其内容有反映"九一八"事变及抗日战争的；有反映解放战争的；有反映二十世纪五十年代政治风云和建设成就的；有反映三年困难和十年浩劫的；有反映改革开放的；也有揭露官倒、鞭挞腐败丑恶现象的。有些则是歌颂正义、歌颂友谊、歌颂社会主义制度和赞美祖国大好河山的。从体裁看，有诗、词、曲。诗从五七言律绝到古体歌行，词从最短小的《十六字令》到最长的《莺啼序》，小令、中调、长调各体皆备。曲则有散曲和自度曲。此外，还选了少量回文诗词。

　　与"初编"相比，本书的覆盖面明显扩大了。全书共收七百七十九位作者的作品一千四百四十八首。作者遍布全国各地。边远地区作者、妇女作者、青壮年作者显著增加。至于中国大陆以外，包括美国、加拿大、澳大利亚、日本、印度尼西亚、新加坡，以及我国香港、澳门、台湾地区的作者，都较"初编"为多。这意味着，中国诗词的生命力是强大的，我们所联系的面也是相当广泛的。五湖四海，天南地北，到处有中华儿女，到处有吟咏之声。谁说中国诗词已没有什么前途，已失去活力，而必将走向没落？

　　我们这次较多地注意了青年作者的作品，是因为近几年确有一批风华正茂的男女作者登上了诗坛并崭露头角。随着时间的推移，阅历的加深，他（她）们将会逐步走向成熟。我们祝愿这些后起之秀沿着正确的创作道路不断成长，经过磨炼，最终成为学识、才气、胆略、功力兼备的当代诗人。我们也相信,他(她)们的作品今后将会得到更多的关心和扶持。中国诗词后继有人了,这是特别令人欣喜的。

当代诗词的评论工作,至今仍是个薄弱环节。"初编"问世时,曾有幸得到诗歌评论家的热诚评介,因而扩大了社会影响。但结合选诗,认真探讨当代诗词某些理论问题,仍感欠缺。对一些较有成就的当代诗人及其作品的研究,也显得不足。本书的出版,或将提供一个机会,以引起国内外评论界的讨论,对某些普遍关心的重大问题,如当代诗词的改革创新等问题,寻求解答。

选诗大不易。尤其是在当前中国传统文化步履维艰、出版事业处于低谷、文化市场一片混沌的严峻形势下编选出版当代诗词,除了要克服工作中种种意想不到的困难而外,还得承担经济上的某些风险。但我们并未因此而畏缩不前。动机也许并不坏,可是效果却未必与动机相一致。本书名曰"精选",不过是出于主观意图或以此为追求的目标罢了。中国如此之大,作家、作品如此之多,编选人见闻有限,要做到博收兼采,包罗无遗,势有所不能。由于认识上的偏颇,以致所选作品未尽恰当或甚至玉石不分的缺点,更属难免,这都有待于海内外诗人、评论家和广大读者去细加评说。倘一编之成,所得大于所失;一书之出,略有补于中国诗词的继往开来、振衰起敝,略有补于世道人心和促进社会主义精神文明建设,那么,作为本书的编选人,我们就算没有白费这番心力而差堪自慰了。

《朱彝尊选集》前言

朱彝尊（一六二九——一七〇九），字锡鬯，号竹垞，晚号小长芦钓鱼师，又号金风亭长。浙江秀水（今嘉兴）人。他是清初极负时誉的文学家，浙西词派的创始人。其诗与王士禛齐名，时称"南朱北王"。他学识渊博，出经入史，精于考核，勤于著述。辑有《经义考》三百卷，《日下旧闻》四十二卷，《词综》三十卷，《明诗综》一百卷，均流传于世。又撰有《瀛洲道古录》《吉金贞石志》《粉墨春秋》《禾录》《鹾志》诸书。晚年手自删定《曝书亭集》八十卷，收入一生主要作品，性质略近于全集，流行甚广。中年时，曾自编《南车草》《竹垞文类》及《腾笑集》行世。

一

朱彝尊出生于浙西嘉兴梅里（今王店）一个破落的书香之家。曾祖朱国祚，字兆隆，明万历十一年（一五八三）状元。授翰林院修撰，历任礼部左侍郎兼翰林院侍读学士，摄本部尚书事；万历二十六年（一五九八）入东阁，后以户部尚书兼武英殿大学士加少傅致仕，卒赠太傅，谥文恪。这是朱氏最显赫的一代，也是竹垞经常提及而引以为荣的。祖父朱大竞，国祚长子，由荫生除授都察院照磨，擢工部主事，坐事获谴，思宗即位后，出任云南楚雄知府。不久，奔母丧回籍，卒于家。竹垞之父朱茂曙，未仕，学者称"安度先生"。撰有《两京求旧录》。竹垞系其长子。

竹垞早慧，有神童之目。《国朝先正事略》及朱桂孙、稻孙所撰《祖考竹垞府君行述》都曾提及竹垞生有异禀，"书过眼不遗"。后者还说到乃祖从小才思敏捷，出口成章，"于诗艺尤工"。幼时，塾师举"王瓜"命作对，竹垞应声曰："后稷"。所叙或不无夸饰，亦可见竹垞聪颖和幼学根柢之一斑。

竹垞少时摒弃科举仕进之路，其原因除了家道中落、贫寒无以自给、生活极不安定外，其叔父朱茞园的影响，也是因素之一。《国朝先正事略》说他"年十七，弃举子业，肆力于古学"。而据《行述》，则应为崇祯十三年（一六四〇）即竹垞十二岁时事。是岁，浙东西大饥，人相食，竹垞家亦至绝食。当时，茞园语竹垞："河北盗贼，中朝朋党，乱将成矣！何以时文为？不如舍之学古。""乃授《周官礼》《春秋左氏传》《楚辞》《文选》。"这，从此决定了他从事学术著述和文学创作的生活道路。表面上看来，朱茞园让竹垞放弃举业，改学古文，是由于时局混乱。究其实，恐另有原因在。若按《国朝先正事略》的说法，竹垞当时是十七岁，亦即公元一六四五年，恰好是顺治二年，清朝定鼎之第二年。这未必是偶然的巧合。又据《行述》，茞园极其推崇黄淳耀文，曾以其稿授竹垞，嘱研习之。一六四五年，也正是黄淳耀抗清失败、不屈殉难的一年。这很值得玩索。何况，茞园之兄，即竹垞的大伯父朱茂晖（死于康熙十四年即公元一六七五年，竹垞为其继子），晚明时曾为复社领袖。这中间的蛛丝马迹，自更不容忽视。

竹垞的曾祖父国祚为明朝重臣，祖大竞亦曾仕宦多年。生长于这样官宦人家，少年朱竹垞自然会受到熏陶和濡染，父祖辈对他灌输过民族意识和纲常大义，亦所必然。这就成为他日后参与抗清活动的一个思想根源。据《行述》：竹垞"乙未始游山阴，过梅市，访祁氏昆弟，留数月"。乙未是顺治十二年（一六五五），竹垞二十七岁。祁氏昆仲，指曾任南明右佥都御史、巡抚江南、在清军破杭州时以身殉明的祁彪佳之子祁班孙、理孙兄弟。梅市是个小地方，竹垞流连竟至数月之久，其过从之密，概可想见。尽管由于竹垞晚年自编的《曝书亭集》，删去了记述与祁氏兄弟交游的一部分有关碍的作品，对这一段经历讳莫如深，似已变得扑朔迷离了。但我们仍然能从他自己的或别人的作品中侧面地窥见一些内情。例如竹垞《题祁六班孙东书草堂》一诗中，有句："东海赋垂钓，西山怀采薇，一为歌白雪，高调和应稀。"就不是一般的酬应之作，而是充分肯定了祁氏兄弟的明遗民的身份地位及其抗清意志，并寄托了竹垞深沉的故国之思。又如竹垞另一首《梅市逢魏璧》，指出为国事连年奔走西东的魏生，虽穷困潦倒，鬓发尽白，仍不改初衷。诗中还盛赞"山阴祁生贤地主，好奇往往相倾许"。最后竹垞劝慰魏生：虽则所谋未成，"百年强半成蹉跎"，但不可灰心丧气，"天生汝才岂牖下，何为抱膝独悲歌"？透过此诗，竹垞与祁氏兄弟、魏璧之间的亲密关系，自不难概见。此外，竹垞确曾参加过抗清活动，还可以从以下几方面得到印证：

一、竹垞与明末抗清志士、遗民诗人，都保持着密切联系。据《行述》所载，竹垞于一六五六年曾去岭南，在那里待了两年，与屈翁山（大均）、陈元孝（恭尹）交游甚密。屈、陈与梁佩兰并称岭南三家。屈大均曾参加抗清队伍，进行武装斗争。兵败后，削发为僧，后又还俗，与顾炎武、李因笃等交往，以布衣终。陈恭尹父因抗清牺牲，他自己曾被明桂王授为锦衣卫指挥佥事。桂王败亡后，隐居不出。竹垞留粤达二年，显然是有活动的。《曝书亭集》有关这方面的吟咏，多系流连光景、诗酒酬赠之作。这是竹垞在有意回避。不过，就集中所收一部分涉及屈大均的作品，如《喜罗浮屈五过访》《寄屈五金陵》《过筏公西谿精舍怀罗浮屈五留白下》联句、《同杜濬、俞汝言、屈大均三处士放鹤洲探梅分韵》《屈五来自白下期作山阴之游》《同王二猷定登种山怀古招屈五大均》《寓山访屈五》等这些早期作品，以及屈大均赠竹垞的诗来看，则两人过从之密、交谊之笃、志趣之相投，灼然可见。竹垞比翁山于屈原，以为其所为"皆合乎三闾之老"（见《九歌草堂诗集序》）。又如竹垞《将归留别粤中知己》一首，写到"于役既有年，归哉方自今"。可见留粤二年，并未悠游自在。至于"于役"的内容，何以自今方归的原因，都未细说。全诗哀婉凄苦，所谓"行迈日靡靡，忧心亦钦钦"云云，就不是一般的离愁别恨了。

二、康熙七年（一六六八）二月，顾炎武曾因山东姜元衡的告发被捕入狱，竹垞与李因笃等曾尽力营救，始获释放（据《顾亭林诗文集·出版说明》）。按《曝书亭集》未见有竹垞赠顾炎武或任何有关顾的诗，仅有一篇《与顾宁人书》，纯系论文，不及其他。而《亭林诗集》则还保存着一首五言长律《朱处士彝尊过余于太原东郊赠之》，全诗二十四句，十二韵。是否即系竹垞《与顾宁人书》所说的"赠以长律二百言"，待考。不过，从亭林诗中"吞声同太息，呓笔一酸辛""自来贤达士，往往在风尘"等句看来，除了对竹垞备极推崇之外，两人存在着不同寻常的情谊，也是毋庸置疑的。至于李因笃，亭林曾作书与李湘北，促其准许李因笃归养老母，并为李父撰写墓志铭（见《亭林文集》）。凡此，也可以印证他们三人的关系。另，竹垞与魏禧交谊甚厚，魏乃明末诸生，明亡后不食周粟，隐居翠微峰，也是有名的遗民文人。

三、竹垞为朱士稚撰《贞毅先生墓表》一文中，也透露了此中消息。朱士稚是明显宦之后，父官雷州知府，祖曾为明大学士，与竹垞家世极相似。竹垞早期诗作中，有《梅市对雨迟朱士稚不至同吕师濂祁理孙、班孙分韵得泥字》，以及《山阴雨霁同杨大春华游郊外饮朱廿二士稚墓下》《梅市访祁七明府熊佳留赠公子诚孙因忆亡友朱廿二士稚》。后者写得颇为沉痛，但不具体。而《墓表》则谈到士稚"遭乱，散千金结客，坐系狱论死。宗观号呼於所知，敛重赀贿狱吏，得不死"。又说到士稚出狱后，"放荡江湖间。至归安，得好友二人，其一，自慈谿迁于归安者也。自是，每出则三人俱。至长洲，交陈三岛，已，交予里中，交祁班孙于梅市，后先凡六人"。还说到士稚死后，"二人渡江，经济其丧，视敛含"。"予与祁子临穴，视其封，恸哭而去"。最后，说到死者之亲属"曾以状至归安，乞二人志其墓，而二人者，皆不果"。又明年，"二人坐惨法死，祁子亦株系戍极边以去"。这段话包含着许多隐情，尽管叙述时闪烁其词，若细加寻绎，仍可知其大概。

此文系作于康熙元年（一六六二）或稍后。其事全祖望《雪窦山人坟版文》等言之甚详。这里所谓的朱士稚"散千金结客"，分明是一种抗清活动。后来至归安（今浙江吴兴），得好友二，其一即魏耕，又名魏璧。另一当是钱缵曾。加上竹垞、陈三岛、祁班孙，"后先凡六人"。他们往来吴越，为国事奔走。所谓"以诗古文相砥砺"，不过是个幌子，遮人耳目罢了。这六人志同道合，密谋共图大事，在共同斗争中结成深厚情谊。竹垞也坦率地承认，"当予与五人定交，意气激扬"。这，除了文字之交，显然还有更牢固的精神纽带在。如今，"死者委之乌鸢狐兔而不可问，徙者远处寒苦不毛之地"，只剩下竹垞一人，为了避祸，不得不奔走于道路，跑到浙江南部的永嘉去。一般墓表之类，属于应酬文字，语多泛泛，而竹垞此文却大异于一般，写得既沉痛，又真挚，可说是搥胸顿足，字字血泪。若非并肩战斗的患难至交，断难至此。我们读了这篇文章，再参照全祖望《雪窦山人坟版文》和其他有关资料，则于竹垞早年曾参与抗清活动一事，就看得比较清楚了。

遗憾的是，竹垞中年以后，竟一改初衷，应清王朝"博学鸿词"之征，与李因笃等同时以布衣除检讨，未几罢归。竹垞以明显宦之后，磨剑十年，结客五陵，声华藉甚，终不免于轻出，论者惜之。

二

竹垞的文学作品，诗占了较大比重。清诗与明代之偏于宗唐有异，受宋诗影响较深，清人宗唐而取得成就者很少。而学宋，作为一种风尚，几乎与有清一代相终始。尤其是清初几位有影响的诗人，如钱谦益、黄宗羲、吴伟业、查慎行等都曾在不同程度上得益于宋诗。稍后的首倡"神韵"说的王士禛，其中年为"避熟求新"，也"越三唐而事两宋"。朱彝尊早年宗杜，认为杜诗："无一不关乎纲常伦纪之目，而写时状景之妙，自有不期工而工者。然则善学诗者，舍子美其谁师也？"可谓推崇备至。他步武七子，追踪唐音，强调："明诗之盛，无过正德，而李献吉、郑继之二子深得子美之旨。"（均见《与高念祖论诗书》）并引西泠十子为同调。到了晚年，他一方面仍取法于唐，坚持明七子、西泠十子的宗风，一方面又在学唐人而具体之后言宋，博采宋人之长，标举黄庭坚。

竹垞对明诗的评价与清初诗人不同。当时，钱谦益等人曾对明七子独尊盛唐的拟古之风深表不满，他指责李梦阳曰："必曰汉后无文，唐后无诗，此数百年之宇宙日月尽皆缺陷晦蒙，直待献吉而洪荒开辟乎？"黄宗羲对七子之独尊盛唐、贬抑宋元，也认为是绝对化了。他为张心友诗作序时曾说："诗不当以时代而论，宋元各有优长，岂宜搆而出诸于外，若异域然。即唐之时，亦非无蹈常袭故、充其肤廓而神理蔑如者。"竹垞也察觉到一味宗唐者之失，从而指出："自陈先生子龙倡为华缛之体，海内称焉。二十年来，乡曲效之者，往往模其形似而遗其神明。善言诗者从而厌薄之，以为不足传，由其言之无情而非自得者也。"（《钱舍人诗序》）他与黄宗羲都主张学唐应致力于得其神理，反对模其形似，亦步亦趋。同时，竹垞也批评过学宋者之失，谓："今之言诗者，每厌弃唐音，转入宋人之流派，高者师法苏、黄，下乃效及杨廷秀之休，叫嚣以为奇，俚鄙以为正。譬之于乐，其变而不成方者欤？"(《叶李二使君合刻诗序》)他既非盲目地宗唐，亦非无条件地学宋。他不赞成钱谦益等一笔抹倒明七子的偏颇态度，也对七子持有一定的保留。他在《王先生言远诗序》中曾指出七子机械地界划唐诗，"斤斤于格调声律之高下，使出于一""以唐人之志为志"，结果，"辞非己出"，而流为"剽贼"。他自称"于诗学之四十年，自少壮迄今，体制数变"(《叶李二使君合刻诗序》)。这种变，是"知正而言变"(《丁武选诗集序》)，是像某些宋人作者那样，"学唐人而变之"，并不是要"轶出唐人之上"，更不是"舍唐人而称宋，又专取其不善变者效之"(均见《王学士西征草序》)。称宋的前提仍然是学唐，如果不曾目睹全唐人之诗而言宋，那是"不足师"的。变，也要在这个基础上变，这样，才能"变而成方""臻古人之域"。归根到底，宗唐是正，言宋是变，本末不可倒置。这正是竹垞经过多年探索，顺应着年龄的增长，环境的变化，最后确定的诗歌主张。

《四库全书总目提要》认为竹垞诗"至其中岁以还，则学问愈博，风骨愈壮，长篇险韵，出奇无穷"。赵执信论清诗，则以竹垞、渔洋为大家，谓"王之才高，而学足以副之；朱之学博，而才足以运之"。秋谷于清人，持论甚苛，少所首肯，故这一评价，亦足以概见竹垞诗自有其面目。朱、王有共同处，他们都有鉴于"宋诗质直，流为有韵之语录；元诗缛艳，流为对句之小词"的弊病，有志于力矫清初"谈诗竞尚宋元"的风气。故早年都标榜盛唐，又都是古体崇王、孟，律以杜甫为法，二人亦各有所得。朱功力不亚于王，唯为词名所掩，加上其他因素，以致未能如王之理论上自成一家，创作上富有成果，领袖诗坛垂数十年之久，成为一代正宗。

当明亡时，竹垞还是十几岁的少年，清兵入浙，他亲历过国破家亡、颠沛流离的痛苦生活。二十一岁客山阴，与祁彪佳之子理孙、班孙相过从，与抗清志士共同参与了郑成功、张煌言进军长江的密谋。事败后，他避祸温州。直至五十岁那年，出应清廷博学鸿词科会试，以布衣被授予翰林院检讨，当了一名小小的七品官。这是他一生的转折。经过长时期的深自韬晦和奔走逐食，青年时期的锐气早已消磨殆尽，如今走上了仕途，地位变了，就更加谨饬稳练了。诗的风格自然也与早、中期有所不同。他晚年手定的《曝书亭诗集》，其中大量保存的是应酬赠答、模山范水、花草虫鱼、咏怀古迹以及嘲风弄月、艳情、闲适之作，已很难找见早年斗争生活的印迹。而与祁氏兄弟、魏璧等的一段往事，尤极力隐讳，其有关诗篇多被删削，所存者仅诗酒流连、饮宴唱酬之什。能反映那个时代面貌的，有他十八岁时所作的《晓入郡城》和十九岁时所作的《舟经震泽》二首。前者透过"坏篱""古道""孤城""兵气""昏烟"等富有特征的景物描写，着重渲染了郡城嘉兴兵燹之后的残破景象和作者的悲苦惆怅（其《悲歌》所云"我欲悲歌，谁当和者，四顾无人，茕茕旷野"所表达的是同样心情）。后者则凭吊了太湖抗清义军首领吴易，通过象征和比喻手法，寄托了作者对这位"节士"的景仰和怀念，颇有现实意义。集中《捉人行》《马草行》正面揭露清兵和官府扰害平民的罪恶行径，满纸辛酸，深得杜诗、白居易乐府的遗意。《玉带生歌》取材于文天祥故物，写来慷慨悲歌，音节苍凉。通过咏砚，作者以满腔热情讴歌了民族英雄文天祥的气节和谢翱的情操。沈德潜曾评此诗云："小小一砚，传出信国之忠，皋羽之义。"又曰："砚与信国双收，是何神勇！"可见评价之高。《鸳鸯湖棹歌一百首》，规模宏大，格调清新，不失为《竹枝》遗响，其描绘浙西水乡风土人情，颇具特色，一时和者甚众。竹垞早年游瓯，所作甚夥，不乏可观。其中，如《永嘉除日述怀》《东瓯王庙》，皆五言长律，既饶性情，又极见功力。北游雁门诸作，风格沉雄苍劲，寄托遥深，均属上乘之作。如《土木堡》：

平芜一簪狼山下，九月驱车白雾昏。到眼关河成故迹，伤心土木但空屯。元戎苦战翻回归，诸将论功首夺门。早遣金缯和社稷，祠官谁奉裕陵园？

全诗痛于谦之死，讥英宗庸劣，诉诸将夺门之误，结句尤饶余味，爱憎十分鲜明。

又如《宣府镇》《雁门关》等亦属此类，借咏怀古迹，寓故国之思，婉转低回，一唱三叹。至如其他吊古之篇，如长律《谒大禹陵》《岳忠武王墓》《于忠肃公祠》《谒刘文成公祠》以及五律《文丞相祠》《潍水吊韩淮阴》等，议论正大，感慨深沉，格律精严，堪称力作。余如酬应诸篇，亦时有佳什。如《逢姜给事棻》《送林佳玑还莆田》《太原客舍同方三孝廉育盛话旧二首》等，亦明心见性，绝少矫饰。除此而外，在他后期作品中，感情真挚，手法新颖，较有个性的作品就一般不多了。但既遭贬谪，政治上受到打击，中心郁结，遂不无怨愤之词，间于时政有所讥刺，亦自难免，不过是手法更加含蓄隐蔽罢了。

总而言之，竹垞诗，就其思想内容而言，前期有不少伤时感事之作，其中若干篇章且能直接触及社会政治，反映民生疾苦；中期浪游，所作多吊古伤今，其胸中块磊，隐约于字里行间；后期则以写生活琐事及闲情逸致为主，较为可观者无多。尤其是侍宴、侍食、歌功颂德以及某些《闺情》《闲情》之类的作品，格调卑下，表现了封建文人热衷利禄及其轻浮儇薄的通病，乃是集中的糟粕，不可不加以区别。

竹垞晚年兼取宋诗，但其重点仍在宗唐。已如上述。他本是学者，精于经学，与黄宗羲交游，论诗受其影响，曾表示："天下岂有舍学言诗之理？"（《栋亭诗序》）这里的学，指的就是经学，他是认为不通经便无以为诗的。这种论调，尽管不无可取之处，却也体现了他的封建的正统观点，极易产生流弊。竹垞读书既多，作诗免不了掉书袋，那首著名的《风怀二百韵》，便是用大量典故堆垛起来的。又如《斋中读书》十二首，很有点"以文字为诗，以议论为诗"的味道，虽未必是有意蹈袭宋诗，总不无影响。赵执信曾讥刺朱诗"贪多"，沈德潜在《说诗晬语》中也提到："放翁七言律，队伍工整，使事熨帖，当时无与比埒。然朱竹垞摘其雷同之句，多至四十余联……然亦足为贪多者镜矣。"意思是说，诗之"贪多"，非自竹垞始，竹垞的"贪多"，原是有师承的。但此事历来看法不一。钱仲联说："赵秋谷《谈龙录》论诗，颇议竹垞'贪多'，夷考其实，殊不尽然……如《闲情》三十首，仅存八首，具见剪裁。秋谷所存，未为公允。"（《清诗三百首·朱彝尊传》）又尚镕说："竹垞与渔洋齐名，《谈龙录》讥其贪多，其实竹垞之诗文高在典雅，而皆欠深入。"（《三家诗话》）复如近人姚大荣、黄宾虹等，对赵说也颇持异议。诚然，"朱竹垞诗通集中格调未能一律"，全集中精品所占比重也不大，这都是事实。但这是有原因的，当与竹垞晚年的地位、思想变化有关。竹垞删去了早年乃至出仕前的若干作品，自有其苦衷。何况，删余的一千多首诗中，仍不乏佳作。因此，竹垞曾与渔洋并称，在当时文网严密的年代，不少诗人崇尚复古，纷纷以竹垞为文宗，汇集在他的周围，这绝非偶然。由于竹垞惩于明诗之病，举起复古这面旗帜，加上他的同乡李绳远、李良年及其子朱昆田等的努力，方共同奠定了浙派中秀水诗派一支的始基，以至稍后的钱载、王又曾出而臻于全盛。显然，他对于清诗的发展，终究还是起过积极作用的。

清人之于竹垞诗，除赵秋谷外，各家评价并不一致。王士禛极称道竹垞诗，誉为"舍筏登岸""今之作者未能或之先也"。林昌彝则认为："朱竹垞《风怀二百韵》，特游戏三昧耳，岂可以此贬贤？其不删《风怀》诗也，曰'吾不愿为两庑特豚'，乃有慨于元明祀典之滥，故有激而言也……吾谓国初诸老能兼经学词章之长者，竹垞一人而已。"（《海天琴思录》）胡薇元认为《斋中读书》十二首"为竹垞全集之冠，亦为清朝三百年之冠"，可"直绍昌黎"（《岁寒居诗话》）。又如梁章钜转引赵翼的话，称竹垞诗："初学盛唐，格律坚劲，不可动摇。中年以后，恃其奥博，尽弃格律，欲自成一家。如《玉带生歌》诸篇，固足推倒一世，其他则多颓唐自恣，不加修饰之处。"梁又云："钱箨石谓：'竹垞早年尚沿西泠、云间之调，暮年则涉入《江湖小集》，惟中年《腾笑》诸篇，同渔洋正调，抑若在渔洋笼罩中者。'苏斋师则谓：'诗至竹垞，性情与学问合。'此论尤精。"（《退庵随笔》）以上诸家评论，或不免揄扬过当，但亦足见竹垞诗自有其价值。至如指出其作品"多颓唐自恣，不加修饰"，则亦合乎实际，不失为平允之论。

三

词，起于唐，盛于宋，经过元明两代的衰飒，到清初又趋活跃。清代被称为词的中兴时期。朱彝尊，一向被目为浙西词派的领袖和代表，是清代词人中有影响、有地位的重要人物。

竹垞自己说过："予少日不善作词，中年始为之，为之不已且好之。"（《书东田词卷后》）又说："予既归田，考经义存亡，著为一书，不复倚声按谱。"（《水村琴趣序》）可见，他的词多作于中年，早年、晚年都很少填词。其收入《江湖载酒集》《静志居琴趣》《茶烟阁体物集》《蕃锦集》者，凡五百余首。又曾纂辑唐、宋、元、明词五百余家为《词综》。以上四种及《词综》一书，均成于竹垞四十至五十岁之间，亦即竹垞出仕之前，这很值得玩味。

　　竹垞词论，除散见于他的文章、书信之外，集中反映在《词综·发凡》之中。《词综》乃竹垞从《花间集》等十余部词选、《百川学海》等十多种类书、野史，以及各家别集中采撷编选而成，前后历时八年。经汪森增补两次，一共成书三十六卷。《发凡》是这个选本的例言，共十七条，所谈者不外作品来源、选词标准、体例，等等。竹垞的词学见解，可于字里行间寻绎得之。

　　《发凡》第三条说："世人言词，必称北宋。然词至南宋，始极其工，至宋季而始极其变。姜尧章氏最为杰出。"第十三条又说："填词之雅，无过石帚。"并斥责《草堂诗余》不登其只字"为"无目"。在《黑蝶斋诗余序》里也说："词莫善于姜夔。"在所填《解佩令·自题词集》一词中则自称"不师秦七，不师黄九，倚新声玉田差近"。可见其对南宋词格律派代表姜、张之推崇。《词综》选姜词二十三首，占姜氏全部作品三分之一，其中包括"黍离之悲"的《扬州慢》和被人目为"伤二帝之北狩"的《齐天乐·蟋蟀》等。竹垞之竭力倡导南宋，是有深意的。这首先与时代有关。吴衡照对此曾作了阐发，他指出："词至南宋，始极其工，秀水创此论，为明季人孟浪言词者救病刀圭，意非不足夫北宋也。"又谓："自明季左道言词，先生标举准绳，起衰振聋，厥功良伟。"（《莲子居词话》）这说明竹垞的主张原是有针对性的。明代，尤其是中叶以后，词日趋衰颓。当时词人唯以《花间集》《草堂诗余》是尚。所谓"托体不尊，难言大雅"，所谓"衣香百合，止崇祚之余音；落英千片，亦《草堂》之坠绪"。（吴梅《词学通论》）指的就是这种状况。竹垞出而大声疾呼，力图矫明词专学《花间》《草堂》，题材狭小，气格卑弱，语言浮艳纤巧之弊。力图以南宋慢词所开拓的意境，空灵的笔调，缜密的结构，凝练的语言，矫正明词之病，确不失为对症良方。不仅如此，竹垞之推崇姜、张标举"醇雅"，除了出于艺术、审美的考虑外，尚有政治上的缘由：他旨在借白石、玉田这个幌子，以寄寓其改朝易代之痛和故国之思。这不但是由于姜夔长期游幕以及张炎晚年到处漂泊，寄人篱下，也有过一位显赫的曾祖父的身世际遇，与竹垞有某些相似之处。而且，更在于词到了南宋，由于外患日迫，国势岌危，词人为伤时忧国的感情所驱使，就运用各种手法，把朝政得失、今昔盛衰、个人荣辱等等，熔铸入词。用它来抒写一种难以表达而又不得不抒发的独特感受，寄寓一种不便明说却又不吐不快的郁结之情。身处南宋后期、一生未曾出仕的姜夔和显宦之后、经历了"三十年汗漫南北数千里"、由宋入元的张炎，都在他们的词中留下了不少难以明言的家国之恨。他们那种幽深婉曲、清灵淳雅的意境，欲言又止、半吞半吐、惝恍迷离的感情，托物寄意、借景抒情、旁敲侧击、点到为止的艺术手法，无疑，十分适合于表达某些幽愁暗恨。尤其是张炎的词，主要内容是抒写亡国之痛，作品中充满着"抚残碑却又伤今"的悲愤，以及"怕见飞花，怕听啼鹃""怕登楼""怕有风波"，这样一种呻吟于新朝统治之下，有似惊弓之鸟的悲惨生活和痛苦心情。这种心情又总是借助于清空醇正的艺术特色，借助于优美的旋律，流转自如的腔调和凝练精粹的字句表现出来的。这种表现手法，当然最容易被清初词人所接受了。所以，竹垞之提倡南宋，追踪姜夔、张炎，是有其隐曲用心的。既不想回避现实生活中的矛盾，在特定的政治环境下，又确乎不敢，也不能公开反映这种矛盾，只好求助于姜、张那种"虚写"，那种"野云孤飞，去留无迹"，那种"全在虚处，无迹可求"式的写法。这正是处于易代之际、天良未泯的文人的苦处。正如郭麐所指出的："倚声家以姜、张为宗，是矣。是必得其胸中所欲言之意，与其不能尽言之意，而后缠绵委折，如往而复，有一唱三叹之致。"（《灵氛馆词话》）可谓深得此中三昧。王昶则更指出了竹垞此说影响之巨大。他说："国朝词人辈出，其始犹沿明之旧。及竹垞太史甄选《词综》，斥淫哇，删浮俗，取宋季姜夔、张炎诸词以为规范，由是江浙词人继之，蔚然跻于南宋之盛。"（《明词综序》）事实正是如此，竹垞的主张一经揭橥而出，词人翕然风从，响应者众，逐渐形成一种流派，一种风靡一时的创作倾向。"数十年来，浙西填词者，家白石而户玉田。"（竹垞序《静惕堂词》）语虽不无夸张，但以婉约为宗，以醇正清雅为上，尊崇姜、张，以南宋为规范的浙西词派，历康熙、雍正、乾隆三朝一百余年之久，笼罩清初词坛，并影响及于有清一代的事实，是无可否认的。它的地位和作用不可低估。作为清代有全国影响的两大流派中的一个，浙西词派的出现，不仅代表了一定历史时期的一种创作倾向，也标志着一个阶段的词的创作成就。作为浙西词派创始人和代表的朱竹垞，他的词学主张有其合理性和针对性。他的理论及其创作实践，正是他所处时代的必然产物，因此，又总是免不了会带有一定的时代色彩和局限性的。

四

历史上，作家的创作主张与他的创作实践有时不尽一致、甚至大相径庭的事是常有的。它们之间既有联系又有差距，朱竹垞也不例外。正因如此，竹垞词尽管有其不可忽视的艺术特色，但毕竟不及他的词论之重要。清初词，朱竹垞、陈维崧、纳兰性德并称"词家三绝"（《清史稿·文苑》），陈以雄阔胜，朱以隽逸胜，论其所造，朱实稍逊于陈。竹垞的创作成就也比不上纳兰性德。《国朝词综》谓"本朝作者虽多，莫有过（竹垞）焉者"。如果就其影响及其在清初词坛所居的重要地位而言，无疑是确切的。如果指的是他的词，那就未免过誉了。

竹垞晚年亲手编定的词共五百多首，按其内容，大致可分为四类：

第一类为感时吊古之作。这是竹垞词中较有时代气息的部分，见《江湖载酒集》。其代表作有《卖花声·雨花台》《满江红·吴大帝庙》《风蝶令·石城怀古》《百字令·度居庸关》《消息·度雁门关》《满庭芳·李晋王墓下作》《水龙吟·谒张子房祠》等。

竹垞早年喜欢交结江湖豪杰，"一时诙奇怪迂之士，往往识之"。"追长游学，益多识四方奇士"，所谓"十年磨剑，五陵结客"，都说明他交游之广。壮岁他离家漫游，曾南踰岭表，东达瓯越，北极云朔，所到之处，均发为吟咏。此类作品，感慨深沉，音节苍凉，把深挚的感情寄寓在对古迹的凭吊之中。如上面提到的《卖花声·雨花台》《风蝶令·石城怀古》都是咏南京的。前一首借景而抒情，后一首怀古而志感。南京乃六朝故都，更是明开国时期的都城，南明弘光朝的临时首都。如今却是"衰柳白门""花雨空坛"，一片破败景象。多少亡国悲剧曾在雨花台下、胭脂井畔先后演出？尤其是短命的南明王朝的覆灭，为时未久。诗人抚今追昔，面对着斜阳残碣，秋草空门，不禁发出了"如此江山"的慨叹。他毫不掩饰地宣称自己"犹恋风香阁畔旧松杉"，其眷恋故国之情，表现得相当充分。

另一些则是借追怀古人、寄托其今昔之感。如《水龙吟·谒张子房祠》："当年博浪金椎，惜乎不中秦皇帝！咸阳大索，下邳亡命，全身非易。

纵汉当兴，使韩成在，肯臣刘季……"正是借古喻今，批判的矛头隐指降清诸将。难怪谭献会说：此等言语"何堪使洪（承畴）、吴（三桂）辈闻之"！又如《消息·度雁门关》："猿臂将军，鸦儿节度，说尽英雄难据。窃国真王，论功醉尉，世事都如许……"雁门关乃边塞要地，自古以来为兵家所必争。每当外族侵凌，必先夺取此关，然后驱兵南下。竹垞度关吊古，累举发生在此处的历史事件和人物，还特别提到"窃国真王"者流，其真意所在，不言自明了。

总的说来，这一类作品为数不多，却颇有分量。估计其中某些有关碍、容易引起麻烦的部分作品，在编定时已被抽去，致未能窥其全豹。

第二类乃抒写儿女私情。这类作品占的比重较大，多刻骨铭心之作，也是较易窥见作者内心隐秘的部分。陈廷焯认为"竹垞艳词，言情者远胜文友"（《白雨斋词话》）。可见其自有特色。

《静志居琴趣》共八十三首，历来被认为是竹垞的私情记录。《曝书亭集》里有一首颇滋物议的长诗《风怀二百韵》，竹垞自称："盖感知己之深，不禁长言之也。"（《静志居诗话》）这里所说的"知己"，论者都以为即诗中的女主人公、竹垞的妻妹冯寿常（字静志）。近人冒广生还根据他曾在某前辈戚属处见到过一支镌有"寿常"二字的金簪一事，几经考核，断定竹垞与其妻妹间存在着一种特殊亲密的关系，认为"《静志居琴趣》一卷，皆《风怀》注脚也"。但也有人认为竹垞与寿常年龄相差悬殊，此说恐不可靠。事实究属如何，尚待进一步稽考。不过，竹垞以妻妹之名名其居处，直至采作书名，当非巧合。这一部分作品，确是具有一往情深的特点。

且举数例，如：

> 别离偏比相逢易，众里休回避。唤坐回身，料是秋波，难制盈盈泪。　酒阑空有相怜意，欲住愁无计。漏鼓三通，月底灯前，没个商量地。
> 　　　　　　　　　　　　　　　　　　　　　　　（《城头月》）
> 忍泪潜窥镜，催归懒下阶。临去不胜怀，为郎回一眸，强兜鞋。
> 　　　　　　　　　　　　　　　　　　　　　　　（《南歌子》）
> 那年私语小窗边，明月未曾圆。含羞几度，已抛人远，忽近人

前。　　无情最是寒江水，催送渡头船。一声归去，临行又坐，乍起翻眠。
　　　　　　　　　　　　　　　　　　　　　　　　（《眼儿媚》）

以上三首都是写离情别绪的。情人欲行，却又恋恋不忍分手。"唤坐回身""懒下阶""强兜鞋"，还有"临行又坐，乍起翻眠"，等等，都是富有性格特征的动作。竹垞通过这一系列的精细描写，把一对恋人临别前的无可奈何的心理刻画得细致入微，而又出之以白描，真挚而无藻饰，非过来之人不易得此。

又如：

　　垂柳板桥低，娇莺着意啼。正门前春水初齐。记取鸦头罗袜小，曾送上，宵娘堤。　　花底惜分携，苔钱旧径迷。燕巢空，落尽芹泥。惟有天边眉月在，犹自挂，小楼西。
　　　　　　　　　　　　　　　　　　　　　　　　（《南楼令》）

　　青鸾有翼，飞鸿无数，消息何曾轻到？瑶琴尘满十三徽，止记得思归一调。此时便去，梁间燕子，定笑画眉人老。天涯况是少归期，又匹马乱山残照。
　　　　　　　　　　　　　　　　　　　　　　　　（《鹊桥仙》）

这些词写的是相思之苦，题材虽旧，手法却不同一般，都能另辟蹊径，把委婉深曲的感情，逼真地传达出来。

这类作品中还有《瑶花·午梦》《芙蓉月》等都是写相思成梦的，是竹垞词中较见性情的部分，尽管总的看来，格调不高，但多数词写得情意缠绵，不乏感人之作。当然，也有少量写得庸俗浅率，无甚可取。

第三类属于游冶酬赠之作，见于《江湖载酒集》。这类作品基本上由两部分组成：

一、客居酬赠之作。竹垞迫于衣食，中年游幕，驰逐万里，此一时期所为词，遂多倦游归里之思，西风禾黍之音，其内容较有意义。如：

　　夕阳一半樽前落，月明又上栏杆角。边马尽归心，乡思深不深？小楼家万里，也有愁人倚。望断尺书传，雁飞秋满天。
　　　　　　　　　　　　　　　　　　　　　　　　（《菩萨蛮·登云中清朔楼》）

另有一些与友好、词人酬答唱和之作,以词代柬,互寄腹心,颇有可诵者。如:

谁共金台醉?记年时、酒徒跋扈,尽呼朱李。上巳浮杯匆匆别,云散风流天际。报一一平安书寄。邺下双丁齐入座,有多才绣虎称前辈。交唱和,令公喜。　离群最易添憔悴。况而今,相如赋贱,鹡鸰都敝。老去沉吟无长策,仰屋著书而已。但疑义须寻吾子。秋锦堂前凋锦树,问灌园、何日归长水?倚闾望,几年矣!

(《金缕曲·寄李武曾在贵竹》)

二、冶游狭邪之作。竹垞客游南北途中,也写了若干首清新俊爽的小令,其写景抒情,干净利落,有独到处。如:

金凤城偏,沙攒细草,柳擘晴绵。九十春来,连宵雁底,几日花前。　禁他塞北风烟。虚想象,湖南扣舷。梦里频归,愁边易醉,不似当年。　　　　　　　　(《柳梢青·应州客感》)

在《江湖载酒集》中,尚有一些赠妓之作,大多格调低下,趣味恶俗,缺乏真情实感,可说是竹垞集中的败笔,反映出作者作为封建文人轻佻浮薄的一面。如:"温柔休把红绫涅,翻来覆去转心热。多少垂涎恁时节,风韵他年,留待夜深说。"(《一斛珠·赠妓饼儿》)"易露帘前,最宜怀里"(《带人娇·赠女郎细细》),"才得近依唇,把春情黏住"(《昼夜乐·赠妓蜡儿》),如此等等。类似词句在《南歌子·赠妓张绮绮》《步蟾宫·代州妓有小字白狗者,晨往曲中访之,不值,戏投以词》以及《惜分钗》《诉衷情》等作品中,亦时有出现。粉香脂腻,如出一辙,仅程度稍有不同而已。这类词与客中记游、赠寄等较为严肃、较有分量之作混在一起,是很不协调的。

第四类咏物集句之作。《茶烟阁体物集》全部属于咏物词,可分为三个内容:

一、有所寄托的。这类作品,借物寓情,寄托遥深,凡身世之感,家国之忧，均蕴于内而形于外，有较大的思想容量，其意义已远远超出咏物本身了。"竹垞咏物，不减南宋诸老"（《莲子居词话》），指的也是这部分作品。其中最典型的代表作是《长亭怨慢·雁》：

  结多少悲秋俦侣，特地年年，北风吹度。紫塞门孤，金河月冷，恨谁诉？回汀枉渚，也只恋、江南住。随意落平沙，巧排作参差筝柱。　　别浦，惯惊移莫定，应怯败荷疏雨。一绳云杪，看字字悬针垂露。渐敧斜无力低飘，正目送碧罗天暮。写不了相思，又蘸凉波飞去。

全词情辞凄切，格调哀婉，借咏雁寄托其身世的感慨，对故国的眷恋。曰"悲"、曰"孤"、曰"冷"、曰"恨"、曰"惊"、曰"怯"、曰"无力"，再加上词牌曰"怨"，其一腔幽愤，闪现于字里行间。咏物，亦以自伤，物我合一，难分彼此。类似作品还有《春风袅娜·游丝》和《台城路·蝉》二首，前者以轻灵之笔，抒幽微之情，风格与《长亭怨慢》有异，其题旨则并无二致。后者虽脱胎于姜词《齐天乐》，模仿之迹尚不明显，都不失为精心之作。可惜这类咏物词在词集中收得很少。

二、搬弄典故、炫耀学问的。《雪狮儿·钱葆馥舍人书咏猫词索和赋得三首》可称代表。这首词就事论事，未跨出咏物一步，而且翻来覆去地搜故实、掉书袋，读来索然无味，被人讥为"为有苗氏作世谱"（《赌棋山庄词话》）。还有一些咏物词，如咏虫鱼鸟兽的，也常有相似情况。这是竹垞的不足处，浙西词派好"演肤辞，征僻典"之弊，也正是竹垞开其端的。

三、描摹事物形神的，集中作品多半属此。这类词也仅是限于所咏之物本身，未见有多少言外之意。有些则是依题仿作，学步而已。至于吟花弄草之什，又不能免于为群芳作谱，为植物作志之诮，实在说不上创新。倒是集中某些咏蔬菜作物的作品，殊为少见，亦不无新意。如《清平乐·题水墨南瓜》："今年谷贵民饥，村村剥尽榆皮。合付田翁一饱，全家妇子嘻嘻。"笔端饱蘸感情，透过咏物充分体现作者对农村贫民遭灾荒后悲惨生活的同情。这就不限于单纯咏物了。此外，如《咏茄》《咏姜》《咏莼》《咏西瓜》等词，也写得色彩鲜明，情趣盎然，可从中窥见竹垞爱好田园生活、留心农艺和知识渊博的一面。

集中还有一些咏"额""鼻""肩""背""膝""乳"的词,纯属游戏笔墨,庸俗无聊,一无可取,不值得一提。

竹垞还集句为词,《蕃锦集》收了一百零九首集句词,这可说是词的一种别体,过去虽有人尝试过,仅是偶一为之,规模不大,人数不多。因为即便十分工致,终究不是本人创作。《蕃锦》诸作不乏佳构,其中也不可避免地掺入一些补缀凑泊的东西。而且既系集句,所表达的自然不会是本人特有的真切感受。同时,竹垞所作,篇帙最富,其影响所及,给有清一代开了先例。"自竹垞《蕃锦》,生面别开,组绣穿珠,作者群起……同光以还,复有集词为联语者。"(叶恭绰《衲词楹帖序》)所说的正是这种流风余绪。

竹垞论词极推崇姜夔,作词则力追张炎,曾以"倚新声玉田差近"(《解佩令·自题词集》)自况。其空灵典雅、高旷清远的词风,在他一些情景交融的佳制中也得到了较好的体现。有些看似"侧艳"的词题,却笔意疏淡,避免设色过浓和辞藻的堆砌。另外,他的词于清旷雅淡之外,又时而带有某种激楚苍凉的塞上之音。如《百字令·度居庸关》《消息·度雁门关》《金明池·燕台怀古》以及《满江红·金山寺》《满江红·吴大帝庙》等都属之。这显然与他的遭际有关。他的词还以工致见长。琢句精巧,而不流于板滞。有时化用前人词句能翻出新意,不落痕迹,颇见构思之巧。如《长亭怨慢·雁》虽脱胎于张炎的《解连环·孤雁》,却能加以融合点化者,便是一例。

无疑,竹垞词刻意学姜,在淳雅方面,虽得其仿佛,若论气格意度,则尚有差距。陈廷焯曾指出:"白石一家,如闲云野鹤,未易学步。"又说:"白石,仙品也。"指的正是姜词高逸谐美的特色。竹垞仅从字句上用功夫,自然难以企及。至于张炎,作为南宋遗民,身世与竹垞更多相似处,心灵上也更多相通处。在艺术上,竹垞词风也确与"玉田差近"。玉田词清爽雅致,空旷疏朗,而腔调流畅、文字俊美,却又失之于浅弱。这些优缺点在竹垞词中都能找到。竹垞的激愤哀怨处,则不及玉田。故陈廷焯评竹垞词为"文过于质",列为"次乘"(均见《白雨斋词话》),自属的论。

综上所述,可知竹垞词虽具有自己的特色,但也存在着视野不够开阔、立意不够遥深，内容不够丰富，作品与生活联系不够紧密的缺陷。竹垞作为浙西词派的始祖和代表，他的词论有其积极合理的一面。他针对明七子之一味拟古，提出崇尚南宋，标榜雅正，而又不忽视南唐、北宋，于辛派词人也能区别对待，不一概排斥。这样，就在一定程度上扭转了当时词坛的颓风。这无疑是竹垞的贡献。但他的词论有偏颇处，主要是过分偏重格调而忽略了内容，因此，产生了某些消极影响和不良后果，也不容讳言。至于他的词，也是瑕瑜互见的。概括起来一句话，即所谓"文过于质"，艺术形式的精致工巧，仍不足以掩盖作品内容的浮浅荏弱。也正因此，其作品的价值，就没有他的词论及其所编《词综》一书之引人注目。

五

本选集以诗词为主，大体概括了竹垞创作的主要风貌；也酌选了他的部分散文和少量赋、曲，以见一斑。限于篇幅，这里不复一一评述。

选集以康熙末年《曝书亭集》为底本，个别讹误处，参酌各本异同作了订正（见有关说明）。《曝书亭集》未收作品则选自清初刊本《竹垞文类》。作品编排顺序按竹垞手订《曝书亭集》，个别年代有出入者，作了调整（见有关诸篇题解），凡《曝书亭集》未收者，排于同体作品之后。本选集并收有诸家评笺，其中包括何绍基、陈鳣、翁方纲、钱载、沈大成、冯登府等人手稿。我们未作筛选删节，并不表示完全同意这些见解。仅意在存真，作为资料，供研究者参考。

选集的注释工作，曾受到钱仲联、潘景郑两位前辈和章培恒、冯其庸两位教授的关怀，又曾得到齐治平、阎振益、魏启学三位先生的热诚指导和涂玉书、于均华、吕嘉平、陈光贻、匡德鳌等同志以及上海博物馆的具体帮助，上海古籍出版社何满子、富寿荪以及一编室的有关同志，于书稿多所匡正，在此谨表深切的谢意。限于选注者的学力，疏漏舛错定属难免，敬请前辈方家、各地同行以及广大读者惠予指正。

（一九八五年八月）

《九回肠集续集》自叙

诗集《九回肠集》出版于1992年8月，距今已有二十二年。虽然过了这么多年，作者的年龄、健康状况、工作、生活条件乃至社会环境，都有了不同程度的变化。但有一点却一仍其旧，这就是我依然是一介寒儒，依然保持着书生本色，依然坚持信守作为诗人最基本的一条，即忠于生活，忠于自己的感情和信念。本着这一条，二十二年来，我陆续发表的作品，大体上还是不曾背离这两个忠于的。当然，说是大体上而不是全部，说明这期间由于主客观因素的作用，我确实也写过若干首诗味不多、格调不高或语言苍白的所谓作品。如果说，当年《九回肠集》之所以广受好评，以至于荣获国际炎黄文化研究会颁发的龙文化金奖，恰恰在于它所收的作品一般都能体现作者的这两个忠于，才使得这么一本小册子具有如此巨大的艺术魅力和撼人心灵的力量。

也正如我在《九回肠集》的《自叙》中所提到的："二十世纪八十年代，我继续写了些诗，惬意之作就不多了。近年来，诗更是日见其少。人到晚年，忧患饱经，沧桑阅尽，本该归真返璞止于平了。理胜于情，乃势之所必至。"这里说的二十世纪八十年代，指的是我刚从地上爬起来，重新走上高校讲台，并在一定程度上找回了人的尊严的那些日子。尤其是我到了宁波大学后，备受校方礼遇。生活既粗告安定，心情亦渐趋平静，偶有吟咏，就不容易甚至不可能再像在青海时发而为激愤凄楚之音。这也足见，环境变了，人的心情也随之而变了。尽管我这一时期凡有所作，仍力求不违背两个忠于。然而《九回肠集》中那些曾经让我椎心泣血的诗没有了，也不会再出现了。人，还在，诗，却变了。总之，确已变得"归真返璞止于平"了。

平,不可避免。尽管二十世纪八十年代我除了讲课,仍有机会应邀去外地参加一些诗会或诗词研讨会、大赛评委会之类的活动,仍有机会畅游名胜古迹和人文景观,从而也时而发表些纪游吊古之作。但诗的内容、诗的风格、诗的韵味都与早期即在青海时所作,无疑都差距明显。不能说,这一时期绝无可诵之作,然而诗味确是淡了,也确是不像《九回肠集》那么催人泪下了。

正因为此,我从未想过,要把这一时期所作结集,再出个续集之类。首先是作品质量,同时也考虑到当今之世出书太难。哪怕是个小册子,各项费用动辄数万元,实非我辈一介寒儒所能承担。何况,我已年过九十,精力日衰,视力亦差,实已无力从事诗稿的搜集整理采选打印等等的具体运作。自知其事之不易,故虽是经常有不少诗友关心敦促,也有不少跟从我学诗的门弟子一再建议,我却总是迟迟下不了决心,致使结集之事拖延至今。

现在,续集终于出版,衷心感谢伏龙寺方丈传道法师尽心尽力,给予的大力赞助支持!

书名就叫续集,不另起。主旨在表明《九回肠集》的灵魂仍在,精髓仍在,变化的仅是一些表皮。尽管作品的题材、内容、风格已与上一集不无差异,但它同样说的是真话,抒的是真情,写的是实景。它爱憎分明,对某些事物,该刺的还得刺,绝不文过饰非,粉饰太平。对好人好事,该肯定的还得肯定,绝不含糊其词。中国诗歌的颂,很早就有的。《九回肠集》的狱中诸作固然是个亮点,但书中也有赞扬孙中山、秋瑾、林则徐乃至当代人物包玉刚、朱兆祥的。至于颂妻的亦有好几首。上一集如此,无非表明,作为诗,颂不可偏废,颂其所当颂,乃是惯例。因此,续集中收了若干首歌颂性的,如颂改革开放,颂香港回归,颂国庆、社庆、寿庆,只要确有事实依据,确有感情诉求,而且能拿捏分寸,而不流于肉麻吹捧、盲目附和,就无可厚非。又比如也有颂邓小平的,这类题材亦不应回避。不过是是其所是罢了。诗,终究是诗,并不是悼词,不需要那么概括全面的。又比如朱兆祥七十寿辰,我有诗祝贺,并非出于他是宁波大学首任校长,而是因为他曾给了我出自内心的理解和尊重,抚平了我心灵的创伤。

还因为他爱诗能诗，能以作品平等地与我交流。这却是十分难得的。他在北京过生日时，已卸任一年。可见我的祝寿诗并不含有任何功利目的。这样的颂，原是可以存在的。所以，结论是诗不应以美刺论高下，关键在于它是不是有感而发，是不是激情的产物。一句话，它是不是真？是不是真情的流露？而且是不是使用了诗的语言？

（癸巳冬草于沪上）

《霜露》序

继《陶行知的故事》《陶行知教育思想论述》两书之后，良骏又将她历年所作散文作品和书信选编成书。书名原定《难解的情结》，因恐读者望文生义，故另取名为《霜露》。

此书并非描写爱情之作，它的内容却未曾离开过爱，只是爱的对象、范围有所不同罢了。因此，说此书乃是作者爱心的产物，固无不可；说它是作者对人、对物、对地之爱的自然流露，也合乎实际。良骏，作为一个从小受过中国传统文化熏陶，又长期接受了陶行知教育思想哺育的知识女性，她的言行，乃至她的著作，都会自然而然地表现这种发自内心的爱。

收入书中的散文作于不同年代。由于生活天地的局限，有些作品显得视野不够宽阔，题材也不够丰富多样。但不论是写童年、写故乡、写亲子之情，还是写师生之谊，乃至写所谓身边琐事，几乎都无一例外地散溢着一股温馨的气息，仿佛可以让人听到捧在作者手里的那颗跃动的心。写到气结肠断处，作者自己固然是涕不可抑，读者也难免受其感染而不能不一掬同情之泪。如她对祖母的依恋，对一张旧书桌的怀念，对早逝者的痛悼，其实都联系着当时的社会风云，记录着他们这一代人的坎坷经历和遭遇。其人其事虽小，却深深地打下了时代的烙印。因此，这类散文作品是比较容易被作者的同龄人、有着各种生活经历的读者所理解接受的。作品的价值或即在此。

至于书信，这里只是其极少的一部分。这些年，良骏到处讲演，也到处交朋友。不少青年人写信给她，有的称她为老师，有的称她为阿姨，有的甚至叫她为妈妈。有的女孩子向她袒露心胸，直到把深藏心底的隐秘都透露给她。于是，良骏又增加了一项生活内容——给各地青年朋友写回信，而且不能拖延。因为她懂得青年人的心。信，来自四面八方，提的问题也形形色色，要一一予以及时解答，自然是煞费心机的，但良骏不以为苦，反以为乐。这种乐趣，就如同与良朋促膝倾谈，无拘无束，可达到心灵的沟通和感情的融合，即古人所追求的"莫逆于心"的境界。这种乐趣，绝不是用金钱所可以换得的。

正因为此，良骏的信写得很认真，很投入。所说的也只是像至亲骨肉团聚时说的一些家常话。话，是极普通的，不见得真能解决什么问题。它或在于交换看法、提出建议，或在于有所谋划。纵无高深的哲理和警辟的宏论，却字字句句都从心中掏出。因而，一般都能使来信人感到亲切，受到鼓舞。当然，除了疏解、引导和策励，良骏有时也会视力之所能及，给青年朋友一点切实有效的帮助。这样，她通过写回信，把她的爱奉献给社会，同时也把陶行知的光辉思想传播出去了。

良骏年已半百，但爱心不老。一个以天下为己任、以育人为天职的教育工作者，爱心是不会老的。情结难以解开，"霜露"却充满春意，书中所表达的不正是这层意思吗？

（1994年岁首于宁波大学之静观书屋）

《蹄痕录》序

幼时读过一篇《深虑论》，老师未作讲解，亦不曾介绍作者方孝孺的生平，只是领着我们一遍又一遍地朗读。故时隔多年，其中不少警句仍然记得。而且随着年龄的增长，知识面扩大，对方孝孺这位杰出的历史人物了解渐多，也就萌生了无限敬意。20世纪80年代中期，我重返故乡以后，因工作关系，曾数次访问宁海，始知此地文化悠久，积淀深厚，且山川秀丽，无愧于人杰地灵之称。因此也不免联想到，宁海之所以能较早地组建诗社，恐也与这样的文化背景有关。

跃龙诗社成立于1980年初秋。这是浙江省第二个诗社，仅比杭州的西湖诗社晚几个月。1980年冬成立的雪莲诗社（由西宁市委副书记张越任社长，我任副社长），是西北地区最早的，但算来还是晚于跃龙诗社。如参照那时的政治形势和社会环境，就不难想象，组织诗社之类，条件是多么欠缺！西宁是省会城市，而宁海则是个不发达的小县，竟率先办起了诗社，其中的艰难险阻及其所付出的汗水心血，不问而知。正由于这个原因，我对跃龙诗社的几位朋友，一直深表钦佩。他们让我在诗社挂个名，我也乐于接受。这种感情至今未变。

早在1982年我和杭州的徐通翰兄开始合作编《中国当代诗词选》时，就知道宁海有个张晓邦了。通翰是宁海人，桑梓情深，于跃龙诗社多所呵护。张慕槎先生是前辈诗家，他对跃龙诗社贡献亦巨。如今，他们两位已先后谢世，早期的名誉社长，只剩下我一个了。回首前尘，不胜感慨，而看到跃龙诗社这十几年，特别是进入20世纪90年代以来所取得的成就则又为之欢欣鼓舞不已。

晓邦学诗、作诗较早。他年富力强，又加上好学奋进，所积累的诗词作品为数可观。他编过诗刊、诗集，却还顾不上整理个人的作品。今已年届花甲，子女要为他庆寿，他不事铺张，只打算把他的作品结集出版。这既可总结多年的创作研究经验，又不失为一种有意义的高雅的祝寿方式。许多文人雅士也曾是这么办的。所以，作为他的诗友又同是浙江省诗词学会和宁波诗社成员，我赞同他的做法。他送来诗稿让我写几句话，我也欣然应命了。

他自选的作品一共有四百余首，按内容，分为几个大类。按体裁，诗则近体律绝，词小令、中调、长调，还有若干支散曲。此外，还收了一部分楹联和诗话。可说是各体皆备，应有尽有，可大体反映作者的辛勤耕耘及其收获。

作品中有些属于抒发乡情乡思，以描写跃龙山的自然景色为重点，足以展现作者感情的真挚和手法的多样。作者也常去各地参加一些雅集活动，游踪所至，每有题咏。其中有些是偕友人同游的，如咏楠溪、东阳诸作，读后会勾起美好的记忆，融情于景，颇可回味。有些怀人悼友之作，亦不乏情辞兼胜者。少数感事叹世的作品，关心时事，矫治弊俗，激浊扬清，用意积极。另外还有一部分贺诗颂诗和酬赠诗，或出于礼仪，或出于应景，或出于唱和，虽亦工稳，毕竟不全是发自内心，可圈可点的精品就不多了。诗本来是以情感人的，若非有感而发，或只是为了应付门面，完成什么任务或带有某种功利目的的所谓诗，一般都难有鲜明的艺术特色，因而也就缺乏诗歌应有的艺术感染力。我读过宁海籍老诗人孔墉烈士的遗作，其感情之炽烈，个性之鲜明，令人心灵为之震撼。可见，情之有无、强弱，实乃诗词创作成败之所系。手法和技巧，终究是次要的。晓邦和跃龙诗社的朋友们，肯定是读过孔墉遗作的，若能多读几首并反复品味，一定会从中更深切地领悟"诗是激情的产物"这句名言的深层含义，而有所得益。

书名"蹄痕"，寓意深远。六十之年，尚难言老。结集出书，旧的告一段落，新的又将开始。现在，中央领导关心扶持中华诗词，大环境空前有利。愿晓邦踔厉奋发，不失时机地为浙江省诗词事业的振兴，再添一把火，以慰张慕槎、徐通翰两位老社长生前殷殷之望。

挥汗作序，信笔所之，未知当否？

《南阳遗闻》代序

我生于沪郊,八岁那年才回到故乡庄市老鹰湾。以后,又在上海住读三年高小。八一三沪战爆发,又回到乡下老家读初中。1941年夏,日军突然进村,并有两个持枪的鬼子闯入我家。受此惊吓,我不得不带着怀孕的妻子于次日仓皇离村迁入宁波市区。从此一别,直至1963年春节,由沪回乡探望老母,在村里住了一宿,又匆匆离去。由于时局动荡,我个人连遭劫难,与家乡久无联系。1986年8月,我东归入宁波大学任教,学校就坐落在庄市附近,与老鹰湾不过几里之遥。从而我得以有时去村里走走。当然,时移势易,村子已非当年面目,而人事变迁,一别几十年,全村已找不到几个熟面孔了。

正因如此,我在老鹰湾叶家只断断续续地生活了十几年,而且几乎有一半时间尚未成年。尤其是1930年村里重修宗谱,那时父亲已故,我还小,虽然分到了一部,却不懂得其重要性。后来尽管也看到过几次,总是年轻,不怎么感兴趣,随便翻翻,并未记住什么。土改后,这部宗谱不知去向。而且全村几十户,竟也都不曾保存下来,连宁波天一阁也未曾收藏。以至于到了上世纪末,我叶家要编写村史并组织相关活动时,碰到了不少困难。资料匮乏,史实不清,要动笔却找不到有价值的依据。而就族人而言,德字辈的早已物故,国字辈的应所余无几,尚字辈的多半已上了年纪。余下的元字辈的亦已渐入暮境(只我特殊正年登耄耋)。对于家乡的种种,恐也不免茫无头绪了。

一、历史沿革

我叶氏起源甚古,西周初,有一支被分封于豫西,即南阳一带,世代繁衍。故河南有叶县，并以南阳作为叶氏郡望，历两千年而不替。

　　西晋时八王之乱，晚唐时黄巢起兵，中原叶氏曾举族南迁。尤其是晚唐时的迁移，人口最多，规模最大，地域最广，影响也最深远。据查这次叶氏南迁，共分两支，一支由豫西出发，南下至湖北，又由湖北渡长江，然后又分两路，一路沿今粤汉线南下，历湖南直达广东。另一路则渡江后向东经江西至浙江，最后自浙南越仙霞岭止于福建东部即今闽侯、福清、仙游一带。故散布于金华、宁波、温州古地区及闽东南的叶氏子孙较多，而且这条路线比较清晰。据说温州叶氏宗谱曾有记载。上世纪九十年代，我在广州开会遇见来自新加坡的叶少玲，她详细介绍了那里华人中的叶氏，曾设有南阳堂，类似内地的宗祠，春秋祭祀，十分隆重。她家也有一部宗谱，乃原籍仙游叶氏的祖传的本。其中说到叶氏的来历，与所传者正相吻合，又谈她伯父乃德字辈，是个教师，常同小辈谈家史，因此记得。香港叶玉超，原籍福建福清。也说他家的根在浙江。以上所说，足以证明，我叶氏就是来自河南，经江西浙江又止于福建那一支，完全有脉络可寻的。也由于以上原因，我与他俩相见分外亲，就在广州联了宗，玉超小我五岁，即以兄弟相称。少玲则尊我为叔，我则称她伯父为宗兄，并得到老人的认同。新加坡重视中华文化，华人家庭仍保留着内地已不多见的传统习俗和良好风尚。少玲从小受儒家思想教育，对我一直执礼甚恭。我从她那里体会到我叶氏优良宗风，并让我知道一些有关叶氏的信息，亦可谓是个极难得的意外收获。

　　关于叶氏的起源以及当年由北向南大迁移的路线已略如上述，如今叶氏之盛于长江以南而北方较少，如慈溪鸣鹤场之叶氏（开设叶大昌南货店于沪上，乃百年老字号）。金华之叶氏，温州之叶氏（代表人物叶适），均当地望族。至于福建（代表人物叶飞），广东（代表人物叶剑英、叶挺），姓叶的为数更为可观，人才亦多，我们镇海庄市，清末出了个叶澄衷，亦极有影响。

二、地理位置

　　老鹰湾这个地名（一度又称鹩鹰湾），不知起于何时（宗谱有记载已无从查考），因村边一条小河绕到苏氏墓园（俗称苏家人坟头，墓主乃晚清显宦）旁而止。这一段状如鹰嘴，故名。河之北称老鹰湾董家，河之南称老鹰湾叶家。董家较小，仅四五十户人家。叶家较大，约八九十户人家。叶家这个村子，村前有河只通到董家。村后有河却是活水，一直通到大市堰，与大河（自宁波流向镇海入海）连接。这条河就在我家屋后，虽不大，却有舟楫之利，它一头向西经庄市向宁波市区。另一头向东可通镇海县城以及沿河的团桥、贵驷、骆驼等集镇，都相距不远。

镇海北乡人口稠密，村子都不大，而互相邻近。叶家先是划归东管乡（后为长河乡），属庄市区（后改为庄市镇）。从庄市镇管辖算起，与叶家紧挨的村子就有后倪、管田沈、董家、贝陆朱樊、姚家水仓、菱漕头、火添路头、朱家岸等。这些村子，近的抬头可见，远的也不过三五华里，可见其密集之程度。

庄市位于宁波与镇海之间，相去约各十公里。历来为侨乡。很早就有人去海外创业了。庄市镇向南距甬江约五华里。在公路未修通时，只靠内河交通。村民有事外出，主要靠航船，即一种摇橹的木船或脚划的乌篷小船。庄市镇南，距离家近的为苏钟包村和新堂前叶家。这两个村是连在一起的，只一条土路隔开。村子小，却远近闻名。再往南，还有几个村子，如双桥、三官堂、半路张，已靠近甬江边了，往西，就是庙跟蔡家，再往西那就是孔浦了。它是往宁波去的唯一通道，坐船，摇了去，约两三小时可达。脚划船较快，但船太小，坐着不舒服，且比较贵，一般不坐的。

叶家作为村子，地理位置比较优越。它向西到宁波市区，向北到团桥、周家底、骆驼桥，向东到汉塘、俞范、镇海，向南到甬江沿岸，都有水路可通，而且都超不过十公里。出海也便捷。这一优势，到了近代，即五口通商宁波被辟为通商口岸之一，就更加凸显出来。浙江远在西汉时期，尚属未开发地区，我们祖先在它尚欠发达时，选定了这一带着手开发，并逐渐定居而繁衍生息，是富有远见，能充分显示其智慧的。

三、人　物

钟灵毓秀、人杰地灵。镇海人文荟萃，历代出了不少杰出人物，至于我们庄市，自晚清直至民国，也不乏其例。如义庄叶家的叶澄衷。稍后的老鹰湾董家的董杏生，菱漕头的陈兰荪以及后起的钟包村的包玉刚和邵家的邵逸夫，都是生有益于时死有闻于后，望重一时，服务社会，造福桑梓的知名人士。他们出生和生活过的村子都不大，人口也不多，一般也仅有三五十户人家。但村小名气大，一向为人称道。我们叶家，若论村子规模和人口，确是绝不逊色于上述这些村子，然而杰出人物则非常之少。若排查一下，值得一提的首先是我家——东边的忠房。

我家自清雍正年间在沪郊杜行镇开设叶同泰槽坊，历经一百九十多年，一直是村中首富，又因累世行善积德，泽惠乡里，被乡人誉为三代良善。我祖母陈氏因淑德懿行被朝廷颁赐节孝匾额，成为全村之光。我曾祖父德沛公一生扶贫济困、修桥铺路，种种善行，远近闻名。我大母蔡氏、生母金氏，在乡下更是乐善好施，敦睦邻里，继承家风，历数十年而不坠。即便是在父亲去世、家道中落以后，生母金氏仍热心公益，尽最大努力帮助邻里族人克服困难，例如有一次族人某叔因急用前来求助，生母就当场摘下耳环一对供其换钱使用。诸如此类，数不胜数。

我叶家以财雄者，应推族长德政公。老人乃村西四份头的长辈，一向在沪甬办实业，很少回村。他在宁波市内东门口开设老慎记百货店，并置有房产。他在上海投资办厂，如振华棉织厂、五和织造厂等，他都是股东。他在上海有房产多处。他对家乡十分关心，屡有赞助，如同义医院创建时，曾得到老人的捐助。

东边的一家较有声望的则是德勋公及其下一代。德勋公原名仁荣，世代务农。我家在村前那一块约有十来亩的水稻田，租给他种，已历有年数（父亲的坟墓就立在这里）。德勋公虽属农户，却读过私塾，识文断字，还能查黄历看干支讲休咎，村里谁家有个红白喜事，常要请他选日子定时辰，我的婚期也是他选定的。老人家劳动一世，到了年过花甲，自己还能肩挑两箩稻谷来我家交租。

他三个儿子即善性（谱名国章）、善定（谱名国俊）、善政（谱名国治）。长子善性生于1900年，早年在上海经商，设有仁和成纺织品批发商号。因起步于北伐前，又经营得当，业务发展，颇有积累。后开设大中国橡胶厂。不料"一·二八"沪战，"仁和成"位于闸北的货栈遭日机轰炸，损失惨重，从此元气大伤。上海沦陷后，善性回到故乡，旋又在宁波市内江厦街口开设一家正诚烟行。宁波解放后，烟行歇业，他又去中马路开设一家伞店，小本经营，已没什么规模了。

德勋公次子善定（挂牌行医后改名叶俊），年少时放过牛割过草，干过农活。在"轫初"读完小学后，被送到上海大陆药房当学徒。他白天工作，利用晚上上夜校学习外语，又到中法药专补习药学。几年后，他考取了药剂师资格，后又取得了医师执照，随即开业，在大陆药房二楼设私人诊所。抗战爆发，他一面把该所迁至法租界长乐路98号自宅，又开设和平药房于附近。同时，他组织了有十二位属马（生于1906年岁次丙午）的西药业同行参与的丙午同庚会（他按生日当会长，其次为史致富），合力创设了丙康（取丙午同庚康健会之名）药厂。其间，他担任了南市保卫团的军医，又被任为国民党第三战区司令部上校军医，积极支持国军抗日。同时，经地下党安排，他与苏北新四军接上了关系，常以药品接济新四军。为此，在租界被日军接管后，他被日宪兵逮捕，与胞弟善政一同受酷刑而不屈，终于被地下党营救出狱。但健康受损，成了他英年早逝的又一因素。抗战后期，他因躲避日寇迫害，孤身远赴天津创办利生药房。1946年1月病故于天津，年仅四十一岁。

善定乃自学成材的典型，他只上过高小。到沪就业后，以大陆药房为起点，经几年夜校补习，结合自学，广泛涉猎，不仅积累了丰富的专业知识，而且适应业务需要，精通英语，并掌握了日语、德语。他交游甚广，热心慈善事业，曾受聘兼任梅兰芳医药顾问，常出入于马斯南路（今思南路），并与来沪演出的谭富英结为同庚之好。〔曾在整理他的遗物时发现一张谭富英的半身照片，背面书"善定庚兄惠存"并自注属马（生于1906年），可见交情不浅。〕

他兴趣广泛，读了好多书，文史哲、品德修养、名人传记等等都有。我在他的旧居长乐路的阁楼里，看到他遗留的书籍数百册，林林总总，方方面面，应有尽有。且是每本书上贴着一张小条子，写着勉励自己珍惜光阴努力学习之类的话，几乎每本书上都贴着。这样刻苦自砺，使得他拥有巨大的精神财富，以至于满腹经纶，下笔成文，出口成章，不像是个医生，倒像是个学者或教授了。

他对我这个侄孙,格外垂青,多方奖掖,不遗余力。1934—1937年我在上海潮惠小学住读,直到高小毕业。每当我因成绩优异获奖时,他定赏赐奖品。记得一次给了一尊有翅膀的安琪儿石膏像,一次是一只很别致的热水壶,最后一次是一本《英汉模范字典》。我回到老鹰湾后,随即去镇海上初中,他正在乡下养病。到我家串门,当母亲向他倾诉家道中落,无力承担我升入高中的学费时,他一再表态,说元章是个好苗子,要培养他去读大学,所有费用由他负责,不用担心。遗憾的是,他不久又去了上海,我则于结婚后到银行上班。直到日本投降后我再到上海时,他已远赴天津,只通了一次信,为我安排了工作,不久他就溘然长逝了。

他是我的长辈,也是我的良师,其学问人品和思想境界,永远是我所仰望的高山而难以企及。我一生以他老人家为榜样,为人行事力求不辜负他的期许,可惜终究相去甚远。及今思之,徒增惭怍。

善定叔公于我有恩,深恩未报,我至今觉得亏欠。而他之英年早逝,对当时社会,尤其是对我们叶家,所造成的损失难以估计,无法弥补。事实是,善定之后,叶家再无值得骄傲的人才了。

我是小字辈,虽曾被他老人家生前誉为叶氏后起之秀而被看好,无奈生不逢时。新中国成立初期,我读完本科留校,从此进入知识界这个重灾区,整整三十年,反复折腾,历经磨难之多,一言难尽。待到冤案平反,恢复名誉,重新走上讲台,已近花甲之年了。年华浪掷,青春不再,纵有腾飞之心,限于精力,所得终究有限。叶家子孙中,情况大致相似。这是一代人的悲剧,其命也乎?草此小识,恕不赘述。

(2015年2月识于沪上)

《九回肠集》自叙

诗稿即将结集出版，庆幸之余，又不免感慨万端。

我学诗较早，幼时受家庭熏陶，高小、初中又得饱学之师指导。日后之终于从文，并历尽劫难而无悔，均与此有关。

当年学诗，仅凭兴趣，并无明确的目的。在上海读高小，回故乡读初中，语文老师欧阳邦、王漱琅先生都曾让我读诗。王漱琅先生只求熟读成诵，到确有疑难时，才作解答。凡作诗，他不命题，不限韵，批改却极认真，且能当面指明得失。这样，边读边练，久之，就渐窥门径了。

不过，成年后反而作诗甚少。二十世纪四十年代，时局动荡，生计窘迫，"终岁都为糊口忙"，不可能有什么诗兴。建国初，上了大学，毕业后，政治运动、工作都很紧张，更顾不上吟诗填词了。偶有所作，数量既少，也难以保存。

二十世纪六十年代中期，我突然失去自由。一天，偶从广播里听到邓拓的一首诗（"歌吹扬州惹怪名"），竟触发了我的创作灵感。多年潜在的诗情就像岩浆那样喷涌而出，以至于一发而不可收了。"长日无聊，惟以吟咏自遣"，说明这些诗产生于特殊的生活环境中，是很不寻常的。我珍惜它，是因为这样的生活遭遇和激情，此生大概不会再有。而且诗贵情真，这些狱中吟成、事后追记下来的诗，原不曾打算出以示人，故并没有也不需要矫饰和造作。诗，未经精心推敲，粗浅自所不免，但它无意取悦于任何人。其不无可取处，或即在此。这是我一生中诗兴最浓、出诗最多的时期，尽管诗味是苦涩的。

二十世纪八十年代，我继续写了些诗，惬意之作就不多了。近年来，诗更是日见其少。人到晚年，忧患饱经，沧桑阅尽，本该"归真返璞止于平"了。诗，理胜于情，乃势之所必然。何况，生活粗告安定，心情渐趋平静，就不容易发而为激楚之音。这正好符合"诗必穷而后工"和"愤怒出诗人"的传统说法。

当然，"穷"是可遇而不可求的。"穷"，未必能工，不"穷"而工的，古今也不乏其例。但不管怎样，作为诗人，忠于生活，忠于自己的感情和信念，总是最基本的一条。果能如此，那么，粗制滥造、弄虚作假的劣品、次品会大为减少，诗坛的空气也将得到净化。

这几年，蒙海内外诗友厚爱，或驰书索句，或惠诗嘱和，或见示新作，或嘱为题词作序，愧无以应。这本小书的得以问世，正是广大诗友共同关心、支持的结果。它也是对已故恩师和至交好友的一个告慰。尤其是陈兼与先生生前曾对我奖掖有加，借此机会对他表示深深的怀念。

书名《九回肠集》，仅在表明作诗之苦和对在与不在的师友思念之切。的确，没有师长的引导和友好的扶持，就没有我的今天。自然，更不可能出现这本小书了。

（辛未夏日于宁波大学）

《九回肠集续集》后记

《九回肠集》之有续集，纯属意外。其缘由我已在本书"自叙"中有所说明。书名续集，表明它与上一集存在着传承关系。但同中有异，所谓同，是指本书内容的主体即诗词，原是与上一集一脉相承的，这方面并没有根本区别。而异，则是指它的篇幅比上一集扩大了，其内容则比上一集杂了，除了诗词，还收入诗论、习作点评、书信、对联、书画、摄影、篆刻，等等，包罗之广，品种之繁，堪称仅见。

诗集，其所以弄得如此之杂，乃是因为这是我生平第二本个人诗词作品结集，苦吟几十年到此收官。对本人是个总结，对海内外诗友（包括我的学生）则是个告慰。我这一生，历尽磨难，尤其是建国后的二十多年，日子非常难过。然而也正是在这一时期，我结交了不少肝胆相照的朋友，我们之间，或是文友，或是诗友，甚至其中也有难友，即一同坐过牢受过苦的。从《九回肠集》出版至今又隔了二十余年，这些朋友或已垂老，或已病废，或已作古。他们有的给我写过信，有的给我刻过印章，有的赠过我书画，有的同我合过影，有的同我唱和过。有的人已经不在，却还有些东西在我手头留着。为了纪念他们，为了告慰他们，故我趁出续集之便，适当地收一些在书内。例如俞剑华先生，当年他在诚明文学院中文系任教时，我曾去偷听过他讲《文选》。后来他到上海学院，仍是我的师长。1964年我被迫离沪西行，行前到他寓所话别，承他见赠一幅山水画，并题了款。如今，他老人家与我已人天永隔，我就检出他的遗作用作续集的封面。先生生前曾鼓励我不废吟咏，我即以此书祭他。他地下有知，想必也会掀髯一笑的。又例如已故的林锴兄，他早年从师潘天寿，工于绘事，其诗亦别具面目。1989年，他见赠《红梅图》一幅，并题了一首七律。我随即和了一首（刊于《九回肠集》）。为了纪念这位才高命短的故交，我把他生前所书的一副对联放入书内。前辈李宗海先生，乃是极负时誉的诗人、书法家。他的魏碑堪称炉火纯青。《九回肠集》封面书名就是他题的。这次，书内放了他所书的一首七律，以示不忘。又例如国学大师冯其庸兄，相交三十载，情深义重。上世纪八十年代，蒙他见赠所作《秋风图》。我一直珍如拱璧。他诗书画俱佳，特别是他的水墨果蔬，名重一时。他已九二高龄，仍应我之请，力疾挥毫，为续集题写书名。因此，我把他的画及其亲笔来函一并放入书内，既借以为小书增光，亦有酬报其高谊之意。又例如德高望重的李锐同志，虽历任要职，身为高干，却赢得知识界的普遍赞誉。他由于说了真话而身陷囹圄，在狱中写了震古烁今的《龙胆紫集》，成为当今诗坛的一面旗帜，也成了我学习的楷模。改革开放后，他年事已高，仍热心扶植诗坛后起力量，积极参与吟事活动。我于龙虎山同他欢叙三日，现检出当时的合影，让广大诗友都一瞻老人的风采（另一位是鹰潭市文联主席张炜兄）。又例如上海的田遨先生，乃是早期参加革命的资深新闻工作者，也是广受崇敬的老诗翁。2011年秋，鞠国栋兄设宴为三位年过九十的老人暖寿。事后，田老亲书所撰对联一副见赠，情意拳拳，令我既感且愧。至于书中所收的其他墨宝，多系有价值之物，值得珍惜。仅列举数种，意在存念，亦以自励。

另，书中《书艺传家》附录，乃是女儿良骏的诗作。女儿一向习于散文和新诗，于格律诗则起步较晚，现选刊其近作少量，以供交流，并就正于吟坛高明。

这一时期，中华诗坛表面繁荣，但人才凋零，我们失去了老一辈名家荒芜（中华诗词学会成立时，我曾蒙老人招饮）、苏渊雷、施蛰存、陈兼与、夏承焘、王季思，也先后失去了同辈诗家富寿荪、何满子、林锴、杨宪益。尤其是李汝伦兄之丧，更令人痛惜。逝者中，多半是我尊敬的师长或多年至好，他们的人品学问以及诗词作品，都堪称一时之选，发挥过匡救时弊、振奋人心或陶冶情操、净化心灵的积极作用。我学诗作诗，都受到过他们的影响或熏陶，如陈兼与先生，确是我终身服膺的长者。

现存朋辈中，功力深、性情真、骨头硬的诗家，如广州的熊鉴（楚狂）

兄，兰州的常振励兄，上海的傅璧园兄，近年都已封笔。他们带着浑身的伤痕熬过了前三十年，至今依然悲天悯人、愤世嫉俗，不改书生本色。他们诗胆如铁，所作诗无半点媚态。他们是真正的布衣诗人。因此，我也要步他们的后尘——从此封笔。希望今后能活得清静一点，闲散一点，自在一点，超脱一点，而不必再俯仰随人。总之，希望能离当今诗坛远一点，不必再费心思去应对。

　　成书过程，宁波诗社丁唯真和我忘年小友张萍这两位女士出力最多，她们作为本书编委，做了许多烦琐的杂务。大女儿良骏，小儿子良骥参与策划调度，备极辛劳。周律之兄乃西泠印社社员，甬上书法名家，蒙他为本书题扉，尤增光宠。诗友胡岳林、王介堂兄热诚协助，在此谨致谢意。

（甲午春草于沪上）

《静观流叶》自叙

出书之类，我从来不敢妄想。因为这非但不无风险且亦太过费事。尤其是经历了百劫千灾，好容易苟活到耄耋之年，检点平生，已属万幸，本不该再有什么非分之想了。如今，承市作协关爱，让我自选历年所作，予以结集出版，而且不需我具体操办。有这样难得的殊遇，自不宜失诸交臂，而内心的振奋激动当然也是概可想见的了。

从1941年开始弄笔头，四年后曾在家乡宁波编印过小册子《流叶集》。可惜终未保存下来。书小，印数又少，年深日久再找也不容易。后来到了上海，白天当公司白领，晚上在报社编辑部上夜班，睡眠不足、精神倦怠，动笔就少了。上海解放后，工作、学习、思想改造任务繁重，时间紧迫，精神紧张，也腾不出手来搞业余写作。其间，只在1955年至1956年冬，抽空写了不多几篇杂文、随笔（见《五十年前翰墨缘》一文）。1959年暑期我远谪西宁，改当文艺编辑，但不久又碰上大饥荒病倒了。那几年，环境严酷，生活艰难，心情抑郁，体力不支，笔，不得不暂且放下。又经过十年动乱等折腾，直熬到1979年恢复名誉，并重新回到教学岗位，才又有机会拿起笔来。虽已年过半百，那蓄之已久的创作欲，竟一发而不可或止。这往后，陆续发表的包括诗词的各类作品，总计约有近百万字。"失之东隅，收之桑榆"，亦差堪自慰的了。

收入本书的有散文、杂文、随笔、小品、评论及作品赏析，等等。所收以短文为多，因教学科研而撰写的某些大块文章，既占篇幅，又并无多少真知灼见，高头讲章，学究气难免，自己都不爱看，何况读者？同样，替别人写的书的序言题词之类，语多溢美，也尽量不收或少收。作品赏析包括历年撰写的多见于公开出版的诗文词曲鉴赏辞典,字数不少,当时颇为热销,现在看来,仍不无价值,框框也较少。还有就是一些说古道今的随笔小品,特别是谈剧坛往事、球坛掌故的,既有知识含量,又不乏情趣,即使是时日推移,也不至于褪色。况且此类作者,已越来越少了。至于杂谈,建国前的已无从寻觅,上世纪五六十年代的,语多偏执,时代烙痕明显,仅收入少许,以存其真。

书中有关语文教学的是应老友徐炜(范泉)兄之约,为他主编的《中小学语文教学》撰写的。《楼外说梦》乃是在青海民大、宁波大学开设的《红楼梦研究》的题目,原先有十二讲,分解为小题目。总之,都是进入宁波大学后从事汉语及中国古代文学教学研究的产物。另外,还有一些评报的。这期间,政策宽松,环境好转,人又找回了尊严,笔也勤了。所以,确切地说,这二十年(1979—1999),乃是我一生中心情最舒畅、思维最活跃、诗文等作品产量最多的黄金时期,是很值得回顾和庆幸的。

书名《静观流叶》,别无深意。仅在于:一、按丛书成例,书名只四个字,避免了时下泛滥的什么集什么选等等俗套;二、"静观",原是先父书斋名,我沿用至今(曾有《书斋今昔》一文纪其事)。"流叶",则是我年方弱冠时拥有过的第一本小书之名,再用一下,亦含有不忘过去、策励来兹之意。也不妨把它看作是流叶续集。流失的年华无可挽留,肉体也终将消失,剩下的片纸只字,包括这本《静观流叶》是否能对后人有些许助益呢?这就很难断言了。

"文章千古事,得失寸心知。"确切地说,应该是得失众人知,也就是留给时人或后人品评。如果广大读者能予以认可,于我就算是得到了最高奖赏了。

但愿如此吧!

(2010年7月沪上五星公寓)

《广修上人书百家姓》序

吾甬天童寺，东南名刹也。历年以来，曾以其历史悠久、规模宏大、香火旺盛、文化古老驰誉海内外（余初访天童寺时有诗纪游，见《九回肠集》）。自晚清寄禅大师卓锡，历任方丈不特精于内典，且工书能诗，饶有文采，广修上人乃其一也。

余自二十余年前执教宁大，又因吟事与上人相识，蒙其青睐，多次邀约桑、郑二老偕余入寺欢叙。其间，或谈禅于静室，或焚香于别殿，或煮茶于小阁，或品画于内院，或衡文于南轩，或推敲诗句，或寻访遗踪。上人终日追陪，略无倦色。昔东坡与佛印相处，恐亦无此乐也。又蒙其指引参拜八指头陀冷香塔苑，凭今吊古，追慕前贤，深受启迪。是年，余虚岁七十，上人贻我人参数支。其后，又曾以寺藏墨宝影印本一册见赠。种种优遇，难以尽述。而其相交之诚及其关爱之切，堪称世所罕有。及后思之，犹令人感奋不已历久难忘也。

上人精研佛典，潜修三乘，传心弘法，不遗余力。故得以灵机妙谛，入证通悟。其境界直似云山罗汉，崖岸千寻，非常人所能企及。余虽与上人同龄，然生而愚钝，素乏慧根，于德行，则相去不可以道里计，尊之曰师，谁曰不宜？

上人工书，数十载临池挥毫，成果可观。近以其所书《百家姓》一件见示，拟将其付印出版，嘱为作序。此亦大好事，所不敢辞。观其书体脱胎于鲁公，丰腴、凝重、厚实、端庄，而又不乏灵秀之气。余幼时亦习颜体。今观上人之书，浓点铁画，玉润金生，运用之妙，直到毫颠，极见其功力之深。如此造诣，求诸时下佛门中亦不多见。

余与上人相违已久，时复在念。今得观墨妙，快如见面，亦足以稍慰渴想。岁月匆匆，劳人草草，犹忆曩时在甬过从之乐，不可再得，徒增叹喟。兹当所书《百家姓》即将付梓之际，爰略缀数语，弁于卷首，实不足为本书生色，无非借此聊申钦迟之意。区区得与大德同传，盖亦与有荣焉！

（时在辛卯立秋后残暑未消之日于春申江畔）

《碌翁吟稿》序

近年来很少为人作序。这原因一是年事日增,精力不济,难以坚持读完原作;二是评介作品不易恰如其分,又不愿作违心之论。故凡有索序者,经常总以婉辞为多。不过也有例外,遇有实在非写不可者,有时也偶一为之。这主要是由于:一、交厚,彼此相知有素,说话可推心置腹,无所顾忌;二、作品确有特色,经得起剖析;三、作者人品好、诗风正、格调高,值得推介。除此之外,还因为我曾忝为宁波诗社顾问,于扶持当地诗词创作,责无旁贷,本社社员有作品结集问世,我自不能不置一词。也正为此,这次曹厚德兄见示诗稿,嘱我为即将付梓的诗集《碌翁吟稿》写几句话,我就勉力应命了。

曹厚德兄是知名度很高、几方面都卓有成就的高级工艺美术师。由于他雕塑、书画、金石篆刻均有造诣,借助于艺术门类之间的内在联系和触类旁通,故起步虽晚,入门却较快。由于他自小就爱好中国文学,又由于他潜心吟事、勤于推敲、勇于探索,并转益多师,故诗词创作水平得以不断提高。加入诗社不久,就被选为理事,并积累了为数可观的作品。

《吟稿》所收作品凡六百余首。题材丰富,笔锋所及,遍于各个生活领域。其内容诸如览胜(描写祖国各地及海外自然景物、风土人情)、追远(吊古寻踪)、怀人(缅怀前贤及各地友好)、感事(指陈得失、针砭时弊)、抒情、咏物以及酬赠诸篇,应有尽有。尤以登山临水诸作,因作者多年来不辞辛苦,不畏跋涉,经常能深入幽谷绝壑,而有所发现,故不特观察入微,且别有会心,绝非一知半解、浮光掠影者所可企及。这部分作品无疑是全集的重点亮点,质量也相对较高。至于作品体裁,诗则近体律绝,五言、六言、七言，词则小令、中调、长调。可谓各体皆备。按其艺术手法，则遵循格律、讲究比兴，力求以形象化语言表达思想感情。总之，收入这部诗集的作品，虽未尽属精品，但也大体上反映了作者的精神风貌及其创作态度。

  近几年，曹厚德兄因体力所限，已较少出门参与社会活动。但仍不废吟咏，并时刻关注民生疾苦。每有所作，依然足以展示作为诗人的一种悲天悯人的情怀。这一点，作为他作品的个性特色，是尤为可贵的。

  应该说，依靠个人勤奋，学诗作诗已是中年以后的曹厚德兄，所取得的成就诚然可喜，然而创作的路还是很长。结集，既是回顾过去，总结经验，又意味策励来兹。故他走在创作道路上的脚步，无论如何是不应停止的。

  提及它，意在共勉，想必曹厚德兄不会认为是多余的吧！

（甲午早春序于春申江畔时年九十有三）

第八卷　小品及其他

编辑古今谈

编辑,在我国可说是早已有之。最早的甲骨文就是从卜辞整理而成。孔子依据鲁国史官所编《春秋》加以整理修订,又删定《诗经》做了不少文字编辑加工工作。

先秦诸子包括《庄子》《墨子》的若干著作,不全是本人撰写,有些乃是他们的门人根据老师的口述或平时言论辑录而成。《吕氏春秋》则是吕不韦手下门客集体编纂而成。这些人都是最古老的编辑。

西汉刘向、刘歆父子当了整二十年编辑。刘向曾校阅群书,撰写《别录》一书。它是我国最早的目录学专著。刘歆著有《七略》。扬雄曾校书天禄阁,又续《苍颉篇》编成《训纂篇》,他们主要在于总结编辑工作的经验。

唐宋以后,编诗文集的渐多,出现了唐人编的唐诗,如《河岳英灵集》等。南宋浙江有个出版商陈起,编了一部以山林隐逸、江湖浪迹之士的作品为主的《江湖诗集》,使江湖派诗人从此得名。

明清时期,私家著述日益活跃,编选诗词文集成为一门学问。专业选家不断涌现,而且成就甚大。这时,不但有了专门从业著述的著作家,还有专业的编辑、选家和出版家。有些人则一身而二任,如与《红楼梦》后四十回成书有关的程伟元,就是这类人物。清代戏曲家浙江兰溪人李渔,曾在他刻印的书上标出了"不准翻印"的字样。这意味着,随着印刷、出版事业的发展,当时已发生版权问题了。

到了近代,特别是进入二十世纪后,编辑队伍更加扩大,并且还出现了像叶圣陶、茅盾、郑振铎那样既是编辑,又是诗人、作家的杰出人物。

"五四"以后,这方面的优秀人才就更多了。可见,与我国灿烂的传统文化相联系,担负着保存、传播文化、科学优秀成果的编辑工作,同样是源远流长,而且有着极丰厚的积累。编辑,对我国文化事业的发展曾经并正在作出不可磨灭的贡献。

(1994年)

不是诗人，强作诗人

——楼外说"梦"之三

黄裳先生在质疑刘心武续《红楼梦》一书的文字质量时，曾问道："曹雪芹在八十回书中嵌满了晶莹夺目的诗词歌赋，续书里可有篇把可以入目的诗篇？"这里的"篇把"，意味着为数极少，即一篇至多两篇之谓。这说明黄裳先生虽尚未通读全书，但对续书中的诗篇质量，还是有所预计的。

如所周知，读《红楼梦》必读诗词，这是因为穿插在原著各章中的诗词歌赋，作为一种艺术手段和表现方法，对开展故事情节、刻画人物性格、渲染气氛、烘托环境、描写生活，都曾起过极其重要的不可取代的作用。尤其是它的美学功能，它的摄人心魄的艺术魅力，在古代白话小说中，其所达到的高度，是仅有的，也是无可比拟的。它确实像是嵌满原著的一串串晶莹夺目的珍珠。所以，既要续"红"，这原著中的诗词之类，是不可能弃置不顾的，续红必须续诗，作为已经与故事情节、人物性格密不可分的诗词，续书无论如何也是绕不过去的。

从总体上看，续书的诗词数量并不多，而且体裁单一。这可以理解，续书一共只有二十八回。续书的诗主要在于第九十二回《薛宝钗夜成十独吟》，说的是宝玉一去不回，宝钗独坐灯前，柔肠百结，于是吟成十首绝句：《十独吟》涉及的十个古人，或见于典籍，或闻于民间传说，有虚有实，各有表述。且看第一首《嫦娥》："冷莹残桂浸空房，往事悠悠隔雾瘴。谁言已悔偷灵药？玉珂微微传佳响。"诗蹈袭唐人诗意，拟反而用之。意思是说：嫦娥其实并未悔于偷药，她上天后不是生活得很幸福吗？当然，如此立意，亦无不可，可惜的是，此诗作为绝句，是不合格的。其病在一，全诗四句，一二四押韵，按格律要求，应一韵到底。而此诗第一句押的是平声，第二、四句却押了仄声；二、平仄失调，如第四句句式首尾两个字是仄声，中间五个字全是平声。此句句式原为平平仄仄仄平平，而"微微""传"是平声，这不合规范；三、用词不当，如第一句的"浸"字，第二句的"瘴"字，第四句的"佳响"字，等等。

第二首《屈原》之病点相类似，平仄失调（第二、四句），用词不当（第一句"霸"字、第三句"弥满"，乃至病句如"不唯牢骚弥满腹"，结构别扭，含意不明，令人费解）。

除此而外，还有把不同题意、不同诗境的唐人诗句，随意拉扯在一起的，如第八首《人面桃花》，竟出现了"柴门并无小犬吠，亦有风雪夜归人"这样的句子。时空颠倒，逻辑混乱，这才真的是不堪入目了。

"劈""纺"忆语

二十世纪四十年代初,先是北京、天津,后是上海,京剧舞台上曾出现过一阵"劈""纺"热。当时,一批由北而南的青年女演员,如言慧珠、童芷苓、吴素秋、李砚秀等,都以擅演"劈""纺"著称。不久,南方的某些女演员也竞相仿效。一时,"劈""纺"竟取代了梅、程、荀、尚正宗旦角戏,拥有广大观众,成为最卖座的走红剧目。

"劈",即《蝴蝶梦·大劈棺》,它取材于古代白话小说。剧情大意是:庄子为了考验妻子,假装死去。随后有个美少年前来吊丧,庄妻爱上了少年。因少年突患心痛,说只有服用人脑可以解救。于是,庄妻夜入灵堂,劈棺取脑,棺被劈开后,庄子复活,其妻羞愧自尽。后者说的是一个小户人家妇女,丈夫出门未归,她独自在家纺棉花。纺到夜深时,就唱曲解闷。这是一出小戏,一人演到底,剧情简单。到了言慧珠、童芷苓手里,唱的范围扩大,内容也丰富了。发展到后来,演员便装登台,不但唱,还演奏,如拉小提琴等;不但唱戏,还唱流行歌曲;不但演员随意唱,观众还可以点唱。这样,台上台下,演员观众打成一片,很有现代独唱音乐会的味道。长期以来,京剧表演的传统格局就被打破了。

这两出戏,已好久不演了。其实,《纺棉花》内容不乏可取处,只要稍加整理,仍可与观众见面。而《大劈棺》则从思想到艺术确有不健康的因素,如宣扬封建迷信、男尊女卑和有某些色情动作等,但旦角的武功表演,如乌龙绞柱、跌扑等,仍有其价值。听说,童芷苓现正考虑加以修改。相信经过一番改造制作,保留其精华,剔除其糟粕,《大劈棺》这个戏,有可能重新获得舞台生命,为广大观众所接受。

(1985年11月3日)

中秋说诗

古往今来，咏中秋的诗，究竟有多少？还是个未知数。但传诵千古、至今犹脍炙人口的，充其量不过一二十首而已。其中尤以杜甫的五言律《月夜》和苏轼的《水调歌头》最为著名，堪称压卷之作。迄今尚未有能出其右者。正因为这两首作品冠绝古今，故长期以来被奉为范文，为童蒙所必读，建国后入选中学语文课本，其普及率几乎达到家喻户晓的程度。

杜甫诗和苏轼词都是怀人之作，前者怀的是妻儿，后者怀的是胞弟。所怀对象不同，而所抒发的感情则一。杜诗作于离乱之中，苏词作于贬谪之后，创作的背景不同，而作者心情之凄苦则一。杜苏所作诗词艺术手法千变万化，而表达的都是一种人所共有的离情别绪。尽管是离愁万斛，难以排遣，却又不便明说，于是只好故作宽慰语，并在篇末寄托美好的希望。一个说"何时倚虚幌，双照泪痕干"。一个说"但愿人长久，千里共婵娟"。明知命运不由自己掌握，却不能不表示一种乐观的期待，给作品增添一丝亮色。

咏中秋，不可无月。这也与咏春天不可无花一样，故历来春花秋月并列。何况，"月到中秋分外明"。中秋夜若是无月，就大煞风景了。因为中秋与月，早已缘结不解，诗人们更借月起兴，经过各种拟人化手段，赋予月亮以性格，使高悬于太空的一轮明月，也蒙上了神秘、微妙的感情色彩。同时也借助作为客体的明月，来激发自己的万缕情丝，化而为诗，就渴望达到融情入境，触景生情，情景交融的境界。杜甫诗起句"今夜鄜州月，闺中只独看"，苏轼词起句"明月几时有，把酒问青天"，都以月作为全诗的切入点，然后才联想开去，及于描写的人或事。可见，除非不以中秋为题,否则,这天上的月,终究是不可回避的。当然,也有咏中秋而完全撇开月亮的,那终究是极少数,而且很可能属于另一种主题,比如不以怀人为内容,或根本无人可怀,那自然是归于另一种写法了。不过,即便是把中秋夜写得花团锦簇,恐怕难免陷于"欢乐之言难工"的怪圈。例如,近见报上刊登的一首《中秋好》的诗,有句云:"中秋好,好在明月皎皎。天上人间共此月,银辉轻泻入小桥。横笛传情,丝管嘈嘈,人逢喜事精神爽,佳节闹中秋。"热闹则热闹矣,无奈总是感到缺乏扣人心弦的艺术感染力,是绝不能与上述杜诗苏词相比拟的。

小议里弄名字

前些日子，一位侨胞回沪探亲，离沪前写了一首诗，末两句是："重访旧居浑不识，归来误入别人家。"原来他离家多年，那条里弄的老名字不见了，难怪他要摸错门了。

上海的里弄，原先都是有名有姓的，如今有的已不存在，而代之以统一的编号了。里弄名字的取消，从一个侧面反映了上海市区的历史变迁，但也给居民带来某些不便。这位侨胞的慨叹，就说明了这一点。

就像人的命名一样，上海里弄名字也都是有来历的。它们的名字符合中国的民情风俗，因此，获得人们普遍的承认，这一类无疑是可以考虑保留的。即便像"慈惠""慈厚"这样的名称，如果撇开它的殖民主义内容，从字面看，仍不失为好名字，不一定要改。

有的里弄名字取消了，居委会却仍以原来里弄为名。这自然有工作上的需要。但居民喜欢把它挂在嘴上，也可说明人与地关系之亲密。再说，书写在门坊上的许多里弄名字，大都出自书法家之手笔，富于艺术性，毁了也实在可惜。

既然北京的胡同可以沿用老名字，既然上海一些商店可以恢复老招牌，那么，本市有的里弄名字为什么要取消？为什么不可以让里弄的名字与编号并存呢？通过调查，区别不同情况，恢复或重新取名，并且把每一条里弄打扮得漂漂亮亮，看来并不是多此一举。

（1984年5月28日）

绞刑架下的哀鸣

艾森豪威尔继装疯撒泼的杜勒斯之后，在全世界人民面前也来扮演了一个颇不体面的角色。九月十一日他那篇就台湾海峡地区局势发表的电视演说，同杜勒斯的声音一模一样，留给人们的印象是如此恶劣，"一派无赖腔，满纸荒唐言"，简直是集古今中外"海盗逻辑学"之大成了。即使是起希特勒、戈培尔于地下，怕也会自叹不如的。

为了华尔街老板的钱袋，艾克之流可以来一个偷天换日、颠倒黑白。例如明明是中国人民行使自己的主权，解放自己的神圣领土，他竟然可以说成是"威胁到美国和对自由世界的清楚的危险"。自己明明是杀人越货的海盗行为，他可以说成是"保卫自由世界"的"义举"，说成是"致力于光荣的和平"。

但是，"只手难掩天下人的耳目"，任凭艾克之流玩弄多少名词概念，强盗的面目终究是遮盖不住的。克雷洛夫笔下那头恶狼，为了要吞噬无辜的小羊，曾经找出好多条自以为是名正言顺的"理由"，力图证明它的罪恶行径是天公地道的。然而一旦这些所谓"理由"都被小羊所驳倒了时，狼的凶残的獠牙立刻露了出来："你的罪状就是：我要把你吃掉。"狼是狡猾的，但最后还是摊出了底牌。不料"绅士模样"的艾克之流的底牌也竟会是这一张。请听，"你的罪状就是：我要侵略你！"这跟恶狼的嗥叫又有什么区别呢？

当然，艾克之流毕竟要比克雷洛夫笔下的恶狼高明些。狼所要吃掉的只是在它面前的一只小羊，但如果认为艾克之流的胃口也只有那么一点点，如果认为他们所苦心策划的侵略活动仅限于台湾海峡地区，那未免太小看他们了。事实是"醉翁之意不在酒",他们的目标还要比这个远大得多。不见南朝鲜的李承晚,已在那里蠢蠢欲动了吗?杜勒斯在那篇所谓声明中,不是也已经露了口风了吗?据说,假如有人要在台湾海峡地区"赤裸裸地使用武力的行动将引起一个远远超过沿海岛屿、甚至远远超过台湾安全的这些范围以外的问题"。好一个"远远超过沿海岛屿"!这一下却把侵略者的内心秘密烘托出来了。原来美国之所以要在台湾海峡地区这样"赤裸裸地使用武力的行动",最终的目的竟是在于"吃掉"整个中国大陆。这真是"不打自招"了。

其实,艾克之流的战争叫嚣,并不能吓倒中国人民,在我们眼里,这不过是绞刑架下的哀鸣而已。帝国主义已经到了"日薄崦嵫,气息奄奄"的阶段,目前的时代特征是东风万里、西风萧索,东风压倒西风。站在帝国主义面前的,不再是柔弱的小羊,而是一条夭矫腾跃的巨龙。

"多行不义必自毙""玩火者必自焚",这是被历史反复证明了的规律。他们如不停止战争挑衅,那么,除了只能激起中国人民更大的敌忾心理,从而促使我们更加收紧手上的绞索而外,又能得到什么呢?

新文化建设的立足点

（一）《讲话》的基本内容和主要精神

主要是文艺为什么人以及如何服务的问题。五十年风风雨雨，《讲话》经受了时间的考验。由于在贯彻执行《讲话》的过程中，曾多次受到"左"的干扰，使文艺事业走了不少弯路，至今还留下某些后遗症。"讲话"中提到过的诸如文艺工作的方向问题，文艺工作者深入生活问题、歌颂与暴露问题、专家们与群众的关系问题、吸收与改造问题，普及与提高、继承与创新问题，等等，都没有得到彻底的解决。近二十多年来，中国未能产生一部称得上伟大的、划时代的文学作品，特别是近些年来，在商品经济大潮的冲击下，文艺界那些不良倾向的出现，都无不与此有关，也不妨说，所有这些，其实都是背离了《讲话》精神的结果。因此，在新的历史条件下，如何正确地理解和把握《讲话》的基本精神，使文艺工作更好地为人民服务、为社会主义服务，这仍然是文艺工作者的当务之急。

（二）传统文化与现代化

《讲话》提出必须批判地继承优秀的文艺传统。但从二十世纪五十年代起，却是批判多，继承少，甚至是只有批判而无继承。十七年间"左"的思潮盛行时的"越是精华越要批判"，到"文革"时期的横扫、砸烂，实质上同样是把社会主义文化的建设看作是必须以彻底抛弃中国传统文化为前提的。二者都表现了共同的民族虚无主义，思想上都犯了形而上学的错误。

传统文化与现代化建设、与社会主义时代精神确有其相对立的一面。近代以来，传统文化阻碍中国社会的进步，是明显的。因此，不批判，就产生不了社会主义新文化。

但传统文化与现代化建设、与社会主义时代精神还存在着相辅相成的一面。

一些"精英"们曾叫嚷：中国要实现现代化，必须走西体中用之路。事实却是，西方物质上的进步掩盖不了精神上的堕落，物质的优裕与精神的贫困形成尖锐对立。中国传统文化中尽管也有不少消极的、不健康的因素，但它在几千年光辉创造中，也保存了许多西方文化缺少的优秀的品格和合理的内核。如歌颂爱国主义、自强不息、自我牺牲和奉献精神，提倡勤学苦练，提倡尊老爱幼、家庭和睦、勤俭持家等，今天仍可直接或间接地为社会主义服务。

民族的进步和发展都是在更新、继承自己的传统文化的基础上取得的。西方发达国家是如此，一批走上现代化道路而发展中的国家也是如此，学习他人的长处，却不抛弃自己的传统文化的精华，这才是正道。

（三）社会主义新文化建设的立足点——民族及其文化传统

社会主义及其新文化的建设，必须以马列主义为指导，这是毫无疑义的。但它的立足点首先是我们自己的民族及其文化传统。所以用科学的马克思主义原则重新审视我们的文化传统，去其糟粕、吸收其精华，兼采各方所长，发扬光大之；逐渐形成具有中国特色的社会主义新文化，来为伟大的改革开放服务！这是我们的神圣任务，也是纪念《讲话》的真正目的！

《水浒》与潘姓

施耐庵《水浒传》第26回和第46回写了两个坏女人——潘金莲和潘巧云。二者都有不轨行为,结果前者被武松所杀,后者则死于其夫杨雄之手。两个女人都姓潘,是不是巧合呢?

据说,施耐庵在张士诚营中赞襄军务时,张身边有两员爱将,即潘原明和潘原绍(又名元绍)兄弟俩。潘元绍还是张的女婿。潘原明则是最早参与白驹起义的十八条好汉之一。张称王后封潘原明为平章,付以重兵,派他镇守杭州。谁知不久,当朱元璋部将李文忠进攻杭州时,潘原明不战而降,归顺了朱元璋,使张所在的苏州陷于腹背受敌的困境,直接导致了张的战败。潘元绍任浙江行省左丞,是在常遇春攻打苏州阊门时率先投降的。也正由于潘元绍在关键时刻开城门投降,使苏州城很快就被攻陷了。城破后,潘元绍还奉徐达之命向已逃入府第的张士诚劝降,反复数次,均遭拒绝。张被俘至金陵(今南京)后,即自缢而死。朱元璋认为潘元绍卖主求荣,随后亦杀之。所有这些史实,《明史》和《明通鉴》均有提及,应当是可信的。明诗人杨维桢在《金盘美人》(说的是潘元绍投降前残杀七个姬妾的故事)歌序中说"国亡,(潘)伏诛台城,投其首于溷(茅厕)"。可见当地老百姓对他是极痛恨的。

施耐庵把小说里的两个坏女人冠以潘姓,看来事出有因。施虽与张士诚意见不合,但对张的败死仍持同情态度。他以春秋笔法猛烈地鞭挞潘氏兄弟,也是合乎情理的。

(1998年1月10日)

"清谈"小释

前些日子，某报刊有《摇鹅毛扇的风度》一文，谈到魏晋文人"为逃避现实，明哲保身，都喜欢清谈，谈起来不着边际，整日滔滔不绝"。近闻某领导又有"清谈误国"之说。显然，他们是把"清谈"当作贬义词，同"闲聊""乱扯"混为一谈了，以致造成种种误会。

其实，魏晋"清谈"并不是漫无限制的胡扯乱说。它乃是一种有目的、有内容的、正规的学术活动。首先，参加这种活动的，要具有一定的身份、地位，要取得名士的资格。若非真正的名士，至少也要具有公认的相当于名士的学力。其次，有特定内容。"清谈"的内容，因人而异，视需要而定。当时讨论的多半是有关老庄哲学和佛教经典方面的问题。其三，有固定方式。一般都采取一问一答或数问一答的方式。通常先由"主"的一方即中心发言人提出一个命题并阐明自己的观点，然后由"客"的一方即参加讨论者问难，即提出意见或进行反驳。这有点像现代的论文答辩会。有时，也可以自问自答，以一身兼为"主""客"。但并非一个人自说自话。另外，按规定，参加"清谈"的人，尤其是"主"的一方，必须手执麈尾。这种麈尾，乃"清谈"必备的道具，它的形状，介乎羽扇和拂尘之间。其作用在既表示谈者的身份，又能增加气势，使"清谈"更显得有声有色。所以，当时只有社会上公认的名士才有资格拿它。

可见，魏晋时代士大夫尽管有嗜酒服药、佯狂逃世、全身免祸的一面，但作为一种学术讨论的"清谈"，却起过积极的历史作用。便是魏晋玄学对于促进佛道交流，摆脱汉儒谶纬神学和烦琐章句之学的羁绊，也是有作用的。谈玄无非是以老庄学说和《周易》为依托而辨析明理的一种言论，它与现代一般意义上的"谈天说地""摆龙门阵"有别。切不可把历史上正常的文学现象和学术活动也抹掉。

"三户""一户"与历史潮流

相传：楚国被秦灭了以后，当地有个名叫楚南公的老人，曾说过这么一句话："楚虽三户，亡秦必楚。"

果然，若干年后，大规模的农民起义爆发了。首先揭竿而起的陈胜、吴广，是楚人，口号是"大楚兴，陈胜王"。继之而起兵的项羽，是楚人，自称为"西楚霸王"。最后与项羽争天下，终于一统汉业的刘邦，也是楚人。——这些，恰好应验了老人的预言。

这位老人既非"神仙"，也未必懂得什么"阴阳五行"或"乾坤六爻"之类。其所以能有如此英明的预见性，无非是他具体地分析了当时的客观形势，充分地掌握了事物的发展趋向的结果。老人清楚地看到：楚国虽亡，而人心不死，楚人反秦斗争的火焰是扑不灭的，它迟早要猛烈地燃烧起来。因此，他才敢于下这样的断语：楚国即使只剩下"三户"人家，也一定会推翻秦王朝的统治，湔雪亡国之耻的。

这说明："三户"虽小，只要他们遵循着历史的潮流，便具有不可战胜的力量。

这个故事也许太古老了，这里，再讲一个现时代的"三户"的故事。

河北省安平县南王庄"有一个很小的农业生产合作社只有六户，三户老中农坚决不想再干下去，结果让他们走了；三户贫农则表示无论如何要继续干下去，结果让他们留下，社的组织也保存了"。（毛主席：《关于农业合作化问题》）这"三户"贫农经过一个时期的埋头苦干，不但保存了社的组织，增产了粮食，改善了生活，并且还扩大了合作社的规模，"在全国农村中产生了很大的影响"。所以，毛主席非常赞许这"三户"贫农，认为他们"所表示的方向，就是全国五亿农民的方向"。

这又说明："三户"虽小，但他们顺从着党的引导，遵循着历史发展的潮流，正确地体现了亿万农民的意志，得以逐步排除了万难，取得了辉煌的成就。

也许这个故事发生的时间、地点还嫌远了些，那么，不妨再举一个最新的、本地的事实为例：

我省民和县巴州公社羊毛宣生产队，新中国成立前是个出名的穷得叮当响的去处。它地处山区，由于长期严重的水土流失，原先是山明水秀的好地方，竟逐渐变为"滚死麻雀绊死蛇"的穷乡僻壤。其中有个山沟沟叫孔家沟，尤为荒凉贫瘠。这所在原名祁家沟，住着八户姓祁的，一户姓孔的。在那山崩地摧、灾害频仍的困难日子里，这八户姓祁的，都先后迁到平川地带安家立户去了。唯独这一户姓孔的，却没有走，新中国成立后，在党的领导下，这户人家与全山区群众一道，投入火热的改造山区的斗争。因此，当地的人们把祁家沟改名为孔家沟，以表示对这一户人家的崇敬。

比起上述的王姓"三户"来，孔姓"一户"的力量自更渺不足道了。但他与"三户"一样，经受了过去苦难生活的磨炼。新中国成立后，在党的正确指引下，坚定地遵循着不可阻挡的历史潮流，代表着历史发展的方向，体现着我们民族勤劳、勇敢、乐观、坚定的性格和广大农民要变、要革命的共同愿望。

我想，对于那些在惊涛骇浪中坚持正确方向，在革命列车急转弯时仍岿然不动，经受得住任何严酷考验的人及其事迹，的确应该给予最高的评价，哪怕用人世间可能有的最漂亮、最神圣、最庄严的字眼来歌颂他、赞美他，也不算过分。

毫无疑问，我们过去、现在和将来都是十分需要像"三户"贫农和"一户"人家那样可贵的"贫贱不能移"的革命气节的。

"鹤顶格"趣话

二十世纪三十年代在上海出版的、程瞻庐的小说《唐祝文周四杰传》，曾写到唐寅为追求秋香而化名入华相府为奴，在卖身契上开头写了"我为秋香屈居童仆"八个字。后来在题所绘《水墨观音图》时，又曾出现过相同字样。这个细节，在电影《三笑》中也有，可见是很有吸引力的。

事属虚构。不过，把人名、事件藏在诗句中，这种手法却古已有之，最古老的大概要算孔融的《离合诗》。清赵翼《陔余丛考》卷二四引唐权德舆诗，全诗二十句，每句藏一古人名，如"藩宣秉戎寄，衡石崇势位。年纪信不留，弛张良自愧。樵苏则为慊，瓜李斯可畏"。《词林纪事》卷五记苏轼自杭被召还朝，过京口，林子中作郡守，宴客，座中营妓出牒：郑容求落籍，高莹求从良。子中命呈牒东坡，东坡即题《减字木兰花》一阕，词曰："郑庄好客，容我尊前先堕帻。落笔生风，籍籍声名不负公。高山白早，莹骨冰肤那堪老。从此南徐，良夜清风月满湖。"句首藏"郑容落籍，高莹从良"八字。宋人词中此类事例不少，小说中也有沿用的。如《水浒》第六十一回吴用赚卢俊义上山而题的反诗："芦花滩上有扁舟，俊杰黄昏独自游，义到尽头原是命，反躬逃难必无忧。"句首藏"卢俊义反"四字。这类诗词近于文字游戏，有时也难免牵强，但宋元以来，却颇为流行。

上述诗词，可归入"鹤顶格"一类。"鹤顶格"作为一种诗格，用于绝句为多，一般都将要说的四个字藏于句首。直至现代，还有人喜欢用它。记得初中毕业前夕，先师王潄琅先生曾在我的纪念册上题词："元气由来育少年，章身莫若养心田。留将劲节酬当世，念得奇书思尚贤。"题目就叫《率赋鹤顶格一绝，赠别元章学棣》。由于印象很深，所以至今仍能背诵。

（1985年5月23日）

知 古

比如杨柳，乃最常见的题材，古来以之入诗的不知道有多少。刘禹锡诗："城外春风吹酒旗，行人挥袂月西时。长安陌上无穷柳，惟有垂杨管别离。"而韦庄诗："江雨霏霏江草齐，六朝如梦鸟空啼。无情最是台城柳，依旧烟笼十里堤。"同是咏柳，一个说有情，一个却说无情。哪一个对呢？这就需要我们去联系作者的生活环境，他的感情及其表达思想感情的手法去用心体察。

又，古代的一些规定、办法与现在不同，不掌握它也会增加理解作品的困难。如《木兰诗》中写到木兰从军前到街市上买鞍马辔头等物，这是因为那个时候农民应征入伍，照例是自己置办武器装备的。现代戏剧舞台上演出《木兰从军》，有的让木兰全副武装上场，有的戏里木兰前去军营报到，却没有持枪佩剑。应该说，前者是符合历史真实的。又如《史记·项羽本纪》中写到鸿门宴时，当樊哙冲入帐内，项羽跪起按剑与樊说话。因古人是席地而坐的，双腿向后伸，臀部紧靠着两个脚跟，遇到要起立行动时，先要把腰挺起来，让臀部向上移动，离开脚跟，这就自然地成了跪的样子。而按剑也正是为站立起来作支撑。我们如果了解古人日常生活的习惯和坐的姿势就不至于发生误会，以为项羽是在向樊哙下跪了。

以上不过是举其一隅。仅此也可见，"知古"是何等重要了。

（1985年10月16日）

也谈学一点诗词

江泽民同志日前在欣赏中国唐宋名篇音乐朗诵会演出时曾指出:"中国的古典诗词博大精深,有很多传世佳作,它们内涵深刻,意存高远,也包含很多哲理。"因此,"学一点古典诗词,有利于陶冶性情,加强修养,丰富思想"。这番话透辟精警,对中国古典诗词的普及和提高,无疑是有力的指导和推动。

学一点诗词,除了上面提到的三点好处,还可以作为交游手段,在同好之间互相酬答唱和,以增进了解,培养感情,加强联系。更可以用来沟通海内外,特别是海峡两岸的思想和信息,并在爱国主义旗帜下找到共同熟悉的活动方式。所以,学一点诗词不仅大大拓展艺术视野,而且还能大大拓展生活领域。

学诗词并不难。这是因为:一、中国诗词根基深厚,遗产丰富。代表着中华民族文化最高成就的唐诗、宋词,影响及于海外,国内更早已家弦户诵、妇孺皆知。二、过去,读诗即识字,识字与读诗齐头并进,即所谓"人生识字读诗始"。至今仍是如此。幼儿既读诗又识字,效果良好。三、它的格律固定,便于学习掌握,为爱诗读诗者提供了现成的可资依据运用的模式。四、律诗、绝句以及词中的小令、中调,大多短小精练,易记好背,其中不少佳作,就由于它句式整齐,而又押韵,能朗朗上口,故流传广泛,具有强大的生命力。

对于诗词,主要是学它完美的艺术形式,包括律诗的对仗和绝句的起承转合,尤其是对仗,符合我国民族的传统习俗、审美心理和欣赏习惯,在现实生活中应用亦广;其次是要发掘诗词的言外之意。中国诗词讲究含蓄，力求通过比兴手法做到"句中有余味，篇中有余意"。"余味"和"余意"是诗人给读者留下的想象和补充余地。读诗，就要善于从字里行间捕捉领略这种"句外之味"和"弦外之音"。

诗是激情的产物，没有情，诗不可能有感染力、震撼力。诗人艺术手法不同，所抒发的情千差万别，但凡是真正融情入诗的，必能做到以情感人。试看此次北京的音乐朗诵会，台上演员满怀激情，声容并茂，台下听众热泪横流，掌声如潮，就是最好的证明。

我国是诗歌古国，诗词丰富了中华文化，滋养了中华儿女，也赢得了国际声誉。作为中国人，不知道屈原，不知道李白、杜甫，总是个缺陷。愿大家遵照江总书记指示，学一点诗词，以弥补这一不应出现的缺陷。

郡庙文化资源大可发掘

华夏诸神中，城隍大概是最平民化的了，老百姓也最熟悉。正因此，旧时代全国大小城市几乎无不建有城隍庙。有些地方还不止一个城隍，我们宁波就有新城隍庙和老城隍庙。

中国人历来把城隍看作是保一方平安的神，所不同的是，城隍不是天神，而是人鬼，即多半属于已故的名臣良将。如上海的秦裕伯、陈化成，杭州的周新，绍兴的庞玉，或为战功赫赫的大将，或为造福地方的清官。更多的城市包括宁波在内则祀纪信。据宋赵与时《宾退录》："城隍神之姓名具者，镇江、庆元（即宁波）、宁国……诸郡，华亭、芜湖两邑，皆谓纪信。"可见，苏浙皖一带以纪信为城隍的不少。但纪信原籍甘肃天水，楚汉相争时他帮助刘邦突围"终以身殉"。这一事件乃发生在河南荥阳，与长江流域了不相涉，不知何以影响如此之大，竟至不远千里地跑到宁波来充当郡庙之主。

城隍庙的香火一直很旺。尽管庙的规模一般都不大，名气却很响。上海的邑庙，宁波的郡庙，占地都不广，庙貌也不怎么巍峨，老百姓却没有不知道城隍庙的。他们对城隍庙有一种亲近感，与城隍神（上海称之为"老爷"）似乎存在着某种默契。我早年住在宁波城里，闲时也喜欢去城隍庙，总觉得城隍老爷慈眉善目，面带笑容，不像佛寺里的四大金刚那么狰狞可怖。尽管当时我并不了解城隍神的来历。

城隍庙之出名，还由于它丰厚的文化积淀及其与城市经济的融合。城隍神功在地方，他本身就有一个动人的故事。庙的构造，包括内部的戏台，乃至台上的演出、广场上的杂耍、两廊的风味小吃，都是中国传统文化的展现。庙，总又附设商场，往往是百货杂陈，琳琅满目。人们进入庙门，不但祈福，还购物、看戏、进食，这样就一举而数得了。上海的邑庙连同豫园已联成一体成为市区一大景观。商场里的宁波汤团，驰誉中外。

宁波郡庙的文化资源大可发掘，以实现以文促商。比如，当年钱肃乐抗清曾在这里举事，因而必有遗迹可寻。不妨把有关材料搜集起来，加以陈列，并立一碑记下这段史实。这既能弘扬正气，又可为城市增光，还可望吸引更多的旅客。何乐不为呢？

（1994年6月15日）

孔子被困小引

幼时在村塾读《论语》，曾听那位戴瓜皮帽、架老花镜的塾师讲过"孔子困于陈蔡"的故事。年深月久，记忆早已褪色了。夜来，偶读《史记·孔子世家》，又随手翻阅了《孔子家语》，总算大致弄清了"孔子被困"的前因后果，同时还了解了这位老夫子当时的精神状态。——在"绝粮七日，外无所通，藜羹不充，从者皆病"的困境下，他却"愈慷慨讲诵，弦歌不衰"。之后，还对他的弟子子贡说了这么一席话："……君不困，不成王；烈士不困，行不彰；庸知其非激愤厉志之始于是乎在？"展读至此，除了被重新唤回逝去了的童年的片段记忆外，还免不了有所感触。

说实在的，对于孔子这位旧时代的"至圣先师"，自己一向缺乏好感。尽管三十年前初入学时也会向那幅峨冠博带、道貌岸然的圣象跪拜过，但对这位老夫子的某些言行，却总不感兴趣。这次读了这一段记载，印象稍稍改变了，觉得他在被困陈蔡时所表现的乐观、积极精神，还是有其可学的一面，尤其是他对困厄的看法，确是难能可贵。

孔子所以能够在艰难困苦的环境下，仍然保持乐观、积极的态度；所以能够把这种突如其来的困厄，看作是促使自己"激愤厉志"的因素，这当然是受着他整个哲学思想、生活观点的支配的。但历史地看，生活在二千五百年前，作为封建士大夫头面人物的孔子，无论他在这方面表现得如何的不同凡响，毕竟不能不带有他那个时代的阶级的局限。无论如何，总不可与今天无产阶级革命的乐观主义精神相提并论。

"更喜岷山千里雪，三军过后尽开颜。"这是毛主席的名句，"对着死亡，我放声大笑，魔鬼的宫殿，在笑声中动摇。"这是陈然烈士的遗篇。若有谁问，究竟什么是革命的乐观主义精神？我想：恐怕再也没有比上述诗句更能说明问题的了。这正是这种精神最生动、最具体、最确切的表现。正因为有了这种精神，革命烈士们即便是在敌人阴森的屠刀下，在腥秽的监狱里，在生死系于一发的刑场上，依然能谈笑自若，处之泰然。正因为有了这种精神，长征战士们可以做到"万水千山只等闲"，把国民党数十万反动武装的前堵后追，以及高山激流、风霜雨雪等一切自然障碍都踩在脚下。正因为有了这种精神，在风雪漫天、伸手不见五指的黑夜里，在荒无人烟的深谷中，勘探队员们可以支起帐篷、燃起篝火、围着跳闪的火光，吹起愉快的口哨……总之，无论是谁，只要他的精神领域让革命的乐观主义占领了，就必然会在任何险恶艰苦的环境下，在任何困难恶劣的条件下，甚至在暂时遭到挫折的情况下，始终保持着昂扬的战斗意志，火热的革命热情，从而满怀信心地、坚持不懈地去进行工作和斗争。这在我们的革命历史和现实生活中已经见得很多了，今后还将更多地被看到的。

如果说，作为封建制度下上层知识分子的孔子，他当年在困厄中所表现的乐观、积极精神，总多少带有一些矫情和自我陶醉的成分的话，那么，今天无产阶级革命的乐观主义则分明是一种截然不同的崭新的精神境界。这是因为革命的乐观主义与私有制及其精神产物——个人主义是对立的，它导源于崇高的革命理想，导源于革命者对于共产主义事业的热爱和向往，导源于高度的政治觉悟和思想修养。归根到底，它是革命者洞悉了社会发展规律和科学地预见到斗争趋势的结果。正因为一个真正的革命者，他总是深深懂得，革命是不断发展的，崇高的共产主义理想，终究是要实现的。个人的生命可以终结，而革命的火把总会有人接着传送下去的，而且将会越传越远、越烧越猛。所以他们才能于困厄中见胆识，于艰危中具远见，而不至被一时的挫折或失败所压倒。

孔子所处的时代，早就成为历史的陈迹了。然而孔子对待困厄的态度及其有关言论，于今却不无参考价值。为了战胜建设道路上一切艰难险阻，尽早地实现我们的理想，让我们更加充分地发扬革命的乐观主义精神，更加意气风发地迎接新的战斗任务吧！

补说道情的唱

关于郑板桥的十首道情,"笔会"已先后刊出两篇文章加以探讨。现仅就道情的唱,试作些补充。

道情是可以唱的,历来有唱道情之诗可证。正因为能唱,才得以流传至今。道情脱胎于长短句,它句式整齐,讲平仄押韵,这就给传唱准备了条件。而长短句,本来是披之管弦配乐的。试以十首道情为例,其句式都是前三后七,即前四句三个字,后面全是七言,这同某些小令相似。如《钗头凤》"红酥手,黄縢酒,满城春色宫墙柳",《渔歌子》"青箬笠,绿蓑衣,斜风细雨不须归",等等。长短句可倚声,道情自然也可以倚声,即它们同样是有曲谱的。

板桥之前,道情究竟是怎么唱的,已难以确证。而十首道情却是配了曲的(一说系李叔同谱曲,待考)。因此,至今还有不少人会唱。我儿时在浦东杜行镇,曾见有道士打扮的老人抱着渔鼓,手持竹简沿街卖唱道情,唱时拍渔鼓叩竹简以为伴奏。唱的内容不记得了,印象却很深刻。1934年,我在南市读高小,音乐老师教唱道情,发下来的歌词配有曲谱,老师一边弹风琴一边唱,不多久,也就会了。这十首道情能背能唱,历七十余年而不忘。后来,听评弹《珍珠塔》方卿唱道情,也是按这个曲调。1963年,我去兴化出席郑板桥故居开放典礼,会上播放的十首道情,与我当年所学的一模一样。可见,这种唱法已基本定型了。

记得道情前四句的词是"老渔翁,一钓竿,靠山崖,傍水湾,扁舟来往无羁绊,沙鸥点点,清波远",结尾是"月上东山来"。

演技与戏德

62岁的著名京剧表演艺术家赵燕侠,上月再度南下到上海演出,接待单位曾按规定安排她去住高级宾馆,谁知赵燕侠却不领这个情,一报到,就把行李搬进了剧场后台。

记得二十世纪八十年代初,与赵燕侠同龄的关肃霜重到上海演出时,也曾睡在剧场后台。她说的理由也一样:一是为了节省开支,二是便于跟观众联系。

一个演员演技固然是重要的,但起决定作用的还是演员的戏德。戏德,其实就是演员坚定正确的政治方向、强烈的事业心、高度的社会责任感和职业荣誉感的具体化。缺乏戏德,再硬的功夫也会毁于一旦。

不过,这一层本不深奥的道理却并非人人都能领会的。这些年,确有一部分演员不大讲究戏德了。他们有的一头扎进钱眼里,到处"走穴""扒分",有的钻政策空子,偷税漏税。结果不仅玷污了神圣的艺术,也失去了观众的信赖。

"三给"提得实在

新任中国女排主教练郎平15日刚回到北京，就在答记者中，公开提出了"给我时间""给我环境""给我机会"的要求。她的态度坦率而真诚，所提要求很实在，显然是经过深思熟虑的。要求三给，是源于三不给。而能否变三不给为三给，恰恰是教练能否不受干扰地独立自主地履行职责的关键。

给时间，是对广大球迷说的。球迷求变之心迫切，可以理解，但期望值过高，就容易产生急躁情绪，以致脱离实际，求全责备，甚至帮倒忙。这却是对帮助女排打翻身仗不利的。给环境，是对新闻记者说的。说白了，就是希望报纸、广播、电视不要炒、不要哄、不要盯得太紧，更不要搞什么超前宣传。记者也许并无恶意，但某些过分热心的做法，客观效果是不好的。舆论环境不够宽松，会形成对女排的心理压力，直接妨碍教练的工作。给机会，是对上级领导说的。有人曾认为，体制不改，女排重振无望。这话有一定道理。婆婆多，插手插嘴的就多。政出多门要应付复杂的人际关系，会弄得教练晕头转向，无所适从，哪还有精力带好队伍？所谓给机会，主要的是给权。自袁伟民以后，来自各方面的对教练的牵制越来越多，教练的自主权越来越小，这也是女排难带的一个重要因素。郎平对国内体坛的积弊当然是了解的，她也是有决心带动中国女排走出低谷的，但女排教练的权威到底是否能重新树立起来，这却并不取决于郎平个人愿望。现在，郎平已确定了近期和远期奋斗目标，愿她能在各方理解、支持下，取得成功，以重现中国女排的辉煌！

（1995年2月22日）

宁波词典

【王新衡】（1907—？）慈溪人。早年就读上海大学，后入苏联莫斯科中山大学学习四年。1930年回国，次年在南京创办《苏俄评论》月刊。1932年参加军事委员会政训班。后任西安委员长行营二处少将处长，西安事变时被扣押，不久获释返回南京。抗战时期任国民党中央调查统计局香港特别区少将区长、调查统计局二处少将处长、上海特别市统一委员会秘书长。抗战胜利后，任上海市政府参事兼处长，1947年起为立法委员。后去台湾。曾从事工商业，任亚洲水泥公司董事长。死于台湾。

【毛邦初】（1904—1987）字信诚。奉化人。1925年初考入黄埔军校第三期步兵科。曾参加第一次东征，平定滇桂军阀杨震寰、杨希闵叛乱。1926年毕业，被派赴苏联莫斯科中山大学学习。回国后，于1929年任中央军校航空班飞行组组长。次年赴杭筹建航空学校，后任副校长、校长。1933年航校改名中央航空学校，任副校长。不久，出国考察，并率航校第二期飞行组部分毕业学员到意大利深造。1936年12月，任航空委员会委员。抗战爆发，航委会设空军总指挥，任副总指挥。又任空军总司令部副总指挥。1940年5月授空军少将，次年任航委会副主任。抗战胜利后，任航委会驻美国代表，并任联合国安全理事会军事参谋团中国代表团成员。1946年，被任为国民政府参谋本部空军总司令部副总司令。1951年赴美购置飞机，即携家眷去墨西哥城定居，退出政治舞台。后又移居美国，死于洛杉矶。

【毛懋卿】（1871—1964）幼名鸿义，学名秉礼，字卿。奉化人。前清秀才。后毕业于北京高等警官学校，曾任慈溪县警察所长、黄埔军官学校总务，广东东莞县县长，中国农民银行常务董事等职。1931年，承租鄞奉长途汽车股份有限公司，任董事长兼总经理。任期内，筹集资金，购置车辆，扩大运输业务。宁波沦陷前夕，为防止车辆被日军征用，下令拆卸机件，分藏于鄞西四明山区。抗战胜利后，筹资修复鄞奉公路，恢复营运。至1949年底，营运车辆达35辆。毛为蒋介石之妻兄，蒋经国之母舅，宁波解放前夕未随蒋氏父子去台湾。建国后历任宁波市各界人民代表、宁波市政协常务委员、浙江省政协委员、全国政协委员。1959年，应邀参加北京天安门国庆十周年观礼。

【阮性存】（1874—1928）字荀伯。原籍余姚，生于江苏睢宁。早年赴日留学于法政大学。回国后任浙江省立法政学堂教习、私立浙江法政学堂校长，并当选省咨议局议员，参与杭州光复活动。民国成立后，在杭为律师，被选为杭州律师公会会长。1916年反对袁世凯称帝。1918年为省议员。1921年浙省制宪，为起草委员会委员。其间曾发起组织浙江国民外交大会、裁兵兴学救国游行大会，发起设立国民大会筹备会，反对军阀。自清末至民初，参与筹建杭州电灯、电话、纺织、印刷、机械等工商企业，并举办女子教育、习艺所等，自任董事长。1927年任浙江省政府委员、司法厅长。病故后，杭州市曾将法院路改名为性存路，以资纪念。

【罗惠侨】（1888—1972）宁波人。早年就读北京大学，又系第一批"庚子赔款"留美学生。回国后曾谋职于北京。1927年5月宁波设市，6月被任命为首任市长。1931年初，因宁波废市并入鄞县建制，遂被解职。在任三年半，收回江河沿岸码头管理权，并拆城填河、拓宽街道以改善交通，在教育方面也有所兴革。建国后，长期在宁波各中学任教。

【蒋坚忍】（1902—？）字孝全。奉化人，生于宁波市。早年毕业于上海大学。又入黄埔军校及中央航空学校，毕业后随军北伐，任国民革命军第26军政治部主任。1929年任汉口特别市政府社会局长。1931年在汉口创办《奋斗报》，1932年在上海创办《人民周报》。1934年后任中央航空学校教育长、副校长。七七事变后,曾指挥空军与日机作战,歼敌机多架。1938年调任航空委员会政治部主任,创办《中国的空军》周刊。抗战时期,先后任陕西省政府委员兼民政厅长、西北长官公署秘书长等职。后去台湾。1965年退役,经营工矿企业。死于台湾。

【王子文】(生卒年不详)名正黼。奉化人。王正廷的四弟。早年毕业于北洋大学采矿冶金科,又留学美国攻读矿科。因清末留学生考试成绩优异,有"洋翰林"之称。回国后,在本溪任中日合办的煤铁公司制铁部部长。为张学良所赏识,1922年被聘为益民矿务局(后改为奉天矿务局)总办。1928年接办复县复州湾振兴煤矿。1931年由辽宁省政府指派经办西安县煤矿。同年应孔祥熙之聘,任实业部矿业司司长。九一八事变后,在张学良的支持下,入关创办冀北金矿股份有限公司,任总经理。冀北沦为战区后,又在北平创办平兴实业公司,直至北平解放。建国前夕扶病赴香港,不久赴美。20世纪50年代初病逝于美国。

【王伯元】(1893—1977)字怀忠。慈溪人,生于苏州。17岁到上海震丰永金号为学徒。1916年任涵恒金号经理,1918年改任天昌祥金号经理,因经营得法,获利甚丰。1921年自设裕发永金号,任经理,同时任上海金业交易所经纪人,不久被选为理事。1923年又独资开设元发证券号,遂成巨富。1929年联合秦润卿等接办中国垦业银行,秦任董事长兼总经理,王任常务董事兼总行经理,至1944年接任总经理。在此期间,曾投资银行、钱庄多家,热心赞助家乡公益事业,捐款重建宁波老江桥(灵桥),在慈溪兴办教育,铺设道路,并在上海复旦大学、南洋中学设奖学金。抗战时期,在沪曾一度任副联保长等伪职。1948年赴美定居,后死于美国。

【王性尧】(1905—1958)镇海清水浦人。出身于职员家庭。1924年到上海荧昌火柴公司任文书,后为大中华火柴公司总务副主任。1932年以中国银行为中心的中华国货产销协会成立,任理事。次年,协会开办上海第一家国货公司,又出任国货联合办事处主任。后协会在全国各大城市开设国货公司11家。按照产、销、金融业三方合作方式建立了国货销售网。

1936年中国国货联合营业公司在沪成立，先后任副经理、经理。建国后，任上海市工商联副主任、全国工商联常务委员，被选为第一、二、三届全国人大代表、民建中央委员、第一至四届上海市政协常委等。

【王宽诚】（1907—1986）宁波人。15岁到宁波永丰猪行当学徒，满师后入源吉钱庄担任贷放工作。1932年任太丰面粉厂采购主任。1935年自设维大鼎记面粉号，后增设分号六家。1937年在上海开设维大华行（后改名维大洋行），后又与李康年合资开设中国钟厂，并开设地产公司、轮船公司等。1947年去香港。除仍主持"维大"业务外，并创立幸福企业有限公司，投资于数十家公司，经营金融、地产、建筑、船运、百货等业务，后又在美国、加拿大等地扩展商务。先后被选任香港总商会会长及港、澳十余个机构的会长、董事、主席等职。建国后，曾捐献飞机，带头认购公债，支持抗美援朝，并从香港调入巨额资金，支援国家建设。关心香港和内地的教育和社会福利事业，资助20余所学校和社团组织。1985年设1亿美元教育基金，资助内地的出国留学生。并捐款人民币100万元给浙江省政协兴办树人大学。又在家乡兴办中小学，筹集资金支持宁波华侨饭店和甬港饭店的兴建。从20世纪50年代起，先后任全国政协委员、常务委员和人大代表、全国工商联常务委员、中国国际投资信托公司董事、暨南大学副董事长、香港甬港联谊会会长等职。病逝于北京。

【王铭槐】（？—1915）镇海人。早年在叶澄衷开设的天津老顺记行供职，后曾任副经理，负责对外联络事务。因经营军火、军装，与李鸿章相识。又与严筱舫结为干亲。在李、严的支持下，至德商泰来洋行任买办，继续经营军火、军装，兼营机械进口业务，遂成巨富。1896年接任华俄道胜银行买办。后开设胜豫银号，并从事房地产买卖。1904年因挪用道胜银行款，事发被解职。不久任德商礼和洋行买办，勾结东三省总督张锡銮、山东巡抚孙宝琦等经营军火，获利甚丰。与梁彦青、郑翼之、吴懋为天津四大买办之一。死后，其子宋丞、毓丞及孙六洲亦当买办，有"三代买办"之称。

【方液仙】（1893—1940）镇海人。祖上业商。早年曾从德籍化学师专攻化学工业。民国初年，创办中国化学工业社，设厂于上海，制造化妆品、调味品、家用药品、蚊香及工业原料等，均以"三星"为商标，产品风行一时。后又创设永盛薄荷厂，生产薄荷精、薄荷脑，与日货竞争获胜。鉴于当时国内不能生产硫、硝、盐三酸，每年耗费巨额外汇从国外进口，遂集资开办造酸公司。为提倡国货，又在上海大陆商场（今南京路山东路口）开设中国国货公司，自任董事长兼总经理，并任中华国货产销合作协会董事等职。在沪数十年，为推广国货，发展民族工商业而不遗余力。抗战爆发，上海沦为孤岛后，被日伪绑架，不久遭杀害。

【方椒伯】（1885—1968）镇海柟墅方人。18岁到沪从商，管理其祖父所遗产业。21岁在家乡创办培玉小学堂，自任校长。辛亥革命时期上海光复，曾参与筹备军需。1912年入上海民国法律学校学习法律，后转入上海神州政法专门学校。1917年毕业后，仍从事商业。次年任北京东陆银行上海分行经理，兼任四明公所及四明医院董事、上海总商会会董、宁波旅沪同乡会常务理事。1920年参与筹组上海华商证券交易所，被推为董事。1922年创办大有余榨油厂，任董事长。次年任宁绍轮船公司董事长、公共租界纳税华人会理事长。同年上海总商会改选，任副会长并主持会务。1932年后，开始从事律师事务，兼任复旦大学校董，中华职业教育社理事、监事等职。抗战爆发后，上海成立难民救济协会，任副秘书长兼劝募主任，募得救济金1 000余万元。1939年傅筱庵诱其出任伪职，不就。抗战胜利后，仍从事律师事务，并参与宁波旅沪同乡会工作。建国后，1955年任上海市政协委员，次年12月加入民革。

【叶星海】（？—1928）镇海人。早年由上海太古洋行买办李维龄介绍，与上海美隆洋行德国人吉伯特相识。后于1887年同至天津创办兴隆洋行，叶任买办。因业务扩展，又开设兴隆西栈，销售羊毛、羊绒、皮张等。1918年被法商永兴洋行聘为出口买办，出口羊毛等数量甚巨。又曾创办天津打包公司、利济公司。死后，由其子叶庸方继续经营。

【叶澄衷】（1840—1899）原名成忠。镇海庄市人。祖上业农。14岁到上海杂货店当学徒。后以小船贩卖日用百货及食品，供应黄浦江上外轮之需。因拾金不昧，受到英国人资助，改营五金杂货业务。数年后在虹口独资开设顺记五金杂货店，为上海第一家国人开设的五金商号。后又开设可炽铁号及新顺记、南顺记、北顺记等分号，原店改称老顺记。业务不断扩充，被称为"五金大王"。后又投资经营银钱业、房地产业及水上运输业，并在上海、汉口、苏州等地创办缫丝厂、火柴厂。热心赞助社会公益事业，先后捐资建立义庄、义塾、牛痘局、书院及修水利、筑道路、抚恤孤寡、赈济灾民等。1873年在家乡庄市设叶氏义塾（中兴学堂前身）。又于上海虹口张家湾创办澄衷蒙学堂（今澄衷中学），为上海第一所国人创办新式学堂。死后葬于庄市附近。

【史致富】（1906—？）名志礼。鄞县下水人。高小毕业后，到上海入徐翔荪创设的华美药房为学徒。数年后成为高级职员。20世纪30年代，先后开设万国药房、新光药厂，自任总经理，并投资创办华联、丙康等药厂。抗战胜利后，加入国民党，被推为上海市新药业同业公会理事长，并任上海市参议员等职。涉足政界，有"海上闻人"之称，与上海影剧界尤多交往。1949年4月去台湾。后死于台北。

【包兆龙】（1896—1982）名大澍。镇海庄市人，少时习经史，尤爱好文学。后经营实业，在上海从事金融业，长期在银行工作。抗战时去内地。抗战胜利后回沪，曾开设造纸厂等。1948年赴香港，经营外贸。20世纪50年代转营海运业，至60年代末创办环球航运集团，任名誉主席。为包氏集团的创始人。其间，日本政府授予"太平绅士"、香港当局赠予"荣誉市民"称号。1979年和1981年两次回大陆，决定投资建造北京兆龙饭店。后在香港病逝。所遗事业，由其三个儿子玉书、玉刚、玉星继续经营。

【乐汝成】（1891—？）镇海人。早年在上海一家南货店当学徒。满师后去青岛万康南货食品号。1914年为济南泰康食品店经理。1918年冬，因积极抵制日货，泰康食品店遭到日本暴徒袭击。各界人士纷起声援，《申报》《大公报》以头版连续报道，使泰康影响扩大，产品畅销。1920年改组泰康股份有限公司后，仍任经理。至1926年，在上海、青岛等地设分店、分厂多处，成为国内大型食品企业之一。1927年总公司迁沪。20世纪40年代，泰康拥有分公司八家。上海解放前夕离沪去台。后死于台湾。

【朱葆三】（1848—1926）名佩珍。定海人。学徒出身。后入上海日商平和洋行任职，不久升为买办。又自设商行，从事进口业务。曾先后独资或合资开设华安合群保险有限公司、兴化铁厂、上海织呢有限公司，并投资于交通、电力、自来水、面粉、丝织等行业。1897年中国通商银行在上海成立，朱参与筹建，曾任总董事。辛亥革命前后，出任上海总商会会长及上海沪军都督府财政长。又曾被推为宁波旅沪同乡会会长。1920年冬，上海水泥公司组成，任董事长。20世纪20年代后，其地位逐渐被虞洽卿所取代。

【刘鸿生】（1888—1956）定海人。早年肄业于上海圣约翰大学。初经营开滦煤矿，利用煤屑，首创机制煤球。1926年大中华煤球公司成立，下设三厂，自任总经理。后又创办水泥公司于上海龙华，设鸿生火柴厂于苏州胥门。1930年，与荧昌、中华两厂合并成立大中华火柴公司。不久，汉口燮昌、九江裕生、杭州光华等火柴厂加入该公司。至1934年生产火柴达16万箱。又曾创办华丰搪瓷公司，规模为同业之首。1929年集股盘入日晖港织呢厂全部机器，在浦东周家渡自建厂房，创设章华毛纺织公司。还曾投资于航运、金融业，创办中华码头公司及中国企业银行，并兼任国营招商局总经理。抗战爆发后，部分企业内迁，另在兰州创办西北毛纺厂等。抗战胜利后，曾兼任联合国善后救济总署上海分署主任。对家乡及上海地方公益事业多有赞助，长期担任宁波旅沪同乡会副会长等职。曾捐资创建伯特利产科医院（俗称红房子医院）。圣约翰大学同学组建梵王渡俱乐部，亦得其资助。建国前夕离沪去国外，后又回国。1952年任华东行政委员会委员、全国政协委员。

【庄鸿皋】（1898—？）鄞县人。早年毕业于浙江省立第四中学（今宁波中学）。后在上海从事钟表、眼镜制造业，曾先后主持大明眼镜公司、亨得利钟表公司、中国联合眼镜制造公司，任经理，同时投资经营保险业。

大明眼镜公司创设于1915年，为国内创设较早者，后在天津、汉口设有分公司。亨得利钟表公司创设于清同治年间，庄于1919年接办该公司，扩展业务，分公司遍及全国60余处。其产品"九一八"钟表，被推为国产钟表之冠。另创办有昌明造钟厂。曾任上海市眼镜业同业公会主任委员、钟表业同业公会常务委员多年，直至上海解放。

【孙梅堂】（生卒年不详）鄞县人。毕生经营钟表业，有"钟表大王"之称。祖上于1876年创办的美华利钟表行，至1902年由其继续经营，规模日渐扩大。总行设在上海河南路，1905年开设宁波分行，所办工场专造各式时钟。1911年设天津分行，并迁宁波工场于上海杨树浦。1912年开设汉口营业部。1914年设杭州分行和宁波美记行，并正式建立时钟制造厂于上海闸北。1917年上海亨达利钟表行出让于孙。次年又开设上海惠林登钟表行。后在全国共有28个分行。孙还长期参与宁波旅沪同乡会活动，任该会理事多年。上海解放前去香港。

【孙衡甫】（1875—1944）慈溪人。早年在宁波一家烟土行为学徒，后到上海钱庄当账房。1910年入浙江银行上海分行任营业主任，不久升任经理。1911年四明银行改组，出任总经理。1931年被选为董事长兼总经理。1935年上海金融业发生存户挤兑风潮，孙得到中国通商银行及一些钱庄的支持，四明银行安渡难关。同年冬中央银行发行法币，四明银行于1936年冬改组为官商合办，孙遂告退出。孙热心于地方公益事业，曾在家乡办小学，捐款重建宁波老江桥（灵桥）及修筑道路桥梁等，并参与宁波旅沪同乡会活动。

【李康年】（1898—1963）宁波人。自幼随父学古文、书法。15岁入宁波乾大昌纸店当学徒，满师后任司账，率先改良中式账册。1921年任宁波棉业交易所秘书，1925年入上海中国化学工业社任总务科长。20世纪30年代初为提倡国货，在方液仙支持下，集合九家厂商，举办并主持联合商场。后筹建中国国货公司于上海南京路大陆商场，方液仙任董事长兼总经理，李任经理。不久，方以事繁辞职，改由李全面负责。商场经营灵活，销售业务扩大。八一三事变后，又自办萃众织造厂，生产钟牌414毛巾，为名牌产品。曾与王性尧等组织周五聚餐会，以扶助国货生产。1947年创办中国钟厂，任董事长兼总经理，产品三五牌钟畅销国内外。解放战争时期，支持国货公司职工进行反蒋民主活动。1954年加入中国民主建国会。

【严信厚】（1837—1907）字筱舫。慈溪人。早年在钱庄当学徒。18岁时去杭州信源银楼习文书，为店主胡雪岩所赏识。1872年胡荐其为李鸿章的幕僚，后又为其捐候补道，由李鸿章委任盐务帮办。1886年在天津自设盐号，经营盐业。后又在上海设立源丰润票号，并在京津等地开设分号，经营国内汇兑和商业拆放业务。1890年后，在天津开设物华楼金店，在上海开设老九章绸缎庄总店。1894年创办宁波通久源纺织局。1897年中国通商银行成立，任第一任总经理。后又创办四明银行。1905年后，在上海投资兴办麻袋厂、面粉厂、榨油厂及内河船运业，并捐资在家乡举办义学及医疗机构等。清末，首任上海商业会议公所（后改为上海商务总会）总理之职。

【吴锦堂】（1855—1926）原名作镆。慈溪人。爱国华侨领袖，被称为"办学三贤"之一，与陈嘉庚、聂云台齐名。幼时家贫，读私塾两年即在乡间务农，28岁时去上海香烛店帮工，晚间学习书算，后升为店员。1885年赴日本，在长崎贩卖布匹、杂货。两年后去大阪。1889年在神户设怡生商号，并在上海设义生洋行，经营进出口贸易。1897年设水泥厂于兵库县。1901年，从三井银行购入钟渊纺织株式会社股份4万余股，任常务董事。1900年后，陆续捐资救济国内灾民，兴办社会公益事业，帮助家乡办学。1909年回国扫墓，在慈溪创建锦堂师范，并倡议重修杜、白二湖，使当地数十万亩农田受益。曾积极支持孙中山的革命工作，加入同盟会后任支部长。孙中山曾书匾"热心公益"相赠。自1912年起，先后任神户中华商业会议所会头、华侨商业研究会会长、华侨商务总会协理、中华会馆理事长。后病逝于神户，归葬于慈溪白洋湖畔。

【沈曼卿】（1898—1980）原名家箴，晚年自号曼叟。宁波市人。早年就读于东南大学文科。曾先后在奉化、广西、鄞县等中学任教。后改营商业。20世纪30年代后任宁波中实药房经理。抗日战争及解放战争期间，与四明山中共组织建立联系，以多种方式支援革命武装，掩护从事地下斗争的革命者。建国后任宁波市政协委员、天一阁顾问等职。工诗文，遗作多未辑集。

【陈如馨】（1890—1950）鄞县人。早年就读于宁波府中学堂。毕业后去上海从商，1914年创办大陆药房。1919年创办宁波翔熊软席厂，次年创办宁波华隆线毯厂、如生罐头鲜笋厂，不久又在余姚设第二如生厂，所产油焖笋罐头行销国内外，曾多次获奖。1931年，又改良宁波陈生号土酒，仿造绍式酒成功。后创办宁波新新酱油厂，为仿造日本式酱油，曾两次赴日考察。其间曾兼任宁波和丰纺织厂常务董事、宁波商会常务委员、宁波国货工厂联合会主席等职，并涉足政界，担任职务。

【范回春】（1878—1972）宁波人。民国初年在上海南市创设小世界游乐场，又曾开设影片公司。20世纪20年代中期，一度出任上海县知事，并开办远东公共运动场。北伐战争后，改营地产业，再建大千世界游乐场于上海西郊。抗日战争时期居留上海，闭门不出。抗战胜利后赴台湾。后死于香港。

【竺梅先】（1889—1942）又名佑庭。奉化人。出身贫寒，自幼失学。13岁到上海五金杂货店当学徒，并在夜校补习文化。辛亥革命后加入同盟会，曾参加光复战役，后因从事革命活动被捕。得脱后在上海经营商业。与金润庠合作承接军装订货而获利。1929年接办大来银行，任董事长兼经理。又创办民丰造纸厂。1931年接办杭州武林造纸厂，经改组为华丰造纸厂，任经理。抗日战争时期，曾筹建伤兵医院，救护伤员4 000余人。后又筹办难童教养所。上海沦陷后，该所迁往奉化，更名为国际难童教养院，由竺提供大部分经费。汪伪曾多次迫其与日方进行经济合作，均遭拒绝。

【金廷荪】（生卒年不详）宁波人。鞋匠出身。早年在上海参加流氓帮会活动，与杜月笙同辈，后成为杜的得力助手，人称"金牙齿阿三"。其地位仅次于黄金荣、杜月笙、张啸林。曾长期为杜月笙理财，得以涉足上海工商界，成为"海上闻人"。1928年与杜月笙、朱如山等发起组织中汇银行，次年正式营业，任董事，并兼任工商企业董事、监事多处。

【金润庠】（1890—1961）镇海人。曾先后创办华丰造纸公司、民丰造纸公司于杭州、嘉兴。1930年，又创设协丰益记纺织公司于上海，均自任经理。后投资于印刷业，并经营进出口贸易及金融业，曾任大沪银行监察、大来银行董事等。多年被选为上海市商会常务委员及宁波旅沪同乡会常务理事，热心赞助地方公益事业。1949年去台湾。

【周祥生】（1895—？）定海人。少年时居住鄞县。小学毕业后到上海就业。1915年创设新礼查西菜社于虹口。后改营汽车运输，独资创办祥生出租汽车行于北京路。1932年改组为股份有限公司，增加资本，陆续向美国购置新车达200辆，一式绿漆红线，并以公司电话号码40000为标志。由于管理严密，制度健全，服务周到，司机工作认真，态度诚恳，故深获顾客好评。数年间业务兴盛，先后设分行达14处，其规模超过外商汽车行。为国内出租汽车行业第一。后被推为上海出租汽车同业公会理事长。建国前夕去台湾。

【项松茂】（1880—1932）名世澄，别号渭川。鄞县人。幼年随父读书。14岁到苏州入毛皮牛骨行当学徒。1900年入上海中英药房任会计。1904年受命赴汉口开设中英药房分店，任经理。1909年汉口组织商会，被推为董事。1911年任上海五洲药房总经理。1915年五洲药房改组为股份有限公司，兼营医疗器械及进出口业务，并开设天津支店。1920年创办五洲固本药皂厂。1922年收购德商所办生产臭药水的亚林制药厂，1925年收购中华兴记香皂厂、南洋木塞厂，为五洲企业集团奠定基础。1929年又收购宁波公济药棉绷布厂，业务进一步扩大。至20世纪30年代，五洲集团在本外埠的分支机构共17处，领牌联号的有55处。随着业务发展，又向大丰工业原料公司等13家企业投资，以取得低价的国产原料供应。1931年发起组织宁波实业银行，还组织沪闵南柘长途汽车公司。曾先后任上海租界华人纳税会理事、上海市商会议董等职，并创设松茂小学，供五洲职工子女就读。一·二八事变后，因五洲职工11人被日军绑架，项亲赴日方机关交涉，竟遭扣押，旋即被日海军陆战队司令部杀害。

【胡西园】（1898—?）镇海人。早年在上海就读于中学，专心于理科。毕业后从商，曾经营五金业，后又设厂制造机器。1921年在沪创设恒昌造船厂，制造沿海商用小型轮船。1923年，其德国友人亚浦耳来华创设亚浦耳灯泡厂，因经营不善，亏损甚巨，求助于胡。1925年，胡正式接办该厂，经添置机器、扩大招股，并与留美电机专家合作，改进生产技术，提高产品质量，迅速打开销路，占领城乡市场。1929年增设电机部，制造电扇马达。又自设玻璃厂及分厂等。至20世纪30年代，亚浦耳灯泡厂在各大城市设发行所多处，产品畅销国内外。胡任该厂常务董事兼总经理，直至上海解放。

【俞佐廷】（1888—1951）镇海俞范人。早年从事金融业。在宁波经营钱庄多年。曾任宁波总商会会长。后去上海，任四明储蓄会暨四明保险公司经理，又任恒巽钱庄经理。先后兼任上海中国通商、四明、绸业、惠中、国泰、大中等银行董事。被推为上海市商会主席。宁波旅沪同乡会成立后，参与活动，多次被选为理事及征求会员总队长。对家乡地方公益事业颇多赞助。1949年离沪去香港，后死于香港。

【俞佐宸】（1892—1985）镇海俞范人。自幼入私塾。15岁到宁波咸恒钱庄当学徒，满师后任账房。25岁时任元德钱庄经理，后任元益钱庄经理。曾兼任中国垦业银行宁波分行经理、和丰纱厂常务董事兼总经理、天益钱庄总经理。并先后任天一、四明、国际三家保险公司经理、四明银行经理、浙东银行与两浙银行常务董事，又投资经营太丰面粉厂、永耀电力公司、四明电话公司、宁波冷藏公司等工商企业。其间被推选为银行业、钱业、纱厂业同业公会理事长。20世纪30年代后，曾任宁波商会会长。建国后，曾任宁波市副市长，宁波市工商联主任委员，中国民主建国会中央、省、市委的领导职务，并发起组织甬港联谊会，任会长。

【秦润卿】（1877—1966）名祖泽，晚年号"抹云老人"。慈溪（今慈城镇）人。幼年家贫。15岁入上海豫源钱庄学业，6年后任信房（文牍）及跑街。1909年豫源改组为福源钱庄，升任经理。1923年兼任福康、顺康钱庄监理。前后在银钱业工作达50多年。其间历任上海钱业公会理事长、上海总商会副会长、中央银行监事、交通银行上海分行经理、四明银行常务董事、上海中国垦业银行董事长及嘉丰纺织整染公司、大有余榨油厂董事长等职。又首任上海租界工部局华人纳税会董事、宁波旅沪同乡会副会长。热心赞助社会公益事业，在上海先后创办修能学社和储能中学，主持钱业中小学校务，任校董会主席，又兼任南洋模范中学、育才中学、新闻报馆董事等职。在宁波创办普迪学校、慈溪中学，支持保黎医院的创建，并任效实中学校董会主席。建国后，曾任上海公私合营银行副董事长，被选为上海市政协委员。1952年将自建的抹云楼图书馆及藏书全部捐献给国家。

【袁履登】（1879—1954）又名礼敦。鄞县人。早年毕业于圣约翰大学。曾在商务印书馆工作。后两度赴日考察。1920年后，创办物品证券交易所、大昌烟公司等。历任宁绍轮船公司总经理、上海总商会副会长、宁波旅沪同乡会理事。五卅运动时，任上海各界大马路商会总联合会会长。后任公共租界华人纳税会副理事长。20世纪40年代初汪伪政权在南京成立，袁曾任上海市商会主任、工部局副总董等伪职，并组建全国商业统制总会，为日伪搜刮重要物资。抗战胜利后，以汉奸罪被判刑，不久获释去香港。后死于香港。

【徐懋棠】（1902—？）慈溪人。早年在上海、宁波等地从事工商金融业。曾任上海大英银行经理。后任上海中汇银行董事兼经理、大丰庆记纺织公司董事兼经理，并任浙东商业银行、宁绍轮船公司、商办江南铁路公司董事，为恒隆、国庆、聚康、敦余等钱庄股东。20世纪40年代离沪去台湾。

【高培良】（1894—？）余姚人。早年入上海中法药房习业，出自黄楚九门下。曾先后与友人合资创办务本橡胶厂、大华橡胶厂、正华碳酸镁厂等。1916年创设爱华制药社，生产长城牌仁丹及家用药品。1925年独资创设"唯一特产厂",利用宁波土产毛笋,生产干菜笋,为行销全国及东南亚的卫生食品之一。后于1931年扩建厂房,产量增加。20世纪30年代起,兼任上海永盛薄荷厂、美龙酒精香料厂、中兴赛璐珞厂董事及正大银行监察。抗战胜利后,曾被选为上海新药业同业公会常务理事。

【黄振世】(生卒年不详)鄞县人。早年家贫,辍学去上海海味行做学徒。后从事鱼行经营,规模渐大。曾任日商泰新洋行买办,九一八事变后为表示对日军侵略的强烈抗议而辞职。后组织渔业仇货检查委员会,抵制日货。1933年起,被选为上海市冰鲜鱼行业同业公会执行委员、理事长。并经营金融保险业务,曾兼任美盛保险公司经理、通惠银号经理及中国渔业银行董事长等职。多次被选为宁波旅沪同乡会理事、监事,对家乡福利事业,颇多捐输。黄又为上海帮会人物,身跨青红两帮,组织过振社。

【黄楚九】(1872—1931)名承乾,字楚九,号磋玖,晚年号"知足庐主人"。余姚人。少年时从父习医。父丧后,随母到上海,就读于清心书院。不久辍学,自设诊所,后又经营西药。1890年筹资创设中法药房,仍开业行医。1907年与夏粹芳合资创办五洲药房,任董事。辛亥革命前夕,开设龙虎公司,出口龙虎人丹,后改名中华制药公司。民国初年开设新新舞台,辟屋顶花园游乐场。1915年创办大昌烟公司,又在南京路跑马厅附近租地建新世界游艺场,任经理。同年,中西药房改组为股份有限公司,任董事长。1917年创办大世界游乐场,出版《大世界》报。又先后开设三星舞台、三星地产公司、中华电影公司。1919年开办24小时营业的上海日夜银行。又与袁履登等筹组上海夜市物品证券交易所,任董事长。1923年任中西药房总经理。1926年又开设九福制药厂。1927年上海市新药业同业公会成立,被选为理事长。开办黄楚九医院及上海急救时疫医院等医疗机构。后病死于上海。

【葛杰臣】(1899—?)名祖俊。慈溪人。早年在香港就读于培纳学院。毕业后去美国留学,入赫登士学院,获学士学位。回国后在上海从事工商业,相继创设葛杰记呢绒号、天华织布厂,并设华美进口行,经营呢绒进口业务。后开设中华制铁厂。1927年创设华商益中公证拍卖行，办理火险公证及拍卖、鉴定、估价事项。其业务规模及信誉为全市第一。20世纪30年代，发起组织上海市呢绒业同业公会，被选为理事长。又曾任上海市商会理事及租界华人纳税会执行委员。抗战胜利后，曾出任市参议员。上海解放前去香港。

【董杏生】（1879—1954）又名杏荪。镇海庄市人。早年家贫辍学，到上海宝源洋行学业，善于体察商情。后自设董杏记号，专营保险箱销售，兼营房地产与进出口业务。被推选为上海总商会会董、宁波旅沪同乡会会董。1909年，在家乡捐资兴办轫初学堂。1918年，又为庄市同义医院捐资。1921年，与傅德慷等创办四义国民学校。五卅运动中，参加各界罢工罢市后援会。1930年任同义医院旅沪同志会干事长兼院长，后被选为董事长。建国后，曾大量捐献房地产，支援社会主义建设。

【傅筱庵】（1872—1940）名宗耀。镇海人。早年曾代管盛宣怀在沪产业，因助沪军军饷，被任命为沪军都督府财政部总参议，负责清理上海海关。民国初年，入股中国通商银行，任董事。旋出任招商局经理，兼任英、美洋行买办，从事五金进口业务。因投靠军阀孙传芳，得任上海总商会会长。北伐后被通缉，潜逃至大连，与日本特务过从甚密。20世纪30年代回到上海，任中国通商银行总经理、董事长。曾参加宁波旅沪同乡会，任副会长。抗战初期上海沦为孤岛后，出任伪上海特别市市长。1940年被人刺杀。

【虞洽卿】（1867—1945）名和德。人称"阿德哥"。镇海龙山人。自幼丧父，家境贫寒。读私塾三年余即辍学。15岁到上海瑞康颜料行当学徒，满师后任跑街，并上夜校学英语。因经营得法，不久入德商鲁麟洋行为买办。并兼营房地产、进出口业务。1896年捐候补道。1902年任华俄道胜银行买办，不久转任荷兰银行上海分行买办。同时创设道惠银号，后又发起组建四明银行，投资于航运业。在1898年上海法租界公董局强占四明公所冢地围场事件和1905年大闹会审公堂案事件中，虞奔走折冲而赢得声誉。1906年组织万国商团中华队，转而为上海租界当局效力。1909年筹设宁绍轮船公司，并举办南洋劝业会，任副会长。辛亥革命后，曾以巨款资助陈其美，并说服江苏巡抚程德全易帜响应。上海都督府成立后，任顾问、外交次长、北段民政长等职。1921年上海证券物品交易所成立，任理事长。后又任上海总商会会长、全国工商协会会长、上海公共租界工部局华董等职。1925年在帝国主义指使下，破坏五卅运动。1927年参与蒋介石发动的四一二反革命政变。抗战爆发后，曾组织上海难民协会，任会长。1941年去重庆，经营三民、三北运输公司。后病死于重庆。

【鲍国昌】（1894—？）鄞县人。1922年毕业于上海圣芳济学院，后又入震旦大学读医科，1925年毕业。精通英、法文。后与人集资，收买德国人霞飞开办的信谊化学制药厂，使之成为华商股份有限公司。至1930年改组完成，增加资本，添置设备，聘用人才，产品增至100余种，为国内规模最大的制药厂。此外，还兼任上海大众笔厂、汉文正楷印书局董事。上海解放前夕去香港。后病死于国外。

【穆铭三】（1892—？）鄞县人。幼时入家塾。20岁到上海任职于鸿业五金号。1915年，河南督军公署委其筹办兵工厂，扩建子弹厂，并创办造币厂于郑州，均获成功。1920年在郑州创办大东机器厂，自任经理，仿制进口机器，并试制新式农具。1922年在郑州组织宁波旅郑同乡会，任会长。曾捐资兴办旅郑公学，并在张家口成立浙江会馆。后又应西北军的邀请，去张家口创办口北兵工厂及造币厂。1927年，西北军委其为开封、巩县、郑州、洛阳四厂驻沪特派员，负责器材采办事宜。1930年在上海创办国民帆布织造厂，生产飞马牌帆布，被蒋介石指定为军用营幕材料。1932年，又创办申一胶带厂于上海。

【戴芳达】（1895—？）字耕莘。镇海人。早年就读上海澄衷中学。后与友人陆伯鸿、谢蘅窗等创办和兴钢铁化炼厂及利昌铁号。1920年与王儒堂等组织上海信托公司及五金交易所。1924年华成烟草公司在上海创立，此后任该公司董事长20多年。公司生产金鼠牌、美丽牌卷烟，行销各地。其间又兼任中国烟叶公司董事长。1949年去香港，仍经营烟草业。

【王元斌】（1882—1966）镇海人。早年参加科举考试。1907年由清廷派遣官费留学日本东京帝国大学攻读工科，五年后毕业回国。在湖南省立第一师范等校任教，与徐特立等共事多年。曾与表弟包达三在故乡创办听涛小学。1922年起去东北任四洮铁路局科长。1927年宁波设市、应市长罗惠侨之邀，回甬任市工务局科长，任职期间，为拆除旧城墙、开拓道路、改排管道、整饬市容多所规划。1934年就任镇海县立商校校长，直至1940年冬镇海沦陷前夕辞职去沪。1942年在沪任上海制革厂厂长。并创办大元皮厂。1954年起被选为上海市长宁区第一、二届人民代表。

【亦幻】（1903—1978）现代佛学家。俗姓叶，名环。黄岩人。幼丧父，家贫。6岁时出家，法名慧律，字亦幻，号梅庵。7岁起就读私塾，18岁时学于明因佛学研究社，21岁入武昌佛学院，拜太虚为师，学法相宗。1926年回浙入宁波延庆寺，1927年主持慈溪鸣鹤场金仙寺，辟白湖讲舍，从事佛学研究。1931年创办律学道场于慈溪五磊寺。1933年受命整顿延庆寺，兼理寺务。从此往来于甬慈之间。1940年，在金仙寺结识四明山区三五支队谭启龙、何克希等人，接受任命，为军事联络员。1940年起，兼任上海法藏寺都监，建立净土道场，并以方外身份，掩护革命志士。曾保释许广平出狱。直至1949年，仍往来于沪甬之间。1946年，曾访晤周恩来于南京梅园新村。上海解放后，任静安寺首座，旋任上海佛教协会理事兼秘书长，又任全国佛教协会理事。1956年任上海市民政局顾问。1962年任上海市第三届政协委员。后病逝于上海。工诗能文，有诗僧之目。所作自传、杂文《来潮录》及诗词、书函等，正整理中，尚待付印。

【庄云庐】（1892—1966）镇海庄市人。原名智阐、字孟先。6岁入叶氏义塾中兴学堂，毕业后去沪入澄衷蒙学堂（即澄衷中学）。后弃学入叶澄衷创办之义昌成五金号从事业务经营。1920年突患小儿麻痹症引起下肢瘫痪。遂回甬从父习医。不久又问业于名医范文虎，得其亲传。数年后正式开业。门诊时以轮椅代步，出诊时则以轿代车。宁波四乡均称之为"疯瘫医生"。诊治时率先实行中西医结合，施用西药，强调"用药不分中西，解除病痛是期"。二十世纪三四十年代又与吴涵秋等筹组中医协会，并创办国医专门学校，以培养中医人才，除任课外并兼教导主任。建国后，曾为支持抗美援朝举办义诊，并动员香港甬籍人士捐资支援家乡建设。后以脑溢血死于门诊部。

【严修】（1860—1929）字范孙，慈溪人。生于河北。出身盐商家庭。清光绪九年（1883）进士，授翰林院编修。光绪二十年任贵州学政，光绪三十年任直隶总务处总办，综理全省学政。光绪三十一年清廷设学部任左侍郎。1911年被任命为度支部大臣，未及到任。曾于光绪二十三年（1897）倡议办经世学堂，授数学，次年又创设学馆，授学生以英语及数理化知识，是为南开建校先声。光绪三十年赴日考察，回国后与张伯苓等创办敬业中学于天津，即南开前身。1918年与范源濂赴美，回国后即着手筹办南开大学，捐款5.3万元，并将私人藏书及典籍悉数捐赠南开图书馆，共三万余卷。后死于天津。

【沈嗣良】（1896—1967）现代体育工作者。宁波人。圣约翰大学毕业后，曾赴美留学，攻读体育及教育管理，获硕士学位。回国后，任圣约翰大学教务长兼体育部主任，并任中华全国体育协进会总干事。20世纪20年代，曾率代表团出席在菲律宾举行的远东运动会，又在上海筹办远东运动会。20世纪30年代又率代表团赴德国柏林出席第十一届奥林匹克运动会。并主持筹建上海江湾体育场。抗日战争时期，曾任圣约翰大学校长。后移居国外。著作有《中国的国际体育》等。当代中国体育界不少著名人士均出其门下。

【张丹】（1911—？）字凤书。鄞县人。曾就读于上海交通大学，获电机工程学士。后又考取公费留学意大利都灵大学，获特许工程师学位。1937年回国，历任国民党空军高级教官、电台台长等职。1941年为四川大学教授。赴台湾后，任成功大学教授、教务长。1958年调任台北工专校长。1965年出任"教育部"次长。后又任科学发展委员会执行秘书，台湾交通大学教授。著有《电视工程学》等书。卒年不详。

【陈方之】（生卒年不详）宁波人。少年时代曾与蒋介石同受业于顾清廉。后赴日学医。回国后曾应蒋介石之邀任北伐军总司令部军医处处长。北伐胜利后，任蒋的侍从医官。后又调任民政部卫生司长、上海市卫生试验所所长。抗战爆发，曾随蒋介石西撤。抗战胜利后，曾随陈仪赴台接收台湾医科大学、大学附属医院及其他卫生医疗机构。于1946年辞职，回沪开业行医，并接办丙康药厂，任总经理。建国后，在上海从事医疗业务，并主持上海血吸虫病防治院血吸虫病研究工作。病逝于上海。

【林本侨】（1898—1989）名本。鄞县人。8岁入私塾，后就读于浙江省立第四中学及省立师范学校。毕业后赴日入东京高等师范习教育。1923年回国，应经亨颐之聘接办省立四中，又兼教于省立一中。不久任北京女子师范大学教授。1932年应陈布雷之邀，任教育部督学。后赴安徽大学任教。1933年改任浙江省民众教育实验学校校长。1935年任中山大学教授，1941年任中央大学教授、系主任。抗战胜利去台湾，任台湾师范学院教务长兼教育学系主任、教授。死于台北。

【单克伦】（1915—1989）名飞，字客庐。奉化人。少年时曾从雪窦寺画僧坦山习画。后就读于无锡国学专修学校，从王一亭学释道佛像画法。后又入上海飞声国画函授学校，得刘海粟、黄宾虹、潘天寿等亲授。创作注重神韵气势，又能吸取书法入画。花鸟、山水、人物俱工，尤擅兰竹。能诗，每自题其画。建国后，任中国书画函授大学宁波分校副校长兼国画部主任、中国书法家协会浙江分会会员、宁波市书法家协会名誉理事、宁波市书画院画师。1982年曾在宁波市举办个人书画展。著有《画竹百谱》《戏墨留题录》等。

【赵叔孺】（1874—1945）名时㭎，字献忱，晚年自号"二弩老人"。宁波人。曾任同知、通判等官。辛亥革命后，寓居上海，以书画金石自娱。36岁时编拓《二弩精舍印赏》八卷，内集明清名家篆刻精品。38岁起，以篆刻、卖字、作画为生。1912年后编成《汉印分韵补》六卷、《古今文字韵林》六卷。晚年又刊行《二弩精舍印谱》六卷，收有自刻印300方，均其代表作。尤精于古文物鉴赏，其收藏之富、阅历之深，为海内所推崇。善画写，神韵天成，所绘山水、花卉、翎毛、草虫，写意与工笔兼长。书法不拘一格，篆隶并称，名重一时。出其门下者先后达60余人，其中如陈巨来、沙孟海等皆卓然成家。

【钱罕】（1881—1950）字太希，号觉于居士。慈溪人。早年在复旦大学攻读理科，后转而研究经史及文字音韵，并潜心书法艺术，于汉、魏、晋、唐碑无不悉心揣摩。20世纪30年代出版草、行合璧的《钱太希精品初集》字帖，书画家赵叔孺为其题跋，备加赞誉。书法风格独特、行草方圆并施。在结构上，融正、草、行于一炉，大小、肥瘦、松紧字形错落有致。又深通文字学，于古诗文涉猎甚广。晚年寓居上海。所遗书法作品散佚甚多，诗亦未经收辑。

【高振霄】（1877—1956）字云麓，别署闲云，又号顽头陀、洞天真逸。鄞县人。清光绪三十年（1904）翰林。当时翰苑书法多为馆阁体，以光泽丰腴为上。高所书则挺秀峭拔，别具风格。中年后，寓于沪上，名其居室曰云在堂，淡于交游，鬻书自给。其寓所与画家赵半跛邻近，受其影响，有时亦画梅自遣。作画必自题一绝，久之，汇成《梅花五百首》，用行书写于云在堂素笺上，影印赠人，为时人珍视。

【梅调鼎】（1839—1906）近代书法家。字友竹，号赧翁。慈溪（今宁波市慈城镇）人。精于经学，能诗，尤擅长书法。早年学颜真卿，兼宗二王（王羲之父子），后旁及欧阳询，融汇诸家。晚年潜心研习北魏诸碑，博采众长而独树一帜。其楷书、行书尤为时人所重。日本书法界称之为"清朝王羲之"。一生清贫，以卖字为生，不与达官贵人、富商巨贾交往。其人品、诗品、书品均高，对近现代宁波书法界影响甚大。以梅门弟子自居者不乏其人。书法家钱罕在少年时曾求教于梅，得其指导。后有《赧翁集锦》行世，被称为字帖珍品。

附 录

父亲留下的家训：为善最乐

叶良骏

父亲走后，我处理他的遗物。他的衣物捐给了公益机构；他的藏书赠给他的出生地——杜行（浦江镇）浦江高级中学。他的手稿将入藏故乡图书馆。他的遗稿已筛选校毕，即将出版。他念念不忘的叶同泰奖学金今年继续颁发……做完了这些事，父亲在人世间的足迹，逐渐远了，他的形象却越来越清晰。

父亲长期漂泊在外，在我们成长的重要阶段，他都缺席。后来他退休回沪，但在我们心中，他还是很模糊，我们从未走近过他，许多时候甚至有误解。

我们一直觉得父亲小气。比如，过年，他从不发红包；去做客，从不带礼物；满橱的食品，谁吃了哪怕一块糖，他都会生气。他老是哭穷，似乎"夜饭米勿落锅"一样，我信以为真，常送钱去。可是，我们全错了。在整理遗物时，我发现了好多汇款单、感谢信、捐赠证书……从四十多年前到他去世的前一个月。一个个故事，重现在我面前。

有个女子，是他在西宁教书时的学生，结婚后，本有一个幸福的家，谁知丈夫突然离世，儿子只有两岁。日子没法过了，给当年的班主任写信哭诉。父亲一诺千金："孩子的费用由我负责。"这一帮，就是二十年！从最初的每月50元、80元，到上大学的每年一二万元。一堆来信，讲述着这个雪中送炭的故事。

曹叔叔是父亲的老同事，十多年前，叔叔甩手而去，婶婶没有工作能力，生活陷入困境。父亲挑起了这副担子，每月给一千元生活费，过年再寄三五千元，直到曹家女儿能养家了才停止。父亲去世后，我接到婶婶电话才知道，这十多年，父亲拼力养着兄弟的家！而他的退休金，那时才三四千元。

有一张今年二月他给奉化大堰学校的汇款单五千元，附言写着："给孩子们买点图书。"去年，我在《宁波日报》上看到父亲被评为"宁波市十大慈善之星"，文中说到父亲捐了五万元给这所学校，让学校购买铁床，以保障孩子们的安全。我特地去了这所山村小学。我带去作家们捐赠的书，学生兴高采烈地围着我喊："谢谢叶爷爷，谢谢叶老师。"我看到宿舍里崭新的铁床，听到孩子们真诚的感谢，我明白了父亲此举的意义。

杜行是父亲牵挂的第二故乡，我们家祖传的叶同泰槽坊开在老街，他在这里度过了快乐的童年。2015年，他捧着十万元现金寻根而去，在杜行中学创设叶同泰奖学金。直到学校邀我讲课，我才知此事。一封封学生来信中，有一封这样写："在我被南墙撞得头破血流时，是您的奖学金为我打开了希望之窗。"感动于这份情意，我答应父亲，会把奖学金继续下去。

父亲从来不是有钱人，他助人的钱，都来自他的工资、退休金，更多的是稿费。父亲一个个字都是用笔写的，几十年里，几千、几万、几十万元，要写多少字，费多少神！他原来并非吝啬，而是省下每分每厘去行善。

父亲留下了家训："为善最乐。"这句话沉甸甸的。

父亲背影已远，我想夸他几句，爸，你真好！他永远听不见了。

（2019年11月9日刊《新民晚报》）

跋

  2010年底，父亲叶元章先生的散文集《静观流叶》由上海市作协与上海文艺出版社联合编辑的"上海老作家文丛"出版。由于时间仓促，精力所限，此书只收了散文、随笔及少量评论，父亲最看重的评论、杂文等未收入。

  这以后，父亲一直想再出本评论集，市作协创联室于建明主任也鼓励他，但他迟迟未动手。一年年过去，此事成了他一桩心事，常在我面前提起。我理解他，曾不止一次对他说，你把稿子理出来，我来做这件事，不知什么原因，他一直没动静。

  直到爸生命的最后日子，他才把一大堆文稿交我，要我编评论集。想到年事已高、身体日渐衰弱的父亲，肯定无力再过问这堆乱七八糟的稿子，我虽勉为其难，还是答应了。没想到我还未来得及翻阅，他就匆匆而去。面对文字难辨、纸张黄脆的遗稿，我束手无策，欲哭无泪。

  但爸再不会回来，有问题要问，他听不见，也不会回答了。我只能咬咬牙整理稿子，再难也要完成遗命。如今，这本书我已拼力完成，水平如何，爸是否满意，没人告诉我了。

  只能说，作为最后的纪念，我交稿了。

叶良骏
2019年深秋于梦陶斋